Serious Creativity

SCHÄFFER
POESCHEL

Edward de Bono

Serious Creativity

Die Entwicklung neuer Ideen
durch die Kraft lateralen Denkens

1996
Schäffer-Poeschel Verlag Stuttgart

Gedruckt auf chlorfrei gebleichtem, säurefreiem und alterungsbeständigem Papier

Die Deutsche Bibliothek – CIP-Einheitsaufnahme

DeBono, Edward:
Serious creativity : die Entwicklung neuer Ideen
durch die Kraft lateralen Denkens / Edward DeBono.
– Stuttgart : Schäffer-Poeschel, 1996
ISBN 3-7910-1065-4

Einbandgestaltung: Willy Löffelhardt
Satz: Johanna Boy, Brennberg
Druck: Franz Spiegel Buch GmbH, Ulm
Printed in Germany

Schäffer-Poeschel Verlag Stuttgart
Ein Tochterunternehmen der Verlagsgruppe Handelsblatt

Inhalt

Der Autor

Dr. Edward de Bono gilt in Fachkreisen als die führende internationale Autorität auf dem Gebiet kreativitätsfördernder Techniken. Er kann auf 25 Jahre Erfahrung in seinem Spezialgebiet verweisen und hat in 45 Ländern gearbeitet.

In einem Interview mit der *Washington Post*, das am 30. September 1984 veröffentlicht wurde, schilderte Peter Überroth, der Organisator der Olympischen Sommerspiele von 1984 in Los Angeles, wie er durch laterales Denken eine Veranstaltung, um die sich niemand riß, in ein ungeheuer erfolgreiches Ereignis verwandelte, um das sich die konkurrierenden Städte später heiße Schlachten lieferten. Anläßlich einer Operngala in Melbourne, Australien, erzählte John Bertrand, Kapitän der Mannschaft, die im *America's Cup* für Australien siegte, daß er und seine Crew durch laterales Denken den als äußerst schwierig bekannten Segelwettbewerb meisterten. Ron Barbaro, der Mann am Ruder der amerikanischen Versicherungsgesellschaft Prudential, führt die Entwicklung seiner Idee, »Leistungen zu Lebzeiten« einzuführen, auf die gezielte Anwendung lateraler Kreativitätstechniken zurück. Dieses Konzept machte Furore und galt in der Branche als das spektakulärste der letzten 120 Jahre.

Dr. Edward de Bono hat den Begriff ›laterales Denken‹ geprägt, der sich inzwischen mit einem Eintrag im *Oxford English Dictionary* und einem Verweis auf Dr. de Bono einen Platz in der englischen Sprache erobert hat. Er ist auch der geistige Urheber des Wörtchens *po*, das die mentale Herausforderung anzeigt, aus fest verankerten ›Denkschablonen‹ auszubrechen.

Die Techniken des lateralen Denkens sind ein systematischer Ansatz, brach liegende Potentiale mit Hilfe formaler, kognitiver Kreativitätsmethoden zu erschließen. Das Instrumentarium leitet sich unmittelbar aus der Funktionsweise des menschlichen Gehirns her. Das Verhalten selbstorganisierter, neuronaler Netzwerke, zu denen unser Gehirn zählt, wurde von Dr. de Bono 1969 in seinem Buch *The Mechanism of Mind* beschrieben. Seine damals aufsehenerregenden Entdeckungen sind heute weltweit anerkanntes Fachwissen, und drei Nobelpreisträger für Physik haben ein Vorwort zu seinem nachfolgenden Buch *I Am Right You Are Wrong* geschrieben.

Dr. de Bono war Rhodes-Stipendiat in Oxford und hat Vorlesungen in Oxford, Cambridge, Harvard und an der Londoner Universität gehalten. Seine vierzig bisher erschienenen Bücher wurden in 25 Sprachen übersetzt, einschließlich Japanisch, Koreanisch, Russisch, Chinesisch, Arabisch, Hebräisch, Bahasa, Urdu und in sämtliche führenden europäischen Sprachen. Er hat zwei Fernsehserien produziert, die weltweit ausgestrahlt wurden.

Dr. de Bono hat das CoRT Thinking Programm entwickelt, das die Einführung des lateralen Denkens als Unterrichtsfach in Bildungsinstitutionen erleichtert. In den USA findet das Programm zunehmend Verbreitung, und in manchen Ländern ist es bereits Pflichtfach an sämtlichen Schulen.

Zu Dr. de Bonos Klientel gehören die fünf größten multinationalen Konzerne der Welt und zahlreiche weitere namhafte Unternehmen, unter anderem Citycorp, NTT (Japan), Ericsson (Schweden), Ciba-Geigy (Schweiz), BHP (Australien), Total (Frankreich), Heineken (Niederlande), Montedison (Italien), Kuwait Oil Company (Kuwait), Petronas (Malaysia) und Vitro Fama (Mexiko). Er ist Gründer des *International Creative Forum*, an dem Marktführer aus aller Welt teilnehmen, um sich konzentriert mit dem Thema Kreativität zu beschäftigen. Zu den derzeitigen Mitgliedern gehören so bekannte Firmen wie IBM, Du Pont, Prudential, Merck, British Airways, Guinness und BAA.

Dr. de Bonos Verdienst besteht im wesentlichen in der Entwicklung von Kreativitätstechniken, die schnell und von jedermann erlernbar, praxisnah, auf Anhieb umzusetzen und sichtbar produktiv sind. Ein anschauliches Beispiel ist die Hutwechsel-Methode, die nicht zuletzt dank ihrer einfachen Anwendbarkeit und Fähigkeit, Denkmuster nachhaltig zu verändern, in zahlreichen Unternehmen Eingang gefunden hat.

Dieses Buch – eine Pflichtlektüre für alle, die im heutigen Wettbewerb bestehen wollen – basiert auf 25 Jahren Erfahrung mit der Vermittlung von Kreativitätstechniken, die dem neuesten Stand des Wissens entsprechen. Einige Erkenntnisse und Ergebnisse, zu denen Dr. de Bono im Zuge seiner umfassenden Forschungsarbeit gelangt ist, liegen hier erstmals in gedruckter Form vor.

Einführung

Wenn ich mich hinsetzen und mir sagen würde: »Ich brauche unbedingt eine neue, zündende Idee ...« [fügen Sie an dieser Stelle den Bereich ein, in dem der Bedarf besteht], wie würde ich dann vorgehen? Mir stünden verschiedene Möglichkeiten offen.

Ich könnte die Situation von allen Seiten durchleuchten und versuchen, eine neue Idee durch logische Schlußfolgerungen zu entwickeln.
Ich könnte geistige Anleihe bei einem anderen Ideenproduzenten nehmen.
Ich könnte die Hände in den Schoß legen und auf eine Erleuchtung warten.
Ich könnte in aller Eile eine Gruppe von Leuten zusammentrommeln und eine Brainstorming-Sitzung veranstalten.

Oder ... ich begebe mich in Klausur und wende planvoll und systematisch eine Methode an, die das laterale Denken fördert (wie die an späterer Stelle beschriebene Random Word-Technik), in der Hoffnung, daß in zehn bis zwanzig Sekunden einige neue Ideen Gestalt annehmen.

Ich befasse mich schon seit 25 Jahren intensiv mit dem Thema Kreativität. Nun ist es an der Zeit, das seither gesammelte Wissen zu ordnen und zu aktualisieren. Es ist an der Zeit, verschiedene Kreativitätstechniken, die von anderen kopiert und im Verlaufe dieses Prozesses verwässert wurden, gründlich unter die Lupe zu nehmen und gemäß ihrem ursprünglichen Sinn neu zu formulieren. Es ist an der Zeit, das ungeheure Reservoir der Erfahrungen, das sich im Lauf derjenigen Jahre angesammelt hat, in denen ich die von mir entwickelten Kreativitätstechniken über alle Landes- und kulturellen Grenzen hinweg Wirtschaftsunternehmen, Bildungsinstitutionen, Regierungen und anderen wichtigen Entscheidungsträgern unserer Gesellschaft vermitteln durfte, auf breiter Ebene auszuschöpfen.

Was hat sich in den letzten 25 Jahren in diesem wichtigen Bereich getan? In mancher Hinsicht sehr viel, in anderer sehr wenig.

1969 erschien mein Buch *The Mechanism of Mind**, in dem ich die Funktionsweise neuronaler Netzwerke im menschlichen Gehirn beschrieb, die ein selbstorganisierendes Informationssystem darstellen. Damals hielten viele Experten diese Erkenntnisse für blanken Unfug. Heute sind sie in Fachkreisen weltweit anerkannt und es ist sogar eine eigene wissenschaftliche Disziplin entstanden, die sich mit dem Verhalten selbstorganisierender Syste-

---

* Simon & Schuster, New York, 1969, und Jonathan Cape, London, 1969; heute auch bei Penguin Books, London, verfügbar.

me befaßt. In einem meiner Bücher jüngeren Datums, *I Am Right You Are Wrong*, haben drei Nobelpreisträger eine kurze Einführung geschrieben.* Computer mit neuronaler Netzwerkarchitektur arbeiten nach dem gleichen Prinzip. Die Wissenschaft hat sich also ein konzeptionelles Modell einverleibt, von dem man früher meinte, es sei unverdaulich.

Nur wenige Menschen – kaum mehr als eine Handvoll, um der Wahrheit die Ehre zu geben – sind sich der Tatsache bewußt, daß die menschliche Kreativität schon rein rechnerisch eine absolute Notwendigkeit ist, weil unsere Wahrnehmung wie ein selbstorganisierendes Informationssystem funktioniert. Derartige Systeme erfordern einen kreativen Input und vielfältige Anreize in Form mentaler Provokationen.

Heute ist das Interesse an kognitiven Ideenfindungsmethoden weit größer als noch vor 25 Jahren. Fast jedes marktführende Unternehmen bezeichnet sich in seiner Werbung als ›kreativ‹. Mit der Aufmerksamkeit, die man dem Thema neuerdings entgegenbringt, legen viele Firmen indessen nur ein Lippenbekenntnis ab. Nach meiner Erfahrung folgen den großen Worten keine Taten, die dazu angetan wären, das kreative Potential jedes Mitarbeiters zu entwickeln oder praktisch auszuschöpfen.

Während der letzten zehn Jahre haben sich die Unternehmen vornehmlich auf drei wichtige Strategie-Spiele konzentriert. Das erste war [und ist] die Restrukturierungsstrategie, zu der Firmenzukäufe, Fusionen, LBOs*, Entflechtungen und ähnliche Transformationsprozesse gehören. Man hoffte, auf diesem Weg Wachstumsimpulse und Rentabilität durch Gewinnerhöhung zu erzielen. Die Banken und einige wenige neu strukturierte Firmen erlebten infolgedessen eine Blütezeit.

Das zweite war die Kostensenkungsstrategie, die sich noch heute großer Beliebtheit erfreut. Durch eine drastische Verringerung der Kosten lassen sich die Bilanzen merklich schönen. Kostensenkungspotentiale zu nutzen ist ein löbliches Unterfangen, das indessen zur fixen Idee werden kann. Kein Wunder, denn die Ziele sind klar und die Ergebnisse meßbar. Die Gewinne haben eine Aufwärtstendenz, daran gibt es nichts zu rütteln. Aber irgendwann kommt der Zeitpunkt, wo man nicht mehr abspecken kann und jede weitere Radikalkur an der Substanz zehrt.

Das dritte und wieder einmal neu aufgelegte Unternehmensspiel ist die Qualitäts- oder Kundendienststrategie. Sie ist überaus empfehlenswert, denn sie setzt in besonderem Maß voraus, daß wir die kleinen grauen Zellen aktivieren und kreativ denken.

Jetzt haben wir uns also ein schlankes, kompetentes Unternehmen zurechtgezimmert. Und was nun? Wie kann sich dieses schlanke, kompetente Unternehmen im beinharten Wettbewerb auf den vorderen Rängen be-

---

* Viking/Penguin, New York, 1991, und London, 1990.

* Leveraged Buyout, spekulativer Firmenaufkauf mit anschließendem stückweisen Verkauf, oder Kauf eines Unternehmens durch das eigene Management.

haupten? Was ist, wenn die Konkurrenz genauso schlank und kompetent ins Rennen geht und sich die Kosteneffizienz nicht mehr als einmaliger Wettbewerbsvorteil erweist? Die alten Hasen im Führungsmetier wissen, daß sie ihre ganze Hoffnung auf eine einzige Karte setzen müssen: den Ideenreichtum ihrer Mitarbeiter. Selbst führende Wirtschaftsnationen wie Deutschland und Japan, für Qualität und Spitzenleistungen bekannt, haben inzwischen großes Interesse an kognitiven Kreativitätsmethoden bekundet.

Leider haben weltweit nur wenige Regierungen erkannt, daß ein kreativer Wandel für sie genauso wichtig wäre wie für die Wirtschaftsunternehmen. Gerade auf staatlicher Ebene besteht ein ungeheurer Bedarf an neuen, wirksameren Verfahren und originellen Konzepten. Die Regierungen von Singapur, Malaysia, Australien und Kanada sind aus ihrem Dornröschenschlaf erwacht und haben die Notwendigkeit des Umdenkens erkannt. Andere sind noch immer der Meinung, daß kostensenkende Maßnahmen allein eine erfolgreiche Politik gewährleisten. Die Öffentlichkeit erwartet gleichwohl mehr als Zahlenspiele.

Obwohl die verhärteten Fronten aufweichen und von der Fachwelt heute weitgehend bestätigt wird, daß kreatives Denken eine erlernbare Fähigkeit ist, akzeptieren und verinnerlichen die formalen Bildungsinstitutionen diese Erkenntnis nur zögernd. Viele setzen Kreativität automatisch mit schöpferischem Genie gleich, das in der Welt der Kunst seinen Ausdruck findet; folglich ist sie in ihren Augen ein angeborenes Talent, das man hat oder nicht hat. Hier werden zwei verschiedene Begriffe wahllos in einen Topf geworfen, und diese seit langem überholte Anschauung von der künstlerischen Elite gehört ins finstere Mittelalter.

Die übrigen ›minderbemittelten‹ Mitglieder der Gesellschaft sehen oft keine Notwendigkeit, einen eigenen, originellen Beitrag zu leisten. Sie geben sich mit Beschreibungen und Argumenten zufrieden, die sie auf dem Silbertablett präsentiert bekommen.

Dennoch haben immer mehr Menschen aus allen Bereichen des Lebens erkannt, daß in Zukunft wirksamere Denkstrategien unabdingbar sein werden, und diese setzen Kreativität voraus.

Daß die menschliche Kreativität bisher stiefmütterlich behandelt wurde, hat seine Gründe.

Der erste und wichtigste Grund ist die eingefleischte Ansicht, daß jede brauchbare kreative Idee rückblickend logisch sein muß. Läßt sie sich nicht auf ein logisches Fundament stellen, sehen wir keine Möglichkeit, ihren Nutzen zu erwägen, und so wird sie häufig in den Bereich der ›Hirngespinste‹ verbannt. Sobald eine originelle Idee nach umfassender Analyse das Etikett ›logisch‹ erhält, kann man natürlich annehmen und zu Recht behaupten, man wäre auch bei intensivem Nachdenken darauf gekommen und Kreativität sei folglich völlig überflüssig. Aus diesem Grund haben wir, entsprechend unserer altüberlieferten Denkkultur, der Kreativität selten die gebührende Aufmerksamkeit entgegengebracht. Ich vermute, daß 95 Prozent der Wissenschaftler und Experten noch immer diese Ansicht vertreten. Doch damit befinden sie sich eindeutig auf dem Holzweg.

In einem passiven (extern organisierten) Informationssystem kann man davon ausgehen, daß jede Idee, die sich im nachhinein als logisch erweist, der Logik von vornherein zugänglich sein muß. Das ist gleichwohl nicht der Fall in einem aktiven (selbstorganisierenden) Informationssystem: hier mangelt es den Mustern an Symmetrie, was bedeutet, daß eine Idee in der Retrospektive durchaus logisch und sogar offensichtlich sein kann, aber logisch nicht auf Anhieb erfaßbar sein muß. Leider ist dieser Sachverhalt nur für diejenigen erkennbar, die imstande sind, den Paradigmawechsel von extern organisierten zu selbstorganisierenden Informationssystemen zu vollziehen. Auf diesen Punkt werde ich später noch ausführlich zu sprechen kommen. Die meisten Menschen sind also nicht bereit oder in der Lage, umzudenken. Sie werden sich bis zum St. Nimmerleinstag an die Überzeugung klammern, die Nagelprobe der Logik sei ein ausreichender Nachweis für die Qualität einer Idee.

Andere sind zwar von der Bedeutung und Realität der Kreativität überzeugt, meinen aber, sie sei auf eine geheimnisvolle, angeborene Begabung zurückzuführen, die einigen Menschen in die Wiege gelegt wurde und anderen nicht. Hier verwechselt man das schöpferische Talent von Künstlern (das oft jeglicher Originalität entbehrt) mit der Fähigkeit, existierende Konzepte und Wahrnehmungsmuster oder Informationen originell zu verarbeiten und zu verändern. Gleichzeitig herrscht bei manchen die Überzeugung vor, daß neue Ideen durch ein zufälliges Zusammentreffen bestimmter Ereignisse und Umstände entstehen, und daß sich eine derartig günstige Konstellation nicht einplanen oder bewußt herbeiführen läßt. Dahinter steht die Auffassung, daß es solche Geistesblitze immer gab und geben wird und daß sich Kreativität weder kognitiv steuern noch trainieren läßt. Unternehmen müßten daher gezielt kreative Mitarbeiter suchen, rekrutieren und zu persönlichen Bestleistungen anspornen.

Doch immer mehr Menschen sind inzwischen zu der Schlußfolgerung gelangt, daß die Fähigkeit, kreativ zu denken, durch unmittelbare Anstrengung und intensive Übung verbessert werden kann. Hier sehen wir uns gleichwohl zwei Problemen gegenüber.

Die Inhibition – die psychologische Hemmung oder Angst, sich zu irren und Fehler zu machen – mindert die Risikobereitschaft des Einzelnen. Diese Risikobereitschaft ist gleichwohl unerläßlicher Bestandteil der menschlichen Kreativität. Manche glauben nun, die Beseitigung dieser inneren und äußeren Barrieren reiche aus, um die schöpferische Kraft des Einzelnen freizusetzen. Dieses Thema wurde vor allem in den USA in den Mittelpunkt des Interesses gerückt, was die Entwicklung *ernsthafter*, also planvoll und systematisch anwendbarer Ideenfindungsmethoden nachhaltig erschwert. Man bemühte sich, persönliche Hemmnisse abzubauen, so daß sich die natürliche Kreativität ihre Bahn zu brechen vermochte. Ein solcher Ansatz verbessert zwar das schöpferische Denken, aber nicht nennenswert. Das menschliche Gehirn ist von Natur aus nicht für kreative Denkoperationen gerüstet, und so findet es nicht zwangsläufig zündende neue Ideen, sobald alle potentiellen oder bestehenden Hürden beseitigt sind. Wenn Sie die Handbremse im Auto lösen, verwandeln Sie sich ja auch nicht automatisch in einen zweiten Michael Schumacher.

Das Brainstorming ist eine kognitive Kreativitätsmethode, die beträchtlichen Schaden angerichtet hat. Am Anfang stand der ernstgemeinte und hilfreiche Versuch, eine entspannte Atmosphäre zu schaffen, in der Ideen spontan, ungebremst geäußert werden, ohne die Angst, sich lächerlich zu machen. Die Absichten waren durchaus löblich und einige der grundlegenden Prinzipien rundum gesund. Leider ist der Begriff Brainstorming heute gleichbedeutend mit der ›spielerischen‹ Ideensuche, was die ›ernsthafte‹ oder methodische Entwicklung der Fähigkeit, kreativ zu denken, hintertreibt.

Diejenigen, die sich für die Anwendung kognitiver Kreativitätsprozesse stark machen, sind der Meinung, (schwache) Methoden wie das Brainstorming reichten aus. Andere, die vielleicht motiviert wären, ihr kreatives Potential im weitesten Sinn zu entwickeln, können dem ›Sperrfeuer-Prinzip‹ dieser Ideenfindungsmethode wenig abgewinnen. Ein Konzept aus zahllosen Ideen-Bruchstücken zusammenzustricken, mag in der Welt der Werbung (aus der die Brainstorming-Technik stammt) Pluspunkte einbringen, hat aber zu große Streuungsverluste in Bereichen, wo die Neuerung oder Innovation an sich noch keinen Wettbewerbsvorsprung gewährleistet.

Man sollte die Brainstorming-Methode allerdings nicht in Bausch und Bogen verdammen, denn sie kann mit gewissen Vorteilen und Ergebnissen aufwarten; nach meiner Erfahrung ist sie jedoch überholt und nicht besonders wirksam. Uns stehen heute weit bessere, planvoll, systematisch und methodisch anwendbare Kreativitätstechniken zur Verfügung. Außerdem muß die Ideensuche keineswegs auf die Gruppenarbeit beschränkt sein, wie beim Brainstorming der Fall. Der Einzelne kann im stillen Kämmerlein genauso produktiv oder sogar noch findiger sein ... falls er das richtige Instrumentarium besitzt, um sein kreatives Potential voll zu entfalten.

Statt der Brainstorming-Methode empfehle ich das ›Brainsailing‹, ein kontrollierter Ideenfindungsprozeß, bei dem wir – wie beim Segeln – bewußt den Kurs ändern können statt dem Ansturm der Ideen hilflos ausgesetzt zu sein.

Mit dem Brainstorming geht die Überzeugung einher, daß die vorgetragenen Einfälle immer ›verrückt‹ oder ›ausgeflippt‹ sein müssen, um überhaupt Wirkung zu zeitigen. Dieses Element der ›Überspanntheit‹ zeigt, daß die wahre Natur der menschlichen Kreativität völlig mißverstanden und die wahre Natur von Denkanreizen – im nachfolgenden als mentale Provokation bezeichnet – überhaupt nicht verstanden wurde. Da sich diese mentale Provokation von unseren herkömmlichen Erfahrungen im gleichen Maß unterscheidet wie ein ›Hirngespinst‹, nimmt man einfach an, beides sei ein und dasselbe.

Es muß an dieser Stelle erwähnt werden, daß ein großer Teil der Probleme durch die mangelhafte Qualität der Kreativitätstrainings entsteht. Da kreative Denkprozesse weder Logik noch Erfahrung auf diesem Gebiet voraussetzen, ist jeder imstande, sein Glück als selbsternannter Guru zu versuchen. Methoden und Verfahren werden hier und dort entliehen, ohne daß man ihre praktische Anwendung richtig begriffen hätte. Das Ergebnis ist ein ›Kreativitätsexperte‹ aus der Retorte. Manche Unternehmen sind der Überzeugung, ein solches Kreativitätstraining sei der einzig wahre Ansatz, um der innerbetrieblichen Ideenfindung auf die Sprünge zu helfen, und erteilen anderen Optionen von vornherein eine Absage. Das hat unter dem Strich zur Folge, daß die Fähigkeit, kreativ zu denken, bagatellisiert oder nicht ernstgenommen wird. Man betrachtet sie als Spielerei, als nette Abwechslung, die gelegentlich sogar zum Erfolg führt, frei nach dem Motto: Auch ein blindes Huhn findet manchmal ein Korn.

Aus diesen hieb- und stichfesten Gründen besitzt die Kreativität auch heute noch nicht allerorts den hohen Stellenwert, der ihr eigentlich gebührt. Drei verkrustete Anschauungen haben sich als hinderlich erwiesen: erstens glauben manche Menschen, Logik reiche aus, um brauchbare Ideen zu entwickeln; die zweite Gruppe ist der Meinung, Kreativität sei eine Sache des angeborenen Talents oder von einer glücklichen Fügung abhängig, und kein Prozeß, der sich planvoll und systematisch herbeiführen ließe; und drittens gibt es noch diejenigen, die dem überspannten Ansatz der methodischen Ideenproduktion wenig abgewinnen können.

Ich habe mehrfach das Wort ›ernsthaft‹ benutzt, um mich vom Aspekt der ›Hirngespinste‹ bei der Ideensuche zu distanzieren. In diesem Buch werden Sie vom Bewußtsein steuerbare Kreativitätstechniken kennenlernen, die sowohl bei Einzelpersonen als auch bei Gruppen fruchtbare Ergebnisse zeitigen. Sie leiten sich direkt und logisch nachvollziehbar von der Funktionsweise menschlicher Wahrnehmungen her, die ein selbstorganisierendes Informationssystem mit codierten, abgespeicherten und jederzeit abrufbaren Handlungsmustern als Orientierungshilfe darstellen. Daran ist nichts rätselhaft oder geheimnisvoll. Um eine klare Trennlinie zur verschwommenen, mythenbefrachteten Definition von Kreativität zu ziehen, habe ich vor 25 Jahren den Begriff ›laterales Denken‹ eingeführt. Laterales Denken ist ›querdenken‹ in des Wortes ureigener Bedeutung und vornehmlich darauf gerichtet, bestehende Konzepte und Wahrnehmungen grundlegend zu verändern.

Einige Leute könnten die Bezeichnung ›ernsthafte‹ Kreativität merkwürdig finden und einen Widerspruch in den beiden Begriffen sehen. Sie verstehen unter Kreativität ein ungebremstes, planloses Experimentieren, in der Hoffnung, dabei auf eine brauchbare neue Idee zu stoßen. Es entspricht den Tatsachen, daß wir die Fesseln innerer Hemmungen, eingefahrener Denkweisen und überlieferter Verfahren abstreifen müssen, damit unsere kreativen Fähigkeiten voll zum Tragen kommen. Doch diese mentale Freiheit läßt sich in steuerbare Ideenfindungsprozesse einbringen, was nutzbringender ist als darauf zu hoffen, daß wir bei entsprechend eifriger Suche irgendwann das Ei des Kolumbus entdecken mögen. Eine Feile ist unter dem Strich ein wirksameres Instrument als alle Durchhalteparolen, daß nach Verbüßen der Strafe die Freiheit winkt.

Einige Leute meinen, daß planvoll, systematisch und methodisch anwendbare Ideenfindungstechniken von Haus aus nicht zu kreativen Lösungen führen, weil die damit verbundenen Strukturen den freien Lauf der Phantasie zügeln. Das ist Unsinn. Natürlich gibt es einschränkende Strukturen, zum Beispiel Eisenbahnschienen oder verschlossene Räume, aber viele dieser Strukturen eröffnen in Wirklichkeit neue Horizonte. Eine Leiter zählt beispielsweise dazu: sie ermöglicht uns, an Orte zu gelangen, die wir ohne ein solches Hilfsmittel nicht so bequem erreichen würden. Auch eine Tasse oder ein Glas erleichtern uns das Trinken, ohne uns die Wahl des Getränkes vorzuschreiben. Mathematische Formeln haben keine einengende, sondern eine befreiende Struktur, denn sie ermöglichen uns Zahlenspiele, zu denen wir andernfalls nicht befähigt wären. Systematische Kreativitätstechniken, die gezielt die Entwicklung neuer Konzepte und Wahrnehmungsmuster fördern, haben also nichts Widersprüchliches.

In meinen Augen sind kreative (oder laterale) Denkprozesse eine besondere Form der Informationsverarbeitung. Sie sollten einen angestammten Platz neben anderen Methoden der Datenspeicherung und -verwaltung erhalten, wie Mathematik, logische Analyse, Computersimulation, usw. Es besteht keine Notwendigkeit, das Thema Kreativität mit dem Schleier des Geheimnisses zu umgeben. Wir sollten es uns zur Gewohnheit machen, bewußt innovative Ideen in einem bestimmten Bereich zu entwickeln und uns dabei systematisch lateraler Kreativitätsmethoden zu bedienen.

In diesem Buch werde ich die drei generellen Ansätze beschreiben, die laterales Denken fördern:

1. Herausforderung
2. Alternativen
3. Mentale Provokation

In jedem Bereich gibt es eigene Methoden und Techniken, die erlernt, geübt und unverzüglich in die Praxis umgesetzt werden können. Die Geschichte des Peter Überroth und der Olympischen Spiele von Los Angeles sind dafür ein anschauliches Beispiel. Peter Überroth lernte das von mir entwickelte Kreativitätstraining des lateralen Denkens kennen, als ich 1975 in Boca Raton, Kalifornien, einen 90minütigen Vortrag vor dem Verband junger Unternehmer, der Young President's Organization, hielt. Wie in einem Interview in der *Washington Post* verlautet, gelang es ihm neun Jahre später, mit Hilfe lateraler Denkansätze die neuartigen Konzepte aus der Taufe zu heben, die den spektakulären Erfolg der Olympischen Spiele in Los Angeles begründeten.

Dieses Buch ist ein Leitfaden für laterales Denken, aber keine angemessene Grundlage für jemanden, der damit ein Kreativitäts*training* durchzuführen plant. Die Grundregeln für ein solches Vorhaben lassen sich nicht in gedruckter Form übermitteln, da Erfahrungsaustausch und persönliche Anleitung für den Trainingserfolg vorrangig sind. Das Buch soll eine *Orientierungshilfe* für alle darstellen, die ihre eigene Kreativität verbessern wollen.
Es ist vor allem auf drei Lesergruppen zugeschnitten:

1. Leser, die glauben, daß Kreativität in Zukunft an Bedeutung gewinnen wird und wissen wollen, wie man sie bestmöglich fördert;

2. Leser, die sich selbst für kreativ halten und ihr Potential besser ausschöpfen möchten;
3. Leser, die keine Notwendigkeit für kreative Denkoperationen sehen.

Die Angehörigen der dritten Kategorie werden das Buch höchstwahrscheinlich nicht kaufen. Ihre einzige Hoffnung besteht darin, daß ihnen jemand das Buch schenkt, um ihnen vor Augen zu halten, was kreatives Denken bedeutet und warum es so wichtig ist.

An diesem Punkt möchte ich bewußt zwischen zwei verschiedenen Formen des kreativen *Output* unterscheiden. Im allgemeinen nehmen wir an, daß kreative Denkoperationen eine neuartige Idee hervorbringen, deren praktische Umsetzung ein gewisses Risiko beinhaltet. Da die Idee erstmals Gestalt annimmt, können wir nicht mit absoluter Sicherheit sagen, ob sie so funktioniert, wie wir es uns vorstellen. Möglicherweise kostet es Zeit, Geld, Energie und Nerven, bis sie sich auszahlt. Viele Menschen und die meisten Unternehmen zögern, sich auf eine Investition mit unsicherem Ergebnis einzulassen, selbst wenn ihnen bewußt ist, daß solche Wagnisse auf lange Sicht unabdingbar sein dürften.

Die zweite Form des kreativen Output umfaßt Ideen, die auf Anhieb einleuchten. Wir sehen unverzüglich, daß sie funktionieren und wahrscheinlich wie eine Bombe einschlagen werden, daß sie Geld oder Zeit einsparen helfen oder irgendeinen anderen merklichen Vorteil zu bieten haben. Hier ein einfaches, anschauliches Beispiel:

Addieren Sie die Zahlen von 1 bis 10. Die Aufgabe erfordert keine großen Rechenkünste, und das richtige Ergebnis lautet 55. Nun addieren Sie die Zahlen von 1 bis 100. Auch das ist nicht schwer, aber ziemlich langwierig und es unterläuft einem dabei leicht ein Fehler. Und jetzt schreiben Sie bitte hintereinander die Zahlen von 1 bis 100 auf:

1	2	3	...	98	99	100

Darunter notieren Sie die Zahlen von 1 bis 100 in umgekehrter Reihenfolge:

1	2	3	...	98	99	100
100	99	98	...	3	2	1

Wenn Sie die senkrechten Zahlenpaare addieren, erhalten Sie stets die Summe 101. Da Sie die obere Zahlenreihe jeweils um 1 vermehren und die untere Zahlenreihe um 1 vermindern, bleibt die Gesamtsumme zwangsläufig dieselbe, nämlich 100 x 101. Das ist natürlich die doppelte Summe derjenigen, die wir brauchen, weil wir zwei Zahlenreihen von 1 bis 100 haben. Deshalb teilen wir durch 2 und erhalten 50 x 101, oder 5050. Diese Methode erhöht nicht nur die Rechengeschwindigkeit, sondern verringert auch die Gefahr, daß Ihnen dabei Fehler unterlaufen. Mit anderen Worten: Auf diese Weise lassen sich die Zahlen von 1 bis 100 wesentlich schneller und einfacher addieren.

Im nachhinein ist diese Methode völlig logisch. Doch in der Praxis wird sie nur von wenigen angewendet.

Eine andere Technik besteht darin, die Zahlen rückwärts und vorwärts ›abzuspulen‹:

50	49	48	...	3	2	1
51	52	53	...	98	99	100

Das macht 50 x 101, oder 5050.

Ich behaupte nicht, daß es sich hier um einen schöpferischen Akt handelt, denn auf diesen Lösungsansatz kommt man auch durch intensives Nachdenken oder mittels Visualisierung. Ich sage nur, daß der Nutzen dieser Methode auf Anhieb erkennbar ist und daß sie kein Risiko beinhaltet.

Es gibt Zeiten, in denen man mit kreativen Denkoperationen genau dieses Ergebnis erzielt: eine Idee, die auf Anhieb einleuchtet. Daß sie rückblikkend logisch ist, bedeutet nicht, daß man von vornherein imstande gewesen wäre, ihr durch Logik auf die Spur zu kommen (wie ich bereits erwähnte, und wie wir an späterer Stelle noch sehen werden).

Dieser Punkt ist deshalb wichtig, weil der Hauptzweck des lateralen Denkens darin besteht, bessere Methoden und Techniken zur Bewältigung bestimmter Aufgaben zu finden. Es wäre falsch, anzunehmen, daß originelle Ideen stets mit Risiken verbunden sind. Kreativität umfaßt auch neue Erkenntnisse und Wahrnehmungen, die auf Anhieb Sinn machen.

Das Buch ist in drei Abschnitte gegliedert:

Teil I: Der Kreativitätsbedarf
Teil II: Kreativitätsfördernde Techniken und Methoden
Teil III: Praktische Anwendung für kreative Denkprozesse

> Nichts ist besser als eine gute Idee.
> Nichts ist befriedigender als die Verwirklichung einer guten Idee.
> Nichts ist gewinnbringender als eine gute Idee, die ihrem Zweck vollauf gerecht wird.

Teil I
Der Kreativitätsbedarf

Der unmittelbare Nutzen

Welche Vorteile soll das Buch den Lesern bringen? Welche Nutzen lassen sich unmittelbar daraus ziehen und praktisch umsetzen? Wie bei jedem Buch hat Ihnen, so hoffe ich, auch hier die Lektüre Spaß gemacht. Vielleicht haben Sie auch etwas dazugelernt, oder eine willkommene Bestätigung bereits bestehender Erkenntnisse darin gefunden.

Mit dem Buch möchte ich Ihnen einen Nutzen auf drei verschiedenen Ebenen bieten. Sie sollen:

1. Die Beschaffenheit und Logik der Kreativität verstehen;
2. Den Willen und die feste Absicht entwickeln, sich bewußt um Kreativität zu bemühen; und
3. Spezifische Instrumente, Techniken und Methoden kennenlernen, die laterales Denken fördern.

Die Beschaffenheit und Logik der Kreativität verstehen

Das Thema Kreativität umspannt eine unübersichtliche, verworrene Palette von Aktivitäten, die allem Anschein nach von der Erfindung einer neuen Zahnpasta bis hin zur Komposition der Fünften Symphonie von Beethoven reicht. Ein großer Teil der Schwierigkeiten wurzelt unmittelbar in der Definition des Begriffes ›kreativ‹ und ›Kreativität‹.

Auf der einfachsten Ebene bedeutet ›kreativ‹ sein etwas schaffen, was es vorher nicht gab. In gewisser Hinsicht ist auch der Ausdruck »Unordnung schaffen« ein Beispiel für Kreativität. Das heillose Durcheinander war vorher nicht vorhanden, sondern wurde erst angerichtet. Dann messen wir dem Ergebnis des kreativen Prozesses – dem Output – einen bestimmten Wert bei; das dabei entstehende Produkt besitzt also ebenfalls einen Wert oder Nutzen. An diesem Punkt kommt die künstlerische Kreativität ins Spiel, denn die Arbeit eines Künstlers ist neu und hat einen Wert.

Nun sind wir bei der Schlußfolgerung angelangt, daß der kreative Output nicht auf der Hand liegt oder im Handumdrehen erfolgt. Er muß eine einzigartige oder seltene Eigenschaft besitzen. In diesem Zusammenhang könnten wir an außergewöhnliche handwerkliche Fähigkeiten denken.

Wenn wir beginnen, Begriffe wie ›unerwartet‹ oder ›Veränderung‹ einzuführen, stellt sich Kreativität aus einer anderen Warte dar.

Es gibt Künstler, die zur Gruppe der ›produktiven Stylisten‹ gehören. Sie lassen sich auf Anhieb an bestimmten Wahrnehmungsmustern und Ausdruckselementen erkennen, die eine hohe Wertigkeit haben können. Sie arbeiten innerhalb der Grenzen ihres Stils. Da ihre aktuellen Produkte kein müder Abklatsch der vorherigen sind, beinhalten sie meistens etwas Neues und haben hohen Wert. Folglich bezeichnen wir solche Künstler als kreativ. Aber hier fehlt etwas, nämlich das Element des Wandels.

Ich bin der Meinung, daß der verschwommene Sammelbegriff ›Kreativität‹ eine breitgefächerte Palette unterschiedlichster Fähigkeiten und Fertigkeiten abdeckt. In diesem Buch steht nicht die schöpferische Gabe des Künstlers im Mittelpunkt, auch wenn namhafte Drehbuchautoren, Komponisten, Schriftsteller und Rockmusiker mir bestätigt haben, daß sie von meinen lateralen Denkmethoden ungeheuer profitieren. Ein solches Kompliment hört man immer gerne, aber mir geht es nicht in erster Linie darum, die künstlerische Kreativität als solche zu verbessern. Ich beschränke mich sehr gerne auf die Entwicklung der kreativen Fähigkeiten, die jedermann zu eigen und unabdingbar sind, um Konzepte und Wahrnehmungsmuster zu ändern.

Wir können Kreativität als ein Rätsel betrachten, das niemand so richtig zu entschlüsseln vermag. Es entstehen immer brilliante neue Ideen, ohne daß wir genau wissen, wie. Auch wenn wir das Verhalten kreativer Menschen mit Argusaugen beobachten und analysieren, sind wir um keinen Deut klüger, denn sehr häufig sind sich diese Menschen selbst nicht im klaren darüber, was ihren Geistesblitz ausgelöst hat.

Ich ziehe es daher vor, mich unmittelbar mit dem Verhalten des menschlichen Gehirns, eines selbstorganisierenden Informationssystems, zu befassen. Kennzeichen eines solchen Systems ist, daß die eintreffenden Informationen codiert, gespeichert und als Handlungsmuster abgerufen werden können. Wenn wir das Verhalten und die mögliche Reaktion solcher Systeme unter die Lupe nehmen, gewinnen wir eine sehr klare Vorstellung von den charakteristischen Merkmalen der menschlichen Kreativität. Der Schleier des Geheimnisses wird auf einen Schlag gelüftet. Wir sehen, wie Kreativität in der Praxis funktioniert. Wir erkennen auch, wie wir Techniken entwickeln können, um die Wahrscheinlichkeit innovativer Problemlösungen systematisch zu erhöhen. In gewisser Hinsicht werfen wir einen Blick auf die ›Logik‹, die sich hinter der Kreativität verbirgt. Die Logik der Kreativität ist die Logik von Codierungssystemen, wie wir in einem späteren Kapitel sehen werden. Sie fordert weder von uns, schlicht zu glauben, was sich nicht durch Wissen hieb- und stichfest untermauern läßt, noch Unerforschtes als Mysterium zu akzeptieren. Es gibt keine geheimnisumwobene Black Box, den ›schwarzen Kasten‹ mit unbekanntem inneren Aufbau, in dem sich kreative Prozesse abspielen. Der Kern der Kreativität (oder genauer gesagt, des lateralen Denkens) wird bloßgelegt.

Vor etlichen Jahren hielt ich einen Vortrag vor rund 1200 Akademikern, Mitarbeitern der Firma 3M in Minneapolis. Ich glaube, zu den Zuhörern zählte das Gros der Forschungs- und Entwicklungsabteilung. Ungefähr acht Jahre später erzählte einer der Topmanager dieses Unternehmensbereichs einem meiner Freunde, das Referat habe ungeahnt positive Auswirkungen auf die Forschungsarbeit gehabt. Im Auditorium saßen damals ausschließlich Elektronikingenieure, Physiker, Experten für Werkstoffkunde, usw. Solche ›Techniker‹ neigen in aller Regel zu der Überzeugung, Kreativität sei etwas für Werbespezialisten, Verpackungskünstler, Marketingfachleute und Designer schlechthin, stelle aber kein absolutes Muß in Tätigkeitsfeldern dar, in denen physikalische Gesetze und Normen als Maß aller Dinge gelten. Sobald diese Leute gleichwohl die Logik der Kreativität als typisches Verhalten von Systemen erkannten, die mit leistungsfähigen Codes arbeiten, änderte sich ihre Einstellung ein für allemal.

Das ist ein wichtiger Punkt, denn viele Leute sehen zwar den Nutzen kreativer neuer Ideen, sind aber nicht von der Notwendigkeit einer kreativen Denkweise überzeugt, solange diese nur angemahnt wird. Doch sobald sie den tatsächlichen logischen Kreativitätsbedarf sehen – auf logische Weise erklärt –, tritt unvermeidlich ein grundlegender Sinneswandel ein.

Die Tatsache, daß man die Logik der Kreativität begreift, trägt an sich noch nicht zur Verbesserung des eigenen Ideenreichtums bei. Sie macht jedoch bewußt, wie dringend notwendig eine kreative Denkweise ist. Klar werden auch Aufbau und Funktionsweise bestimmter Kreativitätstechniken, und warum scheinbar unlogische Techniken im Rahmen eines Systems, das Handlungsmuster codiert, speichert und als Orientierungshilfe verwendet, in Wirklichkeit ihre eigene Logik haben. Und ganz besonders wichtig ist, daß sich Menschen, die mit der Logik der Kreativität vertraut sind, eher motiviert fühlen, das eigene schöpferische Potential bewußt zu entwickeln.

Einige Leute behaupten, die Logik der Kreativität sei für sie nicht von Interesse, und sie brennen darauf, mit den praktischen Techniken zu beginnen. Das ist ein Fehler, denn man kann ein Instrument nicht optimal einsetzen, wenn man die Logik hinter seiner Beschaffenheit und Funktionsweise nicht kennt. Trainer, die Kreativitätstechniken wie ein Sammelsurium bestimmter Werkzeuge präsentieren, dürfen sich nicht wundern, wenn ihre Schüler diese als ›Firlefanz‹ abstempeln.

Konzentration und Motivation

Die zweite Ebene des unmittelbaren Nutzens ist mit der Konzentration befaßt, mit der Bereitschaft eines Menschen, innezuhalten, sein Augenmerk auf einen bestimmten Punkt zu richten und lateral zu denken. In diesem Augenblick sind möglicherweise keine spezifischen Techniken im Spiel. Erforderlich ist lediglich die Investition von Zeit, Mühe und Engagement. Und nicht zu vergessen der Wille, eine originelle Idee zu finden.

Bei einem Empfang in Melbourne, Australien, kam ein junger Mann zu mir, der sich als John Bertrand vorstellte. Er erzählte mir, daß er 1983 Skipper der australischen Mannschaft war, die sich für den America's Cup qualifizierte. Diese ungeheuer anspruchsvolle Segelregatta war in den 130 Jahren ihres Bestehens ausschließlich von den amerikanischen Teilnehmern gewonnen worden. John Bertrand schilderte, wie er und seine Crew ihre Aufmerksamkeit auf einen verbesserungswürdigen Punkt nach dem anderen gerichtet und sich fest vorgenommen hatten, neue Lösungen zu finden. Die offenkundigste war eine technische Veränderung am Kiel, der mit Ruderblättern versehen war. Zum erstenmal in der Geschichte des Rennens wurde die Siegesserie der Amerikaner im America's Cup durchbrochen. Das ist ein klassisches Beispiel für das unumstößliche Bestreben, innovative Konzepte zu entwickeln und lateral zu denken.

Ein weiteres Fallbeispiel stammt ebenfalls aus Australien; der Gründer der Red Telephone Company erzählte die Geschichte einem meiner Freunde. Die roten Münzfernsprecher befanden sich im Besitz eines Privatunternehmens, das mittlerweise von der Australischen Telecom aufgekauft wurde. Das Problem bestand darin, daß Ortsgespräche in Australien zeitlich unbegrenzt sind: der Benutzer des Ferbnsprechers kann für dieselbe Grundgebühr nach Herzenslust telefonieren. Lange Gespräche ließen also die Einnahmen der Red Telephone Company schrumpfen, da die Telefonzellen belegt waren und andere potentielle Kunden, die vielleicht mehrere kurze Anrufe tätigen wollten, nicht zum Zuge kamen. Das Unternehmen erzielte seine Erlöse je Telefonat, ungeachtet der Gesprächsdauer. Dem Firmengründer fiel mein erstes Buch über laterales Denken in die Hände und er machte sich an die Aufgabe, die Telefonate zu verkürzen. Die Möglichkeiten, die Gesprächszeit zu begrenzen oder zusätzliche Kosten zu berechnen, schieden von vornherein aus, weil sich die Red Telephone Company dadurch Nachteile gegenüber anderen Wettbewerbsteilnehmern eingehandelt hätte.

Am Ende fand sich tatsächlich ein völlig neuartiger Lösungsansatz. Der Firmengründer ließ in Abstimmung mit dem Hersteller der Fernsprechgeräte Bleigewichte in die Hörer einbauen. Dadurch erlahmte nach gewisser Zeit der Arm, was langen Gesprächen automatisch einen Riegel vorschob. Allem Anschein nach zahlte sich die Idee aus, denn bis zum heutigen Tag sind die Red Telephones ungewöhnlich schwer.

Selbst dort, wo keine lateralen Denktechniken benutzt werden, ist es nützlich, an irgendeinem Punkt innezuhalten und sich fest vorzunehmen, intensiv nach neuen Ideen und Methoden zu suchen.

Diese Motivation wurzelt in dem Verständnis der Möglichkeit, originelle Lösungen zu entwickeln, und in dem Wissen um das kreative Potential, das dem menschlichen Verstand zu eigen ist.

Sie sind nicht immer in der Lage, brandneue Konzepte zu erarbeiten, aber langfristig wird die Gewohnheit, innezuhalten und das Augenmerk bewußt auf den Ideenfindungsprozeß zu richten, reiche Früchte tragen.

Instrumente und Techniken

Wenn Sie dieses Buch gelesen haben, verfügen Sie über einige spezifische Instrumente, die Ihnen systematisch und methodisch den Weg zu neuen Ideen ebnen. Natürlich macht auch hier Übung den Meister. Je häufiger Sie dieses Werkzeug benutzen, desto geschickter werden Sie im Umgang damit. Einige Leute werden es in aller Regel besser handhaben als andere, was für jedes

Gebiet gilt, auf dem sich persönliche Kompetenz erwerben läßt. Dennoch kann jeder, der daran interessiert ist, diese Fähigkeit in einem nicht unbeträchtlichen, spürbaren Ausmaß erwerben und entwickeln.

Ich möchte an dieser Stelle nochmals betonen, daß dieses Instrumentarium planvoll, systematisch und methodisch eingesetzt werden kann. Es hat nichts mit Inspiration oder einer vorübergehenden ›schöpferischen Phase‹ zu tun. Sie können die Techniken genauso bewußt anwenden wie Sie Zahlenreihen addieren.

Im Lauf der Zeit haben mir viele kreative Menschen erzählt, daß sie sich bei der Suche nach neuen Ideen auf ihre eigene schöpferische Intuition zu verlassen pflegten. Aber wenn es ihnen um eine außergewöhnliche Lösung geht, ziehen sie den systematischen Ansatz bestimmter Kreativitätstechniken vor, statt sich allein auf ihr angeborenes Talent zu stützen. Diese Erfahrung kann ich nur bestätigen. Wenn ich die Techniken systematisch und bewußt anwende, überrasche ich mich für gewöhnlich mit einem Einfall, der mir vorher nie gekommen wäre. Diese Instrumente sind also keine Krücken für alle, deren Phantasie einfach nicht recht in Gang kommen will, sondern selbst für hochgradig schöpferische Menschen ein Zugewinn. Es erfordert jedoch ein gewisses Maß an Selbstdisziplin und bewußter Anstrengung, diese Techniken auch zu benutzen, wenn man den Kopf voll ungereimter Ideen hat, von denen die eine oder andere vielleicht einer genaueren Überlegung wert wäre.

Viele Experten definieren den Begriff Kreativität aus einer Warte, die sich auf Inspiration stützt. Sie behaupten, wenn Sie sich von psychologischen Hemmungen befreien, sind dem Einfallsreichtum keine Grenzen gesetzt. Wenn Sie Ihrer Intuition vertrauen, sind dem Einfallsreichtum keine Grenzen gesetzt. Wenn Sie den Theta-Zustand erreichen, sind dem Einfallsreichtum keine Grenzen gesetzt. Wenn Sie sich in einem kreativen Hoch befinden, sind dem Einfallsreichtum keine Grenzen gesetzt. Der Hauptakzent liegt hier auf dem jeweiligen mentalen Zustand. Von Zeit zu Zeit können diese geänderten Bewußtseinszustände die Ideensuche fördern, ein Effekt, der sich verläßlicher und systematisch mit Hilfe jederzeit anwendbarer Kreativitätstechniken erzielen läßt. Ein neuer Bewußtseinszustand kann eine mentale Herausforderung begünstigen, aber diese läßt sich auch gezielt – und nach Lust und Laune – herbeiführen, wenn man bestimmte Provokationstechniken und das Wörtchen ›*po*‹ benutzt.

Seit ich vor einigen Jahren das grundlegende Instrumentarium des lateralen Denkens entwickelt habe, wurden die Techniken plagiiert, imitiert und manipuliert, normalerweise ohne Einverständnis des Urhebers oder entsprechenden Hinweis. Selbst renommierte Institutionen in diesem Feld genieren sich nicht, geistige Anleihe bei Methoden und Informationsmaterial zu nehmen, ohne die Quelle zu nennen. Der Begriff ›po‹ hat heute beispielsweise weitgehend Eingang in die Fachsprache gefunden.

Dieses Buch zielt unter anderem auch darauf ab, das Instrumentarium des lateralen Denkens in seinen Grundzügen zu beschreiben, so daß der Kern dieser hochwirksamen Methoden und Techniken erkennbar und das ganze überflüssige Drum und Dran als solches entlarvt wird.

Sie, liebe Leserinnen und Leser, werden also einige grundlegende Techniken des lateralen Denkens kennenlernen. Was Sie selbst einbringen müssen, ist zum einen die Motivation, sie immer wieder zu üben, bis Sie Ihnen in Fleisch und Blut übergegangen sind, und zum anderen den festen Willen, sie praktisch umzusetzen. Das Bemerkenswerte an Peter Überroth war seine unerschütterliche Motivation (und seine Führungskompetenz). Es reicht nicht aus, sich das Instrumentarium in der Theorie anzueignen und die Praxis zu vernachlässigen.

Einige der Methoden, wie die Hüte-Technik, werden heute von vielen führenden Unternehmen eingesetzt; sie haben die Denkgewohnheiten der Belegschaft völlig auf den Kopf gestellt.

Im dritten Teil des Buches steht die praktische Anwendung des lateralen Denkens im Vordergrund. Hier werden Strukturen und Umstände beschrieben, die den Einsatz kreativer Methoden und Techniken wesentlich erleichtern.

Der theoretische Kreativitätsbedarf

Humor ist mit Abstand das wichtigste Verhaltensmerkmal des menschlichen Gehirns.

Diese These habe ich schon in mehreren Büchern aufgestellt und ich vertrete sie auch jetzt, ohne beabsichtigte Provokation. Ich meine es wörtlich. Humor sagt mehr als jedes andere mentale Verhalten über die Beschaffenheit des Informationssystems aus, das Wahrnehmungen erzeugt. Es handelt sich um ein selbstorganisierendes Informationssystem.

Der Humor deutet nicht nur klar auf die Beschaffenheit des Systems hin, sondern zeigt auch, daß bestimmte vorhandene Wahrnehmungsmuster völlig unvermutet neu angeordnet oder konfiguriert werden können. Das ist der wahre Kern der Kreativität, wie ich an späterer Stelle eingehend erläutern werde.

Der Humor ist eine Komponente, die von konventionellen Philosophen, Psychologen, Informationswissenschaftlern und Mathematikern ziemlich stiefmütterlich behandelt wurde; sie haben sich in erster Linie mit passiven, extern organisierten Informationssystemen befaßt. Erst in jüngster Zeit bekunden die Mathematiker wachsendes Interesse an nicht-linearen, instabilen Systemen (Chaos- oder Katastrophentheorien usw.).

Wir müssen zwischen zwei sehr breitgefächerten Systemarten unterscheiden, den passiven und den aktiven Informationssystemen. In passiven Systemen sind Informationen und Benutzeroberfläche [die dem Anwender die Verwendung ermöglicht und ein langwieriges, immer neues Erlernen der einzelnen Programmschritte erspart] träge und reagieren auf Befehl. Die Impulse für sämtliche Operationen stammen von einem externen Organisationsprogramm, das die Informationen in Bezug zueinander setzt und einordnet bzw. abruft. In einem aktiven System sind Informationen und Oberfläche aktiv. Die Informationen ordnen sich von selbst, ohne die Hilfe einer externen Organisationsstruktur. Deshalb bezeichnet man derartige Systeme als *selbstorganisierend* [oder selbstinstruierend].

Stellen Sie sich einen Tisch vor, auf dem einige kleine Bälle liegen (vielleicht in einer Halterung). Sie haben die Aufgabe, die Bälle in zwei akkuraten Reihen anzuordnen. Sie machen sich an die Arbeit. Sie sind der externe Organisator. Abb. 1.1 und Abb. 1.2 zeigen die Anordnung vor und nach Ihrer Aktion.

Nehmen wir nun an, daß Sie statt der planen Fläche eine Tischplatte mit zwei parallel verlaufenden Rinnen vorfinden, wie in der kleinen Zeichnung über Abb. 1.3. Wenn Sie die Bälle nun aufs Geratewohl über die Tischplatte rollen, würden sie *ganz ohne Ihr Zutun* in den beiden Rinnen an der Unterkante der Tischplatte landen. Dieses Mal mußten Sie nicht die Aufgabe des externen Mittlers übernehmen. Dazu bestand keine Notwendigkeit, da sich das System selbst organisiert.

Natürlich könnten Sie jetzt einwenden, daß in Wirklichkeit der Hersteller der Rinnen-Tischplatte für Ordnung im System gesorgt hat. Das ist absolut richtig. Aber angenommen, die Rinnen hätten sich durch Abnutzung, unter dem fortlaufenden Gewicht der Bälle gebildet. Dann hätten wir ein echtes selbstorganisierendes System vor uns.

Wir müssen nicht lange suchen, um ein Beispiel für ein solches System zu entdecken. In niederschlagsreichen Landstrichen bildet der Regen irgendwann Bäche, Flüsse und Täler. Sobald diese Einschnitte im Erdreich vorhanden sind, suchen sich künftige Niederschläge automatisch ihren Weg entlang diesen natürlichen Rinnen. Das Wechselspiel zwischen Regen und Topographie trägt also zur Entstehung von ›Kanälen‹ bei, die wiederum auf die Art einwirken, wie sich künftige Niederschläge sammeln und organisieren.

Schon 1969 habe ich ein anschauliches Modell entwickelt: Stellen Sie sich ein Handtuch vor, auf dem Sie löffelweise Tinte verteilen, und als Gegensatz dazu eine flache Schale mit Gelatine, auf die Sie löffelweise erhitzte Tinte träufeln. Das Handtuch stellt das passive System dar: Die Tinte bleibt an genau der Stelle haften, auf die sie tropft. Bei der Gelatine löst die heiße Tinte die Gallertmasse auf; sie bildet ähnliche Rinnen wie der Regen, der das Erdreich auswäscht. Die Gelatine ermöglicht der einfließenden Tinte, sich selbst in Kanälen oder Sequenzen zu ordnen.

In meinen Büchern *The Mechanism of Mind* (1969) und *I Am Right You Are Wrong** habe ich im einzelnen geschildert, wie das Netzwerk menschlicher Nervenzellen im Gehirn den eintreffenden Informationen gestattet, sich selbst in zeitweilig stabile Muster und Sequenzen einzufügen. Dieser Vorgang hat nichts mit Zauberei oder wissenschaftlichen Geheimnissen zu tun, sondern ist ein bekanntes und charakteristisches Verhalten neuronaler Netzwerke. Die Konzepte, die 1969 erstmals beschrieben wurden, sind seither von so

---

* Viking, London, 1990; Viking, New York, 1991.

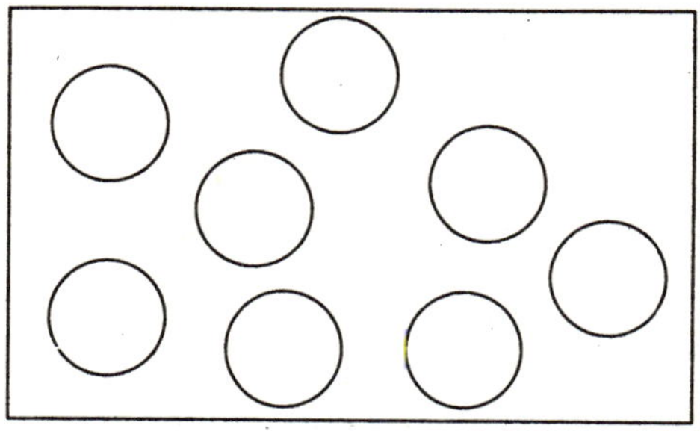

Abb. 1.1

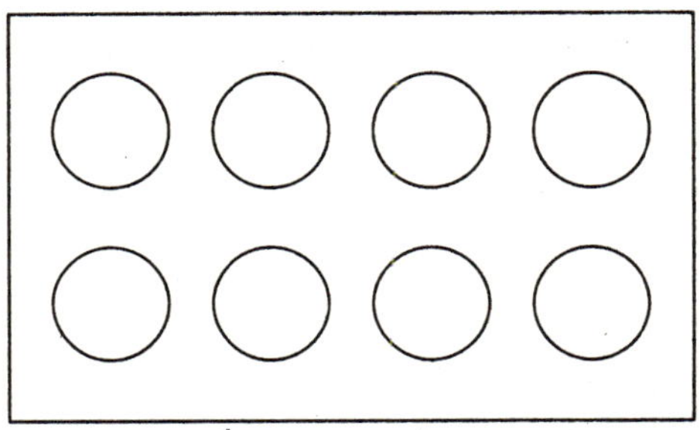

Abb. 1.2

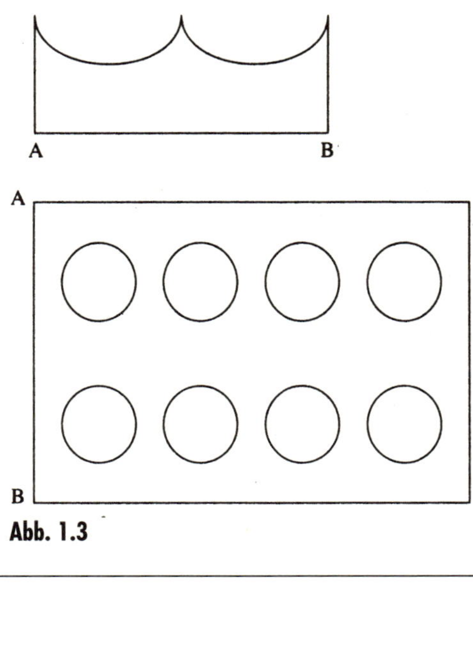

Abb. 1.3

namhaften Wissenschaftlern wie John Hopfield vom California Institute of Technology weiter ausgearbeitet worden, der 1979 über derartige Systeme zu schreiben begann. Professor Murray Gell Mann, der den Nobelpreis für die Entdeckung des Quark – eines hypothetischen Elementarteilchens – erhielt, erzählte mir sogar, in *The Mechanism of Mind* wären bestimmte Systemarten beschrieben, die acht Jahre vorher von den Mathematikern als interessantes Forschungsobjekt entdeckt wurden.

Denjenigen, die ihre Kenntnisse darüber vertiefen möchten, wie neuronale Netzwerke ermöglichen, daß Informationen codiert und in Form von Handlungsmustern als jederzeit abrufbare Orientierungshilfe gespeichert werden, sei die Lektüre der beiden oben genannten Werke und anderer Sachbücher aus diesem Bereich empfohlen.

Unter dem Strich handelt es sich dabei um Systeme, in denen die aufgenommenen Informationen eine bestimmte Sequenz von Aktivitäten in Gang setzen. Im Verlauf der Zeit wird diese Reihenfolge zu einem bevorzugten Informationsverarbeitungspfad oder Muster. Neurochemiker und Neurophysiologen streiten sich vielleicht über die verschiedenen Enzyme, die in diesen Prozeß einbezogen sind, aber das Gesamtbild (in seinen breiten Aspekten) ändert sich dadurch nicht.

Sobald diese Codes gespeichert sind, erweisen sie sich als äußerst nützlich, denn sie sind darauf gedrillt, bestimmte Zusammenhänge zu erkennen. Das entsprechende situationsbezogene Handlungsmuster wird aktiviert und auf die neue Situation übertragen, wobei wir den Sachverhalt durch den Filter früherer Erfahrungen wahrnehmen. Ein einfaches Beispiel ist in Abb. 1.4 dargestellt.

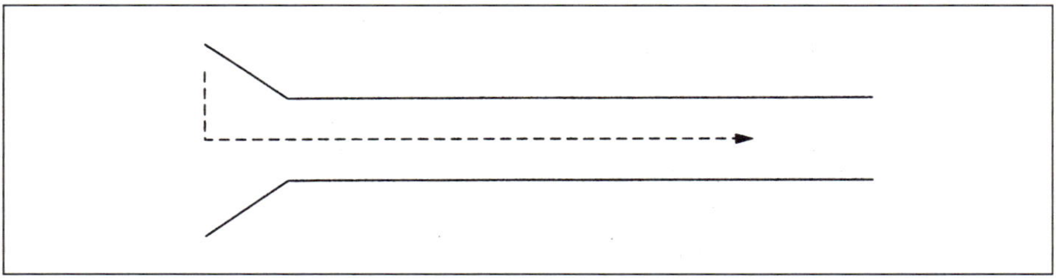

Abb. 1.4

Das Problem bei einem System mit einfachen Codes besteht darin, daß wir eine erkleckliche Anzahl brauchen, um Situationen der unterschiedlichsten Art mental in den Griff zu bekommen. Jede neue Konstellation, der sich kein unmittelbares, bestehendes Handlungsmuster zuordnen läßt, muß aufs neue analysiert werden. Unser Gehirn bewältigt dieses Übertragungsproblem auf sehr einfache Weise.

Wie Flüsse verfügen diese Handlungsmuster über ein weitläufiges Auffangbecken, das einem Trichter gleicht. Das bedeutet, jedwede mentale Aktivität innerhalb dieses Gebietes beinhaltet ein Element der Instabilität, das zwingend zu einem bestehenden, vergleichbar strukturierten Muster führt. Diese Schlußfolgerung läßt sich direkt aus einer sehr einfachen Verhaltensweise ableiten: Was einem Computer schwerfällt (Muster zu erkennen), gelingt dem menschlichen Gehirn auf Anhieb und nahezu automatisch. Das Sammelbecken ähnelt einem Trichter, wie in Abb. 1.5 dargestellt.

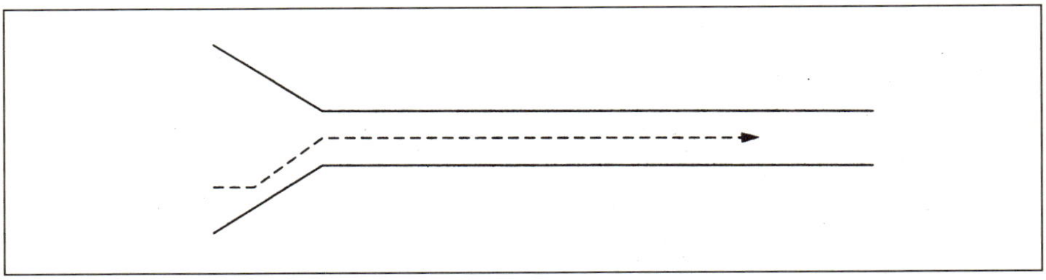

Abb. 1.5

Wenn wir also einen Blick auf die Außenwelt werfen, sind wir geradezu darauf programmiert, sie durch die Brille bestehender Handlungsmuster zu betrachten, wie in Abb. 1.6 anschaulich wird. Genau diese Fähigkeit, die eintreffenden Informationen mit den im Gedächtnis gespeicherten zu vergleichen, sie zu werten und sie zu ordnen, verleiht der menschlichen Wahrnehmung Stärke und Nutzen. Wir sind selten um eine Antwort verlegen. Wir erkennen und durchschauen die meisten Situationen. Deshalb wird uns eine Analyse der vorhandenen Informationsmuster auch keine neuen Ideen

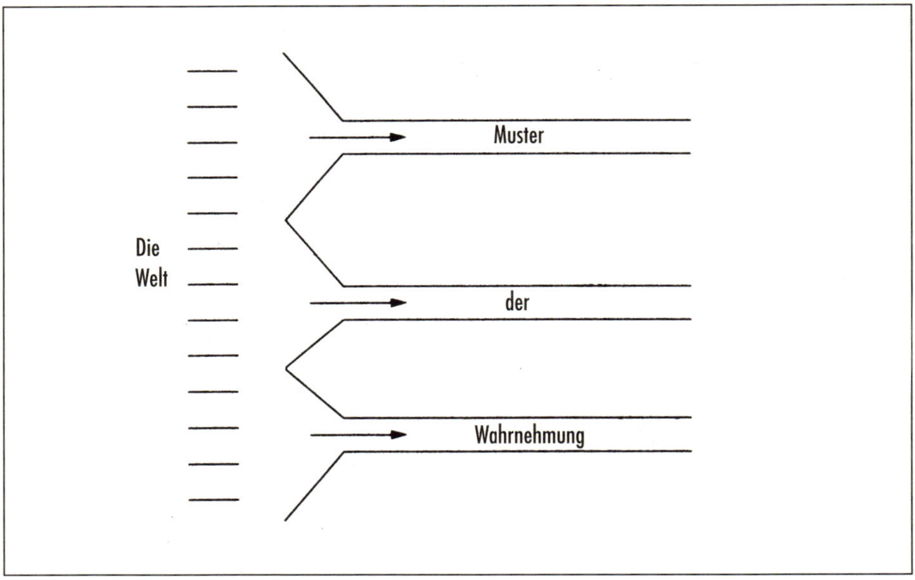

Abb. 1.6

eintragen. Das Gehirn erkennt nur, was es zu sehen erwartet (bestehende Muster). Wenn wir Daten analysieren, greifen wir unbewußt auf Vorstellungen zurück, die sich bereits in unserem Ideenreservoir befinden. Das ist ein wichtiger Punkt, auf den ich später noch im einzelnen eingehen werde.

Die Codierung und Decodierung situationsbezogener Handlungsmuster, ein Kennzeichen der neuronalen Netzwerke unseres Gehirns, ist ein Wunderwerk der Natur, ohne die menschliches Leben undenkbar wäre. Wahrnehmung ist der Prozeß, Handlungsmuster als Orientierungshilfe zu entwickeln und für künftige Entscheidungen zu benutzen.

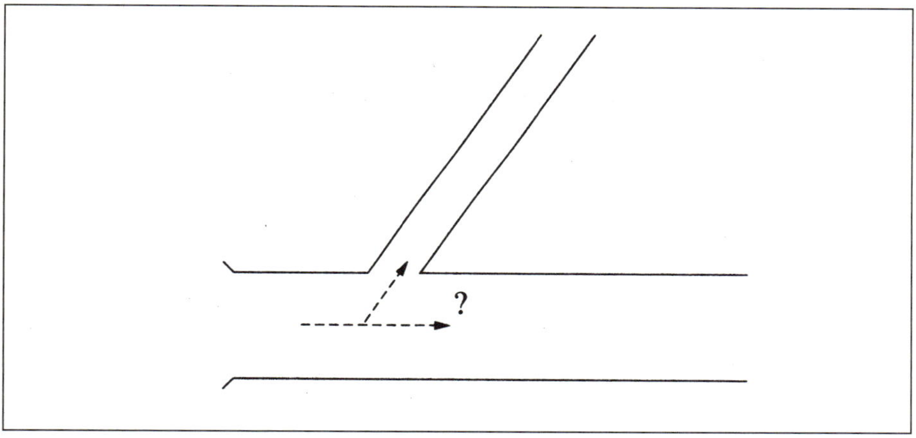

Abb. 1.7

Aber was geschieht bei Abweichungen von der Norm? Halten wir inne, um jedes einzelne Nebengeleis zu erforschen? Wenn wir dazu gezwungen wären, würde unser Leben im Schneckentempo verlaufen. In der Praxis kommt diese Situation nie vor, weil die Nerven auf bestimmte Weise miteinander vernetzt sind: der dominante Informationsverarbeitungspfad unterdrückt alle anderen, die für den Augenblick aus unserem Bewußtsein gestrichen werden. Wir sind also gezwungen, uns auf diese ›Denkschiene‹ zu begeben, und darauf zu vertrauen, daß sie die richtige ist.

Falls wir das Nebengeleis jedoch von einem anderen Punkt aus betreten, können wir es bis zum Ausgangspunkt zurückverfolgen. Dieser Prozeß ist in Abb. 1.8 abgebildet.

Nun kommen wir zur klassischen Asymmetrie der Codes (die unterschiedlich strukturiert sind). Wie in Abb. 1.9 gezeigt, ist die Route von B nach A sehr direkt, während die von A nach B Umwege enthalten kann.

Genau dieses Phänomen der Asymmetrie ist Ursprung sowohl des menschlichen Humors als auch der Kreativität.

Wenn uns jemand einen Witz erzählt, bewegen wir uns entlang der Haupthandlungsschiene. Plötzlich werden wir mit dem Ende des Nebengelei-

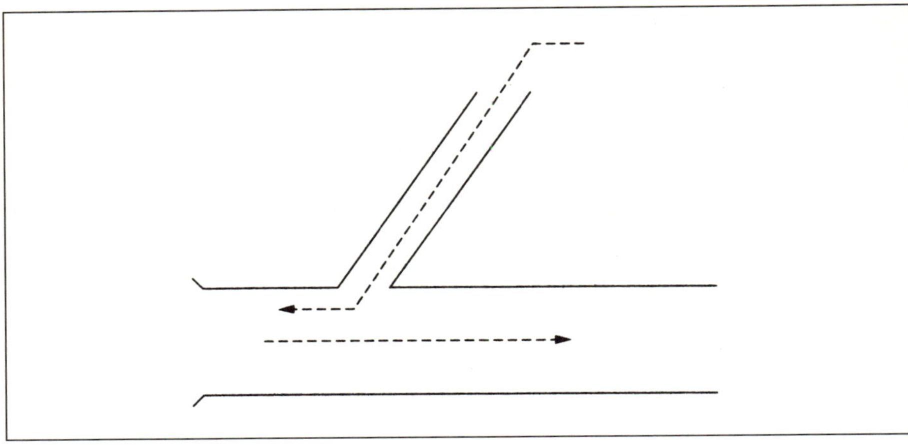

Abb. 1.8

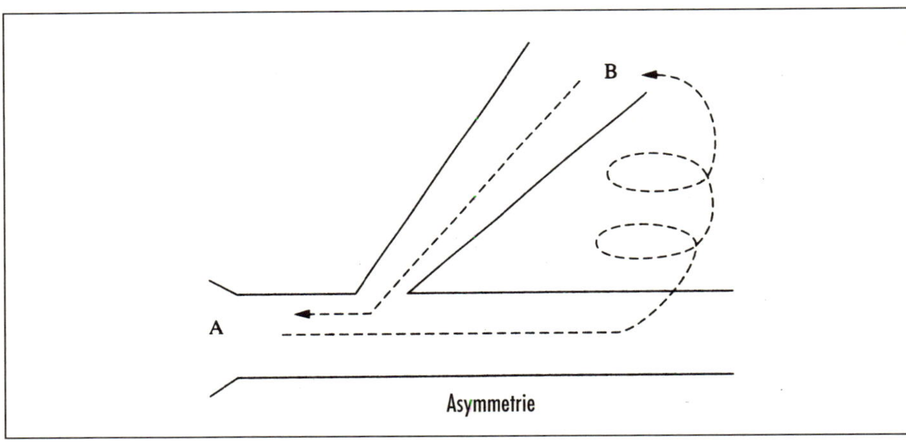

Abb. 1.9

ses konfrontiert und erkennen auf Anhieb den Kurs, den wir hätten einschlagen können.

> »Wenn ich mit dir verheiratet wäre, würde ich deinen Kaffee vergiften.«
> »Und wenn ich mit dir verheiratet wäre, würde ich den Kaffee trinken.«

(Diese Geschichte wird Winston Churchill und Lady Asquith zugeschrieben, doch weiß keiner genau, wie sie ausgegangen ist.)

> »Schlag' mich,« fleht der Masochist den Sadisten an.
> »Nein,« erwidert der Sadist und genießt die Situation.
> »Vielen Dank,« sagt der Masochist.

In beiden Beispielen folgen unsere Gedanken einer bestimmten vorgezeichneten Bahn, um dann, nach einer kurzen Pause, abrupt auf einen anderen Kurs einzuschwenken, wie in Abb. 1.10 deutlich wird.

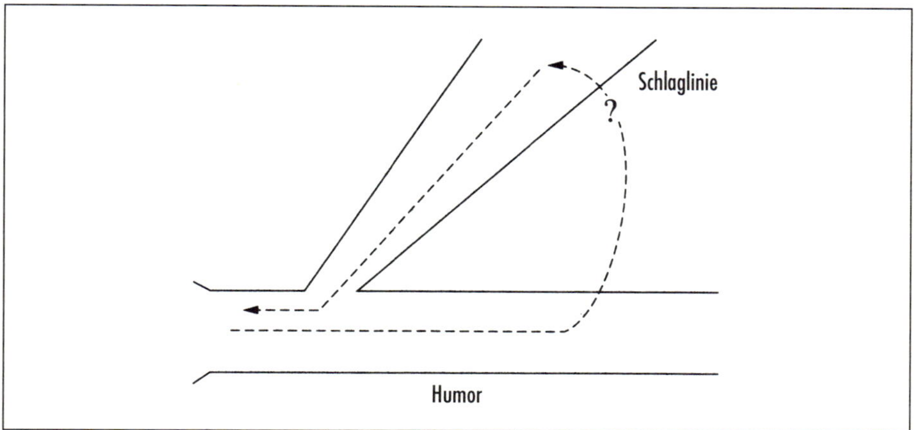

Abb. 1.10

Als ich einmal an meinen Platz im Flugzeug zurückkehrte, stieß ich mir den Kopf am Fach für das Handgepäck an, das sich über den Sitzreihen befindet. Ich nahm Platz und der Passagier neben mir erklärte: »Ich habe mir auch schon eine Beule geholt; die Fächer befinden sich zu weit unten.«

»Ganz im Gegenteil,« erwiderte ich. »Das Problem ist, daß sie zu hoch angebracht sind.«

Dieser Meinungsaustausch enthält keine Spur Humor, deutet aber auf eine unvermutete Wahrnehmungsänderung hin, die letztlich Sinn macht. Wenn die Gepäckablage tatsächlich sehr tief angebracht ist, werden Sie meistens rein automatisch den Kopf einziehen. Ist sie zu weit oben installiert, spielt es letztlich keine Rolle, ob sie sich ducken oder nicht. Doch wenn sich das Gepäckfach in der *vermeintlich* richtigen Höhe befindet, gelangen Sie zu der Überzeugung, Sie müßten den Kopf nicht einziehen; also ducken Sie sich auch nicht und tragen eine Beule davon.

Kreativitätsmodell

Das Humormodell des asymmetrischen Musters entspricht dem Kreativitätsmodell. Die zeitliche Sequenz unserer Erfahrungen hat dafür gesorgt, daß wir gewohnheitsmäßig einem bestimmten, breit ausgetretenen Informationsverarbeitungspfad folgen – einer Art ›Datenautobahn‹. Wir betrachten eine Situation aus einer bestimmten Perspektive. Wir erwarten, daß Aufgaben auf bestimmte Weise erledigt werden. Wenn es uns gelingt, von der Datenautobahn auf ein Nebengeleis überzuwechseln, können wir zum Ausgangspunkt zurückkehren und zu kreativen Erkenntnissen oder einer neuen Idee gelangen, wie aus Abb. 1.11 hervorgeht.

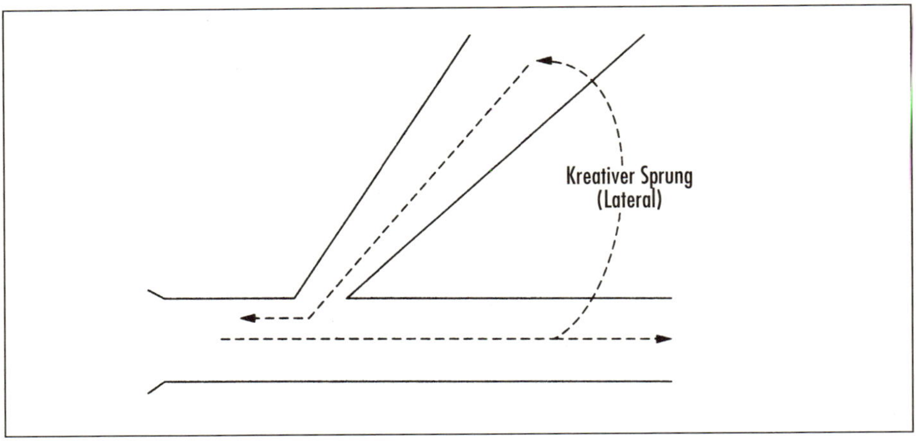

Abb. 1.11

Aber wie erreichen wir den ›Ideenpunkt‹ auf dem Nebengeleis? Ein wirksames Vehikel sind die Techniken der mentalen Provokation. Sie helfen uns, den eingefahrenen Denkschienen zu entkommen und erhöhen unsere Chancen, auf ein Nebengeleis überzuwechseln. Sie bilden auch das Fundament des Begriffs *laterales Denken*. Lateral bedeutet, daß man nicht stur der gewohnten Bahn – dem ›Informations-Highway‹ folgt, sondern daß sich die Gedanken kreuz und quer durch die gespeicherten Handlungsmuster bewegen.

Jetzt erkennen wir auch, warum uns jede nützliche kreative Idee im nachhinein immer logisch erscheinen muß. Wenn wir den Hauptpfad verlassen, um an Punkt C eine neue Idee zu entwickeln, haben wir keine Möglichkeit, sie in unser bestehendes Wertesystem einzupassen. Wir sind außerstande zu sagen, ob diese Idee wirklich ausgefallen ist oder ein Handlungsmuster beinhaltet, das wir aufgrund unseres derzeitigen Wissensstandes (Musterrepertoir) einfach nicht einordnen können. Wir erkennen also nur solche Ideen, die sich rückwirkend an die Logik ankoppeln lassen. Mit anderen Worten: der Begriff ›nützlich‹ oder ›wertvoll‹ ist im nachhinein automatisch gleichbedeutend mit ›logisch‹.

Unser Gehirn ist ein hochleistungsfähiges Instrument, das eintreffenden Informationen gestattet, sich selbst zu organisieren [mit den gespeicherten zu vergleichen, zu werten und zu ordnen]. Diese Handlungsmuster mit ihren trichterförmigen Sammelbecken benutzen wir als Orientierungshilfe in einem Prozeß, den wir als Wahrnehmung bezeichnen. Die Codes sind nicht symmetrisch. Und genau dieser Strukturunterschied ebnet sowohl dem Humor als auch der Kreativität des Menschen den Weg.

So sieht also der logische Kreativitätsbedarf aus. Er stützt sich auf die Logik selbstorganisierender Systeme, die mit Codes arbeiten.

Es gibt noch ein weiteres, oftmals besser verständliches Argument, das verdeutlicht, wie unerläßlich die menschliche Kreativität ist. Aufmerksame Leser werden bemerken, daß es in Wirklichkeit eine Wiederholung des ersten Argumentes ist, lediglich in einen anderen Zusammenhang eingebunden.

Die Zeitfolgenfalle

Stellen Sie sich ein System vor, das im Laufe der Zeit immer mehr Informationen sammelt und speichert. Diese Informationen treffen nicht auf einen Schlag, sondern bruchstückweise im Gehirn ein. Nehmen wir an, daß dieses System stets bemüht ist, die verfügbaren Informationen bestmöglich zu verarbeiten. In diesem Punkt ähnelt sein Informationsverhalten dem von Menschen, Institutionen, Unternehmen, Kulturen usw. Im Lauf der Zeit werden zahllose Informationsbruchstücke zusammengetragen, und das System versucht, das beste aus dem verfügbaren Repertoire zu machen.

Lassen Sie uns nun ein einfaches Experiment durchführen: Wir bilden ein bekanntes Wort aus einzelnen Buchstaben, die uns nacheinander präsentiert werden.

- Der erste Buchstabe ist ein A.
- Nun folgt ein N = AN.
- Der nächste Buchstabe ist ein R; jetzt haben wir das Wörtchen RAN.

Das neue Wort wird gebildet, indem man die neu eintreffenden Informationen mit den bestehenden Informationen kombiniert.

- Jetzt folgt ein T, so daß wir das Wort TRAN daraus bilden können.
- Und nun kommt ein K, so daß wir das Wort TRANK haben.
- Der nächste Buchstabe ist ein E. Bisher ließen sich die neuen Informationen einfach hinten oder vorne an die bestehenden Strukturen anfügen. Doch jetzt wird es schwierig: Um ein neues Wort zu finden, müssen wir zurückgehen und die bestehenden Strukturen auflösen, um die Buchstaben neu zusammenzusetzen, zum Beispiel zu dem Begriff KARTEN.

Dieses einfache Beispiel zeigt, wie die zeitliche Abfolge der eintreffenden Informationen Strukturen entstehen läßt, die aufgelöst werden müssen, um etwas auf neue Weise zusammenzusetzen. Dieser Prozeß enthält eine brauchbare Definition des Begriffes ›Kreativität‹. Ohne diese Fähigkeit, existierende Informationen auf neue, originelle Weise zu verarbeiten, würden wir in einem solchen System ständig auf der Stelle treten.

Man könnte nun anführen, es sei besser, die Buchstaben in jeder Phase des Wortbildungsprozesses wahllos zu mischen, den nächsten Buchstaben hinzuzufügen und daraus ein neues Wort zu bilden. In der realen Welt ist es natürlich nicht möglich, sämtliche bestehenden Konzepte, Wahrnehmungen oder Einrichtungen aus den Angeln zu heben, um die alten und neuen Informationen in bestmöglicher Form zu kombinieren.

Nach einer Weile sind die Informationsbruchstücke nicht mehr klar voneinander zu trennen wie die Buchstaben in unserem Spiel. Die Buchstabengruppe RAN gibt es beispielsweise schon so lange in dieser Zusammensetzung, daß sie wie aus einem Guß erscheint und sich jedem Eingriff widersetzt. Genauso schwierig ist es, grundlegende Wahrnehmungsmuster zu unterbrechen.

Kreativität ist unabdingbar, um uns von den Fesseln der zeitweiligen Strukturen zu befreien, die durch eine bestimmte Sequenz der Erfahrungen entstehen.

Aufmerksame Leser werden bereits erkannt haben, daß die Wirkung der Sequenzen mit der Wirkung der Handlungsmuster übereinstimmt. Die zeitliche Abfolge der Erfahrungen legt den Grundstein für die Routinemuster, die unsere Erfahrungen bilden, und von diesen müssen wir uns lösen, um neue Sequenzen zu entwickeln.

Die meisten Menschen akzeptieren diese Argumente. Probleme entstehen, wenn jemand glaubt, es ginge lediglich darum, die bestehenden Informationsbausteine in ein neues Format einzupassen. Das mag bei der glatten Benutzeroberfläche passiver Informationssysteme ein Kinderspiel sein, aber es ist extrem schwierig in selbstorganisierenden Systemen, da die einzelnen Informationen nicht mehr voneinander trennbar, sondern ein festgefügter Bestandteil des vorhandenen Musters geworden sind. Diese Muster zu ändern ist eine Sisyphusarbeit, ähnlich dem Versuch, einem Wort eine völlig neue Bedeutung zu verleihen. Worte sind konzentrierte Wahrnehmungs- und Erfahrungsmuster.

Wir sehen also, daß Kreativität in gleich welchem selbstorganisierenden System unabdingbar ist, ja sogar in jedem System, in dem neu eintreffende und bereits existierende Informationen sinnvoll miteinander kombiniert werden.

Wenn man sich vorstellt, daß der menschliche Verstand einer Bibliothek ähnelt, dann könnte man neue Informationen einfach in leeren Regalen stapeln, ohne den Versuch zu machen, sie in die bestehenden Strukturen einzufügen. Das wäre gleichwohl eine sinnlose Verschwendung des Potentials, das diesen neuen Informationen anhaftet. Und dieser sinnlosen Vergeudung von Ressourcen machen wir uns schuldig, wenn wir unsere Kreativität nicht nutzen und es versäumen, neue Informationen in das Netzwerk des vorhandenen Wissens einzubinden.

Kreativität ist nicht einfach der Versuch, etwas besser zu machen. Ohne die Fähigkeit, produktiv und originell zu denken, sind wir nicht imstande, bereits gespeicherte Informationen und Erfahrungen, die sich in der Falle alter Muster, alter Konzepte und alter Wahrnehmungen befinden, optimal zu verarbeiten.

Der praktische Kreativitätsbedarf

Lebensversicherungsgesellschaften gehören einer in hohem Maß traditionsverhafteten Branche an, die von altüberlieferten Normen und Statuten beherrscht wird. Eines Tages stellte Ron Barbaro, Vorstand der Prudential Canada und leidenschaftlicher Verfechter des lateralen Denkens, eine mentale Provokation auf: Warum nicht die Versicherungssumme schon vor dem Tod des Policeninhabers auszahlen? Dieser Gedanke führte zu den ›Leistungen zu Lebzeiten‹: jeder Versicherungsnehmer, der an einer potentiell tödlichen Krankheit leidet, hat Anspruch auf sofortige Auszahlung von 75 Prozent des Betrages, der nach seinem Tod fällig wäre. Das Konzept schlug wie eine Bombe ein und wurde von vielen Konkurrenten nachgeahmt. Der Abschluß einer Lebensversicherung erhielt dadurch größeren Anreiz, da diese infolge der Neuregelung in eine Versicherung gegen extrem hohe Krankheitskosten umgewandelt werden konnte. Nicht zuletzt aufgrund dieser überaus erfolgreichen Idee und der Fähigkeit, die Innovation durchzusetzen, wurde Ron Barbaro kurze Zeit später in das Amt des Präsidenten der Prudential Versicherung (USA) berufen.

Tony O'Reilly, der Mann an der Spitze des Lebensmittelgiganten Heinz, berichtete von einer irregeleiteten Kostensenkungsstrategie: die Belegschaft einer Thunfischfabrik wurde im Zuge der Abspeckmaßnahmen so stark ausgedünnt, daß ständig zuviel Fisch an den Gräten blieb. Eine Aufstockung des Personals trieb die Kosten erneut in die Höhe, aber am Ende des Verarbeitungsprozesses blieb genug Thunfisch übrig, um die Mehrkosten zu decken und den Gewinn sogar zu erhöhen.

Singapur ist eine Wirtschaftsmacht, die besonders erpicht darauf scheint, Erfolg im Wettbewerb zu erzielen. Die Regierung investiert zwanzig Prozent des Haushaltsbudgets in die berufliche Aus- und Weiterbildung. 1965 belief sich das Bruttoinlandsprodukt Singapurs auf 970 Millionen US-Dollar, heute hat es die Rekordmarke von 23 Milliarden US-Dollar erreicht. Meine Seminare hatten dort immer einen beachtlichen Zulauf, aber in aller Regel gab es eine Schwierigkeit: Ein solches Training kann nur dann effektiv sein, wenn die Teilnehmer aktiv einbezogen sind: sie sollen Ideen beisteuern, Alternativen aufzeigen, usw. In den romanischen Ländern ist das kein Problem, denn jeder meint, daß seine Einfälle die brilliantesten sind. In Singapur traute sich indessen niemand, seinen Beitrag zu leisten. Bei einem Thema wie Kreativität kann man nicht einfach eine Person aufrufen und verlangen, sie solle – Achtung, fertig, los – ihre Einfälle zum besten geben. Das wäre zum einen unfair und zum anderen peinlich für die Betroffenen.

Ich beschloß, dem Ideenfluß auf die Sprünge zu helfen und die ›Random Word-Technik‹ auf formale Weise anzuwenden. Aus einer Liste mit sechzig Begriffen wurde ein Zufallsbegriff ausgewählt, indem ich auf meine Uhr sah, mir die Position des Sekundenzeigers merkte und das entsprechende Wort auf der Liste suchte. Das Wort ›Schußwaffe‹ deutete unverzüglich auf ein bestimmtes Ziel hin. Normalerweise schießt man nicht wild in die Luft, in der Hoffnung, etwas zu treffen. Daraus entstand die Idee, die Tische zu numerieren und jeden Platz am Tisch mit einem Buchstaben zu versehen. Nun konnte ich also um einen Beitrag von Tisch 12, Position D bitten. Die Reaktion war phantastisch und ich erhielt die gewünschten Rückmeldungen. Die Teilnehmer hatten offenbar keine persönlichen Hemmungen gehabt, sondern sahen einfach kein Verdienst darin, mit einer Wortmeldung das Augenmerk aller Anwesenden auf sich zu lenken. Die Numerierung jedes Sitzplatzes verlieh ihnen auf Anhieb einen offiziellen Status und sie waren nur zu gerne bereit, ihren Gedanken Ausdruck zu verleihen.

Benetton zählt zu den äußerst erfolgreichen Unternehmen in einer Branche mit sehr dichtem, mörderischen Wettbewerb. Die Firma wurde von vier Geschwistern, drei Männern und einer Frau, in Italien gegründet. Einer der Firmengründer war als ganz gewöhnlicher Buchhalter tätig, und die junge Frau arbeitete als Näherin. Heute besteht die Einzelhandelskette weltweit aus dreitausend Geschäften und weist einen Umsatz von annähernd zwei Milliarden Dollar aus. Der spektakuläre Erfolg des Unternehmens stützt sich auf zwei starke Konzepte. Kleiderfabriken fertigen normalerweise eine Kollektion und versuchen, den Einzelhandel zu bewegen, die Ware ins Sortiment zu nehmen und zu lagern. Benetton setzte statt dessen auf das Konzept der Kundennähe und eröffnete kleine Läden ohne viel Schnickschnack. Der nächste Schritt bestand darin, nicht die Form, sondern die Farbe in den Mittelpunkt der Marketingstrategie zu stellen. Die Kleidung wurde also in naturbelassenem Grau oder in ungefärbtem Zustand angeboten. Sobald auszumachen war, daß der Modetrend, sagen wir, zu Rot ging, wurde die Kollektion rot eingefärbt, und wenn sich abzeichnete, daß in der nächsten Saison blau-violett gefragt sein würde, konnte man mit der topmodischen Farbe aufwarten. Hochkomplexe Computerprogramme ermöglichten eine unverzügliche Reaktion, die beinahe genauso flexibel war wie im Versandhandel, der auf Bestellung arbeitet.

Was mein Seminar in Singapur anging, so hatten wir ein Problem, aber keine Standardlösung. Immer wenn keine vorgefertigte Lösung vorhanden oder verfügbar ist, besteht ein praktischer Kreativitätsbedarf.

In unserem Fallbeispiel von der Thunfischverarbeitung der Firma Heinz hatte das Kostensenkungsprogramm einen Denkfehler enthalten. Es ist kein Kunststück, Kosten durch einen Kahlschlag in der Belegschaft zu verringern. Dabei bleibt nur zu hoffen, daß die Mitarbeiter, die eine so radikale Schlankheitskur überlebt haben, zu entsprechenden Anpasssungs- und Ausgleichsleistungen imstande sind. Inzwischen hält man solche tiefgreifenden Einschnitte bei einem angeschlagenen Patienten allerorten für riskant und unwirksam. Es wäre besser, die Arbeitsaufgaben gründlich zu überdenken und zu restrukturieren, bevor man zu solch drastischen Maßnahmen greift. Dazu bedarf es jedoch neuer, kreativer Fragestellungen.

Das Beispiel Benetton zeigt die Macht neuer Konzepte in einer wettbewerbsstarken Branche. Eine schlichte Verbesserung der seit langem praktizierten Methoden und Verfahren reicht nicht aus. Es gilt, aus dem alten Trott auszubrechen und die Aufgaben auf ganz neue Weise anzupacken.

Das Beispiel Prudential läßt erkennen, daß es selbst innerhalb einer traditionsverhafteten Industrie möglich ist, überzeugende Innovationen durchzusetzen und damit ungeahnte Wettbewerbsmöglichkeiten wahrzunehmen. Ron Barbaro sah sich nicht gezwungen, einer Krisensituation mit einem Geistesblitz zu begegnen. Es gab kein akutes Problem, das schnellstmöglich gelöst werden mußte. Barbaro gehört zu den Männern, die vorausschauend denken und danach streben, beizeiten neue Konzepte und somit auch neue unternehmerische Chancen zu entwickeln.

Der praktische Kreativitätsbedarf wird also in zwei Situationen relevant:

1. Es besteht ein akuter Bedarf an neuen Ideen, ohne die ein Stillstand bei der Bewältigung einer Aufgabe eintreten würde. Dabei könnte es sich um ein Problem, eine Krise oder eine Konfliktsition handeln. Alle anderen Lösungsansätze sind gescheitert. Kreativität ist die letzte Hoffnung.
2. Es besteht kein akuter Bedarf, aber mittels neuer Ideen wäre man möglicherweise in der Lage, unternehmerische Chancen zu nutzen, einen Wettbewerbsvorsprung zu realisieren und verschiedene Vorteile zu erzielen.

Kostensenkungs- und Qualitätssicherungsprogramme

In vielen Unternehmen haben Kostensenkungsprogramme allerhöchsten Stellenwert. In manchen Fällen kann schon eine gründliche Analyse der Kostenfaktoren zur Entlastung beitragen. Es gibt indessen auch Zeiten, in denen drastische Maßnahmen unumgänglich sind, zum Beispiel die grundlegende Neugestaltung einer Funktion, um Kosten zu sparen. Vielleicht beschließen Sie einfach, in Zukunft billigeres Material zu verwenden. Oder Sie suchen nach Möglichkeiten, den Abfall zu verringern, damit Sie sich auch weiterhin das qualitativ höherwertige Material leisten können. Es wäre ein Fehler, anzunehmen, Kostensenkungsprogramme ließen sich auf analytischem Weg erarbeiten und Phantasie sei überflüssig.

Eine kreative Veränderung der gängigen Arbeitsverfahren und Methoden bringt oft mehr, als den Gürtel enger zu schnallen. Ein Unternehmen, das horrende Summen für die Wartung seines Fuhrparks berappen mußte, verkaufte die Motorräder an die Fahrer und zahlte ihnen im Anschluß eine Benutzungsgebühr. Die Kosteneinsparungen waren beachtlich.

Ähnliche Überlegungen gelten auch für Qualitätssicherungsprogramme. Gelegentlich kann es unabdingbar sein, Einfallsreichtum zu beweisen, um ein bestimmtes Qualtitätsziel zu erreichen. Es könnte auch Probleme geben, die dringend einer pfiffigen Lösung bedürfen.

Außerdem sollte man sich vor Augen halten, daß es nicht immer das Nonplusultra ist, die alten Produkte und Dienstleistungen im neuen Qualitätsgewand anzubieten. Oft ist es besser, verstaubte Aktivitäten im Unternehmen auszumustern. Qualitätssicherungsprogramme können irreführend sein, weil man davon ausgeht, daß man mit der Angebotspalette goldrichtig liegt und diese nur durch ein höheres Qualitätsniveau aufpoliert werden muß. Das Festhalten am Status quo wird trotz Qualitätsverbesserung nicht zu der Einsicht führen, daß eine Veränderung nötig wäre. Auch sollten wir den Begriff ›Qualität‹ nicht dadurch abwerten, daß wir darin ein Allheilmittel für sämtliche unternehmerischen Unzulänglichkeiten sehen. Qualitätssteigerung bedeutet, die gleichen Produkte und Dienstleistungen in einer höheren Güteklasse anzubieten.

Großer Beliebtheit erfreut sich auch das Konzept der ›stetigen Verbesserung‹ (Kaizen). Es kann keinen Zweifel daran geben, daß Verbesserungsbestrebungen von Zeit zu Zeit auf Anregungen angewiesen sind, die von Findigkeit zeugen. Wenn eine Arbeitsaufgabe seit Jahr und Tag auf dieselbe Weise durchgeführt wurde, bedarf es häufig einer kreativen Denkweise, um diese Routine in Frage zu stellen und bessere Lösungsmöglichkeiten zu suchen. Im betrieblichen Vorschlagswesen, das auf Verbesserungen abzielt, ist Kreativität besonders gefragt; wir werden später noch einmal auf diesen Punkt zurückkommen.

Wichtig ist in diesem Zusammenhang, daß beim Überdenken einer Situation immer ein praktischer Bedarf an Informationen, Analyse und Kreativität herrscht. Konzepte und Wahrnehmungen sind ein unabdingbares Element aller Denkprozesse, die nicht in den üblichen, eingefahrenen Bahnen verlaufen.

Systempflege

Obwohl das Thema selten offen aufs Tapet gebracht wird, betreiben die meisten Führungskräfte intensive ›Systempflege‹. Sie sind der Ansicht, ihre Aufgabe bestünde in erster Linie darin, dafür zu sorgen, daß der Laden reibungslos läuft und Probleme gelöst werden, sobald sie akut werden. Zukunftsorientierte Produkte, Strategien und Finanzierungsmaßnahmen – nun, darüber sollen sich doch andere Experten den Kopf zerbrechen! Abweichungen von der Systempflege-Regel, die auf den Erhalt des Status quo ausgerichtet ist, haftet das hohe Risiko an, beim Ausscheren aus der bewährten Bahn zu stolpern.

Der Erfolg eines Unternehmens hängt häufig von der Schlagkraft seines Marketingkonzepts oder einer starken Nischenposition ab. Gestützt auf eine kompetente Führungsriege sollten diese beiden Pluspunkte eigentlich ausreichen, die Konkurrenz das Fürchten zu lehren.

Systempflege-Manager richten ihr Augenmerk in besonders hohem Maß auf Problemlösungen. Sobald eine Schwierigkeit auftaucht, wird sie angegangen und nach Möglichkeit gemeistert. Sind keine Probleme vorhanden, steht offenbar alles zum besten.

Leider ist das Systempflege-Konzept in einer Welt mit beinhartem Wettbewerb nicht mehr das, was es einmal gewesen sein mag. Während Sie strampeln und auf der Stelle treten, um Ihre derzeitige Position zu halten, prescht die Konkurrenz vor und droht Sie abzuhängen.

Selbst innerhalb des Systempflege-Konzepts besteht die Notwendigkeit, Probleme, die unweigerlich von Zeit zu Zeit ins Haus stehen, kreativ zu lösen. Das ist allerdings nur die Korrektur-Seite der Kreativitätsmedaille. Sie reicht in aller Regel nicht aus, um in der heutigen Zeit den Erfolg eines Unternehmens und damit seine weitere Existenz zu sichern.

Konkurrenz und Suprakurrenz

Selbst der klassische Wettbewerb wird Teil der Systempflege. Es ist oft unumgänglich, in puncto Preis, Qualität, Vertriebswege und Verkaufsförderung mit der Konkurrenz Schritt zu halten. Ohne Produktdifferenzierung und zündende Marketingprogramme kann man sich daher nicht positiv von den übrigen Angehörigen der Branche abheben.

In dem Buch Sur/petition* habe ich beschrieben, warum der Wettbewerb nach altem Muster in Zukunft nicht mehr ausreichen und warum es unumgänglich sein wird, den Hauptakzent auf die ›Suprakurrenz‹ zu verlagern. Das Wort *Konkurrenz* bedeutet ›mit anderen nach etwas streben‹. Das heißt also, akzeptieren, daß Sie sich im Rennen gegen Ihre Rivalen behaupten müssen. Ihr eigenes Verhalten wird weitgehend vom Verhalten Ihrer Konkurrenten bestimmt. Suprakurrenz erfordert, daß Sie über das Feld der Wettbewerber hinausblicken oder Ihr eigenes Spiel entwickeln, daß Sie neue ›Wertmonopole‹ schaffen.

Diese Wertmonopole stützen sich weitgehend auf den ›integrierten Nutzen‹. Ein Kraftfahrzeug kann man schon längst nicht mehr als kunterbuntes Sammelsurium technischer Spielereien definieren. Zu den integrierten Nutzen zählt die Möglichkeit, das Auto vorteilhaft zu kaufen, wieder zu veräußern und zu versichern. Eingeschlossen sind auch die Betriebssicherheit und der Schutz gegen Diebstahl, oder die Möglichkeiten, im Innenstadtbereich einen Parkplatz zu finden. Ich habe dem Automobilkonzern Ford (GB) einmal vorgeschlagen, den führenden Parkhausbetreiber in den Stadtzentren Großbritanniens zu kaufen und das Abstellen der Fahrzeuge auf Ford-Fabrikate zu beschränken. In Japan haben Honda und Nissan diese Idee aufgegriffen, und es würde mich nicht überraschen, wenn sie sich bald wie ein Lauffeuer um die ganze Welt verbreiten würde.

In der ersten Phase konzentrierte sich die Geschäftstätigkeit auf ›das Produkt oder die Dienstleistung‹.
In der zweiten Phase konzentrierte sich die Geschäftstätigkeit auf ›den Wettbewerb‹.
In der dritten Phase konzentrierte sich die Geschäftstätigkeit auf den ›integrierten Nutzen‹.

---

* Harper Business, New York, 1992.

Die Fähigkeit, sich im Zeitalter der Suprakurrenz zu behaupten, wird in hohem Maß von innovativen Konzepten abhängen. Um diese Konzepte zu entwickeln, ist konstruktives, kreatives Denken erforderlich.

Andere Bereiche

Ich habe mich in diesem Buch in erster Linie auf Wirtschaftsunternehmen konzentriert, da der Kreativitätsbedarf hier nach meiner Erfahrung besonders groß ist. Ich glaube, hier zeichnet sich ein Wandel ab. Auch andere Bereiche, die unter schwerwiegenden Problemen und Budgetzwängen leiden, werden früher oder später erkennen, daß Kreativität ein Meilenstein auf ihrem Weg zum Erfolg darstellt.

Regierungen und Behörden brauchen neue Konzepte.
In der Volkswirtschaft brauchen wir neue Konzepte.
Im Bildungswesen brauchen wir neue Konzepte.
In der Verbrechensbekämpfung brauchen wir neue Konzepte.
In der Rechtssprechung brauchen wir neue Konzepte.
In der Gesundheitsvorsorge brauchen wir neue Konzepte.
Bei der Lösung von Konflikten brauchen wir neue Konzepte.
Im Umweltschutz brauchen wir neue Konzepte.
Bei der Beseitigung der Armut in der Dritten Welt brauchen wir neue Konzepte.

Gibt es irgendeinen Bereich, der nicht von zündenden Ideen, innovativen Konzepten und neuen Wahrnehmungsmustern profitieren würde?

Was wird heute unternommen, um diese kreativen Konzepte zu entwikkeln? In manchen Bereichen wurden interessante Initiativen in die Wege geleitet, aber im großen und ganzen herrscht noch immer die Auffassung, angemessene Informationen und geschickt vorgetragene logische Argumente wären ausreichend. Ich bin nicht dieser Meinung.

Information und Kreativität

Welcher Zusammenhang besteht zwischen Information und Kreativität? Das ist eine wichtige und grundlegende Frage, da die meisten Menschen glauben, ausreichende Informationen, fachmännisch auf Herz und Nieren geprüft und gefolgt von einer logischen Entscheidung würden Kreativität entbehrlich machen. Selbst diejenigen, die sich nicht offen zu dieser Einstellung bekennen würden, bekunden sie durch ihr Verhalten.

Wenn Sie von München nach New York fliegen wollen, studieren Sie die Flugpläne oder bitten Ihr Reisebüro, sich für Sie kundig zu machen. Wenn Sie eine Infektion mit einem Antibiotikum bekämpfen wollen, ist es ratsam, den Ursachen der Erkrankung auf den Grund zu gehen und sich darüber hinaus mittels Beipackzettel über die möglichen Gegenreaktionen auf das Medikament zu informieren. Es könnte auch empfehlenswert sein, zu überprüfen, ob Sie allergisch gegen ein bestimmtes Arzneimittel sind. Nachdenken und Spekulieren kann kein Ersatz für hieb- und stichfeste Informationen sein. Wenn Sie Daten und Fakten brauchen, dann gilt es, sich diese zu beschaffen.

Es ist richtig, daß wir nicht lange grübeln müßten, wenn wir in jeder Situation optimal informiert wären. Aber unsere Chancen, an Informationen von vollkommener Qualität und Quantität heranzukommen, sind gering. Wir nehmen gleichwohl an, daß wir uns weniger den Kopf zerbrechen müssen, je mehr Informationen wir besitzen und je mehr wir uns dem Zustand des absolut sicheren Wissens annähern. Das Gegenteil ist jedoch der Fall: die Notwendigkeit zu denken wächst mit der Informationsmenge, weil wir uns einen Reim auf die Daten und Fakten machen müssen.

Wir sind also gezwungen, unsere grauen Zellen zu aktivieren, und zwar in der analytischen Sphäre, denn nur so gelingt es uns, die Informationen abzugleichen und einen Sinn in ihnen zu entdecken. Wie paßt nun die Kreativität in dieses Bild?

Die meisten Führungskräfte, Wissenschaftler und beinahe alle Absolventen von Wirtschaftsakademien meinen, beim Analysieren von Daten und Fakten kämen die guten neuen Ideen ganz von alleine. Leider ist das ein abgrundtiefer Irrglaube. Der menschliche Verstand erfaßt nur, was er zu erfassen erwartet. Die gründliche Überprüfung der Daten ermöglicht dem Analytiker, [unbewußt] aus dem Repertoire vorhandener Ideen diejenigen auszuwählen, die ihm in dieser spezifischen Situation passend erscheinen. (Siehe S. 277.) Aber neue Handlungsmuster entstehen im Verlauf dieses Prozesses nicht. Die Suche nach einer brandneuen Idee beginnt auf der mentalen Ebene, und erst später wird sie mit den im Gedächtnis gespeicherten Daten und Informationen verglichen.

Ein Wissenschaftler ist bemüht, ein Phänomen zu verstehen: er geht zum Beispiel der Frage auf den Grund, warum sich die Heuschreckenpopulationen in der letzten Zeit explosionsartig vermehrt haben. Oder der Computer spielt verrückt und ein Fachmann versucht, die Fehlerquelle zu finden. Der Hamburger-Absatz ist rückläufig; wie lassen sich die schrumpfenden Verkaufszahlen erklären? Nach der Entlassung eines Mitarbeiters kommt es zu ernsthaften Unstimmigkeiten zwischen Arbeitgeber und Belegschaft; was spielt sich wirklich hinter den Kulissen ab?

Es gibt zahllose Situationen, in denen wir verstehen müssen, was wirklich vor sich geht, damit wir entsprechend handeln können. Wir bemühen uns, in den Besitz von Informationen und Hinweisen zu gelangen, die uns Aufschluß über einen Sachverhalt geben. Dann stellen wir eine Hypothese auf.

In einigen Büchern habe ich die nachteilige Wirkung des klassischen griechischen Dreischritts (These, Antithese, Synthese) auf die westliche Denkkultur angeprangert. Sie hat zu einer nahezu zwanghaften Besessenheit von logischen Schlußfolgerungen und kritischem Denken und einer im allgemeinen negativen Orientierung geführt. Der Fairneß halber muß freilich darauf hingewiesen werden, daß auch die ›Hypothese‹ eine griechische Erfindung und ein sehr wertvoller Beitrag zu menschlichen Denkoperationen ist. Das ist nicht so selbstverständlich, wie es auf den ersten Blick scheinen mag. Die chinesische Technologie war schon vor zweitausend Jahren ungeheuer hoch entwickelt, aber danach befand sie sich in einer Sackgasse, weil das Konzept der Hypothese in China gänzlich fehlte. Als von den Gelehrten alles mit einem Etikett versehen und beschrieben war, gab es keine Methode, das Erforschte durch eine mentale Provokation oder Spekulationen in Frage zu stellen. Möglicherweise verzichteten die Chinesen deshalb auf die Hypothese, weil man dort das Konzept eines Gottes als transzendenter Weltenschöpfer und -lenker nicht kennt. Eine Hypothese ist lediglich eine Vermutung über die Beschaffenheit des zugrundeliegenden Sachverhalts.

Eine Hypothese könnte man als Annahme oder Spekulation definieren. Das hat mehrere Vorteile. Eine Hypothese stellt ein Rahmenwerk dar, das uns ermöglicht, Informationen und Sachverhalte zu entdecken, die uns vorher entgangen sind. Eine Hypothese bietet uns außerdem ein klares Ziel, auf das wir hinarbeiten: wir bemühen uns, den wahren Sachverhalt zu klären und Beweise oder Gegenbeweise für die Richtigkeit unserer Annahme zu finden.

Beim Aufstellen einer Hypothese spielt Kreativität eine wichtige Rolle. Ohne sie können wir nur vorgefertigte Konzepte benutzen. Die Wissenschaft wurde beträchtlich blockiert durch die Anschauung, Wissenschaftler müßten lediglich gute Analytiker sein; dabei wird die Notwendigkeit außer acht gelassen, kreativ an Hypothesen heranzugehen.

Leider stehen wir in diesem Zusammenhang einem ernsthaften Dilemma gegenüber. Ohne Hypothese würden wir im Dunkeln tappen und ziellos herumexperimentieren. Doch wenn wir erst eine Hypothese aufgestellt haben, sperren wir uns oft dagegen, andere Möglichkeiten auch nur in Erwägung zu ziehen. Wir betrachten den Sachverhalt ausschließlich durch den Filter unserer Hypothese. Wenn ein Detektiv, der an einem verzwickten Fall arbeitet, gleich zu Beginn seiner Ermittlungen seine Mutmaßungen über den Tatverdächtigen und den Tathergang hat, dann übersieht er vielleicht wichtige Hinweise, da er nur nach Indizien Ausschau hält, die seine Hypothese erhärten.

Eine Hypothese sollte Spielraum für andere Handlungsoptionen lassen, aber häufig engt sie den Blickwinkel ein. Ein Marketingmanager, der subjektive Vermutungen über die Gründe für den rückläufigen Hamburger-Absatz hegt, ist in aller Regel nicht fähig, der Angelegenheit weiter und objektiv auf den Grund zu gehen.

Die traditionsgebundene Wissenschaft tappt nicht selten in die gleiche Falle. Forscher stellen eine möglichst widerspruchsfreie Arbeitshypothese auf und halten nach Indizienbeweisen Ausschau, die ihre Annahmen untermauern. Sobald die Hypothese steht sind sie bestrebt, sie durch Gegenbeweise zu zerstören, um in ihrer Arbeit voranzukommen. Hypothesen sollen sich auf Logik stützen. Doch wenn wir eine logische Hypothese aufgestellt haben, können wir die relevanten Informationen nur durch dieses Fenster betrachten. Deshalb dauert es oft so lange, bis ein Paradigmawechsel stattgefunden hat. Die Informationen sind mitunter schon lange vorher verfügbar, aber wir haben sie durch den Filter der alten Annahmen wahrgenommen, so daß sie neutralisiert wurden. Wie unlogisch sie auch auf den ersten Blick erscheinen mögen, wir müssen mehrere Hypothesen parallel entwickeln, um die Informationen aus verschiedenen Blickwinkeln begutachten zu können.

Um diese Alternativen und parallelen Hypothesen zu schaffen, ist Kreativität unerläßlich. Es gilt, sich einen offenen Blick zu bewahren und mit verschiedenen Möglichkeiten zu jonglieren, mit Hilfe der Intuition Mutmaßungen anzustellen und Hypothesen zu formulieren.

Marktanalyse

Die Japaner sind, zumindest in Japan, keine erklärten Anhänger der Marktanalyse. Sie glauben, daß neue Produkte am besten von den Verbrauchern selbst getestet werden sollten. Deshalb bringen sie neue Produkte in großer Anzahl auf den Markt und beobachten, welche von ihnen Erfolg haben. Diese Philosophie setzt die Bereitschaft voraus, von vornherein in Betracht zu ziehen, daß sich einige Produkte als Flop erweisen, und erfordert die Fähigkeit, dafür zu sorgen, daß sich das finanzielle Risiko in Grenzen hält.

Im Westen verläuft der Prozeß der Entwicklung und Einführung neuer Produkte genau umgekehrt. Sowohl die tatsächlichen Kosten als auch der Statusverlust, der mit einem Fehlschlag verbunden ist, schlagen in solchem Ausmaß zu Buche, daß der Einzelne oder das Unternehmen felsenfest vom Erfolg eines Projektes überzeugt sein muß, bevor man sich aufs Glatteis begibt. Folglich klopft man die Marktgegebenheiten vorher intensiv ab. Die Marktforschung bietet sowohl logisch begründete Rechtfertigungen für bestimmte unternehmerische Aktivitäten als auch eine sichere Rückzugsposition, falls sich das neue Produkt als Ladenhüter entpuppen sollte.

Marktanalysen haben gezeigt, daß Whisky und andere hochprozentige Getränke vornehmlich von Männern konsumiert werden. Also macht es keinen Sinn, Geld zum Fenster hinauszuwerfen und in Frauenzeitschriften dafür zu werben. Die Marktanalyse deutet darauf hin, ›was ist‹; sie berücksichtigt nicht, ›was sein könnte‹. Es wäre durchaus denkbar, daß eine Whisky-Werbekampagne, mit der man speziell die Frauen anspricht, den Whiskykonsum auch in dieser Zielgruppe drastisch erhöhen würde. Dazu kommt, daß die hochprozentigen Spirituosen für den Haushalt meistens von den Frauen eingekauft werden, so daß dies allein schon ein Grund sein könnte, die Werbetrommel für Whisky in Frauenzeitschriften zu rühren.

Die Verkehrsplaner erweitern das Straßennetz meistens entsprechend dem aktuellen Bedarf, mit einem gewissen Spielraum bei der Extrapolation derzeitiger Entwicklungstendenzen. Doch sobald die neuen Straßen befahrbar sind, herrscht auch hier Hochbetrieb, weil allein ihr Vorhandensein zahllose Autofahrer anzieht, die es vorher nicht zu geben schien. Die Gefahr von Marktanalysen besteht darin, daß sie statisch sind und weder Wechselwirkungen noch mögliche Abweichungen von bestehenden Trends widerspiegeln.

Bei der Interpretation von Informationen und beim Ausloten der verschiedenen Handlungsmöglichkeiten ist also ein hohes Maß an Kreativität unabdingbar. Wir müssen uns die Fragen stellen: Aus welchem Blickwinkel könnte man die Situation sonst noch betrachten? Welche anderen Erklärungen wären möglich? Was geschieht hier wirklich? Welche Umstände könnten eintreten?

Die Zukunft

Es ist möglich, umfassende Informationen über die Vergangenheit zu beschaffen, aber der informationsgestützte Blick in die Zukunft bleibt zweifellos ein Wunschtraum. Woher beziehen wir also das Bild, das wir uns von der Zukunft machen?

Wir können künftige Entwicklungen durch Extrapolation derzeitiger Trends näherungsweise bestimmen. Wir können gegenwärtige Zyklen durch Zahlenspiele fortführen. Wir können bestimmte Konvergenzfaktoren ausmachen, die möglicherweise neue Wirkungen hervorbringen. Wir können aufgrund der gesammelten Informationen mit Hilfe verschiedener Szenario-Techniken Vermutungen anstellen. Alle diese Methoden haben ihren Nutzen, aber sie stützen sich auf eine Analyse der *Gegenwart*. Was dabei nicht berücksichtigt wird, ist die Möglichkeit einer Unterbrechung der augenblicklichen Entwicklungstendenzen. Und wer sagt uns, ob die Zukunft überhaupt eine nahtlose Fortsetzung der Gegenwart darstellt?

Wir müssen bewußt kreativ denken, um bestimmte Zukunftsszenarien auszuloten. Es gibt keine Möglichkeit, zu beweisen, daß diese Eventualfälle tatsächlich eintreten werden. Doch solche Szenarien bereichern die Landkarte, die wir von der Zukunft entwerfen. Pläne und Entscheidungen, die auf einem derart erweiterten Konzept beruhen, zeichnen sich in der Regel durch größere Flexibilität aus. Diese Mutmaßungen über die Zukunft sollten nicht mit Gewißheiten verwechselt, sondern voll als mögliche Entwicklung anerkannt werden.

Die Verkehrsbelastung in Großstädten wird immer schlimmer und die Zeit, die für den Weg zur Arbeit und nach Hause aufgewendet werden muß, immer länger. Viele Leute ziehen wegen der besseren Lebensqualität in die ländlichen Regionen des Umlands. Die elektronische Technologie schafft neue Arbeitsmöglichkeiten in den eigenen vier Wänden. Was läßt sich daraus schließen? Die Antwort, die auf der Hand liegt, ist, daß sich die Anzahl der firmenexternen Tätigkeiten erhöhen wird, zumindest in den informationsbasierten Branchen. Und welche anderen Möglichkeiten gäbe es? Hier muß die Kreativität ins Spiel kommen, um neue Arbeitskonzepte zu schaffen: Vielleicht entstehen in der Nachbarschaft Arbeitszentren, die Sie zu Fuß erreichen können, mit Computern und allem, was man sonst so braucht. Jeder, der sich hier einfindet, steht auf der Lohnliste eines anderen Unternehmens. Das Arbeitszentrum stellt ein firmenexternes Umfeld dar, aber im Gegensatz zur ›Heimarbeit‹ bietet es auch die sozialen Kontakte und Aspekte der Beschäftigung. In den USA lernt ein großer Prozentsatz der jungen Leute den künftigen Lebenspartner/die Partnerin am Arbeitsplatz kennen. Alternativ wäre auch ein ›Wohnheim in der Stadt‹ denkbar; dort würden die Beschäftigten leben, wenn sie zum Beispiel zwei Wochen hintereinander arbeiten, gefolgt von einer Woche Freizeit, die sie am heimischen Herd verbringen. Oder man ergänzt bestimmte Wohnimmobilien durch Miniatur-Produktionsstätten, wo sich die Arbeiter in kleinen Gruppen zur Montage der Produkte einfinden.

Leitkonzepte

Die Gebrüder Wright waren die ersten, die Gleitflüge mit einer Flugmaschine durchführten, die schwerer als Luft war, weil sie das damals vorherrschende Konzept auf den Kopf stellten. Während alle anderen hektisch an der Entwicklung eines stabilen Flugkörpers arbeiteten, machten sie sich daran, das Element der ›Instabilität‹ in den Griff zu bekommen. Das war ihr Leitkonzept. Durch Experimentieren entdeckten sie, daß sich der Auftrieb durch Drehen oder Trimmen der Tragflächen verändern ließ. Das führte zur Erfindung von Kontrollmechanismen, die es ihnen ermöglichten, als erste in die Luft zu gehen und als Flugpioniere Geschichte zu schreiben.

Manchmal analysieren wir Informationen um Trends aufzuspüren und Sachverhalte zu klären. Doch oft entwickeln wir auch am Anfang eine mehr oder weniger fest umrissene Vorstellung und halten dann nach Informationen Ausschau, mit deren Hilfe wir das bestehende Konzept weiterentwickeln und überprüfen. Hier rangiert das Konzept zeitlich vor den Informationen, obwohl es vielleicht erst auf der Basis hieb- und stichfester Daten und Fakten endgültig Gestalt annimmt.

Es wäre absurd zu behaupten, daß sämtliche Konzepte das Ergebnis eines kreativen Geistesblitzes sind. Dennoch fließt meistens ein beachtlicher kreativer Beitrag in die Erarbeitung eines Konzepts ein. Im zuvor erwähnten Benetton-Beispiel war das Leitkonzept die ›Flexibilität‹. Wer die Hände in den Schoß legt und darauf wartet, daß die verfügbaren Informationen ihm schon den richtigen Weg weisen werden, hat den Wert des Leitkonzepts als Impulsgeber völlig verkannt.

Die Entwicklung eines neuen Konzepts öffnet ein neues Fenster, durch das wir einen Blick auf die Welt werfen, die uns umgibt, und die Informationen, die verfügbar sein könnten. Das neue Konzept sagt uns, an welcher Stelle und wonach wir Ausschau halten sollten. Ohne dieses Konzept, das unsere Aufmerksamkeit zielgerichtet bündelt und die Auswahl der relevanten Informationen beeinflußt, würden wir nie Indizien finden, die den Nutzen unseres Konzepts bestätigen. Das versteht man unter der ›aktiven‹ Verwendung von Informationen, im Gegensatz zum mehr alltäglichen, ›passiven‹ Konsum. Wissen Sie, wie der Markt für einen Pizza-Lieferservice beschaffen sein könnte?

Komponenten

Je mehr Informationen wir besitzen, desto kreativer können wir denken. Mit den Optionen, die uns zur Verfügung stehen, verbessert sich auch das Ergebnis oder die Entscheidung. Ein Künstler mit einer umfassenden Farbpalette malt ein Bild, das durch größere Vielfalt der Farben besticht. Folglich gilt: Je mehr Informationen einem kreativen Menschen zugänglich sind, desto zufriedenstellender fallen die Ergebnisse seiner kreativen Bemühungen aus. Tatsächlich? Leider handelt es sich hier um einen Trugschluß.

Es stimmt, daß Wissen Macht ist. Wenn Sie wissen, daß bestimmte Metalle bei einer bestimmten Temperatur unweigerlich die gleiche, nicht von Ihnen beeinflußbare Form annehmen, dann können Sie aufgrund dieses Umstands nützliche Kontrollinstrumente erfinden. Wenn Sie wissen, daß beim Filtern von Leitungswasser feste, unlösliche Partikel mittels einer Membran abgesondert werden, sind Sie imstande, sich bei der Abwasserentsorgung etwas einfallen zu lassen.

Das Problem ist nur, daß Ihnen diese Informationen selten in ›reiner‹ Form begegnen. Meistens sind sie in Konzepten und Wahrnehmungen verpackt. Wenn sich ein kreativer Mensch diese Konzepte und Wahrnehmungen aneignet, ist er dazu verurteilt, in den gleichen Bahnen zu denken. Ich werde auf diesen Punkt zurückkommen, wenn wir uns mit dem Wert des ›unverbildeten Blicks‹ als Quelle innovativer Ideen befassen.

Es folgt also nicht automatisch, daß mehr Informationen zu besseren Ideen führen.

Informationsbeschaffung

Die Kreativität spielt eine wichtige Rolle bei der Informationsbeschaffung. Die Fragestellung in einer Meinungsumfrage erfordert ein gewisses Maß an Kreativität. Sich Zugang zu bestimmten Menschen oder Bevölkerungsschichten zu verschaffen setzt Findigkeit voraus. Wenn Sie wissen, welche Informationen Sie anvisieren, müssen Sie Ihre Phantasie spielen lassen, um kostengünstig in den Besitz der gewünschten Daten zu gelangen, die möglichst genau sein sollten.

Marktforscher halten ständig nach besseren Möglichkeiten Ausschau, Informationen zu gewinnen. Hier besteht ein beachtlicher Manövrierraum für die Kreativität des einzelnen. Normalerweise ist es nicht billig, Informationen zu beschaffen oder weiterzugeben. Folglich empfiehlt es sich, unkonventionelle Möglichkeiten zu finden, diese Aufgabe zu bewältigen.

»Wissen wir eigentlich ...«
»Was wäre, wenn ...«
»Wie würde man das sehen ...«

Es besteht immer ein Bedarf an effizienteren Möglichkeiten der Informationsbeschaffung. Einige dieser Verbesserungen sind das Ergebnis einer kreativen

Denkweise und der mentalen Konzentration auf den Prozeß der Informationssammlung.

Falsche Vorstellungen von der Kreativität

Ich habe bereits mehrfach darauf hingewiesen, wie unterschiedlich Kreativität bisweilen definiert wird. An späterer Stelle werden wahrscheinlich ähnliche Anmerkungen zu diesem Thema folgen. Ich bin jedoch der Ansicht, daß es sinnvoll ist, die unterschiedlichen Standpunkte in einem eigenen Abschnitt darzulegen. Das mag zu Wiederholungen führen, aber auch diese können an sich nützlich sein. Die Perspektiven, die ich im nachfolgenden erläutern werde, sind persönliche Meinungen, die sich auf jahrelange Erfahrungen im Bereich des lateralen Denkens und des Kreativitätstrainings stützen.

1. Kreativität ist eine angeborene Gabe und keine Fähigkeit, die sich erwerben läßt

Diese Fehlauffassung ist sehr bequem, denn sie entbindet uns von der Verpflichtung, die eigene Kreativität zu fördern. Wenn es sich um ein Talent handelt, das den einen in die Wiege gelegt wurde und den anderen nicht, ist die Mühe, Kreativität zu entfalten, von Haus aus zum Scheitern verurteilt.

Dieses Argument wird für gewöhnlich von Hinweisen auf außergewöhnlich schöpferische Menschen begleitet, wie Mozart, Einstein oder Michelangelo. Ähnlich wäre es, wenn man behauptet, Mathematik zu unterrichten sei völlig unsinnig, denn Rechengenies wie Poincaré ließen sich nicht am Fließband produzieren. Und wir bemühen uns weiterhin, jemandem das Klavier- oder Geigespielen beizubringen, auch wenn wir nicht gewährleisten können, aus jedem Schüler einen zweiten Liszt oder Paderewski zu machen. Sind Sie imstande, jeden Tennisanfänger so zu trainieren, daß Björn Borg oder Martina Nawratilowa vor Neid erblassen?

Man kann die eigene Kompetenz auf dem Gebiet der Mathematik, beim Klavier- oder Geigespiel oder in einer Sportart wie Tennis bis zu einem gewissen Grad entwickeln, auch wenn unsere Fähigkeiten nicht genial sind.

Stellen Sie sich einen Marathonlauf vor. Die Teilnehmer haben am Start Aufstellung genommen, das Startsignal fällt und das Feld spurtet auf breiter Front los. Irgendeiner der Läufer wird der erste, und irgendeiner der letzte sein, der ins Ziel kommt. Die Leistung hängt hier vom angeborenen Talent ab. Nun nehmen wir einmal an, jemand kommt auf die Idee, den Marathonlauf auf Rollschuhen auszutragen und trainiert eine gewisse Zeit mit den Läufern. Wieder stehen alle am Start. Die Teilnehmer gelangen dieses Mal wesentlich schneller ans Ziel. Trotzdem gilt: Irgendeiner der Läufer wird der erste, und irgendeiner der letzte sein.

Wenn wir unser kreatives Potential brachliegen lassen, dann stützen sich unsere kreativen Fähigkeiten zwangsläufig auf das angeborene Talent.

Doch wenn wir über ein gewisses Maß an Übung, Strukturen und systematische Techniken verfügen, sind wir imstande, unser allgemeines Kompetenzniveau zu erhöhen. Es wird immer einige Leute geben, die auf einem bestimmten Gebiet um Klassen besser als andere sind, aber jeder kann ein gewisses Maß an Kreativität entwickeln. Zwischen Talent und Training muß kein Widerspruch bestehen. Jeder Trainer im Hochleistungssport und jeder, der angehende Opernsänger ausbildet, kann das bestätigen.

Daß manche Leute von Haus aus kreativ sind, bedeutet nicht, daß sie mittels Training und der richtigen Techniken nicht noch kreativer werden könnten. Und damit ist auch nicht gesagt, daß andere niemals eine zündende Idee haben werden.

Als ich begann, erstmals über das Thema Kreativitätstraining zu schreiben, erwartete ich halb, daß einige Leser entrüstet behaupten würden, das hätten sie nicht nötig. Das genaue Gegenteil war der Fall. Viele namhafte, kreative Menschen nahmen Kontakt zu mir auf, um mir mitzuteilen, daß sich einige der geschilderten Prozesse für sie als äußerst nutzbringend erwiesen hatten.

Zahllose Fallbeispiele zeigen, wie die Techniken des lateralen Denkens dazu beigetragen haben, zündende Ideen zu entwickeln. Und es läßt sich durch zahlreiche Erfahrungen belegen, daß man durch kreative Denkübungen einen merklichen Unterschied in den Ergebnissen bewirken kann.

Auf der experimentellen Ebene läßt sich leicht nachweisen, daß sogar eine einfache Methode wie die Random Word-Technik unverzüglich den Ideenfluß in Gang setzen kann. Die Qualität der Einfälle unterscheidet sich dabei klar von allen vorher präsentierten.

Nach meiner Ansicht läßt sich kreatives Denken genauso erlernen wie Mathematik oder gleich welche Sportart. Wir stellen uns nicht stur und behaupten, das angeborene Talent reiche aus, und dort, wo es fehlt, sei ohnehin Hopfen und Malz verloren. Wir wissen, daß sich zumindest ein gewisses Maß an Kompetenz erwerben läßt. Wir wissen, daß sich die angeborene schöpferische Gabe durch Übung und entsprechende Lernprozesse weiterentwickeln läßt, nach dem Motto: Ohne Fleiß kein Preis.

Nach meinem Dafürhalten ist die Behauptung, Kreativität sei eine Fähigkeit, die man nicht erlernen kann, nicht länger haltbar.

Es ist vielleicht nicht möglich, allein durch Training geniale Leistungen zu erbringen, aber es gibt viele Bereiche, in denen sich gewinnbringende Kreativität auch ohne Genie entwickelt.

2. Kreativität entsteht in den Reihen der Querdenker

In der Schule scheinen die angepaßten Jugendlichen besonders gut abzuschneiden. Sie lernen innerhalb kürzester Zeit die wichtigste ›Spielregel‹, die es zu befolgen gilt: Wie man Lehrer's Liebling wird. Wie man die Prüfungen mit einem Mindestmaß an Mühe besteht. Wie man spickt, wenn's nötig ist. Auf diese Weise schiebt man eine ruhige Kugel und hat die Möglichkeit, das zu tun, was einen wirklich interessiert. Und dann gibt es noch die Aufmüpfigen, die Nonkonformisten oder Querdenker. Sie haben keine Lust, beim Anpassungsspiel mitzumachen, sei es aufgrund ihrer Charaktereigenschaften oder des Bedürfnisses, Aufmerksamkeit zu wecken.

Natürlich könnte man nun annehmen, daß diese Querdenker die Kreativität im späteren Leben gepachtet haben. Die Konformisten sind auch weiterhin damit beschäftigt, die richtigen Spiele zu erlernen, sich aktiv daran zu beteiligen und sich den Regeln anzupassen. Also bleibt es den Nonkonformisten überlassen, bestehende Konzepte in Frage zu stellen und eigene Wege bei der Aufgabenbewältigung zu gehen. Diese Rebellen oder notorischen Querdenker haben Mut, Energie und einen anderen Standpunkt.

Das ist die traditionelle Warte, aus der viele Menschen Kreativität definieren. Aber sie könnte sich ändern.

Sobald wir beginnen, die wahre Natur der menschlichen Kreativität zu verstehen (oder zumindest des lateralen Denkens), können wir das Spiel und seine einzelnen Phasen genau skizzieren. Wenn die Gesellschaft entscheidet, daß sich dieses Spiel auszahlt und belohnt werden sollte, dann werden möglicherweise auch die Konformisten beschließen, ihr Glück auf diesem Gebiet zu versuchen. Also lernen sie das Kreativitätsspiel. Da sie geübt darin sind, Regeln zu verinnerlichen und bei den unterschiedlichsten Spielen mitzumachen, könnten sie sehr bald kreativer sein als die Nonkonformisten, die nicht gewillt sind, gleich welches Spiel zu erlernen oder sich darauf einzulassen.

Möglicherweise sehen wir uns also der merkwürdig paradoxen Situation gegenüber, daß die Angepaßten kreativer werden als die Aufmüpfigen. Meiner Ansicht nach hat diese Entwicklung bereits begonnen.

Deshalb rechne ich damit, daß wir künftig wesentlich mehr produktive Ideen zu Gesicht bekommen werden. Der Querdenker verwirklicht seine Kreativität oft dadurch, daß er vorherrschende Anschauungen und Sprachregelungen aufs Korn nimmt. Er wird von dem Impuls getrieben, gegen den Status quo Front zu machen. Die Kreativität des Angepaßten (wenn er sich auf das Kreativitätsspiel einläßt) braucht die Konfrontation nicht; deshalb ist er imstande, konstruktiver zu denken und bereits bestehende Ideen als Fundament für eigene Schöpfungen zu benutzen.

Kreativität ist folglich keineswegs auf notorische Querdenker beschränkt. Diese Fähigkeit läßt sich selbst von solchen Menschen erwerben oder ausbauen, die sich als Konformisten bezeichnen würden.

Japan hat zahlreiche kreative Menschen hervorgebracht, aber unter dem Strich orientiert sich die japanische Kultur weniger an den Verschrobenheiten des Einzelnen als vielmehr am konformistischen Gruppenverhalten. Die japanische Kultur hat traditionsgemäß nicht viel Wert auf die individuelle Kreativität gelegt (im Gegensatz zu den Ländern des Westens). Bei einem formvollendeten Bogengewölbe ist es nicht erforderlich, den Beitrag jedes einzelnen Steins zu dieser architektonischen Meisterleistung zu erkennen.

Inzwischen macht sich auch dort ein Wandel bemerkbar. Die Japaner haben inzwischen erkannt, daß die Kreativität ein wichtiger Schlüsselfaktor für den anhaltenden wirtschaftlichen Erfolg ist. Sie sind zu der Schlußfolgerung gelangt, daß dem Kreativitätsspiel eine zentrale Rolle zukommt. Und nun haben sie beschlossen, das Spiel von der Pike auf zu lernen. Aufgrund meiner persönlichen Erfahrungen während meiner Kreativitätstrainings in Japan denke ich, daß sie auch dieses neue Spiel sehr bald aus dem Effeff beherrschen werden. Sie haben gerade erst gelernt, im ›Qualitätsspiel‹ auf den vorderen Plätzen mitzumischen, und so steht zu erwarten, daß sie auch in puncto Kreativität anderen Wettbewerbern in Kürze den Rang ablaufen werden.

Der Westen wird möglicherweise weit abgeschlagen unter ›ferner liefen‹ rangieren, wenn die Verantwortlichen im Bildungssektor auch weiterhin an der irrigen Meinung festhalten, Kreativität ließe sich nicht lernen und kritisches Denken reiche aus.

3. Rechte/Linke Hirnhemisphäre

Die einfache Geographie der rechten/linken Hirnhälfte macht die Zuordnung sehr reizvoll, kann aber auch in ›hemisphärische‹ Diskriminierung ausarten:

> »Er hat offenbar nur die linke Hirnhälfte eingeschaltet ...«
> »Für diese Aufgabe brauchen wir jemanden mit stark ausgeprägter rechter Hirnhemisphäre ...«
> »Die neue Mitarbeiterin, die wir gerade eingestellt haben, wird aufgrund ihrer mentalen Rechtslastigkeit frischen Wind ins Unternehmen bringen ...«

Das Konzept der rechten/linken Hirnhemisphäre hat einen gewissen Nutzen, wenn man darauf hinweisen will, daß der Mensch nicht immer linear und in Symbolen denkt. Es wurde indessen bis zu einem Punkt ausgeschlachtet, der sowohl gefährlich als auch einengend ist und der Sache der Kreativität in hohem Maß schadet.

Bei einem Rechtshänder ist die linke Hirnhemisphäre die ›gebildete‹, die Sprache, Symbole oder Informationen über eine Situation erkennt und verarbeitet, wie es unserem Wissen entspricht. Die rechte Hirnhemisphäre stellt die ›unverbildete‹, unerfahrene dar, die nichts gelernt hat. Wenn es also um Malerei, Musik usw. geht, betrachtet die rechte Hirnhälfte Informationen mit unschuldigen Kinderaugen. Wir wären imstande, Gegenstände so zu zeichnen, wie sie wirklich aussehen, und nicht, wie sie nach unserer Ansicht sein sollten.

Die rechte Hirnhemisphäre baut sich ihre Welt nicht bruchstückweise auf, sondern betrachtet sie aus der holistischen, der ganzheitlichen Perspektive.

Alle diese Funktionen haben ihren Wert, aber wenn es um Kreativität geht, die bei der Veränderung von Konzepten und Wahrnehmungen eine wichtige Rolle spielt, bleibt uns keine andere Wahl als die linke Hemisphäre ebenfalls einzuschalten, denn hier werden Konzepte und Wahrnehmungen geformt und gespeichert. Mit Hilfe des PET-Tomographen läßt sich genau verfolgen, welche Hirnhälfte in einem bestimmten Augenblick aktiviert ist. Eine Abfolge flüchtiger Strahlenblitze, die auf einem Film festgehalten werden, verdeutlicht die Aktivitäten. Wenn ein Mensch kreativ denkt, sind allem Anschein nach sowohl die rechte als auch die linke Hirnhemisphäre beteiligt. Genau das darf man auch erwarten.

Das Bild von der rechten/linken Hirnhälfte mag seine Meriten und einen gewissen Nutzen haben, wenn es gilt, offen und unverbildet an bestimmte Aktivitäten heranzugehen (Musik, Malerei), aber das Grundkonzept ist im Zusammenhang mit der Kreativität irreführend. Der Fehler liegt in der Annahme, daß wir lediglich von der linken Hirnhemisphäre zu den typischen Verhaltensweisen der rechten Hirnhemisphäre überwechseln müssen, um kreativ zu sein.

4. Kunst, Künstler und Kreativität

Ich habe an früherer Stelle bereits die Verwirrung erwähnt, die von der unangemessen breitgefächerten Verwendung des Begriffs ›Kreativität‹ verursacht wird. Normalerweise offenbart sich Kreativität besonders deutlich in den Werken von Künstlern, und daraus schließen viele Menschen, Kunst und Kreativität wären ein und dasselbe. Da wir beides in einen Topf werfen, glauben wir, unsere kreative Fähigkeiten ließen sich dann am besten entwickeln, wenn wir lernen, uns wie Künstler zu verhalten. Und wir nehmen automatisch an, Künstler wären am besten geeignet, anderen etwas über Kreativität beizubringen.

In diesem Buch steht die Kreativität im Vordergrund, die man braucht, um bestehende Konzepte und Wahrnehmungen zu verändern; deshalb benutze ich an mancher Stelle den klareren Begriff laterales Denken. Nicht alle Künstler sind nach meiner Definition ›kreativ‹. Viele gehören zu den ausdrucksstarken Stilisten, die eine ganz ureigene Sicht- und künstlerische Ausdrucksweise haben. Für manche entpuppt sich dieser individuelle Stil sogar als Falle, denn die Welt erwartet, ihre typische ›Handschrift‹. Wenn Sie einen namhaften Architekten wie I.M.Pei in Ihre Dienste nehmen, gehen Sie davon aus, daß er ein Pei-Bauwerk entwirft, wie es im Buche steht. Und Sie wären nachgerade enttäuscht, wenn ein echter Warhol auf den ersten Blick nicht als solcher zu erkennen ist.

Künstler können, wie Kinder, unverbildet und originell, aber gleichzeitig auch sehr starr an ihre Werke herangehen. Nicht selten mangelt es ihnen an der nötigen Flexibilität, die unerläßlicher Bestandteil der Kreativität ist.

Künstler können auch sehr viel analytischer sein als die meisten Menschen vermuten, und sie gehen sehr akribisch mit der Technologie um, die in ihren Werken zum Tragen kommt.

Es entspricht den Tatsachen, daß Künstler im allgemeinen daran interessiert sind, etwas Neues, Produktives zu schaffen, im Gegensatz zur reinen Reproduktion. Sie bringen auch die Bereitschaft auf, mit Konzepten und verschiedenen Wahrnehmungen zu experimentieren. Sie lassen sich auf einen

Prozeß ein, in dem das Endergebnis die Methode rechtfertigt, statt sich an die gerechtfertigten Methoden zu halten, die zu einem bestimmten Endergebnis führen. All das sind wichtige Aspekte eines allgemeinen kreativen Modus. Es gibt Künstler, die ich auch in meinem Wortsinn als kreativ einstufen würde, während andere diese Nagelprobe nicht bestehen.

Die Fehlauffassung besteht in der Vorstellung, daß Kreativität zwangsläufig mit der Kunst im Bunde steht und Künstler deshalb am besten befähigt sind, ihr Wissen um das A und O der Kreativität weiterzugeben.

Das zweite Element des falschen Bildes ist also die Annahme, ein Künstler (oder gleich welche kreative Person) sei zwangsläufig am besten in der Lage, anderen das Wesen der Kreativität nahezubringen. Ein Formel-1-Rennfahrer, der am Großen Preis teilnimmt, ist nicht unbedingt der beste Automobildesigner oder Fahrlehrer. Viele Leute meinen, die Fähigkeiten und Eigenschaften eines Künstlers würden durch eine Art Austausch auf seine Schüler übergehen, daß seine Kreativität gewissermaßen ansteckend wirkt. Ich bin sicher, daß diese ›Osmose‹ eine gewisse Wirkung zeitigt, wenngleich eine schwache, weil der Übertragungsprozeß große Mängel aufweist.

Einige Künstler sind kreativ und können den wahren Kern der Kreativität gleichzeitig gut vermitteln. Es ist reiner Zufall, daß es sich dabei um Künstler handelt.

Ich bin nicht der Überzeugung, daß Künstler von Haus aus besonders geeignet sind, Kreativitätstechniken zu lehren, die mit der Veränderung von Konzepten und Wahrnehmungsinhalten zu tun haben.

Daß man Kreativität und Kunst häufig miteinander verwechselt, ist ein Sprachproblem, das beträchtlichen Schaden anrichten kann.

5. Potentiale freisetzen

Diesen Punkt habe ich schon an früherer Stelle erwähnt. Er ist sehr wichtig, denn das sogenannte Kreativitätstraining zielt heute oft darauf ab, die Teilnehmer von inneren Hemmungen und äußeren Zwängen zu ›befreien‹ und das Kreativitätspotential, das man als angeboren betrachtet, ›freizusetzen‹.

Ich möchte noch einmal betonen, daß es zweifellos einen gewissen Wert hat, solche Barrieren zu beseitigen und die Angst vor Fehlern oder dem Spott anderer von vornherein auszuschalten. Wir haben gewiß bessere Chancen, kreativ zu sein, wenn wir imstande sind, selbst die ausgefallensten Ideen und unkonventionellen Gedanken frisch von der Leber weg zu äußern. Es ist keinesfalls meine Absicht, eine Lanze für psychologische Hürden zu brechen.

Das ›Beurteilungssystem‹ ist ein wichtiges Element unserer Erziehung und Ausbildung, genauso wie die Vorstellung von einer einzigen richtigen Antwort, die der Lehrer parat hat. Deshalb ist jeder Versuch, die Leute aus dieser ehernen Gußform herauszubrechen, lohnenswert.

Der begrenzte Nutzen des Begriffs ›freisetzen‹ birgt die größte Gefahr. Viele glauben nämlich, der psychologische Weg sei der einzig wahre, um Kreativität zu fördern. Manche Unternehmen meinen, es reiche aus, Schulungen im eigenen Haus abzuhalten, damit die Mitarbeiter lernen, wie man innere Sperren auf Knopfdruck abbaut und kreative Fähigkeiten entwickelt. Und gleichermaßen scheinen einige der Trainer zu glauben, Kreativitätstraining erfordere nicht mehr als eine Reihe von Übungen, die dazu beitragen, den Teilnehmern die angeborene Scheu zu nehmen und sie zu ermutigen, ihre Gedanken spontan und ungebremst zu äußern.

Um es noch einmal zu wiederholen: Das Gehirn selbst ist nicht kreativ. Seine Glanzleistung besteht darin, Informationen über unsere Umwelt zu codieren, zu speichern und spätere Eindrücke mit diesen Handlungsmustern abzugleichen. So laufen Wahrnehmungsprozesse ab, und der Mensch könnte nicht existieren, wenn sein Gehirn anders arbeiten würde. Die wichtigste Aufgabe des Gehirns besteht darin, uns durch fortlaufende Anpassungsleistungen das Überleben und die Bewältigung schwieriger Situationen zu ermöglichen. Es ist nicht darauf programmiert, schöpferisch zu sein. Es ist nicht darauf geeicht, die Schranken der vorhandenen Handlungsmuster nach Lust und Laune zu durchbrechen, um neue Ideen zu produzieren.

Inhibitionen bewirken, daß wir unter unser ›übliches‹ Kreativitätsniveau absacken, wie in Abb. 1.12 dargestellt. Wenn wir diese inneren Barrieren, die eine Ladehemmung auslösen, beseitigen, erreichen wir wieder unseren normalen Pegel. Doch um wirklich produktiv und originell zu denken, müssen wir einige Schritte einleiten, die nicht der Norm entsprechen, sondern unorthodox sind. Dazu gehört unter anderem auch der formale Prozeß der mentalen Provokation, mit dem wir uns an späterer Stelle befassen.

Fakt ist, daß einige Menschen sehr kreativ sind und daß von Zeit zu Zeit wirklich neuartige Ideen entstehen. Läßt sich daraus automatisch schließen, daß die schöpferische Kraft eine natürliche Tätigkeit des menschlichen Gehirns ist? Nicht unbedingt. Innovative Ideen und Konzepte entstehen oft infolge eines ungewöhnlichen Zusammentreffens von Ereignissen, oder auch

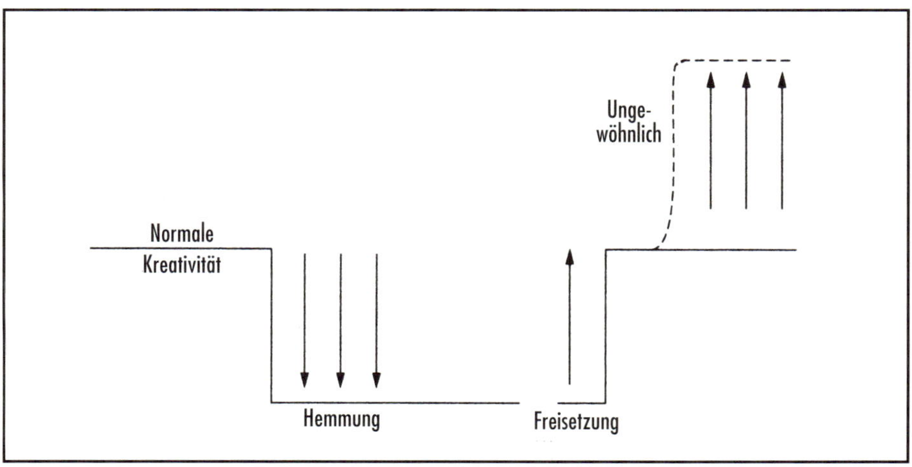

Abb. 1.12

durch eine zufällige, schicksalhafte Herausforderung (eine Art naturhafte Random Word-Technik). Menschen werden von Zeit zu Zeit krank, was nicht heißt, daß Krankheit ein ›natürlicher‹ Zustand ist. Die Tatsache, daß jemand gute Ideen hat und echte Geistesblitze produziert, bedeutet also nicht, daß diese Originalität des Denkens auf eine natürliche Funktion des Gehirns zurückzuführen ist. Andernfalls könnte man mit Fug und Recht erwarten, daß die natürliche Kreativität sehr viel bessere Ergebnisse hervorbringt.

Wenn man das Thema ausschließlich aus der Warte von Informationssystemen und deren Verhalten betrachtet, dann ist nicht zu erkennen, wie ein Speichersystem kreativ sein könnte ... es sei denn, infolge eines Funktionsfehlers.

6. Intuition

Ich werde oft nach dem Stellenwert der Intuition in kreativen Denkprozessen gefragt. Das Wort hat allem Anschein nach zwei verschiedene Bedeutungen. Zum einen versteht man darunter ›Erkenntnisse‹ und das spontane geistige Erfassen eines Sachverhalts auf neue Weise. Dieser Aspekt ähnelt dem zuvor beschriebenen Humor-Phänomen, das uns als Modell für das laterale Denken dient. Wenn es uns gelingt, vom ausgetretenen Hauptpfad der Informationsverarbeitung auf das Nebengeleis zu gelangen (siehe Abb. 1.11), sehen wir auf Anhieb die Verbindung zum Ausgangspunkt, und schon kristallisiert sich ein neuer Wahrnehmungsinhalt heraus. Bei dieser Bedeutung des Begriffs ›Intuition‹ können uns bestimmte Kreativitätstechniken helfen, an den Punkt der Erkenntnis zu gelangen.

Intuition kann aber auch ein unbestimmtes Gefühl beschreiben, das in früheren Erfahrungen und Überlegungen wurzelt. Die einzelnen Faktoren oder Schritte, die dieses Gefühl auslösen, lassen sich nicht immer beim Namen nennen, und so bezeichnen wir den Vorgang als Intuition und nicht als ›Nachdenken‹. Wenn wir bereits über Erfahrungen bezüglich eines bestimmten Themas verfügen, sprechen wir oft von untrüglichem ›Instinkt‹ oder ›Gespür‹. Wenn wir bewußt Überlegungen anstellen, füttern wir unser Gehirn mit Informationen und gestatten unserer Intuition dann und wann, sie zu verarbeiten und zu einem Ergebnis zu kommen. Ein Beispiel für diese unbewußte Funktionsweise der Intuition ist der Ausspruch, daß wir ein Problem erst einmal überschlafen müssen.

Die Frage ist, ob auch außerhalb der Sphäre unseres Bewußtseins sinnvolle mentale Aktivitäten stattfinden. Selbst wenn das nicht der Fall sein sollte, könnte eine Neuordnung der Informationen, mit denen wir unser Gehirn füttern, vorgenommen werden, ohne das bewußte Bestreben, ein Ergebnis zu erzielen.

Auf der theoretischen Ebene sollte man diese Frage meiner Ansicht nach offen lassen. Ich vermute, daß in der Tat ein gewisses Maß an Neuordnung und Erfahrungslernen stattfindet, sobald wir Informationen über Wirkungszusammenhänge an unser Gehirn weiterleiten. Das überrascht nicht, denn es handelt sich um ein Codierungssystem, das dazu neigt, zwischen den verschiedenen Erkenntnissen problemlos hin- und herzuwechseln. Wenn man an einer anderen Stelle in ein Muster gelangt, kann man eine völlig neue Richtung einschlagen (ähnlich, als würde man eine Wasserscheide zwischen zwei Flußbetten überqueren).

Wichtiger ist die praktische Ebene. Es besteht die Gefahr, daß man annimmt, im Grunde sei alles eine Sache der Intuition und folglich bestünde weder die Notwendigkeit noch die Möglichkeit, unsere Kreativität zu entwikkeln. Hier geht man wieder von einem Black-Box-Ansatz aus: er entbindet uns jeder bewußten Anstrengung und nährt in uns die Hoffnung, daß unsere Intuition uns nicht trügen wird, wenn's darauf ankommt. Ich muß gewiß nicht betonen, daß ich gegen diesen Verzicht bin.

Ich glaube, daß die Intuition in den letzten Phasen des systematischen lateralen Denkprozesses eine sehr wichtige Aufgabe zu erfüllen hat. Sie mag auch gelegentlich einen wertvollen Beitrag außerhalb des Rahmens kognitiver Kreativitätsmethoden leisten. Ich bin jedoch der Ansicht, daß wir diese Beiträge der Intuition als Bonus betrachten sollten. Ist das Scherflein, das sie beisteuert, nützlich, haben wir allen Grund, dankbar zu sein. Und falls die innere Stimme schweigt, gilt es, unsere kreativen Anstrengungen bewußt fortzusetzen.

7. Die Notwendigkeit, ›verrückte‹ Ideen zu produzieren

Ich habe bereits den ›überspannten‹ Aspekt der Kreativität erwähnt, der von einigen Experten auf diesem Gebiet betont wird, aber zur Folge hat, daß kreatives Denken ein Schattendasein führt und als Disziplin nicht ernstgenommen wird.

Es ist nicht schwer, jemanden zu verrückten Ideen zu ermutigen, weil uns dieser Prozeß ein Ausbrechen aus den herkömmlichen Denkschemata ermöglicht und außerdem großen Spaß machen kann. Man spürt, wie Hemmungen zunehmend abgebaut werden, wenn sich die Teilnehmer eines Kreativitätstrainings gegenseitig mit verrückten Ideen zu übertrumpfen versuchen.

Eine der legitimen Techniken des lateralen Denkens ist die mentale Provokation. Es ist unerläßlich, Denkanstöße zu geben, die aufrütteln und im Reservoir unserer Erfahrungen nicht vorhanden sind, vielleicht auch niemals gespeichert werden. Der Zweck der Übung besteht darin, uns abrupt aus dem herkömmlichen, starren Wahrnehmungsmuster herauszureißen und in eine Position der Instabilität zu bringen, die uns [aufgrund des unbewußten Strebens, wieder einen Gleichgewichtszustand zu erzielen] den Weg zu einer neuen Idee ebnet. Dieser Prozeß wird bewußt und systematisch in Gang gesetzt, und er stützt sich auf das Verhalten asymmetrischer Codierungssysteme. Es gibt formale Methoden, eine mentale Provokation aufzustellen und dadurch eine mentale Bewegung herbeizuführen: das Wörtchen ›po‹ ist beispielsweise ein solcher Auslöser. Doch diese Abläufe unterscheiden sich beträchtlich von einer ›verrückten‹ Idee, die nur um der Idee willen entsteht.

Jemandem die Notwendigkeit einer mentalen Provokation und die Schritte zu erklären, die man einleiten muß, um mit ihr zu arbeiten, steht auf einem ganz anderen Blatt, als den Eindruck zu vermitteln, ›verrückte‹ Einfälle wären Endziel und unerläßlicher Bestandteil jedweder Kreativität. Wie bei vielen der in diesem Abschnitt geschilderten Standpunkte klammern sich viele Kreativitätstrainer an den ›überspannten‹ Aspekt und predigen, er sei der Dreh- unf Angelpunkt des gesamten Prozesses. Dadurch entsteht ein völlig falsches Bild und alle, die Kreativität ernsthaft im Sinne von planvoll, methodisch und systematisch anwenden möchten, werden abgeschreckt.

8. Erfolg am laufenden Band

Das klassische Brainstorming vermittelt den Eindruck, kognitive Kreativitätsmethoden zielten darauf ab, die Gruppe mit einem wahren Sperrfeuer verrückter Ideen zu belegen, in der Hoffnung, daß zumindest einige ins anvisierte Ziel treffen. Es ist durchaus möglich, daß in der Werbebranche, für die das Brainstorming entwickelt wurde, Ideen am laufenden Band produziert werden, da hier der Aspekt des Neuartigen im Mittelpunkt steht. Aber in fast jedem anderen Bereich macht dieser Ansatz genauso wenig Sinn, als würde man tausend Affen wild auf der Schreibmaschine herumhämmern lassen, in der Hoffnung, einer von ihnen möge ein Bühnenstück à la Shakespeare zustande bringen.

Wenn kognitive Kreativitätsmethoden einem MG-Sperrfeuer ähnelten, bei dem infolge des hohen Streuverlusts nur einige wenige Kugeln ins Schwarze treffen, dann würde mich das Thema nicht im mindesten interessieren.

Der tatsächliche Ablauf ist ein völlig anderer. Es gibt die Hauptbahnen der menschlichen Wahrnehmung (siehe Abb. 1.4), die ähnlich einem Flußtal alle Informationen in der unmittelbaren Umgebung sammeln. Diese fließen in die vorhandenen ›Informationsströme‹ ein. Wenn es uns gelingt, uns aus dieser eingeschliffenen Schiene oder dem Sammelbecken zu befreien, haben wir die Chance, in eine andere Sphäre des Denkens zu gelangen. Diese Ablösung erfolgt keineswegs wie aus der Pistole geschossen, sondern ähnelt dem oft mühsamen Verzicht, jedesmal in unserem Lieblingslokal zu essen. Wenn wir diesen Abnabelungsprozeß bewußt vollziehen, fällt es uns leichter, einmal ein anderes Restaurant auszuprobieren.

Es gibt zahlreiche neue Ideen, die nur darauf warten, entdeckt zu werden, wenn wir aus der üblichen Mustersequenz ausbrechen können, die uns von der Erfahrung vorgegeben wurde. Die Vermutung, daß solche Ideen existieren, ist ebenso begründet wie die Chance, daß wir darauf stoßen, wenn wir die ausgetretenen Denkwege oder Informationsverarbeitungspfade verlassen.

Natürlich sehen wir uns der Schwierigkeit gegenüber, daß jede gute Idee im nachhinein vollkommen logisch und sogar offensichtlich sein muß. Folglich kann derjenige, der davon profitiert, behaupten, daß man mit logischem Denken genauso darauf gekommen wäre, ohne das ganze Drum und Dran.

9. Kreativität in großen Sprüngen und kleinen Schritten

Oft heißt es, im Westen zähle in puncto Kreativität nur der große konzeptionelle Sprung, der einen Paradigmawechsel auslöst, während sich die Japaner mit einer Abfolge geringfügiger Veränderungen zufrieden gäben, die, auch ohne Konzepte auf den Kopf zu stellen, zur Entwicklung neuer Produkte führten. Welche Strategie ist die bessere?

Kreativität in kleinen Schritten hat zweifellos ihren Wert. Im Westen wurde dieser Nutzen bis zu einem gewissen Grad ignoriert, weil hier die meisten Unternehmen neuartige, spektakuläre Ideen vorziehen: sie gewährleisten Streicheleinheiten für das Ego und sind eher dazu angetan, Eindruck bei anderen zu schinden. Die Konzentration auf diese ›genialen‹ Einfälle hatte zur Folge, daß die praktische Seite der Kreativität bisweilen vernachlässigt wurde. Kleine Kreativitätsschritte nehmen oft die Form von geringfügigen Produktmodifikationen, Verbesserungen und neuen Kombinationsmöglichkeiten an. Was dieser Wandel wirklich wert ist, hängt nicht selten von kleinen, kreativen Schritten ab, die den größtmöglichen Nutzen aus einer Innovation herausholen.

Eine Abfolge kleiner Schritte addiert sich gleichwohl nicht zu einem großen Sprung. Letzterer beinhaltet in aller Regel einen Paradigmawechsel oder ein neues Konzept. Da eine völlige Neuausrichtung bestehender Konzepte unumgänglich sein kann, ist die Wahrscheinlichkeit gering, mit Trippelschritten ans Ziel zu gelangen.

Wir brauchen Kreativität sowohl in kleinen Schritten als auch in großen Sprüngen. Auch hier ist das A und O ein gesundes Gleichgewicht. Vielleicht sollten wir der Kreativität in kleinen Schritten einen höheren Stellenwert beimessen, um kreatives Denken als notwendigen Bestandteil der Arbeitsaufgaben *jedes* Mitarbeiters im Unternehmen hervorzuheben. Wenn wir sie lediglich als eine Fähigkeit betrachten, die geniale ›große Sprünge‹ erfordert, vermitteln wir den Eindruck, als handle es sich um eine Gabe, die ausschließlich den Wissenschaftlern im Forschungs- und Entwicklungsbereich oder den Unternehmensstrategen vorbehalten ist.

10. Gruppen- oder Einzelleistung

Ich werde auf diesen Punkt im Anwendungsteil des Buches zurückkommen.

Da das Brainstorming bei vielen als die klassische oder einzig wahre, kognitive Kreativitätsmethode gilt, hat sich die Vorstellung eingebürgert, kreatives Denken müsse stets in einen Gruppenprozeß eingebunden sein. Was soll man denn auch machen, wenn man ganz auf sich gestellt ist? Auf eine Erleuchtung hoffen? Das Brainstorming-Verfahren stützt sich grundlegend auf die Annahme, daß die Beiträge der Gruppenmitglieder den Ideenfluß jedes einzelnen Teilnehmers in Gang setzen, sozusagen eine kreative Kettenreaktion auslösen. Das Gruppenelement ist also ein wesentlicher Bestandteil des Prozesses.

Aber für das bewußte Aktivieren kreativer Denkvorgänge braucht man keine Gruppe. Sämtliche Techniken, die in diesem Buch beschrieben sind, lassen sich allein im stillen Kämmerlein anwenden. Es ist keine Gruppe erforderlich, die sich gegenseitig die Bälle zuspielt. Die formale Technik der mentalen Provokation (ausgelöst durch das Wörtchen ›po‹) ermöglicht dem Einzelnen, unorthodoxe, stimulierende Ideen im Alleingang zu entwickeln. Sie brauchen keinen Ansprechpartner, der Impulse auslöst.

Nach meiner Erfahrung wird der Einzelne bei der Ideensuche in wesentlich höherem Maß und in einem weiter gefaßten Spektrum fündig als bei der Gruppenarbeit. In der Gruppe müssen Sie den anderen aufmerksam zuhören und unter Umständen einige Zeit darauf verwenden, die eigenen Lösungsansätze immer wieder zur Sprache zu bringen, um das allgemeine Augenmerk auf sie zu lenken. Sehr häufig verständigt sich die Gruppe auf einen bestimmten Kurs, während eine Einzelperson die von ihr bevorzugte Denkrichtung einzuschlagen vermag.

Die sozialen Aspekte des Gruppenansatzes haben natürlich ihren Vorteil. Es erfordert einiges an Disziplin, ohne äußeren Druck kreativ zu arbeiten. In der Praxis empfehle ich häufig eine Mischung aus Gruppen- und Einzelarbeit, wie ich im Anwendungsteil näher erläutern werde.

Ich bin der Ansicht, daß Einzelpersonen merklich bessere Leistungen erbringen, wenn es gilt, Ideen zu finden und neue Wege zu gehen. Sobald ein Grundgedanke Gestalt annimmt, könnte es vorteilhafter sein, das Ideengerüst in der Gruppe weiterzuentwickeln und es von verschiedenen Standpunkten aus zu durchleuchten, was dem Ideenproduzenten nicht in diesem Umfang möglich ist.

Zusammenfassend möchte ich an diesem Punkt noch einmal betonen, daß eine kognitive Kreativitätsmethode entgegen der landläufigen Meinung kein Gruppenprozeß sein muß.

11. Intelligenz und Kreativität

In einer klassischen Studie von Getzels und Jackson wurde behauptet, es habe sich gezeigt, daß bis zu einem IQ von 120 Kreativität und Intelligenz Hand in Hand, danach aber getrennte Wege gingen. Wir müssen die Methoden, mit deren Hilfe Intelligenz und Kreativität getestet werden und die Erwartungen der Testteilnehmer in Fage stellen.

Menschen mit einem hohen Intelligenzquotienten wurden oft angehalten, weder zu spekulieren noch zu raten, und auch keine verrückten Ideen zu äußern. Diese Form der ›Programmierung‹, die sich auf die Biographie auswirkt, kann die Ergebnisse einer vergleichenden Forschung merklich beeinflussen. Ein hochintelligenter Mensch weiß vielleicht, daß eine Idee absurd ist, und hält folglich damit hinter dem Berg. Eine Person mit geringeren Geistesgaben ist möglicherweise nicht scharfsinnig genug, um sich auszurechnen, daß diese Idee nicht funktionieren kann, und heimst im Test einen Punkt dafür ein.

Es stellt sich also die praktische Frage, ob man supergescheit sein muß, um kreativ zu sein, oder ob es den geistigen Überfliegern schwerer als anderen fällt, kreativ zu denken.

Intelligenz ist für mich das Potential des menschlichen Verstandes. Sie könnte von der Bewegung bestimmter Enzyme abhängig sein, die eine schnellere mentale Reaktion und somit eine schnellere Überprüfung der gespeicherten Handlungsmuster erlauben. Dieser Umstand läßt sich mit der PS-Zahl eines Automobils vergleichen: sie bestimmt das Leistungs*potential* des Wagens. Die tatsächliche Fahrleistung hängt jedoch von der Geschicklichkeit der Person ab, die am Steuer sitzt. Es gibt hochleistungsfähige Autos, die miserabel gefahren werden, und solche, die sich rein technisch bescheidener geben, aber durch die Fähigkeit des Fahrers brillieren. Genauso kann es bei einem ›intelligenten‹ Menschen an der Denkfähigkeit hapern, wenn er diese nicht permanent entwickelt hat. Jemand mit niedrigerem Intelligenzquotienten ist im Gegensatz dazu vielleicht imstande, sehr viel klarer zu denken.

Kreatives Denken ist Teil der menschlichen Denkfähigkeit, muß aber unmittelbar und als eigenständige Disziplin erlernt werden. Ein hochintelligenter Mensch, der nie gelernt hat, kreativ zu denken, bringt auf diesem Gebiet unter Umständen weniger zustande als ein anderer mit geringerem geistigen Potential. Das hat einen Grund: Ein Teil der Denkfähigkeit, die im Rahmen unserer häuslichen Erziehung und formalen Ausbildung geschult wird, steht in augenfälligem Kontrast zum kreativen Verhalten (wie ich bereits an früherer Stelle angemerkt habe). Wenn ein hochintelligenter Mensch die Fähigkeit des kreativen Denkens erwirbt, dann kann man hervorragende Leistungen auf diesem Gebiet von ihm erwarten.

Gewohnheiten, Übung und Erwartungen spielen hier also eine ausschlaggebende Rolle.

Ich glaube nicht, daß ein hoher IQ einen Menschen daran hindert, kreativ zu sein, wenn er sich die Mühe gemacht hat, bestimmte kreativitätsfördernde Techniken zu erlernen.

Und es sind, abgesehen von einem gewissen grundlegenden Intelligenzniveau, keine genialen geistigen Fähigkeiten erforderlich, um unser kreatives Potential voll auszuschöpfen.

Quellen der Kreativität

Im folgenden möchte ich auf einige der traditionellen sowie weniger üblichen Quellen der Kreativität eingehen. Diese Überlegungen dienen zum einen der Aufgabe, die systematischen Techniken des lateralen Denkens in die richtige Perspektive zu rücken, und zum anderen durchleuchten sie einige praktische Aspekte der Kreativität.

Offener, unverbildeter Blick

Ein offener, unverbildeter Blick kennzeichnet die Kreativität von Kindern. Wenn man die übliche Vorgehensweise, die üblichen Problemlösungen und die üblichen Konzepte, die bei einer Aufgabenstellung zum Tragen kommen, nicht kennt, kann man diese völlig unbelastet in Angriff nehmen. Und wenn sich das Wissen um äußere Zwänge und unrealisierbare Vorgaben nicht als Hemmschuh erweist, ist man eher in der Lage, völlig neue Wege zu gehen.

Als die Brüder Montgolfier den ersten unbemannten Heißluftballon emporsteigen ließen, verbreitete sich die Kunde von diesem aufregenden Ereignis bis zum Französischen König nach Paris, der auf Anhieb das militärische Potential erkannte. Er zitierte seinen ›Chefkonstrukteur‹, M. Charles, herbei und beauftragte ihn, ebenfalls ein solches Fluggerät zu bauen. Der renommierte Tüftler zermarterte sich das Gehirn, wie die pfiffigen Brüder diesen ›neumodischen Apparat‹ wohl in die Lüfte gebracht haben mochten. Nach einer Weile stieß er die französische Entsprechung zum griechischen »Heureka!« – ich hab's – aus. »Sie müssen dieses neue Gas, diesen Wasserstoff verwendet haben, der leichter als Luft sein soll!« erklärte er. Und so schickte er sich an, den Gasballon zu erfinden, ein Luftfahrzeug, das auf einem völlig anderen Prinzip basiert.

Vor vielen Jahren trommelte ein Mann namens Gunnar Wessman, damals Vorstand der Perstorp Corporation, in Schweden eine Gruppe Schulkinder zusammen, um ein Experiment zu veranstalten. Ich wurde gebeten, sie mit den Grundprinzipien des lateralen Denkens vertraut zu machen. Dann statteten uns einige bekannte Persönlichkeiten der Regierung und Industrie aus Stockholm einen Besuch ab, um den Kindern bestimmte Probleme zu schildern und sie zu bitten, über Lösungsvorschläge nachzudenken. Dazu gehörte auch die Schwierigkeit, Arbeiter zu motivieren, die Wochenendschicht in einer Fabrik zu übernehmen, deren Fließbänder auch am Samstag und Sonntag laufen mußten. Die Kinder, bar jeder praktischen Erfahrung mit dem Thema Motivation, schlugen in aller Unschuld vor, Personal einzustellen, das nur am Wochenende arbeiten würde. Diese Idee wurde umgesetzt und die Nachfrage war größer als das Angebot. Erwachsene hätten wahrscheinlich automatisch angenommen, daß sich niemand darum reißt, am Wochenende zu arbeiten, daß die Gewerkschaften querschießen, usw.

Obwohl Kinder oft sehr unverbildet und originell an ein Problem herangehen, halten sie manchmal auch sehr starr (wie bereits erwähnt) an einer Lösung fest und weigern sich, Alternativen zu entwickeln oder in Betracht zu ziehen. Ihre Kreativität wurzelt in den offenen, unverbildeten Anschauungen; beinhaltet aber nicht, nach neuen Ansätzen zu suchen.

Leider ist es nicht möglich, unseren unverbildeten Blick und unsere Unschuld zu erhalten, wenn wir älter werden. Es gelingt uns nicht einmal, uns diese Offenheit im eigenen Fachbereich zu bewahren. Welche praktischen Vorteile hat dann diese Form der Kreativität, die aus der sogenannten ›unbefleckten‹ Wahrnehmung geboren ist?

Vielleicht sollten wir uns in manchen Situationen bemühen, Kindern aufmerksamer zuzuhören. Es ist unwahrscheinlich, daß sie mit ausgereiften Lösungen aufwarten können, die sich im Handumdrehen verwirklichen lassen, aber wenn wir bereit sind, einige der darin enthaltenen Leitgedanken ernsthaft in Erwägung zu ziehen, können ungewöhnliche neue Konzepte entstehen.

In einigen Branchen, wie im Einzelhandel und in der Automobilindustrie, halten die Firmen traditionsgemäß die Reihen fest geschlossen und treiben Nabelschau; sie meinen, sämtliche Antworten aus dem Ärmel schütteln zu können. Hier herrscht das Gefühl vor, daß nur derjenige einen wichtigen Beitrag leisten kann, der das Metier von der Pike auf kennt. Es macht gleichwohl Sinn, daß solche Unternehmen ihren Blick nach außen richten und Außenstehende mit der Suche nach neuen Ideen betrauen. Sie bringen oft frischen Wind in verstaubte Denkweisen, ein Kraftakt, der Insidern meistens nicht möglich ist, wie erfahren sie auch sein mögen.

Ein sehr wichtiger praktischer Gesichtspunkt betrifft die Forschungsaktivitäten. Es ist gang und gäbe, vor Eintritt in ein neues Tätigkeitsfeld alles zu lesen, was an Informationen darüber zur Verfügung steht. Andernfalls ist man nicht in der Lage, von den bereits vorhandenen Erkenntnissen zu profitieren und man geht das Risiko ein, Zeit damit zu verschwenden, das Rad ein zweites Mal zu erfinden. Aber durch die umfangreiche Lektüre verderben wir uns die Chance, originell und mit offenem Blick an einen Aufgabenbereich heranzugehen. Beim Lesen verinnerlichen wir unwillkürlich die bereits vorhandenen Konzepte und Wahrnehmungen. Man versucht vielleicht, diese in Frage zu stellen und schlägt sogar den entgegengesetzten Kurs ein, aber man kann sie nicht aus dem Gedächtnis streichen. Es besteht keine Möglichkeit mehr, ein Konzept zu erarbeiten, das sich vom althergebrachten mehr als geringfügig unterscheidet. Damit stehen wir vor einem Dilemma: Um Kompetenz auf einem Gebiet zu entwickeln, müssen wir uns möglichst viele Informationen beschaffen; wenn wir dagegen die eigene Ursprünglichkeit bewahren wollen, sollten wir unseren unverbildeten Blick bewahren.

Eine Möglichkeit, diesem Dilemma zu entkommen, besteht darin, gerade soviel zu lesen, um ein Gespür für die neue Sparte zu bekommen. Dann halten Sie inne und stellen Ihre eigenen Überlegungen an. Sobald Sie die eine oder andere eigene Idee aus der Taufe gehoben haben, folgt wieder eine Phase, in der die nötigen Informationen beschafft werden, um Indizien für die Richtigkeit des Konzepts zu suchen. Danach ist wieder eine Pause und Überprüfung angesagt, oder die Entwicklung neuer Lösungsansätze. Im Anschluß vervollständigen Sie Ihre Informationen. Auf diese Weise besteht zumindest die Chance, die vorhandenen Informationen originell zu verarbeiten.

Ein neuer Mitarbeiter bringt frischen Wind ins Unternehmen, der ungefähr vom sechsten bis zum achtzehnten Monat nach Antritt seiner Stellung weht. Vorher kennt er die Aktivitäten noch nicht gut genug, um ein Gefühl dafür zu entwickeln (es sei denn, es handelt sich um sehr einfache unternehmerische Tätigkeiten). Nach dem achtzehnten Monat ist er so fest in die Unternehmenskultur und die herkömmlichen, von oben abgesegneten Arbeitsmethoden eingebunden, daß er seinen offenen Blick für das Wesentliche verloren hat.

Zu den starrsten Branchen gehören die sogenannten ›sanften‹, wie Werbung und Fernsehen. In vielen anderen Tätigkeitsfeldern gibt es geschriebene und ungeschriebene Gesetze oder sogar einen umfassenden Verhaltenskodex. Da solche Regulierungsmechanismen in den sanften Branchen buchstäblich fehlen, erfinden die Akteure in diesen Bereichen selbst eine ganze Litanei willkürlicher Regeln und Richtlinien, um sich sicherer zu fühlen. Wenn alles erlaubt ist, wie weiß man dann, was man tun muß? Die starren, willkürlichen Leitlinien bürgern sich im Laufe der Zeit ein und die Leute sind gezwungen, sich danach zu richten. In solchen Branchen wird der offene, unverbildete Blick gewöhnlich als Ignoranz abgestempelt.

Erfahrung

Die Kreativität der Erfahrung ist ganz offensichtlich der Gegenpol zur Kreativität des unverbildeten Blicks. Bei entsprechender Erfahrung wissen wir, welche Methoden funktionieren. Wir wissen aus Erfahrung, was sich als Erfolg entpuppen könnte oder was sich gut verkauft.

Der erste Operationsmodus, der sich auf die Kreativität der Erfahrung stützt, ist die ›Jungbrunnen-Strategie‹. Ein Produktkonzept, das sich als Renner erwiesen hat, wird mittels geringfügiger Änderungen kosmetisch aufpoliert, damit es wie eine brandneue Idee wirkt. Das ist oft genau die Form der Produktdifferenzierung, die im klassischen Wettbewerbsverhalten angesagt ist.

Der zweite Operationsmodus, er sich auf die Kreativität der Erfahrung stützt, ist die ›Rocky-Strategie‹. Erfolge lassen sich wiederholen, wenn man sich strikt an das alte Erfolgsrezept hält. Der Film *Rocky* war ein Kassenknüller, warum dann nicht auch *Rocky II*, *III* und sogar *IV* oder *V* in die Kinos bringen? Diese Strategie schließt Kopieren, geistige Anleihe nehmen und die Herstellung von leicht abgewandelten oder verbesserten Produkten ein, mit denen man auf einen ›fahrenden Zug aufspringt‹. Ein neuer Werbestil wird unverzüglich viele Nachahmer auf den Plan rufen. Diese Art der Kreativität ist in den USA weit verbreitet, einhergehend mit einem hohen Maß an Risikoscheu. Wenn man weiß, daß etwas funktioniert, dann tritt man lieber wieder in die gleichen Fußstapfen, als sich mit etwas Neuem aufs Glatteis zu wagen. Diese Mentalität wurzelt in der Angst vor persönlichen Nachteilen infolge von Versagen und Fehlgriffen. Eine Führungskraft ist nur so gut wie ihre letzte Aktion. Damit erreicht man nicht, daß ein frischer Wind im Unternehmen weht, sondern daß jeder sein Mäntelchen nach dem Wind hängt.

Der dritte Operationsmodus, der sich auf die Kreativität der Erfahrung stützt, ist die ›Puzzle-Strategie‹. Produktmerkmale, die bekanntermaßen Erfolg haben, werden zu einem Produktpaket geschnürt, beispielsweise zu einem *Finanzprodukt*. Wenn es an der Zeit ist, ein neues Produkt auf den Weg zu bringen, zerlegt man das ursprüngliche Produktpaket in seine Bestandteile und fügt es auf andere Weise zusammen. Normalerweise werden die Bausteine zwischen den verschiedenen Produktpaketen ausgetauscht, so daß sich die Kombination immer wieder ändert.

Die Kreativität der Erfahrung ist im wesentlichen mit einem geringen Risiko behaftet; sie zielt darauf ab, auf früheren Erfolgen aufzubauen und sie zu wiederholen. Die meisten kommerziellen Aktivitäten stützen sich auf diese Form der Kreativität. Man kann stetige und verläßliche Ergebnisse erwarten, die in bescheidenem Rahmen kreativ, aber nicht wirklich innovativ oder originell sind. Wenn jemand einen völlig neuartigen, unorthodoxen Vorschlag hat, würde man diesen vermutlich zurückweisen, denn es gibt zuwenig Erfahrungswerte, die den Erfolg gewährleisten. Der große amerikanische Kinofilmproduzent Sam Gold hat einmal gesagt: »Was wir in Wirklichkeit brauchen sind brandneue Klischees.«

Motivation

Die Kreativität, die sich auf die Motivation stützt, ist ungeheuer wichtig, da die meisten Menschen, die als kreativ gelten, ihre produktiven Ideen aus dieser Quelle herleiten.

Motivation bedeutet, bereit sein, bis zu fünf Stunden in der Woche über Verbesserungsmöglichkeiten nachzusinnen, wo andere nicht mehr als fünf Minuten aufwenden. Motivation bedeutet, nach Alternativen Ausschau halten, wo sich alle anderen mit den offensichtlichen Lösungen zufriedengeben. Motivation bedeutet, neugierig sein und möglichen Erklärungen nachspüren. Motivation bedeutet, auf der Suche nach neuen Ideen neue Wege gehen und experimentieren.

Ein sehr wichtiger Aspekt der Motivation ist die Bereitschaft, innezuhalten und unser Augenmerk auf Dinge zu richten, die vorher noch niemand eines Blickes gewürdigt hat. Der einfache Prozeß, sich auf Situationen und Sachverhalte zu konzentrieren, die man normalerweise als selbstverständlich erachtet, ist eine unerschöpfliche Quelle der Kreativität, selbst wenn bei der Betrachtung aus einer neuen Warte keine besonderen schöpferischen Fähigkeiten zum Tragen kommen. Dieser Punkt ist so bedeutungsvoll, daß ich bei der Beschreibung der Kreativitätstechniken noch einmal darauf zurückkommen werde.

Motivation beinhaltet also die Bereitschaft, Zeit und Mühe in den Versuch zu investieren, kreative Lösungsansätze zu suchen. Im Laufe der Zeit trägt diese Investition reiche Früchte, nämlich in Form neuer und origineller Ideen.

Hinter dem Etikett angeborene ›schöpferische Gabe‹ verbirgt sich oft nichts weiter als die Motivation, kreativ zu sein. Dagegen ist nichts einzuwenden. Wenn wir der bestehenden Motivation dann noch ein gerüttelt Maß an kreativen Fähigkeiten hinzufügen können, kann sich die Mischung als hochwirksam erweisen.

Feinschliff des Bewertungssystems

Es besteht ein Unterschied zwischen einem Fotografen und einem Maler. Der Maler steht mit Farben, Pinseln und einer Eingebung vor seiner Leinwand und beginnt, ein Bild zu malen. Der Fotograf wandert mit seiner Kamera von einem Ort zum anderen, bis er ein interessantes Motiv oder Objekt entdeckt, das seinen Blick fesselt. Durch Wahl des Bildwinkels, der Komposition, der Belichtung, usw. verwandelt er die vielversprechende Szene in eine Fotografie.

Die Kreativität, die sich auf ein ›hochleistungsfähiges Radarsystem‹ stützt, ähnelt der Kreativität des Fotografen. Ein solcher Mensch produziert keine Ideen, sondern erkennt ihr Potential in einem sehr frühen Stadium. Da seine Antennen auf die Realisierbarkeit, den Markt und die Fachsprache seiner Branche gerichtet sind, greift er eine Idee auf und setzt sie um.

Obwohl dieser Form der Kreativität die spektakuläre Komponente und die Befriedigung des Ego fehlt, die der Produzent einer Idee empfindet, hat sie in der Praxis bisweilen einen höheren Stellenwert. Eine Idee, die weiterentwickelt und verwirklicht wird, ist wichtiger als eine Idee, die nur im Kopf existiert.

Viele Menschen, die mit scheinbar neuen Ideen große Erfolge erzielen, haben am Anfang bei anderen geistige Anleihe genommen, jedoch ihre ganze kreative Energie darauf verwandt, ihre Vorstellungen zu realisieren.

Die Fähigkeit, den Wert oder Nutzen einer Idee zu erkennen, ist an sich eine kreative Handlung. Wenn die Idee neu ist, muß man sich ihre Auswirkung bildlich vorstellen können. Menschen, die imstande sind, eine Idee mittels Visualisierung zu entwickeln, verdienen genausoviel Anerkennung wie der Ideenproduzent selbst.

Zufall, Versehen, Fehler und Hirngespinste

Die Geschichte der Ideen strotzt vor Beispielen, die zeigen, wie wichtig neue Lösungsansätze sein können, die durch Zufall, Versehen, Fehler oder ›Hirngespinste‹ entstehen.

Das tradierte Denken, das eine Zusammenfassung der Geschichte darstellt, verläuft geruhsam in einer bestimmten Richtung. Doch plötzlich geschieht etwas, was nicht eingeplant war und womit niemand gerechnet hat. Daraufhin erfolgt ein Umdenken, was zu neuen Entdeckungen und Erkenntnissen führt.

Viele Fortschritte in der Medizin waren das Ergebnis von Versehen, Fehlern oder zufälligen Beobachtungen. Die Antibiotika verdanken ihre Entdekkung Alexander Fleming. Er bemerkte, daß eine Schimmelpilzverunreinigung in einer Petrischale die Bakterienkultur allem Anschein nach abgetötet hatte; so wurde das Penicillin aus der Taufe gehoben. Die Entdeckung von Impfstoffen, z.B. gegen Geflügelcholera, geht auf Pasteurs Konto: ein Assistent hatte einen Fehler gemacht und einigen Versuchshennen eine zu schwache Dosis Cholerabakterien injiziert. Die schwache Dosis schien sie gegen die höhere Gabe, die später erfolgte, immun zu machen.

Kolumbus segelte auf seiner Suche nach Indien nur aufgrund eines Meßfehlers in westliche Richtung über das Meer. Er legte die falschen Berechnungen des Ptolemäus über den Erdumfang zugrunde. Hätte er die richtigen Zahlen besessen, die von Eratosthenes erarbeitet worden waren (der vor Ptolemäus in Alexandria lebte), hätte er vermutlich niemals Segel gesetzt, weil ihm bewußt gewesen wäre, daß seine Schiffe nicht genug Proviant für eine so lange Reise bunkern konnten.

In gewisser Hinsicht läßt sich die gesamte Elektronikindustrie (die allein in Japan einen Jahresumsatz von 150 Milliarden US-Dollar ausweist) auf einen Fehler von Lee D. Forrest zurückführen. Ihm fiel auf, daß die Gasflamme jedesmal flackerte, wenn ein Funke zwischen zwei elektrischen Feldern in seinem Labor hin- und hersprang. Er glaubte, dieses Phänomen sei auf die ›Ionisierung‹ der Luft zurückzuführen. Infolgedessen erfand er die Triodenröhre (auch Vakuum-, Elektronen- oder Glühkathodenröhre genannt). Hier wird der Elektronenstrom mit Hilfe eines wendelförmigen Gitters gesteuert, so daß der Strom wesentlich verstärkt von der Elektronen emittierenden Kathode zur Auffanganode gelangt.

Diese phantastische Erfindung bot die erste richtige Möglichkeit der Verstärkung und läutete die Geburtsstunde der Elektronikindustrie ein. Vor der Erfindung des Transistors wurden bei allen elektronischen Geräten Vakuumröhren verwendet.

Es scheint, als sei eine ganze Branche auf dem Fundament eines Irrtums gebaut: die Gasflamme flackerte nämlich infolge der Erschütterung durch die elektrische Entladung.

Fehler, Anomalien und Pannen haben oft zündenden neuen Ideen und Erkenntnissen den Weg geebnet. Das liegt daran, daß uns solche Ereignisse aus den eingespielten Geleisen der Vernunft hinauskatapultieren, denen wir normalerweise bei der Verarbeitung von Informationen folgen. Diese unsichtbaren Grenzen schließen die weithin akzeptierte Summe früherer Erfahrungen ein, und sie werden mit Argusaugen bewacht, vor allem von Leuten, die selten durch neue Ideen glänzen.

Augenscheinliche ›Hirngespinste‹ können ebenfalls eine Quelle der Kreativität sein, wenn jemand eine Idee hat, die sich in keines der derzeit herrschenden Paradigmen einfügen läßt. Diese Idee wird häufig mit einem Sperrfeuer der Kritik belegt und abgeschmettert. Aber manchmal zeigt sich, daß der Produzent der völlig unkonventionellen Idee, des Hirngespinstes, den richtigen Riecher hatte und ein Paradigmawechsel angesagt ist. Er erfolgt meistens erst dann, wenn die Vertreter der alten Schule eine zeitlang gegen das neue Konzept Front gemacht haben.

Welche praktischen Erkenntnisse lassen sich aus dieser wirksamen Quelle der Kreativität ableiten? Sollen wir absichtlich Fehler machen?

Die erste Empfehlung lautet, auf Fehler und Anomalien zu achten, wenn sich die Dinge nicht so entwickeln, wie wir gehofft hatten.

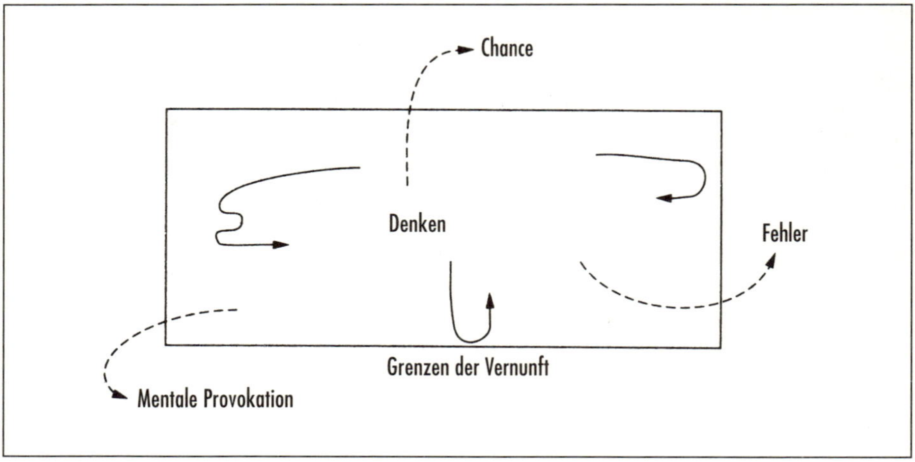

Abb. 1.13

Zweitens gilt es, Sachverhalte bewußt anzufechten. Wie wir später noch sehen werden, gestatten uns die Techniken der mentalen Provokation, dreißig Sekunden lang auf kontrollierte Weise scheinbar unorthodoxen Gedanken nachzuhängen. Auf diese Weise können wir bewußt den Sprung über die Grenzen vollziehen, während wir sonst auf Zufall, Versehen, Fehler und Hirngespinste angewiesen sind.

Abb. 1.13 zeigt, wie die Grenzen früherer Erfahrungen und der ›Vernunft‹ bewirken, daß sich unsere Gedanken immer wieder in denselben Bahnen bewegen. Diese Grenzen lassen sich durch Zufälle, Versehen, Fehler und Hirngespinste durchbrechen – oder durch eine bewußte mentale Provokation.

Hier ergibt sich eine weitere praktische Schlußfolgerung. Wenn Sie nicht in der Gruppe, sondern für sich allein nachdenken, können Sie Ideen festhalten und entwickeln, die zunächst wie Hirngespinste wirken oder ausgefallen erscheinen mögen und erst zu einem späteren Zeitpunkt allgemein Akzeptanz finden. Wenn Sie dagegen gezwungen sind, sich schon in einer frühen Phase des Ideenfindungsprozesses in eine Gruppe einzufügen, verfolgt man solche unorthodoxen Ideen möglicherweise nicht weiter, weil sie den festgefügten Rahmen anerkannter Lösungsansätze sprengen und durch den Gruppendruck in ihre Schranken gewiesen werden.

Kulturen, die sich in hohem Maß auf das Teamkonzept stützen (wie Italien und die USA), befinden sich in dieser Hinsicht unter Umständen im Nachteil. Länder wie Großbritannien, in denen die Einzelkämpfermentalität (z.B. in Form exzentrischer Personen, die Ideen alleine im stillen Kämmerlein ausbrüten) eine lange Tradition hat, befinden sich in dieser Hinsicht vielleicht im Vorteil. Das für Außenhandel und Industrie zuständige japanische Ministerium M.I.T.I. hat festgestellt, daß 51 Prozent der wichtigsten konzeptionellen Durchbrüche des 20. Jahrhunderts in Großbritannien erzielt wurden und nur 21 Prozent in den USA, trotz der wesentlich höheren technischen Investitionen Amerikas. Der Grund könnte in eben dieser Tradition zu finden sein.

Die Vielschichtigkeit der modernen Wissenschaft macht es dem Einzelnen wesentlich schwerer, einen wirksamen Beitrag zu leisten. Die bereichsübergreifende Teamarbeit könnte für die Ideenfindung der Zukunft ausschlaggebende Bedeutung erhalten. Folglich besteht ein noch größerer Bedarf, die Fähigkeit der mentalen Provokation zu entwickeln.

1970 schlug ich anläßlich einer Tagung von Führungskräften aus der Erdölbranche vor, doch einmal in Erwägung zu ziehen, die Probebohrungen waagerecht statt senkrecht durchzuführen. Ich empfahl außerdem, dabei einen hydraulischen Bohrkopf zu verwenden. Damals klang der Vorschlag wie ein ›Hirngespinst‹. Heute ist diese Methode gang und gäbe, da die Ausbeute wesentlich höher ist.

Stil

Das Thema ›Stil‹ als offenkundige Quelle der Kreativität wurde bereits an früherer Stelle angesprochen. Die Arbeit innerhalb einer bestimmten Stilrichtung kann eine Fülle neuer Produkte hervorbringen, die deshalb neu sind, weil sie einer neuen Stilrichtung angehören. Diese Form der Kreativität kann durchaus einen praktischen Nutzen haben, läßt sich gleichwohl nicht mit der Entwicklung einer wirklich neuartigen Idee gleichsetzen.

Ich habe bereits erwähnt, daß die Kreativität mancher Künstler auf einem überzeugenden, von vielen geschätzten Stil beruht.

Befreiung

Ich habe auch schon über die Kreativität gesprochen, die sich ihre Bahn bricht, wenn Menschen die Fesseln herkömmlicher Selbstschutzmechanismen und psychologischer Hemmungen abstreifen können. Die damit verbundenen Techniken haben einen begrenzten Wert, reichen aber nicht aus, denn unser Gehirn ist nicht für schöpferische Denkleistungen geschaffen. Der kreative Zugewinn ist also gering, wenn innere und äußere Barrieren abgebaut werden.

Ein Wandel in der Unternehmenskultur vermag die Kreativität gleichwohl merklich zu fördern. Wenn Kreativität als Spiel betrachtet wird, das sich der Billigung und Wertschätzung auf allerhöchster Führungsebene erfreut, schöpfen die Mitarbeiter ihre Kreativität in der Regel sorgloser und umfassender aus.

Sobald sich der Unternehmensvorstand mit aller Kraft und sichtbar für die Kreativität einsetzt (und nicht nur ein Lippenbekenntnis ablegt), kann sich die Unternehmenskultur innerhalb sehr kurzer Zeit entsprechend verändern. Vielleicht ist dieser Wandel weniger auf die Beseitigung innerer und äußerer Hemmnisse zurückzuführen, sondern vielmehr auf die schnelle Akzeptanz neuer Werthaltungen und eines neuen ›Spiels‹.

Frei zu sein von Ängsten und inneren wie äußeren Zwängen ist ein wichtiger Teil der menschlichen Kreativität; solche Hindernisse zu überwinden zeitigt meistens brauchbare Resultate. Aber ein solches Unterfangen ist nur die erste Phase eines umfassenderen Prozesses und reicht an sich nicht aus, um das kreative Potential voll auszuschöpfen.

Die Kreativitätstechniken des lateralen Denkens lassen sich planvoll, methodisch und systematisch einsetzen, um neue Ideen zu suchen und Wahrnehmungen zu verändern. Sie können von jedermann erlernt, geübt und auf Abruf angewendet werden.

Dieses Instrumentarium leitet sich unmittelbar aus einer Überlegung ab, die der Logik der menschlichen Wahrnehmung Rechnung trägt. Diese Logik ist die Logik eines selbstorganisierenden Informationssystems, das Handlungsmuster codiert, speichert und als Orientierungshilfe abruft.

Wichtig ist, daß sich solche Techniken/Methoden erlernen und unverzüglich in die Praxis umsetzen lassen. Auf diese Weise kann jeder seine kreative Denkfähigkeit entwickeln und verbessern.

Der praktische Nutzen und die Bedeutung der Techniken des lateralen Denkens schließen natürlich nicht aus, daß Kreativität auch aus anderen Quellen gespeist werden kann.

Laterales Denken

Wie verläuft der Prozeß des lateralen Denkens?
Welcher Zusammenhang besteht zwischen lateralem Denken und Kreativität?
Warum wurde der Begriff ›laterales Denken‹ gewählt?

Mein Interesse am Ablauf von Denkprozessen läßt sich auf drei Quellen zurückführen. Als Rhodes-Stipendiat hatte ich in Oxford Psychologie studiert, was mich erstmals auf dieses Thema aufmerksam machte. Im Verlauf meiner medizinischen Forschungstätigkeit arbeitete ich sehr häufig mit Computern bei der Durchführung der Fourier-Reihen zur Blutdruckanalyse, um den Wellenwiderstand in der Lungenschlagader zu messen. Mein Interesse galt vor allem der kreativen und bildhaften Informationsverarbeitung, die ein Computer nicht bewältigen kann. Als ich meine medizinischen Forschungen in Harvard fortsetzte, befaßte ich mich mit den höchst komplizierten Mechanismen, die in unserem Körper den Blutdruck regulieren, und mit der allgemeinen Eingliederung lebenswichtiger Systeme in den menschlichen Körper. Das führte wiederum zu meinem Interesse an selbstorganisierenden Systemen.

Es gelang mir, die drei Elemente (Denken, bildhaftes Denken und selbstorganisierende Systeme) miteinander zu verflechten. Ich verfaßte ein Manuskript, in dem ich mich mit der ›anderen Art zu denken‹ beschäftigte, was bedeutete, daß diese Denkprozesse weder linear noch in Sequenzen oder logisch verlaufen. Diese Denkform schilderte ich in einem Interview mit einer Zeitschrift namens *London Life*. Dabei beschrieb ich die Notwendigkeit, ›lateral‹ zu denken, also abseits der eingeschliffenen Denkschienen nach neuen Lösungsansätzen und Alternativen zu suchen. Ich erkannte auf Anhieb, daß dieser Begriff genau derjenige war, den ich brauchte. Also setzte ich mich wieder an mein Manuskript und ersetzte ›die andere Art zu denken‹ durch ›laterales Denken‹.

Das war 1967. Inzwischen wurde der Begriff ›laterales Denken‹ offiziell in das *Oxford English Dictionary* aufgenommen; dieses Wörterbuch gilt als Maß aller Dinge in der englischen Sprache. Unter dem Eintrag im *Concise Oxford Dictionary* ist zu lesen: »Das Bemühen, Probleme mit Hilfe unorthodoxer oder scheinbar unlogischer Methoden zu lösen.« Der Schlüssel ist das Wörtchen ›scheinbar‹. Die Methoden mögen auf den ersten Blick bar jeder Logik erscheinen, aber sie stützen sich auf die Logik von Systemen, die mit Codes arbeiten und eine mentale Provokation brauchen.

Am einfachsten läßt sich laterales Denken mit dem Satz beschreiben: »Solange man ein bestehendes Loch tiefer gräbt, kann man kein zweites Loch an einer anderen Stelle graben.« Hier wird die Suche nach unterschiedlichen Lösungsansätzen und Perspektiven auf den Punkt gebracht.

Beim ›vertikalen Denken‹ nimmt man eine bestimmte Position ein und versucht dann, auf dieser Grundlage aufzubauen. Der nächste Schritt hängt vom jeweiligen Standort ab: er muß an diesen Punkt anknüpfen und sich logisch daraus ableiten lassen. Das bedeutet, daß man das vorhandene Gerüst schrittweise weiterentwickelt oder dasselbe Loch tiefer bohrt, wie in Abb. 1.14 ersichtlich.

Beim lateralen Denken bewegen wir uns ›seitwärts‹, um die unterschiedlichsten Wahrnehmungen, Konzepte und Startpositionen auszuloten. Um aus

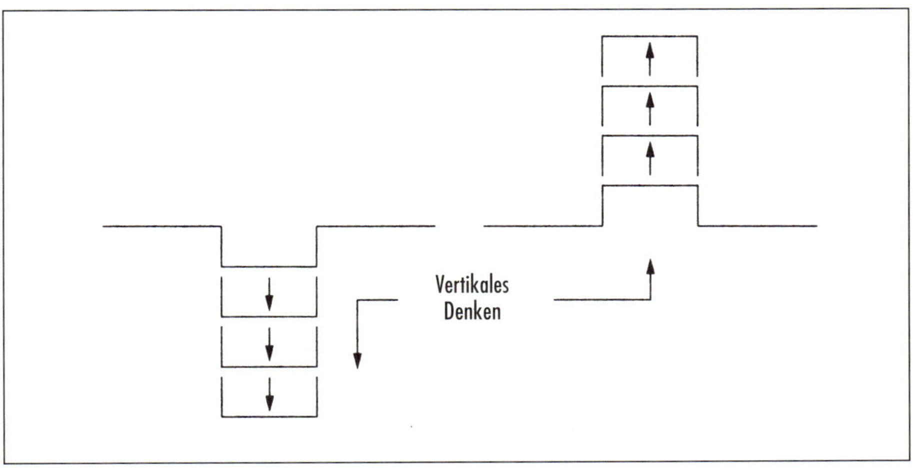

Abb. 1.14

den eingefahrenen Bahnen auszubrechen, können wir verschiedene Methoden benutzen, einschließlich der mentalen Provokation.

Großmutter sitzt im Schaukelstuhl und strickt. Die dreijährige Susi ärgert die Oma, weil sie dauernd mit dem Wollknäuel spielt und die Fäden verheddert. Der Vater schlägt vor, Susi in den Laufstall zu setzen, damit Oma ihre Ruhe hat. Die Mutter empfiehlt, Oma in den Laufstall zu setzen, damit sie vor Susi sicher ist.

Die richtige technische Beschreibung des lateralen Denkens stützt sich auf Überlegungen, die in Zusammenhang mit selbstorganisierenden Informationssystemen stehen, die Muster codieren, speichern und als Orientierungshilfe abrufen. In diesem Sinne wechselt man in einem selbstorganisierenden Informationssystem problemlos zwischen den Handlungsmustern hin- und her. Diese laterale Bewegung wird in Abb. 1.15 deutlich, in dem das Grunddiagramm eines asymmetrischen Codierungssystems abgebildet ist. Statt der vorgezeichneten, geradlinigen Bahn zu folgen, bemühen wir uns, die Handlungsmuster querfeldein zu durchbrechen.

Laterales Denken hat viel mit der menschlichen Wahrnehmung zu tun. In diesem Prozeß bemühen wir uns, ein Problem aus verschiedenen Warten zu betrachten. Alle Standpunkte gelten als richtig und können friedlich nebeneinander existieren. Die einzelnen Perspektiven werden nicht vernetzt, sondern unabhängig voneinander entwickelt. In dieser Hinsicht gehen laterales Denken und Erforschen Hand in Hand, ebenso wie Wahrnehmen und Erforschen. Sie gehen um ein Gebäude herum und fotografieren es aus verschiedenen Blickwinkeln, die alle gleichermaßen Gültigkeit haben.

Bei der herkömmlichen Logik stehen meistens ›Wahrheiten‹ oder das, ›was ist‹ im Mittelpunkt. Laterales Denken befaßt sich, wie die Wahrnehmung, vornehmlich mit ›Möglichkeiten‹ oder dem, ›was sein könnte‹. Wir bauen das, was sein könnte, Schicht um Schicht auf, so daß wir am Ende ein

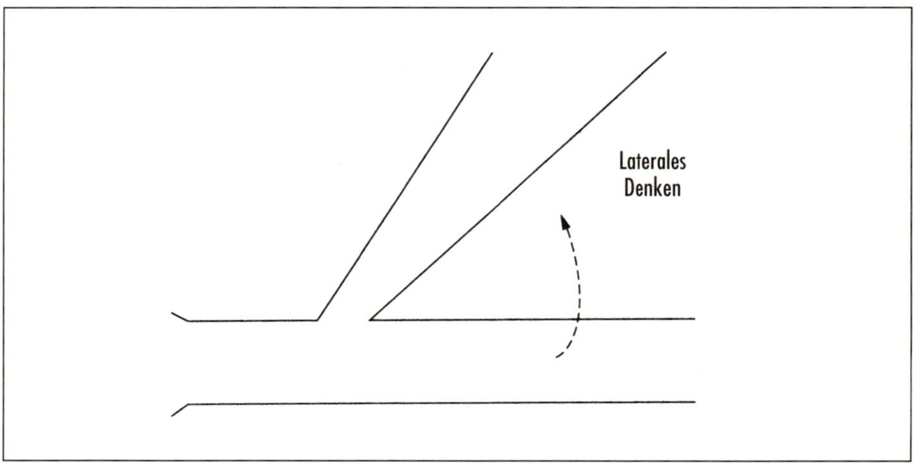

Abb. 1.15

brauchbares Bild aus diesen Bausteinchen entwickelt haben. Diese Form der Informationsverarbeitung wird in der Computerbranche als ›Fuzzy-Logik‹ bezeichnet (ein aus dem Englischen kommender Begriff, der »verschwommen« bedeutet), da die Steuerung nur durch empirische Regeln untermauert wird und nicht nach klaren 0 oder 1 Entscheidungen abläuft.

Der Begriff ›laterales Denken‹ kann also in zweifachem Sinn gebraucht werden, von denen der eine spezifisch und der andere allgemein ist:

Spezifisch: Eine Reihe systematischer Techniken, die eine Veränderung und Neuentwicklung von Konzepten und Wahrnehmungen bewirken.
Allgemein: Die Erforschung der verschiedensten Möglichkeiten und Lösungsansätze, anstelle einer Beschränkung auf nur eine einzige Methode.

Laterales Denken und Kreativität

Laterales Denken zielt direkt darauf ab, Konzepte und Wahrnehmungen zu verändern. Im zweiten Teil des Buches werde ich einige systematische Methoden beschreiben, die diesen Wandel bewirken. Das ist der spezifische Zweck des lateralen Denkens.

In gewisser Hinsicht ist die Veränderung von Wahrnehmungen und Konzepten die Grundlage der Kreativität, die auf die Entwicklung neuer Ideen abzielt. Dieser Vorgang beinhaltet zwangsläufig die gleiche Form der Kreativität, die im künstlerischen Werk ihren Niederschlag findet. Viele Künstler haben mir erzählt, daß sie die Techniken des lateralen Denkens nützlich finden und selber anwenden, aber ich behaupte nicht, daß sie die Grundlage der künstlerischen Kreativität bilden.

Wie bereits erwähnt, ist die Definition des Begriffs ›Kreativität‹ sehr breitgefächert und verworren. Sie umfaßt Elemente wie ›neu‹, ›schaffen‹ und sogar ›Wert‹ oder ›Nutzen‹. In diese großflächige Beschreibung können mehrere, völlig unterschiedliche Prozesse einbezogen sein. Der Begriff ›laterales Denken‹ ist im Gegensatz dazu sehr klar und präzise. Laterales Denken bezieht sich in erster Linie auf die Veränderung von Konzepten und Wahrnehmungen. Es basiert auf dem Verhalten selbstorganisierender Informationssysteme.

Im allgemeinen Sinn ist laterales Denken auch mit der Erforschung von Konzepten und Wahrnehmungen befaßt, aber die spezifische oder kreative Bedeutung beschränkt sich auf deren Veränderung.

Wie wir noch sehen werden, wenn wir die Techniken des lateralen Denkens im einzelnen beschreiben, gibt es auch hier völlig logische (herkömmliche) Elemente, die sogar ›konvergentes‹ (oder reproduktives) Denken umfassen können. Laterales Denken ist also mehr als ein anderer Begriff für ›divergentes‹ (oder produktives, schöpferisches) Denken. Divergentes Denken ist nur ein Element lateraler Denkprozesse. Divergentes Denken ist darauf bedacht, eine Fülle von Möglichkeiten zu durchleuchten; in dieser Hinsicht ähnelt es dem ›Querdenken‹, aber es ist nur ein Aspekt des lateralen Denkens.

Die Beziehung zwischen lateralem Denken und Kreativität wird in Abb. 1.16 anschaulich. Das Ausmaß der Überlappung ist Ansichtssache.

In diesem Buch ist sowohl die Rede von ›kreativem‹ Denken als auch von ›lateralem‹ Denken. Das liegt daran, daß der Begriff kreatives Denken allgemein bekannter ist und ich den Leser nicht in Verwirrung bringen möchte. Dazu kommt, daß sich viele Argumente im ersten Teil auf das kreative Denken allgemein beziehen. Doch halten Sie sich bitte vor Augen, daß es in diesem Buch um diejenige Form des kreativen Denkens geht, die mit der Suche nach neuen Konzepten und Ideen befaßt ist.

Der Begriff ›laterales Denken‹ bleibt den speziellen Methoden und Techniken vorbehalten, die planvoll, methodisch und systematisch eingesetzt werden können, um neue Ideen und Konzepte zu erarbeiten. Es gibt ja auch den allgemeinen Begriff Mathematik und daneben die einzelnen Methoden, mit denen sich die verschiedenen Rechenoperationen ausführen lassen.

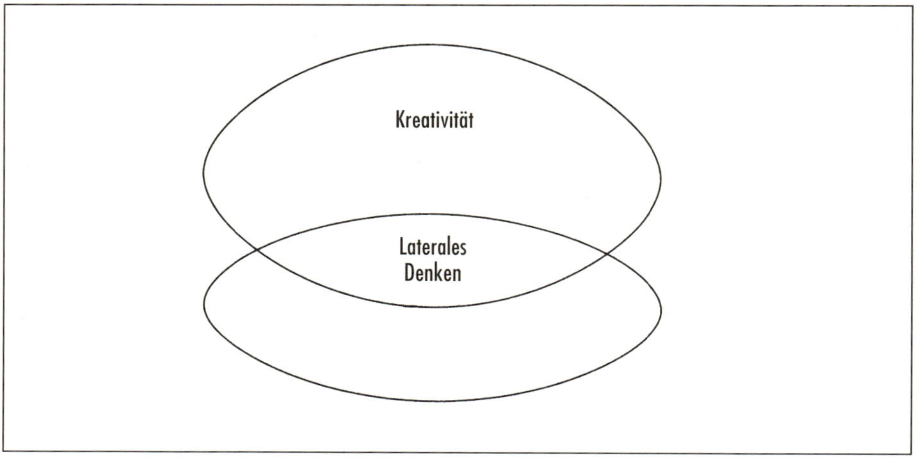

Abb. 1.16

Wahrnehmung und Informationsverarbeitung

Sie befinden sich gerade in der Küche. Alle Zutaten für das Essen, mit dem Sie Ihre Gäste bewirten wollen, liegen fein säuberlich aufgereiht auf dem Tisch: Fleisch, Gemüse, Kräuter und was Sie sonst noch so brauchen. Sie wollen aus diesen Ingredienzien ein Menü zaubern, an das man sich noch lange erinnert. Sie machen sich also an die Aufgabe, die vorhandenen Zutaten zu verarbeiten.

Aus der kulturellen Warte betrachtet, haben wir ausgezeichnete Methoden entwickelt, Informationen zu verarbeiten. Die Mathematik mit ihren Teilgebieten ist ein ungeheuer wirksames und effektvolles Instrument. Hier beginnt man sogar schon, in nichtlineare Bereiche vorzustoßen. Wir haben Statistiken und Verteilungs- oder Zufallskurven. Wir haben Computer- und Datenverarbeitungssysteme. Zuerst waren die Computer darauf programmiert, zu rechnen, doch heute reichen ihre Fähigkeiten weit über Zahlenspiele hinaus. Die Funktionen umfassen bestimmte Methoden der Wiederholung, Simulationen, Modellentwicklungen, usw. Dadurch eröffnen sich uns völlig neue Dimensionen. Computer bieten uns den Einstieg in eine Welt, in der wir etwas bewirken und die Ergebnisse sehen können. Prozesse, deren Ausarbeitung mittels mathematischer Berechnungen ungeheuer zeitaufwendig wäre, können nun vom Computer in Windeseile durchgeführt werden. Und dann haben wir noch die verschiedenen Formen der Logik, mit deren Hilfe wir Informationen verarbeiten. Auf der alltäglichen Ebene haben wir die einfachen Elemente der formalen Syllogistik, der Lehre vom logischen Schließen, wie sie von Aristoteles entwickelt wurde (Problemidentifikation, Einschluß, Ausschluß, Widerspruch usw.).

Es mangelt uns nicht an Instrumenten zur Informationsverarbeitung. Und sie werden ständig verbessert.

Doch in der Küche, in der unser Kapitel begonnen hat, halten wir vielleicht einen Augenblick inne und überlegen, woher die Zutaten stammen und wie sie auf unseren Tisch hierher gelangt sind. Nach welchen Gesichtspunkten wurden sie ausgewählt? Wie sind sie in den Laden gelangt, in dem wir sie gekauft haben? Wie wurden sie geerntet, angebaut oder hergestellt?

Die Produktion der Zutaten für die Informationsverarbeitung ist Aufgabe unserer Wahrnehmung. Sie ordnet die Welt den Kategorien X oder Y zu, über die wir dann mit Hilfe mathematischer Berechnungen weitere Erkenntnisse ableiten. Die Wahrnehmung vermittelt uns Beobachtungen oder Vorstellungsbilder, die wir dann mittels Logik durchleuchten können. Sie bietet uns die Worte und die Möglichkeit, diejenigen Begriffe auszuwählen, mit denen wir über ein beliebiges Thema nachdenken.

Obwohl wir erstklassige Informationsverarbeitungssysteme entwickelt haben, ist die Wahrnehmung auf dem Abstellgleis gelandet, und zwar deshalb, weil sie nicht richtig verstanden wurde. Wir haben stets angenommen, daß der Wahrnehmungsprozeß, wie die Informationsverarbeitung, in einem passiven, extern organisierten Informationssystem abläuft. Kein Wunder, daß wir den Schleier des Geheimnisses nicht lüften konnten. Erst in den letzten zwanzig Jahren haben wir erste Erkenntnisse über das Verhalten selbstorganisierender Informationssysteme und neuronaler Netzwerke gewonnen. Nun gibt es ein konzeptionelles Modell, das uns hilft, Wahrnehmung, Humor und Kreativität besser zu begreifen.

Es liegt auf der Hand, daß Kreativität in der Wahrnehmungsphase des Denkens stattfindet. Hier entwickeln sich Vorstellungen und Konzepte und nur hier können sie verändert werden. Sie werden während der Lektüre dieses Buches inzwischen selbst festgestellt haben, daß die Wahrnehmung für das kreative Denken eine zentrale Rolle spielt und daß laterales Denken eng mit dem Wahrnehmungsvermögen verknüpft ist.

Abgesehen von technischen Angelegenheiten finden die alltäglichen Denkvorgänge vornehmlich in der Wahrnehmungsphase statt. Die meisten Denkfehler sind auf Unzulänglichkeiten in der Wahrnehmung und selten auf logische Irrtümer zurückzuführen. Erstaunlich ist, daß wir der Logik traditionsgemäß einen höheren Stellenwert als der Wahrnehmung beigemessen haben. Wir fühlen uns nicht sonderlich wohl mit den fließenden Grenzen und vielfältigen ›Möglichkeiten‹ und nehmen deshalb Zuflucht zu den augenscheinlich logischen Gewißheiten und ›Wahrheiten‹. Damit sind wir meistens gut bedient, wenn der Input – die eingegebene Information – so klar wie eine Kenngröße oder eine Zahl ist. Diese lassen aber zu wünschen übrig, wenn es sich um Bereiche handelt, in denen selbst die besten Informationsverarbeitungstechniken die Wahrnehmungsmängel nicht aufwiegen.

Mit Hilfe der Wahrnehmung sehen wir die Welt nicht so, wie sie wirklich ist, sondern wie sie uns erscheint. Die Wahrnehmungsmuster sind in einer bestimmten zeitlichen Sequenz aufgebaut worden, der Erfahrungswerte zugrunde liegen. Wir betrachten die Welt durch die Brille der gespeicherten Muster, die abgerufen und auf die gegenwärtige Situation übertragen werden.

Grenzen der Wahrnehmung

Der kleine Johnny, fünf Jahre alt und Australier, erhält von seinen Freunden zwei Münzen angeboten, von denen er eine auswählen und behalten darf. Er hat die Wahl zwischen einer Münze im Wert von einem Dollar und einer kleineren im Wert von zwei Dollar. Er entscheidet sich für die größere Ein-Dollar-Münze. Seine Freunde machen sich über seine Dummheit lustig, da er offensichtlich nicht weiß, daß die kleinere Münze doppelt soviel wert ist. Immer wenn sie ihren Spott mit Johnny treiben wollen, bieten sie ihm die üblichen zwei Münzen zur Wahl an. Er nimmt immer die Ein-Dollar-Münze und scheint nichts daraus zu lernen.

Eines Tages nimmt ein Erwachsener, der das Treiben beobachtet hat, Johnny zur Seite und klärt ihn darüber auf, daß die kleine Münze in Wirklichkeit mehr wert ist als die große, auch wenn es nicht so aussehen mag.

Johnny hört höflich zu. »Ja, ich weiß,« erwidert er. »Aber wie oft hätte ich mir eine aussuchen dürfen, wenn ich gleich beim erstenmal die Zwei-Dollar-Münze genommen hätte?«

Ein Computer, der auf Nutzen programmiert ist, hätte die Zwei-Dollar-Münze gleich beim ersten Mal genommen. Es war Johnnys menschliche Wahrnehmung, die ihm gestattete, eine langfristige Perspektive einzunehmen und die Möglichkeit von ›Wiederholungsgeschäften‹ in Betracht zu ziehen. Dieser Wahrnehmungsprozeß ist sehr vielschichtig. Johnny mußte einschätzen, wie oft sich seine Freunde auf dieses Spielchen einlassen und sich Geld abknöpfen lassen würden, bevor sie erkannten, was da wirklich im Busch war. Und nicht zu vergessen der Risikofaktor. Genau das ist der Unterschied zwischen einem Computer und einem Menschen. Dem Computer werden Wahrnehmungen in Form von Informationen eingegeben, die er dann verarbeitet. Der menschliche Verstand formt seine Wahrnehmungen mit Hilfe der selbst gewählten Perspektive, aus der wir die Welt betrachten.

Abb. 1.17 zeigt eine einfache Karte mit drei Straßen, die in verschiedene Richtungen verlaufen. Sie befinden sich an Punkt X und wollen nach Norden. Es leuchtet ein und ist logisch, daß Sie die nördliche Route einschlagen. Sämtliche Informationen, die Ihnen zur Verfügung stehen, deuten darauf hin, daß es sich dabei um den richtigen, schnellsten Weg handelt.

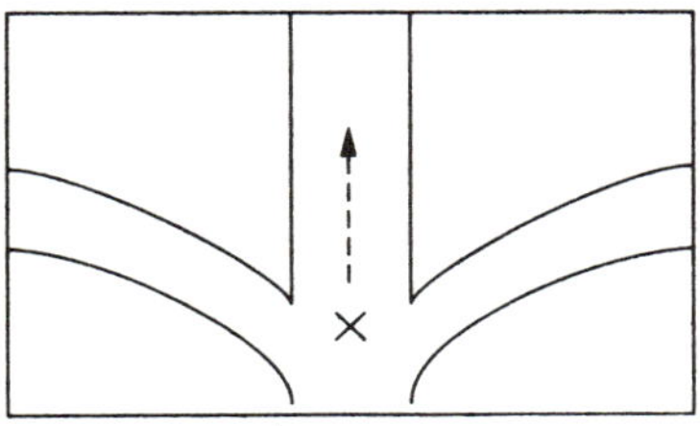

Kleine Karte

Abb. 1.17

Und nun werfen Sie bitte einen Blick auf Abb. 1.18; die kleinere Karte ist nämlich ein Ausschnitt einer größeren. Wir erkennen auf Anhieb, daß die Route, die schnurstracks nach Norden führt, in Wirklichkeit die falsche ist und in einer Sackgasse endet. Die beiden anderen Wege münden in einer breiten Ringstraße, die schließlich nach Norden führt.

Natürlich haben wir das erstemal nicht alle relevanten Informationen besessen und angesichts der verfügbaren Bausteine eine völlig logische Entscheidung getroffen. Das gleiche gilt für unsere Wahrnehmung. Wenn sie begrenzt ist, können wir im Licht dieser begrenzten Wahrnehmung eine folgerichtige Wahl treffen.

In einem meiner früheren Bücher, *Future Positive**, habe ich das Konzept der ›logischen Seifenblase‹ beschrieben.

Darunter ist eine Art persönlicher Kokon zu verstehen, in den jeder Mensch eingesponnen ist und gemäß seinen Wahrnehmungen völlig schlüssig handelt. Die Logik stimmt, aber falls die Wahrnehmung begrenzt oder fehlerhaft ist, kann die daraus resultierende Aktion unangemessen sein. Die Verschiedenartigkeit der logischen Seifenblasen bewirkt individuelle Verhaltensweisen und trägt zur Entstehung von Konflikten bei. Doch innerhalb der logi-

---

* Penguin Books, London, 1980/1990.

Große Karte

Abb. 1.18

schen Seifenblase legt jeder Mensch ein durchaus vernünftiges Verhalten an den Tag.

Wenn man Denken als Unterrichtsfach auf den Stundenplan setzt, muß man Schülern ein geeignetes Instrumentarium an die Hand geben, das dazu dient, ihren Wahrnehmungsradius zu erweitern. Die erste Lektion des CoRT-Programms* ist die PMI-Analyse. Sie schärft die Wahrnehmung und fordert die Schüler auf, zuerst die **P**luspunkte, dann die **M**inuspunkte und schließlich die **I**nteressanten Punkte zu durchforsten.

Ich habe ein Kreativitätstraining in einer Klasse mit dreißig Schülern durchgeführt, die zwischen zehn und elf Jahre alt waren. Ich wollte wissen, was sie davon hielten, fünf Dollar die Woche dafür zu bekommen, daß sie brav zur Schule gingen. Alle dreißig Schüler fanden die Idee hervorragend, und sie überlegten, wieviel Süßigkeiten, Kaugummi, Comic-Hefte, usw. sie sich für das Geld kaufen könnten. Dann machte ich sie mit der Technik der PMI-Analyse vertraut und bat die Schüler, jeweils in Fünfergruppen systematisch die verschiedenen Aspekte dieses unerwarteten Geldsegens unter die Lupe zu nehmen. Nach vier Minuten sollten sie ihre Gedanken äußern. Die Pluspunkte waren die zuvor genannten. Aber plötzlich wurden auch Minuspunkte genannt. Die Kinder sahen beispielsweise die Gefahr, daß die Größeren den

* CoRT Thinking Lessons (für Schulen), veröffentlicht von S.R.A. (Chicago), auch in Teach Your Children How to Think, Viking/Penguin, New York, 1992.

kleineren Jungen das Geld gewaltsam wegnahmen. Die Schule würde möglicherweise den Preis fürs Mittagessen erhöhen. Die Eltern wären vielleicht nicht mehr so großzügig mit ihren Geschenken. Und woher wollte man das Geld nehmen? Es würde dann vielleicht weniger im Staatssäckel sein, um die Lehrer zu bezahlen usw. Es wurden auch einige interessante Punkte angesprochen, zum Beispiel: Würde man die Zahlungen zeitweilig streichen, wenn die schulischen Leistungen zu wünschen übrigließen? Sollte der Betrag nach Alter gestaffelt werden?

Am Ende dieser einfachen Übung hatten 29 der 30 Schüler ihre Meinung geändert und waren zu der Schlußfolgerung gelangt, daß die Idee doch nicht so gut war. Wichtig ist in diesem Zusammenhang, sich vor Augen zu halten, daß ich mit den Schülern nicht über die Angelegenheit diskutiert oder ihren Argumenten widersprochen habe. Ich gab ihnen lediglich ein Instrument an die Hand, das ihnen gestattete, ihre Wahrnehmungen zu durchleuchten. Und genau diese Aufgabe käme dem Lehrfach ›Denken‹ zu: Es sollte Handwerkszeug liefern, das jeder Schüler handhaben kann und das einen merklichen Unterschied bewirkt.

Ein Freund zeigt Ihnen drei umgedrehte Tassen. Unter der einen befindet sich ein Riegel Schokolade, unter den beiden anderen Steine. Sie dürfen raten, wo sich die Süßigkeit befindet. Sobald Sie den Finger auf eine Tasse gelegt haben, um Ihre Entscheidung zu bekunden, nimmt Ihr Freund eine der beiden anderen Tassen weg, unter der sich ein Stein verbirgt. Was nun? Bleiben Sie bei Ihrer Wahl oder überlegen Sie es sich noch einmal und deuten nun auf die zweite Tasse? Logisch gesehen stehen die Chancen fünfzig zu fünfzig, daß sich die Schokolade entweder unter der ursprünglich gewählten oder unter der anderen Tasse befindet; folglich macht ein Meinungsumschwung wenig Sinn. Aber eine andere Anschauung, gefolgt von einer logischen Begründung, wird zeigen, daß es zwei von drei Malen besser ist, sich anders zu entscheiden. Warum? Ich könnte Ihnen die Erklärung liefern, aber es ist interessanter, wenn Sie diese selbst herausfinden.

Wasserlogik

In dem Buch *I Am Right You Are Wrong** habe ich das Konzept der ›Wasserlogik‹ eingeführt, die einen Kontrast zur traditionellen ›Felsenlogik‹ bildet. Die Wasserlogik ist die Logik der menschlichen Wahrnehmung, während die Felsenlogik die Logik der starren Informationsverarbeitung ist.

Ein Felsen hat eine festgelegte, bleibende Form. Wasser paßt sich dem Behältnis, dem Gefäß oder den Umständen an. Der Wahrnehmungsinhalt hängt vom Zusammenhang, von der Erfahrung, den Emotionen, dem Standpunkt, dem konzeptionellen Rahmenwerk usw. ab.

---

* Penguin Books, London, 1990; Viking Books, NY, 1991.

Wenn Sie einen Felsen auf einen anderen türmen, haben sie zwei Felsen. Wenn Sie Wasser zu Wasser geben, erhalten Sie Wasser. Unsere Wahrnehmung baut sich in Schichten auf. Diese Schichten bleiben nicht voneinander getrennt, sondern verschmelzen miteinander, um eine Gesamtwahrnehmung zu bilden.

Ein Felsen ist statisch; Wasser verändert dagegen stetig seine Form. Die Felsenlogik rankt sich um das, ›was ist‹. Bei Wasserlogik und Wahrnehmung steht im Mittelpunkt ›was sein könnte‹.

Ein Felsen hat scharfe Kanten; Wasser hat fließende Formen. Das entspricht der Fuzzy-Logik der Wahrnehmung.

Die Wahrnehmung bemüht sich, eine Bedeutung zu finden und versucht, den Situationen, mit denen sie konfrontiert wird, einen Sinn zu geben. Die Wahrnehmung strebt danach, den Zustand der Stabilität herzustellen (der dem neuronalen Netzwerk im Gehirn zugute kommt). Wasser ist immer darauf bedacht, einen Zustand der Stabilität zu erreichen. Ein Felsen rührt sich gar nicht erst vom Fleck; er ist unbeweglich.

Die Logik der Wahrnehmung

Wenn wir uns die Logik der Wahrnehmung genauer ansehen, stellen wir fest, daß sie sich stark von der herkömmlichen, der Felsenlogik, unterscheidet. Wir haben diesen Unterschied ignoriert, weil wir uns angesichts der Unsicherheit unserer eigenen Wahrnehmungen unwohl fühlen und das Dogma der Informationsverarbeitung mittels logischer Überlegungen vorziehen. So haben wir angenommen, daß die Worte in unserer Sprache die gesamte Skala der Wahrnehmungen abdecken und wir dazu übergehen können, Worte zu verarbeiten, als wären sie mathematische Zeichen.

Dieser Ansatz führt uns in die Sackgasse der Unzulänglichkeit von Worten und traditionellen Sichtweisen, da Worte nichts anderes als Geschichte sind. In gewisser Hinsicht stellen sie eine Enzyklopädie der Unwissenheit dar, weil sie unsere Wahrnehmungen zu einem bestimmten Zeitpunkt der Geschichte ›einfrieren‹. Wir stützen uns weiterhin auf diese eingefrorenen Wahrnehmungen, obwohl uns bessere Möglichkeiten zur Verfügung stünden.

Um kreativ zu sein, müssen wir uns die fließende Form der Wahrnehmung und die Tatsache bewußt machen, daß es mehrere Wahrnehmungsmöglichkeiten gibt, von denen jede einzelne ihren Nutzen hat. Das ist eine wichtige Hintergrundinformation, die kreatives Denken erleichtert. Wir müssen das, was ›ist‹ durch das, was ›sein könnte‹ ersetzen. Am Ende unserer kreativen Gedankengänge sollten wir freilich wieder in die Welt der Felsenlogik zurückkehren, um Ideen zu präsentieren, die Hand und Fuß haben, die umsetzbar und von nachprüfbarem Wert sind. Aber um diese Ideen zu finden, brauchen wir die Flexibilität der Wasserlogik und des lateralen Denkens.

Entwurf und Analyse von Handlungsoptionen

Die westlichen Denktraditionen stützen sich auf Analyse und Diskussion. Unser Bildungswesen legt besonders großen Wert auf ›analytisches‹ Denken. Um eine Information zu verstehen oder eine Situation mental zu erfassen, müssen wir sie durchforschen. Mittels Analyse sind wir imstande, komplexe und unbekannte Gesetzmäßigkeiten oder Zusammenhänge in mundgerechte Häppchen zu zerlegen, die wir erkennen und verdauen können.

Der Stellenwert, den wir der Analyse beimessen, ist nicht gänzlich von der Suche nach der ›Wahrheit‹ zu trennen, die für typisch westliche Denkoperationen charakteristisch ist.

Wir lehren Analysetechniken nicht nur, weil sie wichtig, sondern auch, weil sie problemlos vermittelbar sind. Sie können Schüler bitten, gleich welche Situation zu ergründen oder sich im Rahmen von Fallstudien mit bestimmten Sachverhalten auseinanderzusetzen.

Mit der Analyse bekunden wir unser Interesse für das, ›was ist‹. Wenn wir einen Entwurf von einer Situation oder einem Handlungsmuster anfertigen, richten wir unser Augenmerk auf das, ›was sein könnte‹.

Wir gehen immer davon aus, daß wir unverzüglich und ganz eindeutig wissen, was zu tun ist, wenn wir erst mittels Analyse die Wahrheit oder einzig wahre Methode entdeckt haben. Wir glauben, es sei wie bei einer guten Straßenkarte, auf der die Wege klar verzeichnet sind: Wir müssen nur eine Route auswählen und ihr folgen. Leider ist das Leben nicht so einfach. Leben beinhaltet Handeln, aber auch Überlegen. Es entspricht den Tatsachen, daß bestimmte Handlungsoptionen eingefleischte Routine sind, der Norm folgen oder auf der Hand liegen. Aber es gibt auch Zeiten, in denen wir die angemessenen Handlungsstrategien erst entwerfen müssen.

Wir sollten dem Entwurf von Ideen und dem Entwurf von Handlungsoptionen das gleiche Gewicht beimessen wie der Analyse. Das war bisher nicht der Fall.

Wir behaupten, wir wären imstande, die Analyse durch die Synthese auszugleichen. Die Analyse zerlegt eine Situation oder ein Problem in seine einzelnen Bestandteile, und die Synthese setzt diese Elemente wieder zu einer Problemlösung oder einem Handlungsmuster zusammen. Dieses Prinzip ähnelt dem Spiel mit dem Legobaukasten. Sie nehmen die Plastikbausteine auseinander und fügen sie dann zu einem beliebigen Gebilde zusammen. Leider ist der Entwurf von Handlungsmustern mehr als die Kombination einzelner Bausteine. Wir brauchen Konzepte, und diese Konzepte entstehen nicht einfach durch die Synthese einzelner, voneinander getrennter Elemente.

Aus diesem Grund erzielen wir intellektuell wesentlich bessere Leistungen auf dem Gebiet der Analyse als beim Entwurf von Handlungsalternativen.

Unsere überlieferte Problemlösungsmethode ist die Analyse. Wenn Sie auf einem Stuhl sitzen und plötzlich einen stechenden Schmerz an Ihrer Kehrseite verspüren, unterziehen Sie das Kissen einer Prüfung. Sie entdecken eine Stecknadel und entfernen sie. Sie haben die Ursache des Problems beseitigt, das Problem ist gelöst. Oder Sie haben Halsweh. Ein Abstrich enthüllt, daß Sie an einer Streptokokken-Infektion erkrankt sind. Sie nehmen Penicillin, welches die Bakterien abtötet. Die Ursache des Problems ist beseitigt, das Problem ist gelöst.

Es gibt aber Probleme, deren Ursache wir nicht aufspüren können. Und manche Probleme haben soviele Ursachen, daß wir außerstande sind, sie allesamt zu beseitigen. Und bei wieder anderen Problemen sind wir zwar auf die Ursache gestoßen, aber nicht in der Lage, Korrekturmaßnahmen einzuleiten (der Grund könnte zufälligerweise die menschliche Natur selbst sein). Für derartige Probleme ist die Analyse nicht die richtige Antwort. In einem solchen Fall müssen wir einen Weg nach vorne, aus dem Dilemma heraus, suchen. Und gerade weil wir in der häuslichen Erziehung und schulischen Ausbildung dem Entwurf von Handlungsoptionen so wenig Gewicht beigemessen haben, fühlen wir uns oft hilflos angesichts solcher Probleme.

Ein Handlungsentwurf stützt sich auf Informationen, Logik und Kreativität, um alternative Konzepte zu entwickeln und bestehende Wahrnehmungen zu verändern. Manchmal haben wir das Gefühl, bei der Lösung eines Problems auf der Stelle zu treten, weil wir auf eine bestimmte Sichtweise fixiert sind.

Im allgemeinen enthält das Wort ›Entwurf‹ ein visuelles und ein graphisches Element. Manchmal wird dieser Entwurf als schmückendes Beiwerk abgewertet. Wir müssen die Bedeutung des Begriffes ›Entwurf‹ auf eine breitere Basis stellen, so daß er alle Situationen umfaßt, in denen wir verschiedene Handlungskomponenten zu einem harmonischen Ganzen zusammenfügen. Immer dann, wenn Standard- und Routineverfahren nicht ausreichen, brauchen wir einen Handlungsentwurf. Er bildet das Fundament weiterer Entscheidungen.

Statt davon auszugehen, daß die Analyse eine Karte mit vorgezeichneten Straßen liefert, sollten wir lieber annehmen, daß die Karte uns lediglich einen groben Überblick über das Gelände vermittelt und wir die Wege eigenhändig einzeichnen müssen.

Wie das menschliche Handeln, so ist auch der Handlungsentwurf immer zweckgerichtet. Wenn wir handeln, wollen wir etwas Bestimmtes erreichen. Wenn wir einen Handlungsentwurf erarbeiten, wollen wir etwas Bestimmtes erreichen.

Wir können ein Konzept entwerfen. Wir können eine Idee skizzieren, was bedeutet, daß wir eine Möglichkeit umreißen, dieses Konzept in Handeln umzusetzen. Eine Analyse würde Kausalzusammenhängen nachspüren, die möglicherweise bestehen (wie in der Wissenschaft), während der Handlungsentwurf Zusammenhänge entwickelt, die es nicht gibt und vielleicht niemals gegeben hat (wie bei einem neuen Konzept). Keine noch so umfassende Analyse kann ein Konzept enthüllen, das nicht existiert. Theoretisch gibt es nur eine Wahrheit, der man sich stetig annähert. Bei einem Handlungsentwurf kann es eine beliebige Reihe von alternativen Lösungen geben, vorausgesetzt, alle erfüllen befriedigend die situationsbezogenen Anforderungen. Einige Entwürfe schneiden in jeder Hinsicht besser ab als der Rest, während bei anderen nur bestimmte Aspekte vorteilhafter sind.

Selbst in der Wissenschaft müssen wir Hypothesen und Spekulationen entwickeln und skizzieren. Die Vorstellung, Wissenschaft sei allein mit der Analyse befaßt, ist falsch, und die meisten Wissenschaftler sind sich darüber im klaren. Ein guter Forscher zeichnet sich durch treffsichere Mutmaßungen aus, vorausgesetzt, daß er bei der Informationsbeschaffung eine streng strukturierte Sorgfalt walten läßt.

In Konfliktsituationen denken wir stets an Diskussionen, Verhandlungstaktiken und Druck. Bei der Konfliktlösung sollte der Handlungsentwurf eine wesentlich größere Rolle spielen. Es ist unerläßlich, ein Ergebnis zu umreißen, das die Werthaltungen beider Parteien befriedigt. Es ist wichtig, Etappenziele zu setzen. Und es ist wichtig, Rückzugspositionen, Sanktionen, Garantien und Überwachungssysteme zu schaffen.

Es gibt eine sehr interessante Konfliktlösungsstrategie, die in einigen amerikanischen Bundesstaaten beim Beschreiten des Rechtswegs gesetzlich vorgeschrieben ist. Sie wird allerdings nicht oft angewendet, da sie bei den Anwälten nicht besonders beliebt zu sein scheint. Normalerweise nehmen die Parteien in Konfliktsituationen anfangs entgegengesetzte Positionen ein; sie wissen, daß sie sich auf dem Verhandlungsweg schrittweise einander annähern, daß sie sich irgendwo auf einen Mittelweg verständigen oder einen Kompromiß schließen müssen. In diesen Annäherungsprozeß investiert man viel Zeit, Mühe und Geld. Bei der alternativen Methode begegnen sich die strittigen Parteien niemals persönlich. Jede entwirft für sich das vernünftigste Ergebnis oder eine für alle nachvollziehbare Konsequenz. Beide Lösungsvorschläge werden einem Richter oder Schiedsmann vorgelegt. Er muß die ›vernünftigste‹ Option wählen. Macht die eine Sinn und die andere nicht, dürfte ihm die Entscheidung nicht schwerfallen. Deshalb geben sich beide Parteien die größte Mühe, eine sinnvolle Strategie zu erarbeiten. Sämtliche Anstrengungen, die vorher in die destruktive Konfrontation eingeflossen sind, richten sich nun geballt auf den Entwurf einer konstruktiven Konfliktlösung. Wenn beide Parteien ihre Aufgabe zufriedenstellend erledigen, spielt es vermutlich keine große Rolle, für welche Alternative sich der Richter letztlich entscheidet. Das interessante an diesem Verfahren ist, daß es das Augenmerk nicht auf Debatten, sondern auf Lösungsstrategien lenkt.

Planungsmodus

Der herkömmliche Planungsmodus besteht darin, daß man ein Anforderungsprofil in Form einer ›Schablone‹ entwirft, und dann nach etwas Ausschau hält, was in diese Schablone paßt. Wenn Sie ein Auto konstruieren wollen, achten Sie vielleicht auf folgende Komponenten: optisch ansprechende Form, ausreichende Sitzkapazität, aerodynamischer Stil, sparsamer Kraftstoffverbrauch, einfache Herstellung, Verwendung von Standard-Bauteilen, gute Fahreigenschaften und irgendein einzigartiges, werbewirksames Produktmerkmal. Ein Designer würde versuchen, diesen Anforderungen gerecht zu werden. Das Ergebnis wäre angemessen, aber vermutlich ziemlich langweilig. Hier handelt es sich im Grunde um eine Produktoptimierung und alte Konzepte in neuer Kombination.

Die zweite Methode besteht darin, kreative Konzepte per se zu entwickeln und dann zu überlegen, wie sich diese ›modellieren‹ lassen, um dem Anforderungsprofil zu entsprechen. Hier werden die Anforderungen als Instrument des Feinschliffs ins Spiel gebracht. Bei diesem zweiten Ansatz ist das Risiko größer, aber auch die Wahrscheinlichkeit, daß ein wirklich neuer Lösungsansatz gefunden wird, nimmt zu.

Ein Architekt macht sich an die Aufgabe, sämtliche Anforderungen an die Konzeption eines neuen Bauwerks gleichzeitig zu erfüllen: Raumgröße, Licht, Kommunikationseffekt, wirksame Beheizung, Ästhetik, Ausstattung mit technischen Einzelheiten usw. In jedem Punkt entspricht der Entwurf dem Anforderungsprofil. Ein anderer Architekt wählt ein grundlegendes Anforderungsmerkmal aus (zum Beispiel ein beeindruckendes äußeres Erscheinungsbild oder ein großzügig gestalteter Arbeitsbereich) und entwickelt dann Konzepte, die dieses Merkmal berücksichtigen. Sobald ein Aspekt zufriedenstellend gelöst ist, nimmt er den nächsten in Angriff. Im militärischen Bereich ließe sich der Unterschied mit einem Vormarsch auf breiter Front und der Errichtung eines Brückenkopfes vergleichen, dem dann das gesamte Heer folgt.

Es liegt nicht in meiner Absicht, den faszinierenden und wichtigen Prozeß des Handlungsentwurfs in allen Einzelheiten zu schildern, ein Thema, das ein eigenes Buch verdient. Ich möchte lediglich klar den Kontrast herausstellen zwischen unserer beinahe zwanghaften Besessenheit Analyseverfahren anzuwenden und der dringenden Notwendigkeit, konstruktiv zu denken, um Handlungsoptionen zu erarbeiten. Dieser Bedarf an planerischem Denken geht mit dem Bedarf an kreativem Denken einher.

Die Anwendungen kreativen Denkprozesse

Wir haben verschiedene wichtige Aspekte betrachtet, die Beschaffenheit, Hintergrund und Bedarf an kreativem Denken betreffen. Es sind dies keine akademischen Überlegungen, sondern ausnahmslos wichtige, praxisorientierte Punkte. Wenn Sie in den Techniken des lateralen Denkens ein kunterbuntes Sammelsurium von Instrumenten sehen, werden Sie auf der kreativen Ebene weit weniger Erfolg haben, als wenn Sie gezielt auf die Hintergrundinformationen achten.

Wenn Sie die Logik der Wahrnehmung, den Unterschied zwischen Handlungsentwurf und Analyse und alle anderen Punkte verstehen, dann wächst Ihre Motivation und Sie entwickeln die charakteristischen Strukturen des kreativen Denkens.

Die bisher geschilderten Überlegungen können Sie für den Rest Ihres Lebens begleiten oder durch bessere ersetzt werden. Es war unerläßlich, auf diese Punkte hinzuweisen, weil die Natur der Kreativität oft mißverstanden wird. Und es war auch deshalb notwendig, sie anzusprechen, weil sie in unserem Bildungssystem, das meint, Information, Analyse und Schlußfolgerungen wären ausreichend, sträflich vernachlässigt wurden. Sie stellen ein solides Fundament für die praktische Nutzung der verschiedenen Kreativitätstechniken dar.

Von jetzt an werden wir einen Blick auf die Anwendungsmöglichkeiten des kreativen Denkens werfen. Als erstes wollen wir uns mit denjenigen Bereichen beschäftigen, in denen Kreativität besonders gefragt ist. Die Anwendungen werden in groben Zügen geschildert. Das ist gleichwohl nur eine Art, Kreativität zu betrachten; es gibt noch andere Möglichkeiten, die ebenso Gültigkeit haben.

Ich werde auch im dritten Teil des Buches, das die Umsetzung von Kreativitätsmethoden behandelt, noch einmal auf einige dieser Punkte zurückkommen.

Verbesserungen

Prozentual gesehen entfällt auf den Bereich ›Verbesserungen‹ der bei weitem größte Teil des kreativen Denkens. Genauer gesagt, er birgt das größte kreative Potential. Wir können versuchen, unsere gesamten derzeitigen Aktivitäten aus einer kreativen Warte zu betrachten, in der Hoffnung, auf Verbesserungsmöglichkeiten oder effizientere Lösungsansätze zu stoßen. Das Potential ist enorm, aber aus Gründen, auf die ich später noch eingehen werde, schöpfen wir es nicht voll aus. Im allgemeinen sind wir überaus zufrieden mit unseren derzeitigen Arbeitsmethoden und Verfahren.

Was verstehen wir unter Verbesserungen oder ›effizienteren‹ Lösungsansätzen? Was heißt besser?

Wir müssen uns zunächst die Bedeutung bewußt machen, die wir mit dem Wörtchen ›besser‹ verbinden. Besser kann sein, zu niedrigeren Kosten oder in kürzerer Zeit, mit weniger Fehlern und Unzulänglichkeiten. Besser könnte heißen, geringerer Energieverbrauch oder umweltverträglicher. Oder eine menschlich befriedigendere Arbeitsweise. Besser kann bedeuten, ein Herstellungsprozeß mit weniger Abfall oder billigeren Materialien. In Zukunft wird eine sehr wichtige Definition von besser ›einfacher‹ sein. Die einfache Bedienung von Geräten genießt bei den Anwendern einen sehr hohen Stellenwert. Auch für die Hersteller wären einfach zu fertigende Produkte von Vorteil, denn das bedeutet, daß keine Facharbeiter mit aufwendiger Ausbildung erforderlich sind.

Es ist wichtig, die Marschroute zu definieren, die man mit einer Verbesserung einschlagen will. Natürlich kann es wichtig sein, mehrere Ziele zur gleichen Zeit anzustreben.

Die im Westen geläufige Bedeutung des Begriffs ›Verbesserung‹ hat sich stets auf das Bemühen konzentriert, Mängel zu beseitigen, Probleme zu überwinden oder Korrekturen vorzunehmen. Das gehört mit zur typisch negativen Orientierung der Denkweisen, die sich in der westlichen Hemisphäre eingebürgert hat. Auch die Japaner richten ihren Blick auf Schwachstellen, aber das ist lediglich der Ausgangspunkt. Sie sind im Gegensatz zu den Menschen im Westen in der Lage, vorausschauend zu denken und Aspekte zu verbessern, die noch gar nicht verbesserungsbedürftig sind. Die japanische Vorstellung von Verbesserungen beschränkt sich nicht auf akute Korrekturen. Das liegt einfach daran, daß die Japaner niemals die negative Denkkultur des Westens gepflegt haben (die unter anderem darin besteht, Fehler nachzuweisen, Probleme zu lösen, Mängel zu korrigieren usw.). Die Toyota Motor Company erhält im Jahr rund dreihundert Verbesserungsvorschläge je Mitarbeiter. Die entsprechende Zahl in einem Unternehmen des Westens liegt unter zehn.

Heute versuchen Firmen im Westen den japanischen Ansatz mit Programmen wie »Kaizen« (stetige Verbesserung) oder dem ›Total Quality Management‹ nachzuahmen. Solche Konzepte erfordern Verbesserungen in allen Punkten, auch dort, wo es nicht ›brennt‹ oder Fehler auszubügeln sind.

Ein namhafter europäischer Konzern hat ein erfolgreiches betriebliches Vorschlagswesen eingeführt und damit Millionenbeträge eingespart, ist aber trotzdem nicht hundertprozentig zufrieden mit dem System. Die Schwierigkeit besteht darin, daß niemand Zeit oder Lust hat, die Vorschläge der Mitarbeiter auszuwerten. Vermutlich liegt es daran, daß diese Empfehlungen in einer Zentrale zusammenlaufen. Die Japaner haben dieses Problem gemeistert, indem sie Prüfungskommissionen auf allen Ebenen eingeführt haben; sie befassen sich mit den Vorschlägen in demjenigen Unternehmensbereich, aus dem sie stammen. Folglich stapeln sich die Papierberge nicht an einem zentralen Punkt. Ein effizientes System für die Bearbeitung firmeninterner Vorschläge zu erarbeiten, ist ein wichtiger Teil jedes Verbesserungsprogramms.

Das Schlüsselelement besteht in der Fähigkeit, ein Verfahren oder eine Methode objektiv zu betrachten und davon auszugehen, daß es bessere Lösungsmöglichkeiten gibt. Ich kenne Unternehmen, die seit langem etablierte Arbeitsverfahren in allen Einzelheiten Revue passieren lassen, auch wenn kein akutes Problem auftritt und kein Druck ausgeübt wird, Kosten zu senken. Doch dieser kritische Blick ist nicht einfach. Theoretisch müßte man jeden Schritt mit dem Hintergedanken in Augenschein nehmen, daß er sich in jedem Fall verbessern läßt. Da dies in der Praxis nicht möglich ist, finden wir es bequemer, wieder in unsere alten Gewohnheiten zu verfallen und unser Augenmerk nur auf Probleme und Unzulänglichkeiten zu richten.

Wichtig ist vor allem, sich daran zu erinnern, daß die Fehlerkorrektur nur einen Bruchteil des Verbesserungsprozesses darstellt.

Es gibt Verbesserungen, die nur auf der Grundlage weitläufiger Erfahrungen, einer neuen Technologie, zusätzlicher Informationen, Analysen und logischer Überlegungen durchgeführt werden können. Kreatives Denken ist hier nicht immer notwendig. Dort, wo Mängel bestehen, reicht logisches Problemlösen häufig aus, um sie auszumerzen. Doch wenn es keine offenkundigen Schwachstellen gibt, ist es in noch höherem Maß erforderlich, kreativ zu denken, um neue unternehmerische Chancen zu entwickeln.

Probleme lösen

Problemlösungen suchen war schon immer ein Bestandteil des traditionellen kreativen Denkens. Wenn die üblichen Ansätze keine befriedigende Antwort bieten, ist es unerläßlich, die vorhandenen Informationen auf produktive, neue Weise zu betrachten. Und selbst wenn sich mit der herkömmlichen Methode eine annehmbare Lösung erzielen läßt, spricht einiges dafür, mittels kreativem Denken nach einer besseren Option zu suchen. Es ist nicht so, daß die Standardlösung oder die erste Lösung, die uns in den Sinn kommt, immer die beste sein muß.

Ich habe bereits die Analyse und den Handlungsentwurf als Problemlösungsansatz beschrieben. Ganz offensichtlich erfordert der Entwurf von strategischen Handlungsoptionen kreatives Denken. Doch sogar bei der Analyse eines Problems kann die Fähigkeit unabdingbar sein, sich alternative Möglichkeiten vorzustellen und sie eingehend gegeneinander abzuwägen.

Heute wird viel Wirbel um die ›Problemdefinition‹ gemacht. Die Frage »Was für ein Problem liegt hier wirklich vor?« ist unbestritten sehr wichtig. Man muß jedoch erwähnen, daß man die beste Problemdefinition erst dann findet, wenn man eine Problemlösung gefunden hat. Der praktische Nutzen ist also gering. Dennoch sollten wir uns bemühen, alternative Problemdefinitionen in Betracht zu ziehen, von denen einige breitgefächert und andere eng begrenzt sind. Die Betonung liegt hier weniger auf der *richtigen* Problemdefinition als vielmehr auf *alternativen* Problemdefinitionen. Früher oder später werden Sie mit einer Problemdefinition aufwarten, die Ihrer Ansicht nach des Pudels Kern trifft und gleichzeitig brauchbare Ergebnisse verspricht.

Ein Problem ist so lästig wie Kopfschmerzen oder ein Stein im Schuh. Sie wissen, daß es da ist. Probleme werden vom unternehmerischen Umfeld (staatliche Regulierungsmaßnahmen, Wechselkurse, Katastrophen, ökologische Schwierigkeiten), von der Konkurrenz oder einem Zusammenbruch der eigenen Systeme (Maschinen und Ausrüstungen, Computer, Beziehungen zwischen Arbeitgeber oder Arbeitnehmer) verursacht. Probleme gibt es zuhauf.

Manche Probleme (oder potentielle Störfaktoren) nimmt man ohne Druck von außen ins Visier. Das könnte man als ›Problemsuche‹ bezeichnen, aber ich ziehe den Begriff ›selbstgewählte Aufgabenstellung‹ vor. Sie ergreifen die Initiative und stellen sich eine Aufgabe, die Sie erfüllen wollen. Wenn Sie Ihr Ziel auf dem üblichen Weg erreichen, tritt in aller Regel kein Problem auf. Ist dagegen keine Standardlösung verfügbar, sehen Sie sich einem Problem gegenüber, das Sie möglicherweise nur durch kreatives Denken bewältigen können. Je selbstsicherer und zuversichtlicher Sie die eigene Fähigkeit beurteilen, Probleme produktiv anzugehen, desto größer wird Ihre Bereitschaft sein, sich einer scheinbar unlösbaren Aufgabe zu stellen.

Vor vielen Jahren saß ich bei einem Galadiner im Trinity College neben Professor Littlewood (einem namhaften englischen Mathematiker). Wir sprachen über Schachcomputer. Das Schachspiel ist deshalb so knifflig, weil die Figuren imstande sind, unterschiedliche Züge auszuführen. Ich erzählte meinem Tischnachbarn, daß man ein Schachspiel erfinden sollte, bei dem jede Partei nur eine Figur zur Verfügung hat. Das war für mich eine selbstgestellte Herausforderung. Ich ging nach Hause und erfand das ›L-Spiel‹ mit einer einzigen L-förmigen Figur je Spieler. Die Regeln beherrscht jeder in nur zwanzig Sekunden, aber es gibt Optimierungsstrategien, die einiges Geschick erfordern. Es kann aber auch denkbar einfach gespielt werden.

Ein Erfinder verhält sich ähnlich. Er stellt sich eine Aufgabe und nimmt sie dann konsequent in Angriff. Dasselbe gilt für einen Handlungsentwurf, mit dem einzigen Unterschied, daß dabei meistens irgendein Ergebnis erzielt wird. Im Falle des Erfinders tut sich unter Umständen nichts, es sei denn, es wird ein Durchbruch erreicht.

Bei den Psychologen in Nordamerika und andernorts macht sich häufig die unheilvolle Neigung bemerkbar, alle zielgerichteten Denkprozesse als Suche nach Problemlösungen abzustempeln. Dabei unterscheidet man nicht zwischen Denkvorgängen, die uns aus einer unliebsamen Situation herausführen sollen, und solchen Überlegungen, die bestrebt sind, auch ohne Druck ein bestimmtes Ziel zu erreichen.

Im nachfolgenden Teil des Buches werden wir sehen, daß kreative Techniken wie der ›Konzeptfächer‹ in besonderem Maß geeignet sind, konstruktive, zielbewußte Denkleistungen zu fördern. Bei einem Problem oder einer selbstgestellten Aufgabe kennen wir unser Ziel; wir müssen lediglich einen Weg finden, dorthin zu gelangen. Das sind zielgerichtete Denkoperationen, die breiter aufgefächert sind als das einfache ›Probleme lösen‹ aus der Überschrift dieses Unterabschnitts, die ich gewählt habe, um der üblichen Verwendung des Begriffs ›Problem‹ Rechnung zu tragen.

Es ist weithin bekannt, daß die Problemprävention ein wichtiger Teil der Problemlösungsstrategie sein kann. Statt ein Problem anzupacken, das sich abzeichnet, umgeht man diese Stufe und verändert auf einer höheren Ebene das gesamte System, so daß dieses Problem gar nicht erst auftaucht. Dieser Prozeß beinhaltet einen grundlegenden Neuentwurf. Wenn jemand fortwährend seine Schlüssel verliert, empfiehlt es sich, das Sicherungssystem zu ändern, damit Schlüssel überflüssig werden.

Nutzen und Chance

Da die Konkurrenz nicht schläft und Unternehmen ihr Leistungsniveau ständig verbessern, verlagern sich die Kriterien des Erfolgs und Überlebens im Wettbewerb auf die bestmögliche Nutzung der Kernkompetenzen. Zu diesen Aktivposten können Marktposition, qualifizierte Mitarbeiter, Vertriebssystem, technisches Know-how (und Patente), Markenname usw. gehören. Der dritte Anwendungsbereich des kreativen Denkens hat direkt mit dem Zusatznutzen, der Wertschöpfung und der Entwicklung von Unternehmenschancen zu tun.

In der Vergangenheit mögen Effizienz und die Problemlösungsfähigkeit ausgereicht haben, um sich im Wettbewerb zu behaupten, aber heute sind sie lediglich ein Eckpfeiler der unternehmerischer Aktivitäten. Das A und O ist die Frage: Welche neuen Produkte und Dienstleistungen können wir entwikkeln? Wie positionieren wir sie am besten im Markt? Welcher Zusatznutzen ließe sich damit erzielen? Welche neuen Märkte und Marktsegmente könnte es für unser Produkt oder unsere Dienstleistung geben?

An früherer Stelle habe ich bereits die Notwendigkeit erwähnt, von der klassischen Form des Wettbewerbs, der Konkurrenz, zum neuen Konzept der *Suprakurrenz* überzuwechseln. Wir sprachen von den ›integrierten Werten‹, die in dem Bemühen zum Tragen kommen sollten, den wahren Bedürfnissen des Kunden gerecht zu werden. Diese Themen werden sehr ausführlich in dem Buch *Sur/petition* abgehandelt*.

Man kann immer andere nachahmen, auf den fahrenden Zug aufspringen und Produkte entwickeln, die von der Konkurrenz mit Erfolg eingeführt wurden, oder ein innovatives Unternehmen aufkaufen, um die eigenen Kernkompetenzen abzurunden. Das sind durchaus legitime Strategien, die bisweilen weniger risikobehaftet erscheinen als Neuerungen. Aber warum darauf warten, daß andere den ersten Schritt tun, wenn man selbst Pionierarbeit leisten könnte? In jedem kompetenten und gut geführten Unternehmen gibt es brach liegende Potentiale, die mit ein wenig Phantasie und Kreativität genutzt werden könnten.

Probleme erfordern Aufmerksamkeit. Krisen müssen durchlebt werden. Verbesserungen werden oft nur im Rahmen von Kostensenkungsprogrammen durchgeführt. Leider gibt es keine einfachen Antriebssysteme, die uns anspornen, bewußt und beizeiten nach Chancen Ausschau zu halten. Dazu braucht man Unternehmergeist und Mumm. Wenn Risikoscheu zur Tugend erhoben wird, ist der Anreiz gering, ein Risiko oder Ärger heraufzubeschwören.

Chancen aufzuspüren und ihnen Kontur zu verleihen setzt kreative Denkprozesse voraus. Die Entwicklung einer neuen Wertschöpfungsmöglichkeit erfordert neue Konzepte. Ob jemand aus heiterem Himmel eine unternehmerische Chance entdeckt und einen entsprechenden Aktionsplan schmiedet, hängt davon ab, ob er sich die Mühe macht, gezielt danach zu suchen. Wenn man die Hände in den Schoß legt und wartet, bis sich eine Chance auf dem Silbertablett präsentiert, wird man im Wettbewerb immer unter ferner liefen rangieren. Nutzt man dagegen seine kreativen Fähigkeiten, besteht die Möglichkeit, an die Spitze des Feldes vorzupreschen und der Konkurrenz ein Schnippchen zu schlagen. Chancen oder zündende Ideen liegen nicht auf der Straße und warten nur darauf, daß man sie aufklaubt. Sie müssen aktiv entwickelt werden. Manche Unternehmen, die im Produktionsbereich Spitzenformat erreichen, sind blind für die Notwendigkeit, Ideen zu produzieren.

---

* Harper Business, New York, 1992.

Die Zukunft

Betrachtungen über die Zukunft anzustellen, erfordert immer ein gewisses Maß an spekulativem Denken. Wir haben nie ausreichende Informationen über das, was sein könnte, und dennoch müssen wir angesichts dieser Unwägbarkeiten Entscheidungen treffen und deren langfristige Auswirkungen in Kauf nehmen. Deshalb kann kreatives Denken unerläßlich sein, um die Folgen des Handelns vorauszusehen und Alternativen zu suchen, die in Betracht gezogen werden könnten.

Kreativität ist auch bei der Entwicklung von Szenarien über unser künftiges Arbeitsumfeld Trumpf. Ich habe bereits erwähnt, daß wir sie brauchen, um Brüche und mögliche Abweichungen von derzeit bestehenden Trends zu erkennen, die durch Extrapolation nicht sichtbar werden.

Die Entwicklung von Strategien, Schubladen- oder Alternativplänen und Rückzugspositionen sind Bestandteil des kreativen Planungsprozesses. Informationen und Logik bilden hier das Rahmenwerk, während der kreative Entwurf die Möglichkeiten aufzeigt. Informationen und Logik sind unabdingbar, um diese Handlungsoptionen gründlich zu überprüfen und zu bewerten.

In Zukunft werden wir zu noch mehr Flexibilität und Ideenvielfalt genötigt sein, was oft weniger Kosten verursacht als das Bestreben, das Richtige zu tun. Wenn man nicht in der Lage ist, treffsichere Zukunftsprognosen zu erstellen, muß man wendig genug sein, verschiedene mögliche Zukunftsszenarien zu meistern.

Nach meiner Erfahrung werden Strategien sehr häufig ausschließlich als Reproduktionsprozeß gesehen, in dem man verschiedene vorhandene Möglichkeiten auf einen vernünftigen Handlungskurs trimmt. Es besteht heute ein größerer kreativer Bedarf, um weitere Alternativen und Verfahren zu entwickeln, die es uns ermöglichen, die Fülle der Handlungsoptionen in den Griff zu bekommen. Ein Aktionskurs, den ein Mensch mit ausreichenden Informationen und gesundem Urteilsvermögen zurückweisen würde, könnte sich durch eine kreative Veränderung zu einer bevorzugten Strategie mausern. Das kreative Denken sollte sich wie ein roter Faden durch das Labyrinth sämtlicher Überlegungen ziehen, die wir über die Zukunft anstellen.

Motivation

David Tanner, der das Kreativitätszentrum der Firma Du Pont leitete, erzählte mir, wie der Sammelbegriff ›Kreativität‹ den Leuten gestattet, ihre Aktivitäten aus einer völlig neuen Warte zu betrachten und zu überdenken. Sehr oft entstehen durch diese neue Aufmerksamkeit Verbesserungen, die mehr auf logischen Überlegungen als auf Kreativität basieren. Aber ohne die allgemeine kreative Marschrichtung hätte niemals ein Umdenken stattgefunden.

Kreativität ist ein hervorragendes Motivationsinstrument, weil sie das Interesse der Menschen an ihren Arbeitsaufgaben weckt. Kreativität gibt Anlaß zu der Hoffnung, auf eine brauchbare Idee zu stoßen. Kreativität bietet jedem die Chance, ein gewisses Maß an persönlicher Leistung in die Waagschale zu werfen. Kreativität macht das Leben lebenswerter und interessanter. Kreativität bietet einen Rahmen, der echte Teamarbeit begünstigt.

Die motivierenden Aspekte und die tatsächlichen Ergebnisse der Kreativität sind indessen zweierlei.

Wichtig ist, kreative Anstrengungen zu ermutigen und zu belohnen. Wenn Sie mit Lob und Anerkennung sparen, bis ein konkretes Ergebnis vorliegt, setzen Sie den Bemühungen einen Dämpfer auf. Mit wachsendem Eifer mehren sich auch die guten Resultate.

Wir haben nun einige der wichtigsten Anwendungsbereiche für kreatives Denken beschrieben. Es wäre vielleicht einfacher gewesen, zu sagen, daß Kreativität immer dann angesagt ist, wenn Denkleistungen verlangt werden. Diese Aussage trifft den Kern freilich nicht ganz, denn es gibt Situationen, z.B. bei Verbesserungen und der aktiven Entwicklung unternehmerischer Chancen, bei denen augenscheinlich kein dringender kreativer Bedarf besteht, es sei denn, wir entscheiden, daß ein wenig Kreativität nicht schaden könnte. Niemand ist gezwungen, nach Chancen Ausschau zu halten, bis die Chancen vertan sind. Niemand ist gezwungen, Verbesserungen durchzuführen, bis die Uhr fünf Minuten vor zwölf anzeigt.

Zum Glück beginnt sich die Denkkultur in Wirtschaftsunternehmen und anderen Organisationen allmählich zu verändern. Ein Bereichsleiter in einem großen Konzern gestand mir einmal, er sei glücklich, wenn es in seinen Sparten keine Probleme gäbe. Inzwischen hat sich die Einstellung gewandelt: man ist vom rein reaktiven zum aktiven Denken und Handeln übergegangen. Und das erfordert Kreativität.

Teil II
Laterales Denken: Methoden und Techniken

Die Hutwechsel-Methode

Wie verschafft man sich Zeit und Muße für kreatives Denken?
Wie motiviert man jemanden zu kreativem Denken?
Wie gewöhnt man jemandem die ständige Schwarzmalerei ab?
Wie ermutigt man jemanden, einen Blick auf die Vorteile einer Idee zu werfen?
Wie bringt man Intuition und Ahnungen in einer ernsthaften geschäftlichen Besprechung zum Ausdruck?

Die Hutwechsel-Methode, die das laterale Denken fördert, ist ebenso einfach wie wirkungsvoll.

Als mein Buch *Six Thinking Hats** in japanischer Übersetzung vorlag, fand in Tokio ein Arbeitsessen mit den Topmanagern einiger namhafter japanischer Unternehmen statt, einschließlich Herrn Hisashi Shinto, damals Konzernchef bei NTT (Nippon Telephone and Telegraph). Er war gerade aufgrund seiner Verdienste um die Privatisierung des Telekommunikationsriesen zum japanischen ›Geschäftsmann des Jahres‹ gekürt worden. Zu dem Zeitpunkt beschäftigte die NTT 350 000 Mitarbeiter, und sie wurde im Aktienmarkt höher gehandelt als die fünf an der Börse führenden amerikanischen Unternehmen zusammen. Herrn Shinto gefiel die Hutwechsel-Methode, und er bat seine leitenden Angestellten, das Buch zu lesen. Sechs Monate später traf ich ihn wieder, und er berichtete von der unverkennbaren Wirkung der Methode auf seine Führungsmannschaft: sie sei sichtbar kreativer und konstruktiver geworden. Er bat mich, einen Vortrag vor dem Board und den Topmanagern von NTT zu halten.

Seit 1990 hat der IBM-Konzern die Hutwechsel-Methode als Kernprogramm in seine Schulungen integriert, an dem weltweit rund 40 000 Führungskräfte teilnehmen. Sie steht auch bei Du Pont, Prudential und vielen anderen führenden Unternehmen hoch im Kurs, weil sie auf Anhieb anwendbar ist und spürbare Ergebnisse zeitigt.

---

* Little, Brown, New York, 1986, und ICCT, New York, veröffentlicht durch Penguin Books, London.

Die Methode wird ausführlich in dem Buch *Six Thinking Hats* beschrieben, und detaillierte Schulungsanleitungen sind ebenfalls verfügbar.

Der Vollständigkeit wegen werde ich die Methode nachfolgend in aller Kürze beschreiben.

Weisser Hut

Denken Sie an ein weißes Blatt Papier, das farbneutral ist und Informationen aufnehmen kann.

Der weiße Hut ist mit Daten und Informationen befaßt.
Über welche Informationen verfügen wir?
Welche wichtigen Informationen fehlen uns?
Welche Informationen würden wir uns gerne beschaffen?
Wie kommen wir an diese Informationen heran?

Roter Hut

Denken sie an die Farbe rot, an Feuer und Wärme.

Der rote Hut hat mit Gefühlen, Intuition, Instinkt und Emotionen zu tun.
In einer geschäftlichen Besprechung, bei der ernsthafte Themen auf der Tagesordnung stehen, geht man im allgemeinen nicht davon aus, daß Sie Ihre Gefühle offenbaren. Viele Leute umgehen diese stillschweigende Übereinkunft, indem sie ihre Empfindungen als logische Überlegungen tarnen.
Der rote Hut gestattet Ihnen, Gefühle und Intuitionen ohne langwierige Entschuldigungen, Erklärungen oder Rechtfertigungen zur Sprache zu bringen.

... Wenn ich den roten Hut aufsetze und an unser Projekt denke, habe ich kein gutes Gefühl.
... Mein Instinkt sagt mir, daß es nicht klappen wird.
... Irgendwie gefällt mir diese Vorgehensweise nicht.
... Ich spüre, daß die Preise bald in den Keller gehen werden.

Da der rote Hut Empfindungen ›pur‹ signalisiert, lassen sich diese ohne Täuschungsmanöver oder Vorwand in eine Diskussion einbringen. Die Intuition kann ein spontanes Erfassen einer Situation sein, eine auf Wissen und jahrelanger Erfahrung beruhende, urplötzliche Erkenntnis. Mit diesem intuitiven Urteil liegen Sie bisweilen goldrichtig, selbst wenn die Gründe, die Sie dazu bewogen haben, nicht immer genau erklärt werden können. Man muß jedoch auch erwähnen, daß die Intuition sich nicht immer als richtig erweist und Sie bisweilen sogar völlig in die Irre leitet.

Dessenungeachtet hat es manchmal große Vorteile, Gefühle zu enthüllen.

Schwarzer Hut

Denken Sie an einen gestrengen Richter in schwarzer Robe, der Gesetzesbrecher unerbittlich ihrer gerechten Strafe zuführt.

Der Träger des schwarzen Hutes mahnt zur Vorsicht.
Der Träger des schwarzen Hutes hindert uns daran, schwere Fehler zu begehen, unwiderrufliche Dummheiten zu machen und gegen Gesetze zu verstoßen.
Der schwarze Hut repräsentiert die kritische Stellungnahme.
Der Träger des schwarzen Hutes zeigt genau auf, warum sich ein Vorhaben nicht durchführen läßt.
Der Träger des schwarzen Hutes weist darauf hin, warum ein Projekt nicht gewinnträchtig ist.

... Das verstößt gegen die gesetzlichen Bestimmungen.
... Wir können den Auftrag nicht annehmen; uns fehlt die Produktionskapazität.
... Die Preiserhöhung war ein Versuchsballon, aber danach ging der Umsatz zurück.
... Er hat keine Erfahrung im Exportmanagement.

Fehler können verhängnisvoll sein. Niemand möchte einen schweren Fehler begehen oder sich zum Gespött der anderen machen. Der Träger des schwarzen Hutes rät zur Vorsicht und kann deshalb sehr hilfreich sein. Dieser Hut ist der am meisten verwendete und vielleicht sogar nützlichste.

Gleichzeitig läuft man jedoch Gefahr, zu oft zum schwarzen Hut zu greifen. Einige Leute meinen, eine gesunde Portion Skepsis und Argwohn könne nie schaden, und wenn man imstande sei, Fehlern vorzubeugen, stünde alles zum Besten. Man verfällt leicht in die Gewohnheit, kreative Ideen schon im Anfangsstadium durch eine negatives Urteil abzuwürgen. Gegen ein Glas Wein dann und wann ist nichts einzuwenden, aber übermäßiger Genuß kann zur Abhängigkeit vom Alkohol führen. Das gleiche gilt für den schwarzen Hut. Er ist sehr nützlich, solange man ihn nicht überstrapaziert.

Gelber Hut

Denken Sie an den Sonnenschein.

Der gelbe Hut steht für eine optimistische Grundeinstellung und eine logische, positive Sichtweise.
Der Träger des gelben Hutes hält nach der Durchführbarkeit eines Projekts und nach konkreten Mitteln und Möglichkeiten Ausschau, es zu realisieren.
Der Träger des gelben Hutes ist mit den Vorteilen einer Idee befaßt, die freilich auf einem logischen Fundament ruhen müssen.

... Das Vorhaben könnte erfolgreich sein, wenn wir das Werk in größerer geographischer Nähe zum Kunden errichten.
... Der Vorteil liegt in den Wiederholungskäufen.
... Die hohen Energiekosten würden alle Beteiligten zum Energiesparen motivieren.

Der schwarze Hut wird häufiger benutzt als der gelbe, weil wir Fehler und Gefahren vermeiden müssen, um unser Überleben, auch im Unternehmen, zu gewährleisten. Denkprozesse unter dem gelben Hut erfordern oft ein bewußtes Bemühen, Lösungen zu finden. Die Vorteile sind nicht immer auf den ersten Blick offensichtlich, und manchmal müssen wir angestrengt danach suchen. Doch jede kreative Idee verdient ein gewisses Maß an Aufmerksamkeit, die unter dem gelben Hut verbürgt ist.

Grüner Hut

Denken Sie an Vegetation und üppiges Wachstum.

Der grüne Hut repräsentiert kreatives Denken.
Der grüne Hut repräsentiert neue Ideen.
Der grüne Hut repräsentiert die Suche nach zusätzlichen Alternativen.
Der grüne Hut repräsentiert die Entwicklung von unternehmerischen Möglichkeiten und Arbeitshypothesen.
Der grüne Hut umfaßt die Techniken der mentalen ›Provokation‹ und ›Bewegung‹ (die an späterer Stelle ausführlich beschrieben sind).
Der grüne Hut erfordert kreative Aktivitäten.

... Hier sind originelle Ideen angesagt.
... Haben wir noch weitere Alternativen, auf die wir zurückgreifen könnten?
... Läßt sich die Aufgabe auch auf andere Weise bewerkstelligen?
... Könnte es eine andere Erklärung geben?

Der grüne Hut ermöglicht uns, andere ohne Umschweife aufzufordern, kreativ zu arbeiten. Der grüne Hut sorgt dafür, daß Zeit und Raum für kreative Denkprozesse zur Verfügung stehen. Selbst wenn diese Bemühungen keine zündenden neuen Ideen hervorbringen, spornt der grüne Hut zu kreativen Aktivitäten an.

Blauer Hut

Denken Sie an den Himmel und an die Vogelperspektive.

Der blaue Hut steht für die Kontrolle von Methoden und Verfahren.
Der Träger des blauen Hutes unterzieht den Denkmodus einer objektiven Prüfung.

Der Träger des blauen Hutes legt die Themen fest, über die Sie nachdenken.
Der Träger des blauen Hutes weist auf den jeweils nächsten Schritt im Denkprozeß hin.
Der blaue Hut kann andere Hüte aktivieren.
Der Träger des blauen Hutes bittet um eine Zusammenfassung des Sachverhalts, um Schlußfolgerungen und Entscheidungen.
Der Träger des blauen Hutes kann Kommentare zum Denkmodus abgeben, der benutzt wird.

... Wir haben schon zuviel Zeit mit der Suche nach einem Sündenbock vergeudet.
... Darf ich um eine Zusammenfassung Ihrer Schlußfolgerungen bitten?
... Ich denke, wir sollten jetzt einen Blick auf die Prioritäten werfen.
... Ich schlage vor, den grünen Hut aufzusetzen, um nach neuen Ideen zu suchen.

Der blaue Hut wird in aller Regel vom Diskussionsleiter oder Organisator der Besprechung benutzt, aber jeder Teilnehmer kann Vorschläge machen. Der blaue Hut signalisiert, daß der Denkprozeß besser organisiert und gesteuert werden muß, damit er produktiver wird. Der blaue Hut steht für das Nachdenken über Denkoperationen.

Statt Konfrontation

Die im Westen verwurzelte Tradition, endlose Debatten über gleich welches Thema zu führen, beinhaltet den Versuch, zu einem fruchtbaren Ergebnis zu gelangen, indem wir klar Position beziehen und uns auf Konfrontationskurs begeben. A vertritt eine bestimmte Ansicht, der B nicht zustimmen kann. Die Debatten, die daraufhin folgen, sollen – wie man hofft – dazu beitragen, das Thema gründlich zu durchleuchten. Doch sehr oft wird der Befürworter einer Anschauung auf seinen Standpunkt festgenagelt und hat mehr Interesse daran, wer das Wortgefecht gewinnt als daran, eine Situation gründlich auszuloten.

Die Hutwechsel-Methode gestattet uns, fruchtlose, kräftezehrende Konfrontationen zu vermeiden und uns produktiveren Dialogen zuzuwenden. Sowohl A als auch B können gleichzeitig den schwarzen Hut tragen, um die potentiellen Risiken eines Vorhabens zu ergründen. A und B können zum gelben Hut greifen, um die Vorteile eines Projekts zu ermitteln, oder den grünen, um verschiedene Alternativen aufzuzeigen. Statt auf gegensätzlichen Standpunkten zu beharren, erforscht man gemeinsam Strategien. Deshalb hat die Hutwechsel-Methode bei allen, die Mitarbeiterbesprechungen und Konferenzen leiten müssen, großen Anklang gefunden. Endlich gibt es eine Möglichkeit, aus den Zwängen der herkömmlichen Konfrontation in Debatten auszubrechen.

In der Regel sind Ego und Denkleistung eng miteinander verzahnt. Wenn Ihnen ein Vorschlag mißfällt, werden Sie sich kein Bein ausreißen, um Argumente zu finden, die für die Idee sprechen – und umgekehrt. Die Hutwechsel-Methode zieht eine klare Trennlinie zwischen Persönlichkeit und Denkleistung. Der Ideenproduzent ist aufgefordert, nacheinander die verschiedenen Hüte aufzusetzen; dadurch fühlt er sich frei von dem Zwang, eine bestimmte Position auf Biegen und Brechen zu vertreten.

Jemand, der einem Vorschlag nicht das geringste abgewinnen kann, muß sich unter dem gelben Hut bemühen, Vorteile darin zu entdecken. Und der glühende Verfechter einer Idee ist aufgefordert, den schwarzen Hut aufzusetzen und die Schwierigkeiten zu eruieren, die sie beinhaltet. Durch den Hutwechsel gelangt man oft zu Erkenntnissen, die eine Einstellungsänderung oder einen Sinneswandel bewirken.

Notorische Schwarzseher

Einige Leute sind von Haus aus argwöhnisch und haben das Gefühl, sie müßten andere ständig auf die potentiellen Gefahren aufmerksam machen. In einer herkömmlichen Diskussion kann man diese notorischen Schwarzseher nicht daran hindern, laufend ihre negativen Kommentare abzugeben. Die Hutwechsel-Methode bietet ausreichend Gelegenheit, im richtigen Augenblick (unter dem schwarzen Hut) Bedenken anzumelden, was zu einer anderen Zeit unangebracht und störend sein kann. Auf diese Weise wird die natürliche Dominanz des schwarzen Hutes eingeschränkt.

Wenn ein Mensch zu Kassandrarufen neigt, können Sie sagen: »Alles zu seiner Zeit. Solche Schwarzhut-Gedanken sind sehr wichtig. Jetzt lassen Sie uns einmal hören, welche Einwände Sie haben.« Nach einer Weile erklären Sie: »Gut. Jetzt kennen wir einige Argumente, die dagegen sprechen. Nun wollen wir das Thema unter dem grünen Hut betrachten und zu einer positiven Denkweise übergehen.« Der Träger des schwarzen Hutes muß nun schweigen oder den grünen Hut aufsetzen und sich bemühen, konstruktiv zu denken.

Raum für positives und kreatives Denken

Der gelbe und der grüne Hut bieten uns die Möglichkeit, Zeit für bewußt eingeleitete kreative und positive Denkprozesse abzuzweigen. Ron Barbaro, Vorstand der Versicherungsgesellschaft Prudential, hörte einmal geduldig einem Mitarbeiter zu, der ihm langatmig erklärte, warum ein Projekt nicht realisierbar sei. Nach einer Weile unterbrach ihn Ron mit der Aufforderung: »Und nun kommen Sie bitte zum gelben Hut.«

Es ist nicht üblich, Zeit für Kreativität einzuräumen. Es ist auch nicht üblich, Zeit für positives Denken zu erübrigen, es sei denn, uns gefällt die Vorstellung. Doch wenn wir uns bewußt um beides bemühen, kann dieses

Unterfangen reich belohnt werden. Der natürliche Fluß der Gedanken und Diskussionsbeiträge läßt nicht genug Zeit für kreative Aktivitäten und die Suche nach positiven Lösungsansätzen (es sei denn, jemand hat auf Anhieb eine Idee).

Spiel

Je mehr Sie in die Hutwechsel-Methode investieren, die Sie als spannendes ›Spiel‹ betrachten sollten, desto reicher wird die Ausbeute sein. Ihre Mitarbeiter werden sich wie Außenseiter vorkommen, wenn sie sich nicht aktiv daran beteiligen. Während sich alle anderen unter dem gelben Hut den Kopf zerbrechen, wie sich ein Projekt auf den Weg bringen läßt, fühlt sich der Träger des schwarzen Hutes mit seinen Einwänden und Bedenken fehl am Platze. Wenn Sie das Spiel beizeiten üben (und die verschiedenfarbigen Hüte benutzen), dann können Sie die Regeln jederzeit anwenden, wenn Sie wirklich darauf angewiesen sind: bei Konfrontationen, Krisen, Konflikten, starren dogmatischen Meinungen usw.

Keine Kategorien

Manche Leute beherrschen einen bestimmten Denkmodus besser als einen anderen, und sie fühlen sich wohler unter ›ihrem‹ Hut. Ich möchte an dieser Stelle jedoch mit Nachdruck betonen, daß die Hüte keine Kategorien oder Persönlichkeitsbeschreibungen darstellen. Niemand sollte sich als notorischer Schwarzhut-Denker der Gruppe betrachten. Das wäre das genaue Gegenteil dessen, was mit den sechs Hüten angestrebt wird. Alle Mitglieder sind aufgefordert, die Hüte nach Absprache zu wechseln. Wenn angesagt ist, daß die Gruppe grün denken soll, tragen alle gleichzeitig den grünen Hut. Wenn jemand es vorzieht, zu schweigen und sich nur dann zu Wort meldet, wenn sein bevorzugter Denkmodus an der Reihe ist, dann können Sie ihn direkt auffordern, seine Ansichten unter dem grünen oder gelben Hut zum Ausdruck zu bringen.

Die Hüte dienen der Beschreibung des Denkverhaltens, sind aber nicht dazu gedacht, Menschen ein für allemal in bestimmte ›Schubladen‹ einzuordnen. Genauso wie ein Golfspieler sämtliche Schläger herzunehmen versucht, sollten Sie bemüht sein, alle sechs Hüte zu tragen.

Gelegentliche und gesonderte Verwendung

Die sechs Hüte werden in aller Regel gelegentlich und gesondert verwendet. Das heißt, daß ein spezifischer Hut dominiert und somit ein bestimmter Denkmodus angesagt oder ein spezifischer Wechsel von einem Denkmodus in einen anderen gefordert ist. Bevor die Hutwechsel-Methode benutzt wird, kann eine Diskussion der üblichen Art stattfinden, und danach setzt man den Meinungsaustausch fort. Ein einziger Hut reicht aus, um bei allen Beteiligten ein grundlegendes Umdenken auszulösen. Sie bitten jemanden, einen bestimmten Hut aufzusetzen oder abzunehmen. Sie können ankündigen, daß Sie selbst nun einen bestimmten Hut benutzen werden (»Unter dem schwarzen Hut sehe ich folgende Schwierigkeiten«). Sie können sämtliche Mitglieder der Gruppe auffordern, sich einem bestimmten Hut zuzuwenden. (»Ich meine, es ist an der Zeit, zum grünen Hut zu greifen. Wir brauchen brandneue Ideen.«)

Der größte Vorteil der Hutwechsel-Methode besteht darin, daß man ohne weiteres in einen anderen Denkmodus überwechseln kann, ohne jemandem zu beleidigen. Wenn Sie jemanden ermahnen, er möge doch endlich mit seinen Unkenrufen aufhören, fühlt er sich wahrscheinlich auf den Schlips getreten. Wenn Sie ihn dagegen bitten, einmal den gelben Gut aufzuprobieren, ist damit keine Kränkung verbunden.

Im Laufe der Zeit werden die sechs Hüte Bestandteil der Unternehmenskultur, so daß der Hutwechsel und damit der Übergang von einem Denkmodus zum anderen nahtlos erfolgt und in Fleisch und Blut übergeht.

Systematische Verwendung

Es kann vorkommen, daß eine Einzelperson oder Gruppe ein Thema schnellstmöglich und trotzdem gründlich durchleuchten will. Das gelingt, wenn man die Hüte in einer formalen Reihenfolge aufsetzt und dem damit verbundenen Denkmodus rund vier Minuten widmet.

Die Abfolge ist nicht vorgeschrieben, da sich diese mit dem Gegenstand der kreativen Betrachtung ändern und davon abhängen kann, ob das Thema vorher bereits in Betracht gezogen wurde und von wem. Es gibt indessen formale Leitlinien, die Ihnen vielleicht helfen, die Reihenfolge zu bestimmen. Beispielsweise ist es oft vorteilhaft, den schwarzen Hut erst gegen Ende der Kreativitätssitzung zu benutzen, um Schwierigkeiten und Risiken aufzuzeigen oder das tatsächliche Potential einer Idee auszuloten. Danach sollte der rote Hut folgen, der die Bemerkung gestattet: »In seiner derzeitigen Form kann das Vorhaben nicht funktionieren, aber ich habe trotzdem das Gefühl, daß sich etwas aus der Idee machen läßt. Lassen Sie uns überlegen, wie wir ihr zum Erfolg verhelfen könnten.« Damit beugen Sie den bitteren Gefühlen vor, die bei der unverblümten Zurückweisung einer in ihrer augenblicklichen Form nicht realisierbaren Idee heraufbeschwört würden. Die Leitlinien bis ins einzelne zu beschreiben, wäre zu diesem Zeitpunkt nur verwirrend, denn Sie würden stets versuchen, sich an die richtige Reihenfolge zu erinnern. Diese Tips sind angemessener während des formalen Trainings der Hutwechsel-Methode. Aus rein praktischen Erwägungen sollten Sie sich auf eine Reihenfolge verständigen, die vernünftig erscheint, und sich daran halten. Dieser Ansatz zeitigt die besten Ergebnisse.

Ich werde im Anwendungsteil des Buches noch einmal auf die Hutwechsel-Methode zurückkommen.

Die schöpferische Pause

Solange unser Gehirn nicht mit Hindernissen, Lücken oder Sackgassen konfrontiert wird, funktionieren Denken und das darauf basierende Handeln reibungslos. Das Gehirn vereinfacht uns das Leben, indem es bestimmte Denkleistungen routinemäßig erbringt. Es codiert und speichert bestimmte Denk- und Verhaltensmuster, die es dann jederzeit als Orientierungshilfe abrufen kann. Das macht Sinn im Kampf ums Überleben, und das Gehirn verrichtet erstklassig die Aufgaben, die ihm überantwortet sind.

Kreative Grundhaltung und Motivation werden durch Ermahnung, durch Lob und Anerkennung hervorragender kreativer Ergebnisse, das Aufzeigen von Beispielen oder allgemein durch Inspiration gefördert. Sie lassen sich aber auch auf verläßlichere Weise mit so einfachen Mitteln wie der ›schöpferischen Pause‹ fördern.

Kreative Bemühungen

Ich habe an verschiedenen Stellen in diesem Buch betont, wie wichtig es ist, jemanden ausdrücklich zu kreativer Arbeit aufzufordern. Der grüne Hut stellt dabei ein wirksames Instrument dar. Dabei sollten Sie nicht nur das kreative Ergebnis, sondern vor allem die kreativen Bemühungen selbst loben. Sie können schließlich nicht erwarten, daß jemand auf Knopfdruck eine brilliante Idee produziert. Aber Sie können sehr wohl verlangen (jemanden auffordern), sich bei der Suche nach neuen, originellen Lösungsansätzen die größtmögliche Mühe zu geben.

Sobald sich jemand wirklich anstrengt, stellen sich irgendwann auch Ergebnisse ein. Sobald sich jemand wirklich anstrengt, können wir diese kreativen Bemühungen durch Fähigkeiten abrunden, die sich durch entsprechende Schulung in den Techniken des lateralen Denkens entwickeln lassen.

Die schöpferische Pause ist eine sehr einfache Kreativitätstechnik, doch kann sie ungemein wirkungsvoll sein.

Die schöpferische Pause sollte sich jeder zur Gewohnheit machen, der an der Entwicklung neuer Ideen und der originellen Umsetzung existierender Informationen interessiert ist. Sie ist die einfachste Methode, sich bewußt um Kreativität zu bemühen.

Die schöpferische Pause

Es gibt keine Probleme, an denen Sie sich festgebissen haben, und keine Sackgasse, in der Sie gelandet sind. Sie legen nur deshalb eine Denkpause ein, weil Sie es wollen. Sie ist keine Reaktion auf bestimmte Ereignisse, sondern das Ergebnis Ihrer freien Entscheidung, innezuhalten und Abstand zu gewinnen.

»Hier wäre eine originelle Idee erforderlich.«
»Hier käme uns ein neues Konzept gut zustatten.«
»Ich brauche eine Pause, um darüber nachzudenken.«

Wenn Sie Ihr Augenmerk nicht bewußt auf einen bestimmten Aspekt richten, denken Sie höchstwahrscheinlich nicht lange darüber nach. Die schöpferische Pause sorgt dafür, daß die Routine der eingespielten Aktivitäten zu irgendeinem Zeitpunkt unterbrochen und die Aufmerksamkeit auf ein Thema konzentriert wird.

Warum halten wir ausgerechnet jetzt inne? Warum nicht in einem anderen Augenblick? Warum nicht immer und überall?

Es muß keinen Grund geben, um an einem bestimmten Punkt eine schöpferische Pause einzulegen. Es ist sogar besser, wenn kein unmittelbarer Anlaß vorliegt, denn sobald Sie krampfhaft nach einer Rechtfertigung suchen, würden Sie künftig nur dann innehalten, wenn ein zwingender Grund dafür besteht. Das widerspricht indessen dem eigentlichen Sinn der schöpferischen Pause. Es läßt sich nicht leugnen, daß wir von Zeit zu Zeit intuitiv einen möglichen Nutzen oder eine unternehmerische Chance erkennen, oder auch das unbestimmte Gefühl haben, daß eine Tätigkeit auf überaus komplizierte Weise verrichtet wird. Das sind durchaus rechtmäßige Gründe für eine schöpferische Pause, aber diese Pause sollte nicht von rechtmäßigen Gründen *abhängig* gemacht werden. Wie wir im nächsten Kapitel über den ›Fokus‹ sehen werden, erzielen wir oft die besten kreativen Ergebnisse, wenn wir innehalten und unser Augenmerk auf Dinge richten, über die bisher niemand in Ruhe nachgedacht hat.

Die schöpferische Pause ist eine einfache Methode, was gleichwohl nicht bedeutet, daß sie sich im Handumdrehen einleiten läßt. Es erfordert einiges an Selbstdisziplin, reibungslose Gedankengänge zu unterbrechen und eine schöpferische Pause einzulegen.

Motivation

Was kommt zuerst? Halten wir inne, um eine schöpferische Pause einzulegen, weil wir zu kreativem Denken motiviert sind? Oder sind wir zu kreativem Denken motiviert, weil wir es uns bewußt zur Gewohnheit gemacht haben, ab und zu eine schöpferische Pause einzulegen? Ich glaube, beides ist möglich, aber ein gewisses Maß an Motivation muß als Ausgansbasis vorhanden sein, denn sonst würde sich niemand die Mühe machen, diese Gewohnheit zu entwickeln.

Ich möchte betonen, daß die schöpferische Pause einen bewußt eingeleiteten Prozeß verkörpert. Sie ist nicht das Ergebnis einer plötzlichen Eingebung, der man blind folgt. Innezuhalten entspricht Ihrem eigenen Wunsch, Ihrer freien Entscheidung. Sie pausieren, um ihr kreatives Potential auszuschöpfen. Sie haben die feste Absicht, kreativ zu denken.

Die Hoffnung ist ein wichtiges Element der Kreativität und eng mit innerer Spannung und Stimulation verbunden. Sie halten an einem bestimmten Punkt inne, weil die Möglichkeit besteht, eine gute Idee zu entwickeln, wenn Sie sich eine Atempause gönnen. Sie können bei einem Spaziergang auf der Landstraße zügig ausschreiten oder dann und wann stehenbleiben, um die wildwachsenden Blumen am Wegesrand zu betrachten. Wenn Sie schnell gehen, werden Sie kaum auf die Pflanzen achten, es sei denn, sie stehen in so dichten Büscheln beieinander, daß sie nicht umhin können, sie zu bemerken. Aber wenn Sie bewußt innhalten, um ihr Augenmerk auf sie zu richten, werden Sie durch den Anblick ihrer schlichten Schönheit belohnt.

Warum sollen Sie innhalten? Warum den reibungslosen Lauf der Dinge stören? Warum Zeit mit Anstrengungen vergeuden, die höchstwahrscheinlich fruchtlos sein werden? Die Antwort auf diese Fragen liegt in der Erkenntnis, daß Kreativität eine Fähigkeit ist, in die wir etwas investieren müssen. Es gibt keine Gewähr dafür, daß jede schöpferische Pause produktiv sein wird. Aber wenn Sie trotz mangelnder oder unzureichender Ergebnisse Ihr kreatives Potential entwickeln, wird sich die Mühe irgendwann auszahlen. Sie werden mit Sicherheit keinen richtigen Garten anlegen, wenn Sie keine Zeit darauf verwenden, ihn zu hegen und zu pflegen.

Daß die schöpferische Pause nicht dem Hauptzweck einer gemeinschaftlichen Denkübung oder Besprechung im Wege stehen sollte, liegt auf der Hand. Die Pause kann auf individueller Ebene eingelegt werden: »Gibt es noch andere Methoden, diese Aufgabe zu lösen?«, oder die gesamte Gruppe einbeziehen: »Wir sollten einmal überlegen, ob es noch andere Alternativen gibt.« Und sie kann sich auf eine so kurze Zeitdauer beschränken, daß kein anderer sie bemerkt.

Anwendung der schöpferischen Pause

Was geschieht in der schöpferischen Pause? Wie lange sollte sie dauern?

Es besteht keine Notwendigkeit, während der schöpferischen Pause zu den ausgefeilten Techniken des lateralen Denkens zu greifen und diese systematisch und methodisch anzuwenden. Halten Sie nur kurz nach einfachen Alternativen Ausschau; das ist alles. Der Hauptzweck besteht darin, die Aufmerksamkeit auf einen bestimmten Punkt zu konzentrieren und die Erkenntnis im Gedächtnis zu verankern, daß dieser Punkt Aufmerksamkeit verdient. Sobald Sie Ihre kreative Denkfähigkeit weiterentwickelt haben, können sich schon in einer kurzen Pause Möglichkeiten abzeichnen, bestimmte Dinge auf bessere Weise zu erledigen.

Wenn die natürliche Strömung zeitweilig durch ein Hindernis blockiert wird, sucht sich das Flußwasser oft umgehend ein neues Bett. Manchmal kann schon eine kurze Unterbrechung des Gedankenflusses neue Wege erschließen. Die Denkpause an sich hat ihren Wert. Dieser Wert besteht nicht darin, andere Dinge zu erledigen. Wenn Sie während einer Mahlzeit eine Pause einlegen, behalten Sie den Geschmack des Essens auf Ihrer Zunge. Wenn

Sie während eines Denkvorgangs eine Pause einlegen, achten Sie verstärkt auf den Aspekt, dem Ihre letzte Überlegung galt. Wenn Sie an einer Straßenkreuzung anhalten, können Sie die Hinweisschilder lesen. Wenn Sie mit hoher Geschwindigkeit über die Kreuzung rasen, haben Sie möglicherweise keine Ahnung, wohin die Seitenstraßen führen.

Es gibt Situationen, in denen es wichtig ist, blitzschnell zu denken, aber genauso oft zahlt es sich aus, langsam und gründlich zu überlegen. Kreativität gehört zur letzten Kategorie, in der langsames Denken von Vorteil sein kann. Wie beim langsamen Fahren fallen Ihnen mehr Einzelheiten auf, können Sie mehr Aspekten Ihre Aufmerksamkeit widmen. Statt den Blick zwanghaft auf das letztendliche Ziel zu fixieren, sind Sie imstande, den Weg, der an Ihren Bestimmungsort führt, und andere mögliche Routen zu überprüfen.

Die Pause sollte nicht zu lange dauern. Und es besteht keine Notwendigkeit, sich das Hirn zu zermartern, weil Ihnen absolut nichts einfällt. Sie halten nur inne, um einen Moment lang kreativ zu denken (vielleicht zwanzig bis dreißig Sekunden bei Einzelarbeit und maximal zwei Minuten im Rahmen der Gruppenarbeit). Sie können später immer noch auf den Punkt zurückkommen, falls Sie es wünschen. Es besteht kein Erwartungsdruck: Sie müssen nicht unbedingt ein Ergebnis vorweisen. Die schöpferische Pause ist kein Mittel zum Zweck, sondern hat ihre eigene Daseinsberechtigung. Bemühen Sie sich keinesfalls krampfhaft, eine neue Idee zu finden, denn sonst werden die schöpferischen Pausen zur Last und Sie verlieren die Lust, sie einzulegen. Das Innehalten sollte wie beiläufig erfolgen, fast so, als würde man sagen: »Das ist interessant«, und danach nahtlos zur Tagesordnung zurückkehren.

Obwohl die schöpferische Pause sowohl Konzentration als auch die Absicht beinhaltet, kreative Gedanken freizuetzen, besteht ein deutlicher Unterschied zwischen einem einfachen Innehalten und der Auswahl eines wichtigen Bereichs, auf den wir unsere Aufmerksamkeit ›fokussieren‹, gefolgt von dem entschlossenen und systematischen Bemühen, neue Konzepte zu erarbeiten. Die bewußte Definition des Fokusbereichs und das fortwährende kreative Bemühen (gleichgültig, ob die Techniken des lateralen Denkens in den Prozeß eingebracht werden oder nicht), haben eine andere Dimension.

Selbst wenn Sie jemandem zuhören, können Sie eine schöpferische Pause einlegen oder Ihre Aufmerksamkeit auf kreative ›Konzentrationspunkte‹ in den Ausführungen des Sprechers richten.

Aktive Denkoperationen

Ein großer Teil unserer Denkprozesse erfolgt als Reaktion auf eine entsprechende Aufforderung, im Zuge von Problemlösungsbemühungen oder infolge der Notwendigkeit, Schwierigkeiten zu überwinden. Es bleibt uns wenig Zeit, andere Denkoperationen zu erproben, und noch geringer ist die Motivation, uns zusätzliche Denkaufgaben zu stellen. Die schöpferische Pause ist ein wichtiges Instrument, das zu benutzen wir uns angewöhnen sollten, um *aktive* Denkvorgänge auszulösen. In dieser kurzen Pause sagen wir uns:

»Das sollte ich mir einmal genauer ansehen.«
»Diesem Punkt werde ich mehr Aufmerksamkeit widmen.«
»Darüber muß ich noch einmal nachdenken.«
»Gibt es hier noch eine andere Möglichkeit?«
»Ist das die einzige Methode?«

Wenn ein Mensch oder ein Unternehmen Wert auf Kreativität legt, dann rechtfertigt diese Werthaltung eine aktive, schöpferische Pause. Diese Technik ist einfach und dient dazu, die kreative Grundhaltung zu fördern. Sie bietet die Gelegenheit, uns die kreative Aufmerksamkeit zur Gewohnheit zu machen. Sie stellt ein handfestes Instrument dar, kreative Bemühungen sichtbar zu machen, zumindest für Sie selbst, wenn nicht gar für andere. Die schöpferische Pause ist eine Investition in die Kreativität und eine Investition in die Entwicklung kreativer Fähigkeiten.

Wichtig ist hier, sich vor Augen zu führen, daß die schöpferische Pause eine einfache und leicht zu handhabende Kreativitätstechnik darstellt. Sie sollte niemals in eine schwerwiegende Herausforderung oder in eine Aufgabe verwandelt werden, die von einer hohen Anspruchs- oder Erwartungshaltung geprägt ist.

Fokus

Es heißt, der firmenexterne Erfinder des ›Workmate‹ von Black und Decker habe ein Millionenvermögen an diesem ebenso einfachen wie praktischen Produkt verdient. Black und Decker konzentrierte sich auf seine Elektrowerkzeuge. Der Erfinder richtete sein Augenmerk auf einen völlig anderen Bereich: den Platz, an dem man das Werkzeug benutzt.

Der Fokus, oder die Orientierung bzw. Konzentration auf einen bestimmten Zielbereich, ist ein sehr wichtiger Teil der Kreativität, wichtiger noch, als den meisten kreativen Menschen bewußt ist. Einige Kreative geben vor, nicht an diese Form der gebündelten Konzentration zu glauben; sie möchten ihre Ideen verbreiten, wann immer sie auftauchen.

Einfacher Fokus

Die Konzentration auf einen Fokus gilt im allgemeinen nicht als kreatives Instrument – aber zu Unrecht. Was ich als ›einfachen Fokus‹ bezeichne, ist sogar ein überaus wirksames kreatives Werkzeug.

Wenn wir an Kreativität denken, fällt uns meistens auf Anhieb die Lösung schwerwiegender Problemen und Krisen ein, die den großen Durchbruch beinhalten. In solchen Fällen mag ein hohes Maß an Kreativität erforderlich sein.

Doch nehmen wir an, daß Sie Ihr Augenmerk auf den Aspekt einer Aufgabe konzentrieren, an den bisher niemand einen Gedanken verschwendet hat. In solchen Fällen können sogar geringfügige kreative Anstrengungen spektakuläre Ergebnisse zeitigen. Sie brauchen keine Konkurrenz zu fürchten. Sie betreten absolutes Neuland. Es gibt Erfinder, die ein äußerst komplexes Problem in Angriff nehmen und mit *der* Lösung aufwarten, nach der alle gesucht haben. Andere rücken einen Punkt oder Bereich in den Brennpunkt ihrer Aufmerksamkeit, der bis dato von niemandem beachtet wurde, und können mit einer geringfügigen Verbesserung eine bahnbrechende Innovation präsentieren. Um diese ungewöhnlichen und unbeachteten Fokuspunkte zu entdecken, bedarf es einer kreativen Technik. Wie bekannt haben sich Waschmittelkonzentrate als Riesenerfolg entpuppt, weil sie in den Geschäften weniger Regalfläche beanspruchen und die Lagerhaltung 45 Prozent billiger ist. Besteht eine Möglichkeit, Müsli handlicher zu verpacken? Und wie wäre es mit einer einfachen Methode, die angebrochene Packung luftdicht zu verschließen?

Während Sie am Tisch sitzen und essen, beschließen Sie, Ihr Augenmerk auf die Beziehung zwischen Besteck und Teller zu konzentrieren. Es gibt kein Problem, das dringend bewältigt werden muß, keine Schwierigkeit, die zu meistern ist, keinen offenkundigen Nutzen, den Sie mit dieser Denkübung erzielen wollen. Trotzdem haben Sie sich vorgenommen, Ihre ungeteilte Aufmerksamkeit auf diese beiden Gegenstände und ihre Beziehung zueinander zu richten.

Sie kleben eine Briefmarke auf einen Umschlag und beschließen, sich voll auf diesen Vorgang zu konzentrieren. Welche neuen Ideen könnte man hier verwirklichen? Vielleicht wäre es möglich, eine Werbebotschaft oder einen Gesundheitstip an der Stelle aufzudrucken, die zum Frankieren ausgespart ist. Oder Ihnen fällt eine völlig andere Methode ein, Briefmarken aufzubringen.

Sie trinken aus einem Glas. Sie richten Ihr Augenmerk auf den Rand des Glases. Könnte man ihm eine andere Form geben? Wäre aus Gründen der Hygiene ein auswechselbarer Rand sinnvoll?

Sie reihen sich am Flughafen in der Schlange vor dem Abfertigungsschalter ein und konzentrieren sich auf die Passagiere, die vor Ihnen an der Reihe sind. Könnte man die Wartezeit für Informationen oder Unterhaltung nutzen? Vielleicht wäre es keine schlechte Idee, wieder Stummfilme zu produzieren und sie an solchen Orten zu zeigen, wo eine zusätzliche Erhöhung des Geräuschpegels unannehmbar ist.

Sie konzentrieren sich auf die Zahlung Ihrer Versicherungsprämien, die regelmäßig erfolgt. Welche neuen Ideen fallen Ihnen in diesem Zusammenhang ein?

Das Essen auf Ihrem Teller wird kalt. Was läßt sich dagegen unternehmen? Wie wäre es mit einer beheizbaren Tischdecke, um das Geschirr auch über einen längeren Zeitraum warm zu halten? Haben Sie noch andere Ideen?

Das sind alltägliche Beispiele, aber sie zeigen, daß man den einfachen Fokus an jedem beliebigen Punkt festmachen kann.

Sie können beschließen, sich auf die Schnittstelle oder Beziehung zwischen bestimmten Dingen zu konzentrieren, zum Beispiel auf einen Menschen, der in ein Auto einsteigt oder aussteigt.

Sie können Produkte geringfügig verändern, um sie besser den Bedürfnissen anzupassen. Ein Erfinder hat die Autoscheibenwischer entwickelt, deren Geschwindigkeit reguliert werden kann, und sich damit eine goldene Nase verdient.

Sie können einen Arbeitsprozeß in einzelne Schritte zerlegen und sich auf den einen oder anderen Aspekt konzentrieren. Sie bringen Ihren Wagen in die Werkstatt. Besteht die Möglichkeit, bestimmte Reparaturen schneller oder einfacher zu erledigen?

Es gibt eine unendliche Anzahl möglicher Fokuspunkte. Wieviele Sie entdecken, liegt ganz allein bei Ihnen, wie die Entscheidung, eine schöpferische Pause einzulegen. Sie entscheiden, wann Sie die Pause machen. Sie wählen den Fokus.

Die schöpferische Pause und der einfache Fokus sind nicht identisch, aber sie überlappen sich. Die schöpferische Pause beinhaltet die Bereitschaft, während eines Denkvorgangs oder einer Diskussion innezuhalten, um kreativ in sich hineinzulauschen. Der einfache Fokus beinhaltet das bewußte Bestreben, einen Punkt oder Bereich auszuwählen, auf den Sie Ihre ungeteilte Aufmerksamkeit richten. Die bisherigen Gedankengänge können kurzfristig unterbrochen werden. Beiden gemein ist der feste Wille, über einen Sachverhalt nachzudenken, der keiner dringlichen Überlegung bedarf. Die Wahl, innezuhalten oder das Augenmerk auf einen bestimmten Punkt zu fokussieren, liegt ganz allein bei Ihnen.

Sobald Sie den einfachen Fokus bestimmt haben, können Sie wie folgt fortfahren:

1. Sie notieren den Fokusbereich oder -punkt, damit Sie auch künftig Ihre Aufmerksamkeit darauf richten können. Eine Liste der Fokuspunkte zu erstellen ist Teil der praktischen Anwendung kreativer Denkoperationen, auf die wir im Anwendungsteil noch einmal zu sprechen kommen.
2. Sie versuchen, einige Alternativen und Ideen in groben Zügen zu entwickeln. Das ist eine Art ›Vorstudie‹. Falls dabei interessante Ideen Gestalt annehmen, können Sie der Sache später mit mehr Nachdruck auf den Grund gehen. Die Vorstudie sollte nicht mehr als drei bis fünf Minuten in Anspruch nehmen.
3. Sie bemühen sich ernsthaft, Ideen im definierten Fokusbereich zu entwickeln. Dabei sollten die formalen Techniken des lateralen Denkens angewendet werden.

Sobald der Fokusbereich umrissen ist, läßt er sich genauso ernsthaft wie ein reales Problem oder eine mutmaßliche, unternehmerische Chance unter die Lupe nehmen. Es gibt keine Gewähr dafür, daß die kreative Anstrengung ein hieb- und stichfestes Ergebnis zur Folge hat. Möglicherweise investieren Sie Zeit und Mühe, ohne daß sich dieser Aufwand unmittelbar bezahlt macht. Es ist eine Sache der Bereitschaft jeder einzelnen Person oder jedes einzelnen

Unternehmens, ob Ressourcen für diese Investitionsform zur Verfügung stehen.

Die Konzentration auf einen einfachen Fokus hat selbst dann ihren Nutzen, wenn kein Versuch gemacht wird, Ideen innerhalb des anvisierten Bereichs zu entwickeln. Allein die Übung, einen Fokusbereich auszuwählen, hat einen hohen Wert. Sie kann zur Gewohnheit werden, auch wenn keine weiteren kreativen Anstrengungen erfolgen. Im Verlauf der Zeit können Sie es zu wahrer Meisterschaft bei der Suche nach solchen Fokuspunkten bringen. Sobald Ihnen diese Aktivität in Fleisch und Blut übergegangen ist, können Sie jeden Fokuspunkt mittels formaler Kreativitätstechniken in Angriff nehmen. Für den Anfang ist es vermutlich sogar besser, die Entwicklung von Fokuspunkten als eigenständige Aufgabe zu behandeln, ohne den Versuch, im Rahmen dieses Vorgangs Ideen zu produzieren. Auf diese Weise ersparen Sie sich Enttäuschungen, die den Prozeß, sich diese mentale Übung zur Gewohnheit zu machen, nur verlangsamen würden.

Die Fähigkeit, die ungeteilte Aufmerksamkeit auf einen Fokusbereich zu richten, gepaart mit einem Mindestmaß an Kreativität, ist vermutlich besser als außergewöhnliche Kreativität, die ins Kraut schießt. Die Konzentration auf einen Fokus ist wichtig und sollte nicht vergessen werden, vor allem, da es Ihnen verhältnismäßig leicht fallen wird, sich dieses Fokussieren zur Gewohnheit zu machen.

Spezifischer Fokus

Es gibt zwei weitläufige Bereiche für die Anwendung der Kreativität:

1. *Kreativität im Alltag*. Dazu gehören Grundhaltungen, Motivation und Gewohnheiten, die unsere Kreativität fördern. Hier wird die Kreativität Teil der allgemeinen Denkfähigkeit eines Menschen. Die formalen Instrumente können von Zeit zu Zeit zielgerichtet eingesetzt werden. Die Kreativität wird nach Bedarf entfaltet. Sie entwickeln die Bereitschaft, nach Alternativen Ausschau zu halten, und die Bereitschaft, weitere Lösungsansätze in Betracht zu ziehen. Sie sind bemüht, den grünen und den gelben Hut zu benutzen. Die schöpferische Pause und der Prozeß des einfachen Fokus gehören zu den wichtigen Elementen dieser Kreativität im Alltag.
2. *Spezifischer Fokus*. Hier richtet sich die Konzentration auf ein bestimmtes Thema, das vom Einzelnen oder der Gruppe definiert oder dieser Gruppe als kreative Aufgabe zugewiesen wurde. Davon wird im Anwendungsteil noch ausführlicher die Rede sein. Wichtig ist hier, daß eine klar definierte, kreative Aufgabe vorliegt. Die Konzentration richtet sich auf einen bestimmten Fokusbereich. Die planvoll, systematisch und methodisch anwendbaren Techniken des lateralen Denkens werden ernsthaft, bewußt und formal angewendet, um neue Konzepte und Ideen zu finden.

Wir richten unsere Aufmerksamkeit auf diesen Bereich. Wir brauchen neue Ideen.

Einige Menschen verfügen über ein beachtliches kreatives Potential, wissen aber nicht, in welchem Bereich sie ihre Fähigkeiten einsetzen sollen.

Ich bin kreativ. Was fange ich mit meinem Ideenreichtum an?

Andere haben das Gefühl, daß ein eng abgesteckter Fokusbereich ihre Phantasie beeinträchtigt. Deshalb ziehen sie es vor, ihren kreativen Gedanken freien Lauf und sich inspirieren zu lassen.

In meinen Seminaren habe ich immer wieder festgestellt, daß Führungskräfte und andere Teilnehmer problemlos die formalen Techniken des lateralen Denkens erlernen, es aber schwer finden, einen kreativen Fokus zu bestimmen. An diese freiwillig gewählte Aufgabe gehen sie oft halbherzig und ohne die nötige Energie heran. Der Grund liegt vermutlich darin, daß die meisten Menschen von Kindesbeinen an gelernt haben, auf Probleme und Schwierigkeiten zu ›reagieren‹. Ein Problem taucht auf, und sofort versuchen wir, es auf verschiedene Weise zu beschreiben oder zu definieren. Doch wenn es kein Problem und keinen Sachverhalt gibt, der uns eine Reaktion abverlangt, tragen wir Scheuklappen und sehen auch nichts, was wir genauer unter die Lupe nehmen könnten.

Um die Fokustechnik zu vereinfachen, habe ich die verschiedenen Varianten auf zwei begrenzt:

1. Konzentration auf einen allgemeinen Fokusbereich.
2. Zielgerichtete Konzentration.

Konzentration auf einen allgemeinen Themenbereich

Diese Spielart des kreativen Fokus ist außerordentlich wichtig, aber erstaunlicherweise nicht sehr bekannt. Das mag daran liegen, daß die meisten Menschen daran gewöhnt sind, ihre Gedanken nur auf eine genau definierte Problemstellung oder ein bestimmtes Ziel zu konzentrieren. Denken wird sogar oft mit Problemlösen gleichgesetzt. Das bedeutet, daß die Kreativität sehr häufig in ihrer Bandbreite eingeschränkt wird. Deshalb brauchen wir die Konzentration auf einen allgemeinen Themenbereich und müssen den Wert dieser Fokusvariante betonen.

Die Konzentration auf einen allgemeinen Themenbereich ist so leicht und einleuchtend, daß die meisten Menschen es schwer finden, sie zu verstehen. Hier stecken wir lediglich den groben Rahmen ab, in dem wir neue Ideen suchen.

Ich suche nach neuen Ideen im Gastronomiebereich.
Ich suche nach neuen Ideen im Telefonbereich.
Ich suche nach neuen Ideen für den Kapitaltransfer zwischen Banken.

Bei der Konzentration auf einen allgemeinen Themenbereich wird das Denken nicht an einen bestimmten Zweck angekoppelt. Der einzige Zweck der mentalen Übung besteht darin, Ideen innerhalb eines bestimmten Themen*komplexes* zu finden. Sobald wir mit einem spezifischen Zweck liebäugeln, schrumpft unser Fokus. Der allgemeine Themenbereich kann breitgefächert oder eng abgesteckt sein.

Ich suche nach Ideen, wie man ein Ferienhotel führt.
Ich suche nach Ideen für die Farben des Nachtschränkchens in jedem Hotelzimmer.
Ich suche nach Ideen, wie man Nachrichten für die Hotelgäste besser übermittelt.

Diese Konzentration auf einen allgemeinen Themenbereich ist aus mehreren Gründen wichtig. Zum einen gestattet sie uns, über alle nur erdenklichen Themen kreativ nachzudenken. Es ist nicht erforderlich, damit zu warten, bis akute Probleme oder Schwierigkeiten auftauchen. Sie müssen nicht unbedingt die potentiellen Vorteile oder den Nutzen im Auge behalten. Sie beschließen lediglich, sich in einem definierten Themenbereich auf Ideensuche zu begeben. Damit verdoppelt sich der Radius der kreativen Gedanken. Statt das Augenmerk auf Problemlösungen zu beschränken, kann es sich auf jedes beliebige Thema richten.

Zum anderen besteht die Gefahr, daß durch die Definition einer Aufgabenstellung oder eines Fokusbereichs die Einfälle, die wir haben, nahezu vorprogrammiert werden. Vergleichen Sie:

Wir brauchen Ideen, um die Servicekosten an Bord unserer Passagierflugzeuge zu senken.
Wir brauchen Ideen, die den Service an Bord unserer Passagierflugzeuge betreffen.

Im ersten Fall beschränkt sich das Denken auf kostenreduzierende Maßnahmen, weil wir den Nutzen einer solchen Einsparung vorab festgelegt haben. Diese Aufgabe ist natürlich durchaus für kreative Denkoperationen geeignet. Im zweiten Fall haben wir unter Umständen ebenfalls die eine oder andere Idee, die Kosten einzudämmen, doch fallen uns vielleicht darüber hinaus Möglichkeiten ein, den Service so zu verbessern, daß sich selbst die höheren Kosten unter dem Strich rechnen. Es könnte sogar Verbesserungsvorschläge geben, die bewirken, daß sich die Serviceleistungen von einem Kosten- in ein Gewinnzentrum verwandeln.

Es ist wichtig, darauf zu achten, daß sich nicht ›Probleme‹ unter dem Deckmäntelchen der Konzentration auf allgemeine Themenbereiche einschleichen.

Wir brauchen neue Ideen, was den allgemeinen Bereich Fehlzeitenquote angeht.
Wir brauchen neue Ideen, was den allgemeinen Bereich Beschleunigung der Passagierabfertigung angeht.

In beiden Fällen wird die Aufmerksamkeit in Wirklichkeit auf einen spezifischen Zweck gelenkt. Die ›Fehlzeitenquote‹ definiert ein Problem. Die Beschleunigung der Passagierabfertigung deutet auf das Bestreben hin, die Konzentration auf Verbesserungen zu richten. Es ist durchaus möglich, die ›Fehlzeitenquote‹ als allgemeinen Themenbereich zu behandeln, solange klar ist, daß die Überlegungen nicht darauf abzielen, sie zu senken oder die Probleme zu bewältigen, die mit dem entschuldigten und unentschuldigten Fernbleiben vom Arbeitsplatz verbunden sind. Hier müßte man eine klare Grenze ziehen. Es ist durchaus möglich, daß wir bei einer größeren Orientierungsbandbreite die Idee eines Arbeitszeitkontos mit Minuszeiten und Pluszeiten entwickeln. Das könnte beispielsweise eine kürzere Arbeitswoche mit geringerer Bezahlung bedeuten, wenn die Nachfrage lustlos ist oder saure Gurkenzeit herrscht.

Wie finden wir gute Ideen, wenn wir uns auf einen allgemeinen Themenbereich konzentrieren und keinen vorgebenen Fokus vor Augen haben?

1. Wir entwickeln Ideen im allgemeinen Themenbereich, die an sich als brauchbar gelten. Solche Ideen können auch dann einen Nutzen oder Vorteil bieten, wenn wir unser Augenmerk nicht von vornherein auf diese Wertschöpfungsmöglichkeit gerichtet haben.
2. Wir prüfen die Ideen, die auftauchen, auf Herz und Nieren, um zu sehen, welche einen Nutzen in der Richtung bieten, die für uns von Interesse sein könnte. Die übrigen lassen wir zunächst außer acht.
3. Wir versuchen zu ergründen, ob sich eine Idee abwandeln oder mit anderen kombinieren läßt, um einen bestimmten Nutzen zu erzielen.

Die Tatsache, daß diese Zweckorientierung zu Beginn der Ideensuche nicht vorhanden war, bedeutet nicht, daß sie nicht zu einem späteren Zeitpunkt in den kreativen Prozeß eingebracht werden könnte. Danach überlegen wir, welche Ideen uns diesem Ziel näher bringen.

Zielgerichtete Konzentration

Mit dieser Form der kreativen Konzentration sind die meisten Menschen vertraut. Wir fragen uns: Welchen Zweck verfolgen wir mit unseren Gedanken? Was versuchen wir zu erreichen? Wie sieht das langfristige Ziel aus? Welche Etappenziele gibt es? Welche Ergebnisse wollen wir am Ende erhalten?

Verbesserung

Wir können den kreativen Fokus als den Versuch definieren, unsere Gedanken über mögliche Verbesserungen in eine bestimmte Richtung zu lenken.

Wir suchen Ideen, um die Abfertigung an der Kasse des Supermarkts zu beschleunigen.
Wir suchen Ideen, um die Kosten für die Aus- und Weiterbildungskosten des Personals zu senken.

Wir suchen Ideen, um die Bedienung dieses Videocassettenrecorders zu vereinfachen.
Wir suchen Ideen, um den Abfall von Nahrungsmitteln im Restaurant zu verringern.

Wenn die Richtung der Verbesserung nicht vorgegeben ist, ähnelt das kreative Verhalten der Konzentration auf einen allgemeinen Themenbereich:

Wir suchen nach Möglichkeiten, den Kundenservice zu verbessern.

In der Praxis würde man diesen allgemeinen Themenbereich in verschiedene Aufgabenbereiche gliedern. Für jedes dieser nachgeordneten Themen kann die Richtung, in der die Verbesserung abzielen soll, vorgegeben sein.

Probleme lösen

Wir müssen ein Problem lösen oder eine Schwierigkeit meistern. Wir wissen, daß wir im Rahmen unseres kreativen Denkprozesses einen Weg suchen, um das Problem oder die Schwierigkeit ein für allemal aus der Welt zu schaffen.

Wie lassen sich die Verluste durch Ladendiebstahl eingrenzen?
Wir brauchen Ideen, um zu verhindern, daß sich an den Badezimmerwänden Kondenswasser bildet.
Welche Maßnahmen können wir einleiten, um der Gewalt auf den Straßen wirksam zu begegnen?
Gibt es Möglichkeiten, den Geräuschpegel des Getriebes zu verringern?

Manche dieser Aufgabenstellungen klingen, als handle es sich um die Suche nach ›Verbesserungen‹, weil Begriffe wie eingrenzen oder verringern verwendet werden. Das liegt daran, daß wir bestrebt sind, das Problem ein für allemal zu beseitigen, obwohl wir nicht glauben, daß uns dies gelingen wird. Es kann auch echte Überlappungen zwischen Verbesserungen und Problemlösungen geben. Der Hauptunterschied ist, daß die Schwierigkeit beim Problemlösen genau definiert ist, während Verbesserungen eine Veränderung ohne Richtungsvorgabe anpeilen (Kosten, Zeit, usw.).

Aufgabe

Bei einer Aufgabe gilt es nicht nur, ein Problem zu lösen, sondern auch einen bestimmten erwünschten Punkt zu erreichen.

Ich möchte einen raumsparenden Kühlschrank konstruieren.
Ich suche nach einer Möglichkeiten, mit fünftausend firmenexternen Schulungsleitern in Verbindung zu treten.
Wir müssen hochqualifizierte Programmierer für unsere Firma an Land ziehen.
Wir brauchen einen einprägsamen Slogan, um die Wahl zu gewinnen.
Wir sollten nach einer Schokolade Ausschau halten, die in der Wüste nicht schmilzt.

Auch hier liegen wieder Überschneidungen zwischen der Bewältigung einer Aufgabe und dem Problemlösen vor. Beispielsweise könnten wir das Schmelzen der Schokolade bei Wüstenhitze als Problem betrachten, das einer Lösung bedarf. In der Praxis ist der philosophische Unterschied zwischen den verschiedenen Formen der zielgerichteten Konzentration weder hieb- und stichfest noch besonders wichtig. Oft hängt es allein von der Formulierung ab (»Wir müssen das Problem, daß unsere Schokolade bei den hohen Temperaturen in der Wüste schmilzt, in den Griff bekommen.«).

Chance

Hier haben Sie das instinktive Gefühl, auf ein unentdecktes Potential oder eine echte unternehmerische Chance gestoßen zu sein. Chancen lassen sich als allgemeiner Themenbereich definieren: »Wir brauchen Ideen für die Nutzung dieses entwicklungsfähigen Landstrichs, der ungeheuer idyllisch wirkt.«

> Wie können wir diesen Klebstoff einsetzen, der nie trocknet?
> Die Leute können sich keine großen Häuser und Wohnungen mehr leisten – gäbe es hier für unser Unternehmen eine Möglichkeit, der veränderten Situation Rechnung zu tragen?
> Die Satelliten-Fernsehübertragung wird zunehmend billiger. Besteht hier für uns eine Chance?
> In Bulgarien gibt es in diesem Jahr angeblich eine Weintraubenschwemme.

Obwohl der philosophische Unterschied zwischen den verschiedenen Formen der zielgerichteten Konzentration nicht hieb- und stichfest ist, kann es nützlich sein, einen bestimmten Zweck in die Definition des kreativen Fokus oder der Aufgabe zu integrieren. Dadurch wird klar, wie wir ein Thema betrachten und welche Absichten wir verfolgen.

Bei der zielgerichteten Konzentration sollten wir nicht zögern, einen bestimmten Zweck unumwunden zum Ausdruck zu bringen. Wenn wir das Gefühl haben, daß wir dadurch unsere Phantasie beeinträchtigen oder in eine bestimmte Richtung lenken, bleiben uns zwei Wahlmöglichkeiten: Entweder wechseln wir bewußt zu einem allgemeinen Themenbereich über, oder wir formulieren den Zweck anders und arbeiten innerhalb des neuen Definitionsrahmens.

> Ich brauche Ideen, um das Problem zu lösen, daß Maschinen überbucht werden, weil man von vornherein damit rechnet, daß ein gewisser Prozentsatz der Passagiere den Flug nicht antreten wird.
> Ich brauche Ideen, um die Schadensfälle in unserer Versicherungsgesellschaft schneller zu bearbeiten.
> Die Aufgabe besteht darin, einen Geschäftspartner in Ungarn zu finden. Wir brauchen Ideen, wie wir dabei am besten vorgehen.
> Dieses elastische Material mit seiner hervorragenden Dehnbarkeit deutet auf interessante Marktchancen hin. Wie könnten diese im einzelnen aussehen?

Es macht nichts, wenn die Definition des Fokusbereichs durch die Formulierung der Zielvorstellung ziemlich formal erscheint. Ganz im Gegenteil, je ausführlicher die Informationen, desto besser.

Situationen, in denen die Konzentration auf Fokusbereiche wichtig ist

Wir haben verschiedene Formen der kreativen Konzentration untersucht und beschäftigen uns nun mit Situationen, in denen der Fokus das A und O ist.

1. *Definiertes Bedürfnis oder Zweck*. Hier liegt ein bestimmtes Ziel oder eine klar umrissene Aufgabe vor. Daß kreatives Denken in dieser Situation unabdingbar ist, liegt auf der Hand. Die Aufgabe kann von Einzelpersonen bzw. einer Arbeitsgruppe gewählt oder von höherer Ebene zugewiesen worden sein.
2. *Routineüberprüfung*. Hier legt werder eine spezifische Aufgabenstellung noch ein ein akutes Problem vor. Sie beschließen einfach, einen seit langem eingeführte Vorgehens- oder Verfahrensweise unter die Lupe zu nehmen. Der Prozeß kann der Übersichtlichkeit halber in Konzentrationsbereiche oder Fokuspunkte gegliedert werden; jeder einzelne Bereich wird in Folge aus einem kreativen Blickwinkel betrachtet. Jedes im Unternehmen vorhandene Verfahren läßt sich auf diese Weise analysieren. Die Aufmerksamkeit kann sich dabei sowohl auf einen allgemeinen als auch auf spezifischen Themenbereich richten.
3. *Ideensensitiver Punkt* (*isP*). Der Begriff ›sensitiv‹ deutet darauf hin, daß eine neue Idee zu diesem Zeitpunkt eine äußerst nachhaltige Wirkung zeitigen könnte. Wenn jemand Gespür für das Fahrverhalten seines Autos entwickelt, kann er schon mit einem geringfügigen Einschlag des Lenkrads eine Drehung um 180 Grad erzielen [was sich in Schleuderkursen üben läßt]. Ein hochempfindlicher Kamerafilm reagiert selbst auf schwaches Restlicht. Ideensensitiv heißt also: Wir versuchen diejenigen Punkte zu ermitteln, die unverzüglich auf Konzeptänderungen oder die Modifikation einer bestehenden Idee ansprechen würden. Diese Suche beinhaltet einen gesonderten Denkprozeß. Sobald wir einen ideensensitiven Punkt ausfindig gemacht haben, dient er uns als ›Aufhänger‹ für die Entwicklung neuer Ideen. Diese Suchaktion läßt sich klar von einer Routineüberprüfung abgrenzen, da Sie bei letzterer nicht unbedingt das Gefühl haben müssen, Sie könnten mit einer neuen Idee einen großen Unterschied bewirken. Wir nehmen den Sachverhalt deshalb genau in Augenschein, weil er relevant ist. (Ich hatte anfangs den Begriff ideensensitiver ›Bereich‹ verwendet, bin aber zu dem Wort ›Punkt‹ übergewechselt, um eine Verwechslung mit der Konzentration auf den allgemeinen Fokusbereich zu vermeiden).
4. *Spontane Achtsamkeit*. Sie steht in Zusammenhang mit der schöpferischen Pause und dem einfachen Fokus. Von Zeit zu Zeit haben wir vielleicht den Wunsch, unser Augenmerk auf eine bestimmte Situation zu

richten, auch wenn wir durch äußere Umstände nicht dazu gezwungen sind. Im wesentlichen sollten wir bemüht sein, uns auch ohne triftigen Grund einen Sachverhalt in den Brennpunkt unseres Interesses zu rükken. Auf diese Weise geraten häufig Punkte ins Visier, die anderen bisher nicht aufgefallen sind.

Mehrere Fokusbereiche

Wir können einen breitgefächerten Themenbereich für unsere kreativen Denkoperationen in Angriff nehmen oder ihn in verschiedene Unterbereiche oder nachgeordnete Aufgaben unterteilen.

> Wir brauchen neue Ideen, die Pfiff in unsere Bustransportdienste bringen.

Der Themenbereich läßt sich in folgende Themenkomplexe unterteilen: technische Merkmale, Verkehrsüberwachung, Fahrplan, Markt, Probleme in Stoßzeiten, Ausbildung der Fahrer, Ausstattung der Busse usw.

Wenn Sie einen breitgefächerten Themenbereich in mehrere, weniger umfangreiche Themenkomplexe gliedern, können Sie bei jedem einzelnen der gleichen analytischen Linie folgen. Es ist indessen nicht erforderlich, sich an die strikt abgegrenzten Kategorien der klassischen Analyse zu halten. Im Gegenteil: es hat sogar Vorteile, wenn sich die Fokusbereiche überschneiden und nicht streng voneinander getrennt sind. Der Unterschied zwischen separaten und überlappenden Fokusbereichen ist aus Abb. 2.1 ersichtlich. Zum Beispiel könnte man den umfassenden Bereich ›Bustransportdienste‹ in die Themenkomplexe ›Komfort‹ und ›Bequemlichkeit für die Benutzer‹ unterteilen. Die Überschneidungen mit den Fokuspunkten ›Ausstattung‹ und ›Fahrplan‹ liegen auf der Hand, was gleichwohl keine Rolle spielt, weil unter den verschiedenen Überschriften auch verschiedene Ideen entwickelt werden.

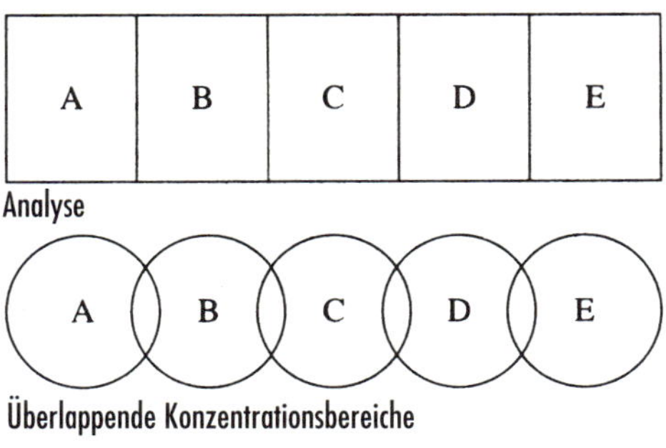

Abb. 2.1

Alternative Fokusdefinitionen

Wir haben gesagt, daß es manchmal sinnvoll sein kann, Probleme aus einer neuen Perspektive zu erklären und alternative Definitionen zu suchen. Das gleiche gilt für den kreativen Fokus.

Wir suchen Ideen im Bereich Hotelmanagement.
Wir suchen Ideen, die sich auf das Verhältnis zwischen Hotelmanagement und Personal beziehen.
Wir suchen Möglichkeiten, die Qualität des Hotelmanagements zu beurteilen.
Wir suchen Ideen, um die Abhängigkeit des Hotelmanagements von hochqualifizierten Führungskräften zu verringern.
Wir suchen Ideen, um ein absolut sicheres, halbautomatisches Entscheidungsfindungssystem für das Management einzuführen.
Wir suchen Möglichkeiten, die gesamte Belegschaft in die Führungsarbeit einzubeziehen.
Wir suchen Ideen, wie man ein starkes Führungsteam aufbaut, das Hand in Hand arbeitet.

Diese Fokusdefinitionen beziehen sich ausnahmslos auf das Hotelmanagement, aber jedesmal liegt der Schwerpunkt auf einem anderen Themenkomplex. Die Definitionen besitzen nicht die gleiche Wertigkeit. Die Gruppe, die mit der kreativen Arbeit betraut wird, kann anhand einer solchen Liste wählen, auf welche Definition sie sich konzentrieren möchte.

Eine Liste mit alternativen Fokusdefinitionen zu kompilieren ist in gleich welcher Situation nützlich.

Neuformulierung des Fokusbereichs

Jeder, der mit Schulungen tun hat, weiß, wie wichtig es ist, die eigenen Worte sorgfältig zu wählen. Durch die Wahl der Worte lenken Sie die Gedanken in eine bestimmte Richtung, während eine auch nur leicht abgewandelte Formulierung die Zuhörer auf einen völlig anderen Weg führen kann. Manche Formulierungen sind unklar oder doppeldeutig.

Ich suche Möglichkeiten, den Papierkram zu verringern.

Dieser Fokus könnte den Vorschlag hervorrufen, E-Mail und andere Formen der papierlosen Kommunikation einzuführen. Doch falls mit dieser Aussage in Wirklichkeit die Absicht verbunden war, die Anzahl der schriftlichen Vorgänge zu reduzieren, die gelesen oder bearbeitet und zu den Akten genommen werden müssen, dann wird der Wechsel vom Schriftverkehr zu elektronischen Systemen allein die Bürde der ›Pflichtlektüre‹ nicht verringern.

Formulieren wir die Aufgabe um: »Ich will die Pflichtlektüre für Führungskräfte begrenzen.«

Aber sagen Sie nicht: »Ich möchte die Kommunikation zwischen den Führungskräften begrenzen«, denn dieses Ansinnen würde sofort Alarm auslösen, da die Kommunikation im allgemeinen als äußerst wichtig gilt.
Es wäre auch möglich, den Fokus mit dem Satz zu bechreiben: »Ich suche Ideen, um die unnötige Kommunikation zwischen den Führungskräften einzuschränken.«

Hier handelt es sich weniger um alternative Definitionen, als vielmehr um die Verwendung alternativer oder genauer umrissener Begriffe: ›Papierkram‹/ ›Pflichtlektüre‹, oder ›Kommunikation‹/ ›unnötige Kommunikation‹.

Die Zeit, die Sie auf eine sorgfältige Wortwahl verwenden, ist gut angelegt.

Das grundlegende Problem

Manchmal fordere ich die Teilnehmer an meinen Seminaren auf, sich zu überlegen, wie man die Konstruktion eines Regenschirms verbessern könnte. Normalerweise befinden sich unter den Zuhörern immer einige, die über hinreichende Erfahrungen im kreativen Bereich verfügen, und meistens zögern sie, sich mit etwas so Trivialem wie einem Regenschirm zu befassen. Sie ziehen es vor, über das grundlegende Problem, den ›Schutz vor Regen‹, nachzudenken. Das endet in aller Regel mit Überlegungen in Richtung Regenmantel oder neuartige Stadtplanung, bei der überall Arkaden vorgesehen und Regenschirme folglich überflüssig sind. Dem Regenschirmhersteller, der nach einem verbesserten Design Ausschau hält, bringen solche Überlegung herzlich wenig.

Manchmal ist es zweifellos unabdingbar und nützlich, die Fokusdefinition zu erweitern und das ›grundlegende Problem‹ einzubeziehen. Diese Gewohnheit hat ihre Vorteile.

Wir brauchen keine Bohrmaschinen, sondern grundlegend nichts anderes als Löcher in der Wand.
Wozu brauchen wir überhaupt Löcher? Vielleicht gibt es bessere Möglichkeiten, etwas an der Wand zu befestigen, zum Beispiel extrastarke Klebstoffe.

Dennoch müssen wir uns oft auf den Fokuspunkt konzentrieren, der direkt vor unserer Nase liegt. Die Weigerung, das unmittelbare Problem in Angriff zu nehmen, um nach tiefer verborgenen Problemen zu schürfen, macht nicht immer Sinn. Wir sollten imstande sein, beides zu tun: das grundlegende Problem aufspüren, aber uns auch mit dem Sachverhalt befassen, wie er sich uns präsentiert.

Das Informationsvolumen

Sobald der kreative Fokus festgesetzt ist, stellt sich die Frage: Wieviel Informationen brauchen wir über diesen Themenbereich? Manche Menschen sind bestrebt, Berge von Informationen anzuhäufen: sie glauben, je größer die Datenmenge, desto größer auch die Chance, durch die Analyse auf die richtige Antwort zu stoßen, die ihnen das kreativ Denken ersparen soll.

Der kreative Fokus sollte nicht zuviele Informationen beinhalten. Hintergrunddaten können bei Bedarf und auf Anfrage zugänglich gemacht werden.

Auch hier gilt, was ich im Zusammenhang mit der Kreativität des unverbildeten Blicks gesagt habe: Informationsberge verschütten das kreative Denken und führen nur wieder zu den existierenden Ideen zurück. Es ist besser, eine Aufgabe frei von allen Gepflogenheiten anzugehen. Das bedeutet, sich mit ihr auf der Ebene der Konzepte und Prinzipien auseinanderzusetzen. Sobald einige Ideen Gestalt anzunehmen beginnen, kann es hilfreich sein, mehr Informationen in den Bearbeitungsprozeß einzubringen und zu sehen, ob sich die neuen Konzepte praktisch umsetzen lassen. Es könnte sein, daß sich ein innovatives Konzept im Rahmen der bestehenden Gesetze als undurchführbar erweist. Aber es ist besser, das Risiko einzugehen, Zeit und Mühe darauf zu verschwenden, als eine Fülle von Informationen zu durchforsten, weil man sich neue Ideen davon verspricht.

Herausforderung

Eine ›kreative‹ oder ›mentale Herausforderung‹ zeichnet sich durch ganz besondere Merkmale aus.

> Warum wird eine Aufgabe so und nicht anders erledigt?
> Warum muß sie auf diese Weise durchgeführt werden?
> Könnte man sie auch anders angehen?

Als erstes sollten Sie sich bewußt machen, daß ein gewaltiger Unterschied zwischen einer kreativen und einer kritisierenden Herausforderung besteht. Kritik (der Begriff leitet sich vom griechischen Wort ›kritikos‹ her, was *Richter* bedeutet) zielt auf die mehr oder weniger subjektive Beurteilung ab, ob eine derzeit gängige Arbeitsmethode angemessen ist. Wir sind bemüht, Fehler oder Unzulänglichkeiten aufzuzeigen und das Verfahren danach zu verbessern oder zu ändern. Das fällt in die Kategorie herkömmlicher Verbesserungsbestrebungen.

Die kreative Herausforderung hat es nicht auf ihr Banner geschrieben, einen Sachverhalte zu kritisieren, zu beurteilen oder zu bemängeln. Sie entzieht sich unserem Werturteil und stellt lediglich die Einzigartigkeit in Frage.

Wie hervorragend eine Methode X auch erscheinen mag, ist sie die einzige, um Aufgabe Y oder Z zu bewältigen?

Die kreative Herausforderung wird bisweilen auch als Zustand der ›kreativen Unzufriedenheit‹ bezeichnet. Hier schwingt unterschwellig die Vorstellung mit, daß wir nicht besonders glücklich sind, diese Methode als die ›einzig wahre‹ akzeptieren zu müssen. Aber Unzufriedenheit kann auch auf Unzulänglichkeit hindeuten.

Wir forschen gerne nach Mängeln, um uns selbst einen Grund zu liefern, über bessere Alternativen nachzudenken. Ohne dieses handfeste Motiv haben wir das Gefühl, es sei nicht gerechtfertigt, ein Risiko einzugehen und zu neuen Ufern aufzubrechen. Warum das Boot zum Schaukeln bringen, wenn alles läuft wie geschmiert? Diese Schuldgefühle sind Teil der negativen Orientierung, die in der westlichen Denkweise weit verbreitet ist und von mir bereits des öfteren erwähnt wurde.

Warum ist es so wichtig, sich klarzumachen, daß die kreative Herausforderung nicht auf Kritik fußt? Wenn sie sich auf Kritik stützt, würden wir uns nur mit solchen Lösungen geistig auseinandersetzen, die uns unbefriedigend erscheinen. Dadurch wäre die Anwendungsbandbreite der Kreativität ernsthaft eingeschränkt. Und wenn es uns nicht gelingt, Mängel oder Fehler im System überzeugend nachzuweisen, stünden wir zum anderen mit dem Vorschlag, nach Alternativen zu suchen, allein auf weiter Flur. Und der dritte Punkt ist, daß ein Angriff sofort Verteidigungsmechanismen auszulösen pflegt. Wenn wir harsche Kritik an einer derzeit gängigen Verfahrensweise üben, erscheinen sofort die Befürworter auf dem Plan, die sie in den Himmel loben. Durch Angriffs- und Verteidigungsgefechte geht unnötigerweise viel Zeit verloren. Und schlimmer noch: Es entsteht eine Polarisierung zwischen den Verfechtern und scheinbaren Gegnern des Status quo. Deshalb ist es besser, auf ein Werturteil zu verzichten und darauf hinzuweisen, daß man die gegenwärtige Situation nicht verdammen, sondern andere Möglichkeiten erkunden will. Diese Alternativen würden die bestehende Methode nur dann ersetzen, wenn sich ihre Überlegenheit klar nachweisen läßt.

Die Reihenfolge im Westen ist gewöhnlich: angreifen, kritisieren und dann nach einer Alternative suchen. Besser wäre es, sich den Status quo bewußt zu machen, mögliche Alternativen zu erkunden und diese dann mit der bestehenden Methode zu vergleichen.

Oft geht man davon aus, daß die augenblickliche Verfahrensweise die beste ist. Dafür kann es mehrere Gründe geben: sie wurde im Lauf der Jahre erprobt und für gut befunden; sie findet seit einiger Zeit Anwendung, so daß Fehler nach und nach korrigiert werden konnten; sie ist das Ergebnis eines schrittweisen Entwicklungsprozesses, einer Art Evolution, bei der die anderen, weniger wettbewerbsfähigen Methoden ausgemustert wurden; die derzeitige Methode wurde aus mehreren als die beste ausgewählt, und man hätte sie längst ersetzt, wenn sie nicht optimal wäre. Aus allen diesen Gründen stimmt man stillschweigend darin überein, daß die augenblickliche Methode höchstwahrscheinlich die beste ist – solange nicht das Gegenteil bewiesen wird.

Wenn Sie die kreative Herausforderung annehmen, weigern Sie sich einfach, zu akzeptieren, daß die gegenwärtige Methode die beste oder einzig wahre ist. Sie gehen davon aus, daß sie nur eine von vielen Optionen darstellt, die in der Vergangenheit zufällig oder aus verschiedenen Gründen Fuß fassen konnte. Die Londoner Taxis haben deshalb eine so seltsame Form, weil ein Gesetz besagt, der Innenraum müsse hoch genug sein, um den Fahrgästen das Tragen eines melonenförmigen Bowlers zu ermöglichen. In manchen Ländern herrscht Rechtsverkehr auf den Straßen, weil die Angehörigen des Adels zur Zeit der Französischen Revolution ihre Kutschen zu Hause ließen und es vorzogen, mit dem gemeinen Volk auf der rechten Seite der Straßen zu gehen.

Stellen Sie sich vor, die verschiedenen Methoden und Verfahren wären früher einmal auf Zettel geschrieben und diese in einem Behältnis gesammelt worden. Irgendjemand hat dann einen Zettel herausgezogen, und dieses Zufallsprinzip bestimmt, wie man eine Aufgabe durchführt. Zugegeben, das Beispiel ist an den Haaren herbeigezogen, aber es veranschaulicht den Hintergrund, vor dem sich die kreative Herausforderung abzeichnet. Wenn wir die Gültigkeit von Sachverhalten anfechten, gehen wir davon aus, daß die derzeitige Methode nur eine von vielen Möglichkeiten darstellt.

Die kreative Herausforderung findet meistens in der Frage »Warum?« ihren Niederschlag.

Warum erledigen wir die Aufgabe so und nicht anders?

Bis zu einem gewissen Grad spielen bei der kreativen Herausforderung auch die Begründungen eine Rolle, die in der Antwort auf die Frage nach dem ›Warum‹ anklingen. Aber sie stellen kein wesentliches Element dar. Wir wissen vielleicht nicht, warum sich gerade dieses Arbeitsverfahren eingebürgert hat. Die Gründe können überzeugend oder vage sein. Sie haben früher Sinn gemacht, sind heute aber überholt (wie der vorgeschriebene hohe Innenraum für die Hutträger in Londoner Taxis).

Warum sind Teller rund?
Weil Teller früher auf der Töpferscheibe geformt wurden, und damit lassen sich nur runde Gegenstände herstellen.
Weil sich die Leute daran gewöhnt haben, daß Teller rund sind.
Weil es viel einfacher ist, den Tisch zu decken, denn bei runden Tellern spielt die Ausrichtung keine Rolle.

Die letzte Erklärung hat vermutlich nicht viel Gewicht. Am wahrscheinlichsten ist die erste, die mit der runden Töpferscheibe. Doch heute werden Teller nur noch selten von Hand auf der Töpferscheibe geformt; die meisten bestehen aus Feinkeramik und werden in der Porzellanfabrik mittels Schablonen gefertigt. Teller könnten also theroretisch jede beliebige Form haben.

Es führt zu nichts, wenn man die Vergangenheit eines Unternehmens erforscht, um der Frage nach dem ›Warum‹ in der Herausforderung auf die Spur zu kommen. Die Erklärungen können aufschlußreich sein, aber sie haben keine wesentliche Bedeutung. Auch wenn uns eine schlüssige Erklärung fehlt, setzen wir unsere Suche nach alternativen Methoden fort.

Mit dem Wörtchen ›warum‹ geht man nicht nur den Gründen für das Vorhandensein einer Methode nach, sondern fragt auch, ›warum‹ sie die einzige sein muß, die eine Existenzberechtigung hat.

Der nächste Schritt

Sobald wir die kreative Herausforderung entwickelt haben, gehen wir zum nächsten Schritt über. Er umfaßt die Suche nach alternativen Methoden. Diese Etappe enthält drei Elemente, die in Abb. 2.2 anschaulich werden.

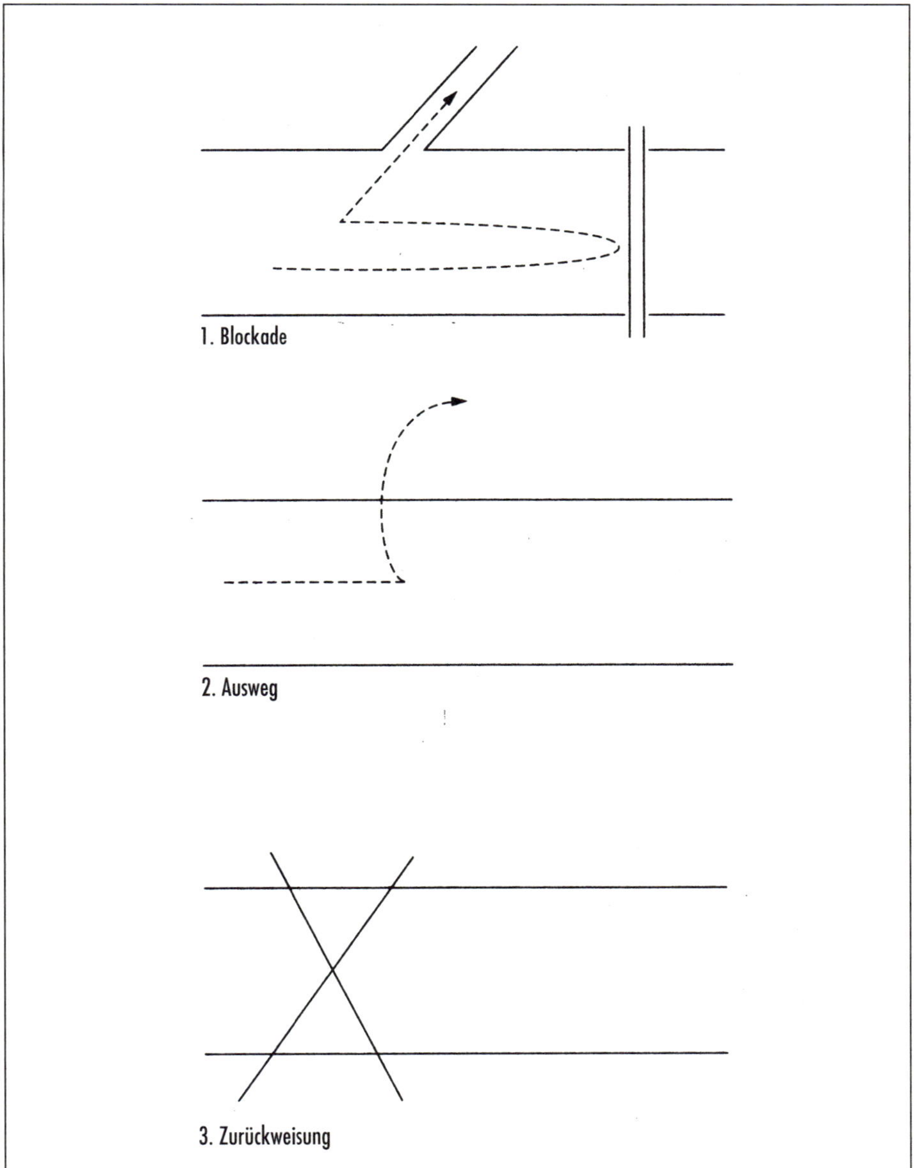

Abb. 2.2

1. *Blockade.* Wenn der eingeschlagene Kurs, Weg oder die herkömmliche ›Spur‹ blockiert ist, sehen wir uns gezwungen, nach einer anderen Route zu suchen.
   Angenommen, wir wären nicht mehr imstande, die Aufgabe so zu erledigen wie bisher – wie könnten wir dann verfahren?
   Wir halten also nach einer unmittelbaren Alternative Ausschau. Dieser Prozeß wird ausführlich im Kapitel ›Alternativen‹ beschrieben.

2. *Ausweg.* Hier liegt die Betonung auf dem Aspekt des Ausscherens. Wenn wir uns von einer vorherrschenden Idee distanzieren oder das Korsett der Anpassung an bestimmte Bedingungen abstreifen, können unsere Gedanken die eingefahrenen Spuren verlassen und ungehindert andere Möglichkeiten in Erwägung ziehen. Hier steht weniger die bewußte Suche nach Alternativen, sondern vielmehr die bewußte Abkehr von der bestehenden Verfahrensweise im Vordergrund.
   Was können wir tun, um unsere Kunden bei der Stange zu halten?

3. *Ausmusterung.* In einigen wenigen Fällen stellen wir die Gültigkeit der gängigen Methode in Frage und stellen fest, daß die ganze Mühe umsonst war, denn sie ist doch die derzeit beste. Manchmal kann man die eingeführte Verfahrensweise problemlos ausmustern. Oder eine leichte Abwandlung an anderer Stelle macht den Ausmusterungsprozeß überflüssig.

Warum, warum und nochmals warum

Eine Spielart der kreativen Herausforderung ist das Bemühen, den wahren Grund hinter einem Handlungsmuster zu entdecken. Dieser Vorgang besitzt große Ähnlichkeit mit der tiefschürfenden Suche nach dem grundlegenden Problem. Wir fragen also warum, warum und nochmals warum.

> Warum müssen wir dieses Bestellformular ausfüllen?
> Damit unsere Abteilungsleiterin weiß, welche Materialien benötigt werden.
> Warum muß sie das wissen?
> Damit sie die Mittel nach Bedarf zuweisen kann.

Am Ende dieses Vorgangs denken Sie über eine andere Methode der Allokation von Ressourcen nach. Vielleicht entdecken Sie eine, die den Vorteil hat, das komplizierte, bürokratische Verfahren zu vereinfachen. Bei diesem Prozeß geht es auch um das menschliche Streben nach Kontinuität, ein Muster, das uns im alten Trott verharren läßt und an späterer Stelle genauer beschrieben wird.

Kontinuitätsanalyse

Warum erledigen wir eine Aufgabe so und nicht anders?

Auf diese Frage kann es mehrere Antworten geben.

1. Weil es die beste Methode war und ist.
2. Weil wir die Einführung eines besseren Verfahrens in Betracht gezogen, aber festgestellt haben, daß die Kosten der Veränderung und der damit verbundenen Arbeits- oder Prozeßunterbrechungen so hoch sind, daß beschlossen wurde, bei der alten Verfahrensweise zu bleiben.
3. Weil wir es immer so gemacht haben und weil kein Bedarf, keine Gelegenheit oder keine dringende Notwendigkeit besteht, etwas daran zu ändern.

Die dritte Antwort bringt den Begriff der ›Kontinuität‹ ins Spiel. Eine Methode überdauert nur deshalb, weil sie nicht ausgehebelt wird. Für dieses Kontinuitätsstreben gibt es mehrere Gründe, von denen wir vier genauer betrachten wollen.

Kontinuität infolge von Versäumnissen

Wir halten an einer bestimmten Verfahrensweise einfach deshalb fest, weil wir versäumt haben, darüber nachzudenken. Wir haben uns nie die Mühe gemacht, zu überlegen, ob es nicht bessere Möglichkeiten gibt. Warum wurde diesem Punkt so wenig Beachtung geschenkt? Weil es nie Probleme oder Schwierigkeiten mit dem Verfahren gab; alles lief wie am Schnürchen, und folglich bestand kein Grund, sich den Kopf darüber zu zerbrechen oder der Angelegenheit besondere Aufmerksamkeit zu widmen.

Wir sind in so hohem Maß problemorientiert, daß wir es oft versäumen, über einen Sachverhalt nachzudenken, solange dieser kein Problem darstellt. Das Sprichwort, man sollte keine schlafenden Hunde wecken oder nichts reparieren, was nicht zerbrochen ist, ist ebenso weit verbreitet wie gefährlich.

Dieses Motto war maßgeblich für den Niedergang der US-Industrie verantwortlich. Die amerikanischen Führungkräfte waren geradezu darauf fixiert, anstehende Probleme zu lösen. Diese Aktivitäten brachten sie bestenfalls zu ihrem Ausgangspunkt zurück, stellten den ursprünglichen Zustand vor Eintreten der Krisensitation wieder her. Viele Konkurrenten, zum Beispiel die Japaner, leiteten dagegen Veränderungen ein, und zwar zu einem Zeitpunkt, als (noch) keine Probleme in Sicht waren. Und es dauerte nicht lange, bis die gewieften amerikanischen Problemlöser feststellten, daß man sie im Wettbewerb abgehängt hatte.

Deshalb habe ich immer wieder die Notwendigkeit betont, sich mit Themen zu befassen, die kein Problem darstellen (schöpferische Pause, einfacher Fokus, Konzentration auf einen allgemeinen Themenbereich, kreative Herausforderung usw.).

Rund vierzig Jahre lang wurde eine Richtungsänderung bei PKWs mit ausklappbaren Blinkern angezeigt, die sich außerhalb des Chassis rechts und links an der Wagenseite befanden. Damit imitierte man den Arm, den der Fahrer bei den ersten Modellen, die auf den Markt kamen, noch aus dem Fenster halten mußte. Das war trotz größerer Bequemlichkeit keine effiziente Methode, eine Richtungsänderung kundzutun. Aber sie wurde beibehalten, weil es damit keine Probleme gab, und so machte sich niemand die Mühe, den Vorgang genau in Augenschein zu nehmen. Schließlich wechselte man dann zu Blinklichtern über. Die Neuerung war nicht auf einen technologischen Durchbruch, sondern allein auf die Tatsache zurückzuführen, daß irgendjemand es sich angelegen sein ließ, der Sache auf den Grund zu gehen.

Kontinuität infolge äußerer Zwänge

›Äußere Zwänge‹ bedeutet, daß wir andere mit unseren Aktivitäten zufriedenstellen oder uns den Anforderungen anderer anpassen müssen. Ebenso wie man ein Zelt mit Pflöcken in den Boden rammt, damit es sich nicht selbstständig macht, wird unser Verhalten von anderen bestimmt, denen wir es recht machen wollen oder müssen.

Diese Zwänge können sich zur ›Zwangsjacke‹ ausweiten, auch wenn die anderen beteiligten Parteien ursprünglich hilfreich gewesen sein mögen. Anfang der 70er Jahre begannen die US-Autohersteller beispielsweise mit dem Bau von benzinsparenden Kompaktwagen. Den Händlern gefielen sie nicht, und so drängten sie die Automobilkonzerne, wieder zu den beliebten benzinfressenden Straßenkreuzern zurückzukehren. Dann kam die zweite Ölpreiserhöhung der OPEC-Staaten. Die US-Autohersteller waren den Händlern auf Gedeih und Verderb ausgeliefert; sie zögerten daher, die Produktion auf Kleinwagen umzustellen, und hinterließen eine deutliche Lücke im Markt. Die Japaner sprangen in die Bresche mit ihren Importen, die als Sprungbrett dienten, um ihre Marktposition weiter auszubauen.

Als Coca-Cola das abgewandelte Produkt ›New Coke‹ ankündigte, hatte der Konzern noch nicht erkannt, in welchem Maß er dem Zwang der Erwartungen von seiten der amerikanischen Öffentlichkeit unterworfen war. Die Cola-Konsumenten begrüßten die Änderung der Geschmacksrichtung, von denen es in der Vergangenheit mehrere gegeben hatte. Aber es gefiel ihnen nicht, daß die traditionelle Coke in neuem Gewand präsentiert wurde.

Ein Unternehmen stellt auf EDV um. Nach einer Weile hat die EDV-Abteilung die gesamte Datenorganisation fest im Griff. Bestimmte notwendige Veränderungen sind allerdings nicht durchführbar, weil sich das Rechnersystem nicht anpassen läßt usw. Das Unternehmen ist den Zwängen unterworfen, die mit der Datenverarbeitungsstruktur einhergehen, und diese wird vielleicht von den Zwängen einer Architektur geknebelt, die technologisch nicht mehr den aktuellen Anforderungen entspricht.

Firmen, mit denen es bergab geht, befinden sich oft wegen ihrer treuen Kunden in einer unüberwindlichen Zwangslage. Sie wagen keine Veränderung, aus Angst, daß ihre langjährigen Kunden abspringen und der Untergang damit noch beschleunigt wird. Da sie unfähig sind, den notwendigen Wandel einzuleiten, gibt es keinen Ausweg aus der Abwärtsspirale.

Ein Unternehmen kann sogar die eigenen Stärken als Zwang empfinden. Ein Hersteller von Badezimmereinrichtungen hat vielleicht festgestellt, daß Keramik sich als Material am besten eignet und verkauft. Deshalb zögert er, zu experimentieren und Acryl in seine Angebotspalette aufzunehmen.

Für einen Künstler können der Stil und die Reputation zur Zwangsjacke werden.

Oft sind diese Zwänge tatsächlich vorhanden und unüberwindlich. Ein Architekt ist beispielsweise an die Bauvorschriften gebunden. Manchmal mißt man diesen Zwängen jedoch größeres Gewicht bei, als ihnen zukommt. Bei den ersten mechanischen Schreibmaschinen, die in den Handel kamen, verhakten sich oft die Typenhebel, wenn die Tasten zu schnell hintereinander betätigt wurden. Die klassische QWERT-Tastatur war so ausgelegt, daß sie das Tippen verlangsamte. Heute verhakt sich nichts mehr, aber die klassische Tastatur hat überdauert, weil die meisten von uns darauf das Maschineschreiben gelernt haben. Es besteht indessen kein triftiger Grund, neben dieser herkömmlichen nicht auch eine moderne ergonomische Tastatur für alle einzuführen, die Textverarbeitung per Computer lernen. Durch einfaches Umstecken und Eingabe des entsprechenden Befehls ließe sich dann die jeweilige Tastatur anschließen.

Kontinuität infolge von Selbstzufriedenheit

Wenn etwas wie am Schnürchen läuft und läuft, gelangen wir verständlicherweise zu der Schlußfolgerung, daß diese Methode bis in alle Ewigkeit die einzig wahre, weil erprobte und für gut befundene sein wird. Wenn etwas schiefgeht, stellen wir nie das grundlegende Konzept in Frage, sondern suchen nach allen nur erdenklichen nebensächlichen Ursachen für den Fehler. Infolgedessen erhalten wir Ideen, die in der Vergangenheit erfolgreich waren, noch lange über den Zeitpunkt künstlich am Leben, wo es angebracht wäre, sie zu Grabe zu tragen. Im Augenblick werden in den USA beispielsweise 23 Prozent der Einzelhandelsumsätze von Organisationen erzielt, die sich in einem finanziellen Engpaß befinden. Möglicherweise hat bereits das letzte Stündlein des Kaufhaus-Konzepts geschlagen, auch wenn wir es nicht wahrhaben wollen. Einige könnten jetzt behaupten, daß nichts an diesem Konzept auszusetzen sei und daß Kaufhäuser bei guter Führung auch heute noch Spitzenergebnisse erzielen (siehe Nordstroms).

Wenn ein Konzept seit langem ein Renner ist, wird es mit einem Schutzschild der Selbstgefälligkeit umgeben, der eine eingehende, objektive Begutachtung vereitelt. IBMs Mainframe-Großrechneranlagen waren ein Riesenerfolg, aber derzeit macht man sich Gedanken, ob der wachsende Trend zur dezentralen Datenverarbeitung den Mainfraime-Markt austrocknen könnte.

Es heißt, daß siebzig Prozent aller Gesundheitsvorsorgekosten in den USA im letzten Lebensmonat anfallen. Das ist vor allem auf die teure lebensverlängernde Gerätemedizin zurückzuführen, die jedoch nicht zum Erhalt der

Lebensqualität beiträgt. Aber wir wagen es nicht, dem Konzept ›Leben erhalten um jeden Preis‹ eine klare Absage zu erteilen.

Irgendwann kommt die Zeit, wo wir über grundlegende Konzepte nachdenken müssen, gleichgültig wie erfolgreich sie in der Vergangenheit auch gewesen sein mögen.

Kontinuität infolge der Zeitsequenz menschlicher Erfahrungen

Diese Form der Kontinuität wurde bereits angesprochen, als ich darauf hingewiesen habe, daß Kreativität eine logische, unabdingbare Notwendigkeit ist. Die zeitliche Abfolge, in der die Informationen im menschlichen Gehirn eintreffen, gestattet, daß diese inhaltlich durchforstet und in die entsprechenden, bereits bestehenden Strukturen, Kategorien und Konzepte eingeordnet werden. Die Eisenbahn wurde vor den Flugzeugen erfunden, und so kam es, daß die ersten Flugzeuge als fliegende Eisenbahnen betrachtet wurden. Viele Flugzeug-Konzepte sind in Wirklichkeit unangemessene Eisenbahn-Konzepte.

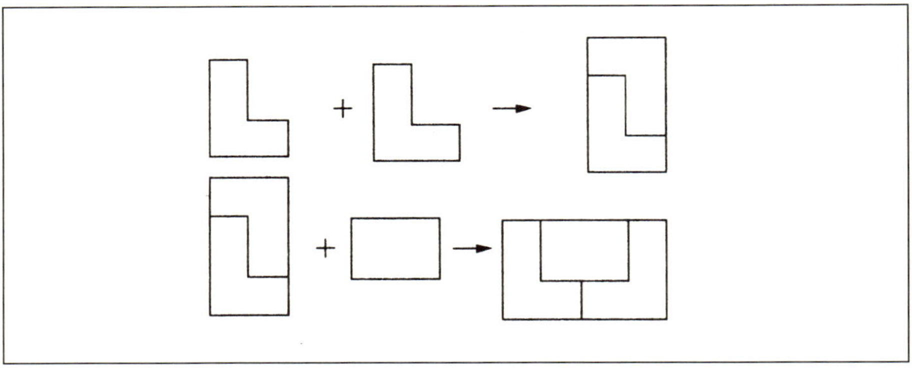

Abb. 2.3

Abb. 2.3 zeigt auf anschauliche Weise, wie durch die Zeitsequenz der eintreffenden Informationen eine bestimmte Struktur entsteht, die dann zerrissen werden muß, um später eintreffende Informationsbruchstücke nahtlos in das Muster einzupassen.

Im Lauf der Geschichte haben sich im Bankwesen bestimmte Konzepte und Bestimmungen entwickelt. Inzwischen sind viele traditionelle Funktionen der Banken von anderen Finanzinstituten übernommen worden. Die Bankgeschäfte müssen dringend überdacht und auf eine neue konzeptionelle Grundlage gestellt werden. Die Zeitsequenz im medizinischen Bereich hat zur Gründung von Berufsverbänden geführt, die heute den Angehörigen nicht-medizinischer Dienste mit weniger langwieriger Ausbildung die freie Entfaltung erschwert. Beispielsweise könnten sich Chirurgen in wesentlich kürzerer Zeit auf bestimmte Operationen spezialisieren und diese mit der gleichen Professionalität wie heute ausführen. Um das Wohlergehen des Patienten würde sich dann der Anästesist und ein nachbehandelnder Facharzt kümmern.

Die Kontinuitätsanalyse ist eine Form der Herausforderung. Wir sehen uns an, wie etwas getan wird und versuchen die Elemente zu ermitteln, die den Prozeß seit langer Zeit bestimmen. Manchmal finden wir Beispiele für äußere Zwänge, die unseren Handlungsfreiraum einschränken. Oder wir stellen fest, daß der Fortbestand einer Methode durch die Zeitsequenz bedingt ist. Der Zweck der Analyse besteht darin, Konzepte und Ideen über Bord zu werfen, die nicht länger optimal sind nur durch das Kontinuitätsstreben überdauern konnten.

Ablösung

Wir müssen und von alten Konzepten abnabeln, die nur aufgrund des menschlichen Kontinuitätsstrebens überlebt haben. Diese Konzepte und Ideen mögen früher einmal sinnvoll gewesen sein, aber heute sind sie nicht mehr erforderlich oder nicht mehr adäquat.

Technologische Veränderungen

Neue Technologien, zum Beispiel Computer oder Lufttransport, können dazu beitragen, daß bestimmte Verfahren veralten; darüber hinaus eröffnen sie uns Möglichkeiten, neue, zeitgemäße Konzepte zu entwickeln. Faxgeräte gestatten uns beispielsweise eine blitzschnelle Kommunikation.

Wertewandel

Heute schränken viele Menschen ihren Alkohol- und Zigarettenkonsum ein. Das wachsende Umweltbewußtsein ist eine relativ neue Werthaltung. Der Platz, den Frauen in der Gesellschaft einnehmen, hat sich geändert. Die Massenkommunikation mittels Fernsehen und Videorekorder hat zu einer weltweiten Angleichung der Werthaltungen geführt. Die heutigen Reisemöglichkeiten haben die Ernährungsgewohnheiten und Präferenzen merklich beeinflußt.

Veränderte Umstände

Veränderungen in der ehemaligen Sowjetunion, in Osteuropa und in Europa selbst (EU) wirken sich zwangsläufig auf die Konzepte aus, die wir künftig brauchen werden. In den meisten Ländern sind die Familien kleiner geworden und immer mehr Frauen gehen einem Beruf nach.

Kostenänderungen

Die Lebenshaltungkosten steigen unaufhaltsam, genauso wie die Kosten des Umweltschutzes oder die Rechtskosten.

Alle diese Veränderungen deuten darauf hin, daß Konzepte, die früher einmal Sinn gemacht haben, heute überholt sind. Daraus läßt sich schließen, daß die Kontinuitätsanalyse und die kreative Herausforderung kein überflüssiger Aufwand, sondern absolut notwendig sind. Sämtliche Konzepte müssen noch einmal gründlich auf ihre Gültigkeit überprüft werden. Wir sollten uns fragen: Wäre ein neues Konzept angesichts der veränderten Umstände angemessener?

Viele Menschen neigen zu der Hoffnung, daß die augenblicklichen Probleme irgendwann von alleine verschwinden und die guten alten Zeiten zurückkehren werden. Manchmal ist es schwer, zwischen einem vorübergehenden zyklischen Tief und einer grundlegenden Änderung der Spielregeln zu unterscheiden.

Konzepte und Ideen hinterfragen

Wir können das grundlegende Konzept hinter einer Verfahrensweise oder die Art hinterfragen, wie dieses Konzept in die Praxis umgesetzt wird (die Idee). Wir können überlegen, ob das Konzept eines riesigen Einkaufszentrums in der Innenstadt sinnvoll ist, oder uns darauf beschränken, über den Standort der einzelnen Läden im Einkaufszentrum nachzusinnen. Im Kapitel ›Konzepte‹ werde ich im einzelnen auf dieses Thema eingehen.

Wie ist das Konzept in diesem Fall beschaffen?
Hat das Konzept heute noch Gültigkeit?
Muß das Konzept auf diese Weise erhalten bleiben?

Angesichts des wachsenden Verkehrsaufkommens hat die Regierung von Singapur bereits das Recht des Bürgers, beim Erwerb eines Kraftfahrzeugs nur nach dem eigenen Geldbeutel zu entscheiden, in Frage gestellt. Man kann in Singapur nicht einfach losziehen und ein Auto kaufen. Zuerst muß man sich im Besitz einer Berechtigung zum Kauf eines Autos befinden. Vielleicht sollten auch wir das Konzept einführen, die Anzahl der PKWs in Großstädten oder die Zulassung von Privatfahrzeugen zum Straßenverkehr zu beschränken. Das Konzept der kostenlosen Straßenbenutzung ist manchenorts bereits ausgehebelt worden. In einigen Ländern werden Mautgebühren verlangt, und es gibt Pläne, diese nach Art der Straße und Benutzungszeit zu staffeln. Die Autonummern werden mit Hilfe von Sensoren registriert, so daß man den Fahrzeughaltern die Rechnung zuschicken kann.

Es macht keinen Sinn, die Gültigkeit von Ideen in Frage zu stellen, wenn das grundlegende Konzept unangetastet bleibt, das sich dahinter verbirgt und eigentlich auf den Prüfstand gehört. Es wäre gleichwohl falsch, anzunehmen, eine Änderung des grundlegenden Konzepts müsse automatisch erfolgen, nur weil die praktische Umsetzung einer Korrektur bedarf. In England zählte die Einführung der Kopfsteuer zu den Stolpersteinen, die Premierministerin Margaret Thatcher zum Verhängnis wurden. War das Kopfsteuer-Konzept ein Fehlgriff, oder nur die Art und Weise, wie es umgesetzt wurde?

Die mentalen Einflussfaktoren in Frage stellen

In jedem Augenblick des Lebens werden unsere Gedanken von einer Reihe von Faktoren nachhaltig beeinflußt. Manchmal nehmen wir diese Faktoren bewußt wahr, zu anderen Zeiten wirken sie im Hintergrund und üben ihre Macht im verborgenen aus. Wir können diese mentalen Einflußfaktoren genauso hinterfragen wie bestehende Methoden, Konzepte und Ideen. Doch in diesem Fall nehmen wir nicht etwas unter die Lupe, was bereits existiert, sondern richten unser Augenmerk auf Faktoren und Zwänge, die uns in eine bestimmte Denkrichtung pressen.

Sie haben vielleicht das Gefühl, frei wählen zu können, was sie anziehen, wenn Sie morgens vor Ihrem Kleiderschrank stehen. Im ›Hinterstübchen‹ stellen wir indessen unbewußt Überlegungen an, welche Kleidung fürs Büro angemessen ist. Sie können diese Überlegungen in Frage stellen. Genau das tun wir, wenn wir die mentalen Faktoren untersuchen, die unsere Gedanken nachhaltig beeinflussen. Wir unterziehen nicht die Gedankengänge selbst einem Lackmustest (die Kleiderfrage), sondern die Hintergrundfaktoren, die unsere Gedanken in Wirklichkeit einengen (oder die Bandbreite unserer Wahlmöglichkeiten vorprogrammieren).

Diese Form der Herausforderung kann in einer Kreativitätssitzung entwickelt werden, während man eifrig über ein Thema nachdenkt. Wir treten einen Schritt zurück und betrachten die Gedankenfolge selbst. Wir ermitteln die mentalen Einflußfaktoren und fechten ihre Gültigkeit an.

Vorherrschende Konzepte

Die vorherrschenden Konzepte haben ungeheuren Einfluß auf unser Denken. Einige sind auf den ersten Blick als dominierend erkennbar, andere üben ihren machtvollen Einfluß hinter den Kulissen aus.

Welches Konzept dominiert hier unser Denken?
Welches grundlegende Konzept bestimmt unser Denken?

Wenn man beispielsweise das Verkehrsproblem in Großstädten betrachtet, könnte das vorherrschende Konzept in dem Bestreben liegen, ›Kraftfahrer zu motivieren, nicht in den Innenstadtbereich zu fahren‹. Alle Gedanken kreisen um dieses Thema. Das Konzept hat Hand und Fuß, aber es beherrscht unser Denken und macht uns blind für andere Lösungsansätze.

Wir stellen die zentrale Bedeutung dieses Konzepts in Frage. Gibt es andere Möglichkeiten, eine Änderung der Verkehrssituation herbeizuführen? Sind Alternativen in Sicht?

Bei den meisten Problemlösungen, zu denen wir mittels Analyse gelangen, besteht das vorherrschende Konzept in dem überwältigenden Befürfnis, die ›Ursache‹ des Problems zu beseitigen. Diese Fixierung macht es uns oft sehr schwer, an andere Ansätze zu denken.

Annahmen/Hypothesen

Ohne sie wären wir außerstande, konstruktiv zu denken. Annahmen und Hypothesen stützen sich auf Erfahrungen und verringern die Palette der Möglichkeiten, die wir mental überprüfen müssen. Es ist absolut nichts gegen Annahmen einzuwenden; sie haben häufig einen hohen Stellenwert. Dennoch sollten wir uns diese ungesicherten Vermutungen bewußt machen, so daß wir sie bewußt in Frage stellen können.

Welche Annahmen schwingen hier unbewußt mit?
Welche Hypothesen stellen wir auf?

Was das Verkehrsproblem in Großstädten betrifft, so gehen wir vielleicht davon aus, daß die Autos von den Fahrzeughaltern gefahren werden, vor allem, um zur Arbeit zu gelangen, und dann für den Rest des Tages irgendwo auf dem Boden abgestellt werden (statt mit einem Kran hochgezogen zu werden und in der Luft zu schweben). Und wir gehen davon aus, daß in puncto Parkplatzsuche gleiches Recht für alle herrscht und derjenige fündig wird, der Glück hat. In diesen Gedankengängen steckt eine Fülle von Annahmen und Hypothesen.

Diese Annahmen, die nicht durch harte Fakten belegt sind, fechten wir an. Wir versuchen, der Hypothesenfalle mittels kreativer Herausforderung zu entrinnen.

Grenzen

Annahmen sind ungeheuer wichtig für unser Denken, im gleichen Maß wie Grenzen. Wir arbeiten innerhalb der Grenzen dessen, was möglich, zulässig oder annehmbar ist. Wenn wir nach Ideen streben, die Hand und Fuß haben, müssen wir uns innerhalb der Grenzen der Vernunft bewegen, die unser gegenwärtiger Wissensstand setzt. Wie wir später sehen werden, gehört die mentale Provokation zu den kognitiven Kreativitätsmethoden, die uns gestatten, die Grenzen der Vernunft zu sprengen. An diesem Punkt sehen wir uns mit einer mentalen Herausforderung konfrontiert.

Wir müssen diese Grenzen, wie die Annahmen, erst sichtbar machen, um sie hinterfragen zu können.

Welche Grenzen sind unseren Überlegungen gesetzt?
Auf welche Grenzen stoßen wir?

Im Fall des hohen Verkehrsaufkommens in Großstädten stoßen wir sehr schnell an die Grenzen der Kosten und menschlichen Akzeptanz. Wir sehen uns den technologischen Grenzen gegenüber: können wir wirklich bei jedem Auto nach dem täglichen Nutzungsanteil aufgeschlüsselte Mautgebühren berechnen? Und nicht zu vergessen die physischen Grenzen der Architektur und Straßenführung in Kleinstädten.

Manchmal läßt das Hinterfragen der Grenzen ausgefallene Ideen aufkeimen, die einer mentalen Provokation sehr ähnlich sind. Es kommt aber auch sehr häufig vor, daß dabei äußerst brauchbare Ideen entstehen (jeder Fahrzeughalter hat das Recht, sein Vehikel als Taxi zu benutzen).

Unerläßliche Faktoren

Welche phantastischen Einfälle wir im Bereich Luftverkehr auch haben mögen, der ›Sicherheitsfaktor‹ spielt stets eine Rolle. Unerläßliche Faktoren müssen Teil jedes annehmbaren Lösungsansatzes sein. In aller Regel ist ihre Berücksichtigung völlig gerechtfertigt. Aber da wir bemüht sind, alle Sachverhalte in Frage zu stellen, sollte dies auch für die unerläßlichen Faktoren gelten.

Wie sehen die ›unerläßlichen‹ Faktoren hier aus?
Warum müssen wir diese Faktoren immer einbeziehen?

Bei unserem Verkehrsproblem in Großstädten sind wir vielleicht zu der Schlußfolgerung gelangt, ein unerläßlicher Faktor sei ›die Belieferung der Geschäfte mit Waren‹. Ein weiterer unerläßlicher Faktor wäre die Entwicklung eines Systems, mit dem man das Verkehrsaufkommen verringern, aber nicht so leicht ›Mißbrauch treiben‹ kann. Manchmal liegen ein unerläßlicher Faktor und ein vorherrschendes Konzept sehr nahe beeinander. Beispielsweise ist die Idee, das Verkehrsproblem durch ›Kontrolle, Verordnungen oder Regulierung‹ zu lösen, sowohl ein vorherrschendes Konzept als auch ein unerläßlicher Faktor. Umweltschäden vorzubeugen ist heute bei den meisten Überlegungen, einschließlich des Verkehrsproblems, ein wesentliches Element. Das Streben nach Gleichstellung und Gleichbehandlung aller Verkehrsteilnehmer ist in aller Regel ebenfalls ein unerläßlicher Faktor, der unsere Gedankengänge bestimmt (Reiche sollten im Straßenverkehr keine Privilegien gegenüber Menschen mit geringerem Einkommen haben).

Selbst unerläßliche, völlig gerechtfertigte Faktoren können auf den Prüfstand einer kreativen Herausforderung gelangen. Dieses Unterfangen kann bisweilen schwierig erscheinen.

Unannehmbare Faktoren

Damit sind keine Grenzen gemeint, denn wir wissen, daß wir diese Faktoren konstruktiv in unsere Denkoperationen einbeziehen können, wenn wir es wollen. Unnehmbare Faktoren bewirken, daß wir beträchtliche Zeit auf den Versuch verwenden, sie zu meiden. Wir scheuen regelrecht vor ihnen zurück. Wir weigern uns, einen Kurs einzuschlagen, der uns in diese Richtung führt. Manchmal stellt ein ›unerläßlicher Faktor‹ nicht mehr als die Notwendigkeit dar, eine unliebsame Entwicklung zu umgehen (ähnlich wie wir es vermeiden, unsere Umwelt zu belasten). Wir wissen intuitiv, daß solche Faktoren in keinem Lösungsansatz annehmbar sind, und deshalb bemühen wir uns, sie von vornherein auszuklammern.

Welche Dinge versuchen wir zu umgehen?
Was wollen wir auf gar keinen Fall?

In unserem Verkehrsbeispiel legen wir vielleicht Wert darauf, einen allzu leichten Zugang zum Innenstadtbereich zu verhindern, der nur zu einer Verschlimmerung der Verkehrssituation beitragen würde. Oder wir sind bestrebt,

Regulierungsmaßnahmen vorzubeugen, die einen massiven Polizeieinsatz oder den Verlust von Wählerstimmen zur Folge haben könnten. Wir sind darauf erpicht, einen Massenexodus der Geschäfte und Bewohner abzuwenden. Wir wollen eine Verödung der Stadtzentren verhüten.

Umgekehrt können wir diese unannehmbaren Faktoren in eine mentale Provokation verwandeln (»Po, laßt uns die Innenstadt in eine Steinwüste verwandeln!«) Wenn wir darin eine Herausforderung sehen, stellen wir gleichwohl nur die Notwendigkeit in Frage, diese Faktoren auch weiterhin als unannehmbar zu betrachten.

Polarisierung nach dem Entweder/Oder-Prinzip

Sehr oft sehen wir uns im Rahmen unserer eigenen Gedankengänge oder im Dialog mit anderen einer Entweder/Oder-Polarisierung gegenüber.

> Entweder müssen wir Platz für das erhöhte Verkehrsvolumen schaffen, oder versuchen, die Autos aus dem Innenstadtbereich zu entfernen.

Eine solche Polarisierung erweckt den Anschein, als hätte man eine breite Palette von Optionen gründlich durchdacht. Sie kann durchaus nützlich und völlig gerechtfertigt sein. Aber dieses Schwarz-Weiß-Denken beinhaltet dennoch die Gefahr, daß man annimmt, eine Situation ließe sich nur aus diesen beiden Blickwinkeln betrachten. Ansätze, die zwischen den beiden Extremen angesiedelt sind oder Elemente beider Lösungen enthalten, werden dabei ausgeklammert. Die gewaltsame Trennung nach dem Entweder/Oder-Prinzip ist eine Schwachstelle dieser Denkweise.

> Welches Schwarz-Weiß-Denken herrscht hier?
> Welche Entweder/Oder-Polarisierung beinhaltet dieses Konzept?

Bei unserem Verkehrsproblem gelangen wir möglicherweise an den Punkt, wo das Entweder-Oder-Konzept lautet: »Entweder dünnen wir den Verkehrsfluß auf den vorhandenen Straßen aus, oder wir bauen bessere Straßen.« Das ist ein überaus vernünftiger Ansatz, dessen Gültigkeit nichtsdestotrotz in Frage gestellt werden kann.

Da die kreative Herausforderung keinen Angriff auf bestehende Positionen beinhaltet, läßt sich sogar die nutzbringendste Polarisierung hinterfragen: Ist das die einzige Möglichkeit, die Situation zu betrachten?

In allen Fällen, in denen ein Faktor, der unser Denken maßgeblich beeinflußt, von allen Seiten ausgeleuchtet wird, besteht der Prozeß der mentalen Herausforderung aus zwei Schritten:

1. Ermitteln, bewußt machen und formulieren der augenscheinlichen mentalen Einflußfaktoren.
2. Hinterfragen dieser Faktoren – selbst wenn sie ungeheuer einleuchtend und völlig gerechtfertigt wirken.

Alternativen

Die Suche nach Alternativen ist die grundlegenste aller kreativen Denkoperationen.

Gibt es noch andere Möglichkeiten?
Wie sehen die Alternativen aus?
Welche Maßnahmen könnten wir sonst noch ergreifen?

Kreativität läßt sich auch als Suche nach Alternativen definieren. Das gilt vor allem dann, wenn man existierende Informationen auf neue, originelle Weise verarbeiten will.

Obwohl das Bemühen, andere Lösungswege zu finden, für die Kreativität von grundlegender Bedeutung ist, stellt sich der Erfolg nicht so leicht ein, wie man annehmen könnte. Woher nehmen wir die Einfälle? Wie entwickeln wir Alternativen ausgerechnet dann, wenn wir sie benötigen?

Innehalten, um bewußt nach Alternativen zu suchen

Ich habe schon oft die Geschichte von dem klingelnden Wecker erzählt, den ich nicht abschalten konnte; leider ist sie wahr. Systematisch und Schritt für Schritt machte ich mich daran, den Hotelwecker zum Verstummen zu bringen, den ich mir in aller Herrgottsfrühe gestellt hatte, weil ich um sieben Uhr morgens meine Maschine erwischen mußte. Selbst als ich wütend den Stekker aus der Wand riß, rasselte die Höllenmaschine ungerührt weiter. Am Ende stellte sich heraus, daß der Lärm von meinem Reisewecker stammte, den ich, vorsichtshalber, am Vorabend ebenfalls gestellt und völlig vergessen hatte.

Ich erzähle die Geschichte deshalb so oft, weil sich dahinter eine wichtige ›Moral‹ verbirgt. Wenn wir uns in einer Situation befinden, wo der nächste Schritt logisch und realisierbar ist, leiten wir diesen Schritt automatisch ein. Wir halten nicht lange nach anderen Möglichkeiten Ausschau. Und wenn der darauffolgende Schritt ebenfalls logisch und realisierbar ist, setzten wir den eingeschlagenen Weg fort, ohne lange nachzudenken. Mit anderen Worten: Es ist außerordentlich schwierig, nach Alternativen zu suchen, wenn kein unmittelbarer Anlaß dazu besteht. Ich hatte den Hotelwecker gestellt und kannte die Reihenfolge der Handgriffe, um ihn abzuschalten. Ich sah keine Notwendigkeit, nach anderen Geräuschquellen zu fahnden.

Wenn eine Aktionslinie klar vor uns liegt und keine Hürden zu erkennen sind, dann folgen wir diesem Kurs, ohne Alternativen ins Kalkül zu ziehen. Solange alles reibungslos läuft, besteht kein Handlungsbedarf.

Ein Topmanager erzählte mir einmal, wie sein Unternehmen, das markführend war, durch diese Scheuklappen Verluste in Höhe von 800 Millionen Dollar geschrieben hatte. In der Chefetage wurde der Vorschlag gemacht, zu diversifizieren und in einen fremden Marktbereich einzudringen. Die Empfehlung klang einleuchtend. Also wurde die einzelnen Schritte in aller Ausführlichkeit besprochen; die Strategie war durchführbar und besaß Hand und

Fuß. Es bestand keine Notwendigkeit, nach Alternativen zu suchen. Einige Jahre später mußte sich das Unternehmen aus diesem Markt zurückziehen und erlitt dabei große finanzielle Einbußen. Nach Angaben meines Informanten hatte man nicht über andere Möglichkeiten nachgedacht, sich ein Standbein in diesem Tätigkeitsfeld zu schaffen.

Ich habe einmal über einen längeren Zeitraum eine Grille beobachtet und mich verwundert gefragt, wie dieses Geschöpf, das völlig reglos dazuhokken schien, ein so lautes Geräusch von sich zu geben vermochte. Erst später entdeckte ich, daß meine Grille in Wirklichkeit stumm gewesen war und eine rege Artgenossin, die am anderen Ende des Astes saß, gezirpt hatte.

Es ist außerordentlich schwer, nach Alternativen Ausschau zu halten, wenn keine Hürden den ausgetretenen Pfad versperren und allem Anschein nach kein Erfordernis besteht, andere Optionen in Erwägung zu ziehen.

Dieses Thema wurde bereits mehrfach angesprochen. Es steht in Zusammenhang mit folgenden Punkten:

Einfacher Fokus: Die Initiative ergreifen und sich auf einen Sachverhalt konzentrieren, der noch kein Problem darstellt; der Zweck der Übung ist ausschließlich die bewußte, engagierte Suche nach alternativen Ideen.

Schöpferische Pause: Innehalten, um Abstand von bisherigen Gedankengängen zu gewinnen und nach Alternativen zu fahnden, selbst dann, wenn keine Notwendigkeit besteht.

Mentale Herausforderung: Die Bereitschaft, die Einzigartigkeit einer Methode oder eines Konzepts in Frage zu stellen und zu sehen, ob es nicht noch andere Verfahrensweisen gibt.

Kontinuität infolge von Versäumnissen: Die Neigung, sich an traditionelle Methoden zu klammern, weil es nie einen zwingenden Grund gab, nach Alternativen Ausschau zu halten.

Trotzdem erfordert es oft einige Anstrengung, um innezuhalten und Alternativen ins Auge zu fassen, solange es nicht ›brennt‹. Die Zeit in solche mentalen Übungen zu investieren, ist in unseren Augen oft überflüssig, ein Luxus, den wir uns nicht leisten können. Wir sind daran gewöhnt, die Suche nach Alternativen automatisch mit Problemlösungs- und Krisenbewältigungsstrategien in Verbindung zu bringen.

In der westlichen Denkkultur ist noch immer die Vorstellung verankert, daß wir zuerst Unzulänglichkeiten oder Fehler nachweisen müssen, bevor wir uns das Recht herausnehmen können, nach Alternativen zu suchen. Die aufgespürten Mängel liefern die einzigen Rechtfertigungen, die annehmbar sind. Folglich lassen wir uns wieder auf den Konfrontationskurs mit seinen Angriffs- und Verteidigungsmechanismen ein, der reine Zeitverschwendung ist und die Positionen nur noch mehr verhärtet. In der japanischen Tradition kennt man den Begriff des Streitgesprächs nicht (er geht auf die berüchtigte griechische ›Dreierbande‹ zurück); dort ist man in der Lage, jederzeit nach Alternativen Ausschau zu halten, ohne Mängel in der bisherigen Verfahrensweise aufzeigen zu müssen. Japaner können freimütig zugeben, daß eine derzeitig gängige Methode einwandfrei funktioniert, was sie trotzdem nicht daran hindert, andere Möglichkeiten zu eruieren. Stoßen sie auf eine vielversprechende Alternative, wird diese Punkt für Punkt mit den bestehenden Gepflogenheiten verglichen, und falls die Neuerung keine nennenswerten Vorteile erkennen läßt, verzichtet man auf die Einführung.

Alternativen, die bereits verfügbar sind

Sie stehen vorm Kleiderschrank und fragen sich: Welche Krawatte soll ich heute Abend tragen? Die blaue, oder paßt die rote besser? Und wie wäre es mit der gestreiften, oder der blauen mit den weißen Punkten, oder vielleicht doch die ausgeflippte mit den grünen Drachen? Sie durchforsten das Sammelsurium Ihrer Schlipse. Sie haben die Alternativen klar vor Augen. Sie müssen nur noch Ihre Wahl treffen.

Es haben sich mehrere Leute um einen Arbeitsplatz beworben. Sie müssen sich für einen der Kandidaten entscheiden. Die Alternativen liegen auf der Hand. Natürlich können Sie auch zu der Schlußfolgerung gelangen, daß keiner der Anwärter geeignet ist und noch einmal eine Stellenanzeige schalten.

Sie besuchen ein Restaurant. Die Gerichte sind auf der Speisekarte aufgelistet; Sie müssen nur noch entscheiden, was Sie essen möchten. Zugegeben, die Bandbreite der Wahlmöglichkeiten ist vielleicht eingeschränkt, aber es bleibt immer Raum für Alternativen. Sie können beispielsweise fragen, ob man Ihnen auch von zwei verschiedenen Gerichten je eine halbe Portion serviert. Oder Sie bitten, die Krabben bei der Fischplatte wegzulassen, weil Sie gegen Schalentiere allergisch sind. Es gibt also viele Variationsmöglichkeiten, sofern Sie Ihnen einfallen und Sie sich die Mühe mache, danach zu fragen.

Ein Pfadfinder erhält den Auftrag, ein Feuer anzuzünden, aber ohne Streichhölzer. Welche Alternativen stehen ihm zur Verfügung? Der junge Mann durchforstet das Reservoir seiner Erfahrungen auf diesem Gebiet und alles, was er im Überlebenstraining gelernt hat. Welche Möglichkeiten gibt es: ein Feuerzeug benutzen? Stöcke aneinanderreiben, bis ein Funke entsteht? Sonnenstrahlen bündeln? Die Alternativen liegen hier nicht so klar im Blickwinkel wie die Schlipse auf dem Krawattenständer oder die Gerichte auf der Speisekarte. Sie müssen die eigenen Erfahrungen durchleuchten oder entsprechende Informationen aus dem Gedächtnis abrufen. Das ist mehr oder weniger das übliche Verfahren bei der Suche nach Alternativen: Wir durchforsten die situationsbezogenen Handlungsmuster, die wir als Erfahrungen codiert und gespeichert haben.

Die Suche nach weiteren Alternativen

Warum sollen wir uns die Mühe machen, weiterzusuchen, wenn bereits einige Wahlmöglichkeiten gegeben oder verfügbar sind? Warum nicht aus dem Vollen schöpfen? Warum nicht einfach annehmen, daß die verfügbaren Alternativen alle nur erdenklichen Alternativen (oder zumindest die besten) darstellen?

Warum kostbare Zeit bei der müßigen Suche nach weiteren Optionen vergeuden?

Sie werden gebeten, einen verborgenen Fleck auf einem Blatt Papier zu suchen. Sie ziehen eine Trennlinie und teilen das Blatt in zwei Hälften, A und B ein, was sehr pfiffig ist. Sie fragen, ob sich der Fleck in Sektion A befindet. Falls nicht, müssen Sie in B fündig werden; eine andere Möglichkeit gibt es nicht. Die Alternativen A und B decken alle Optionen ab. Dann unterteilen Sie B in die Abschnitte C und D, die Sie mit Argusaugen durchforschen. Am Ende werden Sie den Fleck finden, weil Sie sämtliche Alternativen auf Herz und Nieren geprüft haben.

Dieses einfache Beispiel leuchtet ein, birgt jedoch erhebliche Gefahren. Es könnte uns zu der Überzeugung verleiten, dieses Verfahren ließe sich auch in realen Situationen anwenden.

> Entweder erhöhen wir die Preise, oder es bleibt alles beim alten.
> Wir können auf unserer Position beharren, oder den Lohnforderungen nachgeben.

Es entspricht den Tatsachen, daß die Anzahl der Optionen in manchen Situationen eingeschränkt ist. Es entspricht auch den Tatsachen, daß in solchen Pattsituationen eine Analyse die begrenzte Skala der Wahlmöglichkeiten enthüllen kann. Aber die meisten Situationen sind offen und die Bandbreite der Möglichkeiten kennt keine Grenzen. Die Alternativen, die wir entdecken, unterliegen lediglich der Beschränkung durch die Phantasie, die wir bei der Entwicklung an den Tag legen.

Auch hier ist wieder das Wort ›Entwicklung‹ wichtig. Oft denken wir nur an die ›Analyse‹, wenn es gilt, nach Alternativen Ausschau zu halten. Entwicklung bedeutet, daß wir uns bemühen, kreative, originäre Lösungen zu schaffen. Das kann durch eine Verlagerung der Grenzen geschehen, die uns in einer bestimmten Situation die Hände binden, durch die Einführung neuer Produktmerkmale, durch eine Veränderung oder Erweiterung bisheriger Werthaltungen oder Wertschöpfungsmöglichkeiten.

»Entweder erhöhen wir die Preise, oder es bleibt alles beim alten.« Sie können die Preise bei einigen Waren erhöhen und bei anderen senken. Sie können den Grundpreis eines Produktes erhöhen und Rabatte einräumen. Sie können den Preis erhöhen, aber dafür zusätzliche Serviceleistungen bieten. Sie können das Produkt und damit auch die Preisstruktur von Grund auf ändern. Aus unternehmensphilosophischer Sicht stellen alle diese Alternativen Wege dar, die Ihnen eine Preiserhöhung ermöglichen. Kreativität hat indessen weniger mit Philosophie zu tun, sondern ist in erster Linie mit der Produktion brauchbarer Ideen befaßt.

»Wir können auf unserer Position beharren, oder den Lohnforderungen nachgeben.« Gewiß fallen Ihnen bei gründlichem Nachdenken noch weitere Alternativen ein. Sie können das Konzept der leistungsgebundenen Vergütung einführen. Sie können über die natürliche Ausdünnung der Belegschaft aus Alters- oder Gesundheitsgründen oder Vorruhestandsregelungen nachdenken. Sie können statt Lohnerhöhungen bessere Sozialleistungen ins Auge fassen (Gesundheitsvorsorge). Sie können sich überlegen, ob nicht mehr Freizeit sinnvoller wäre als ein höherer Verdienst. Sie können die Einführung eines Bonussystems und einer Überstundenregelung in Betracht ziehen. Die Möglichkeiten werden nur durch Ihr Vorstellungsvermögen begrenzt.

Auf den ersten Blick scheint die einfache, mit Ja oder Nein zu beantwortende Frage nach dem verborgenen Fleck auf dem Blatt Papier eine reizvolle Möglichkeit zu sein, nach Alternativen zu suchen, aber dieser Reiz ist trügerisch. In Situationen, in denen eine schlichte Suchaktion ansteht und ein ›Nein‹ einen echten Nutzen hat (weil damit eine Möglichkeit ausgeschlossen werden kann), macht dieser Prozeß Sinn. Aber bei der Entwicklung allgemein gültiger Alternativen erreicht man damit nichts, außer, daß man einen einfachen Prozeß unnötig kompliziert. Denken Sie an den Pfadfinder, der ein Feuer anzünden soll.

Ich könnte Streichhölzer benutzen, oder auch nicht.
Anstelle der Streichhölzer könnte ich ein Feuerzeug nehmen, oder auch nicht.
Anstelle des Feuerzeugs könnte ich Zweige aneinander reiben, oder auch nicht.

Man muß nicht lange überlegen, um zu erkennen, daß hier auf sehr langatmige Weise gefragt wird: Welche Alternativen stehen mir zur Verfügung? Es ist weitaus einfacher, sie unumwunden aufzulisten.

Wissenschaftler suchen oft nach immer weiteren Erklärungsmöglichkeiten. Gleichgültig, wie hieb- und stichfest uns eine Hypothese erscheinen mag und wie sehr wir uns auch an sie klammern, sollten wir es uns zur Gewohnheit machen, nach weiteren Erklärungen Ausschau zu halten. Dieser Prozeß der Suche hat kein Ende.

In der Marktforschung müssen wir, um bestimmte Verhaltensweisen der Verbraucher zu verstehen, soviele Erklärungsmodelle wie möglich schaffen, bevor wir sie in Tests überprüfen.

In Situationen, die Aktionen oder Entscheidungen erfordern, können wir nicht bis zum St. Nimmerleinstag auf die ›einzig wahre‹ Lösung warten. Wir müssen handeln. Es kommt der Zeitpunkt, an dem es gilt, unsere Entscheidung trotz der Ungewißheit ›einzufrieren‹ wie sie ist und zum nächsten Schritt auf der Tagesordnung überzugehen. Die beste Idee ist keinen Pfifferling wert, wenn sie zu spät kommt.

Sie müssen also auch das praktische Element bedenken und einen Punkt bestimmen, an dem Sie die Suchaktion beenden, sich ›abnabeln‹ oder ›ausklinken‹. Sie beschließen, nur eine Minute lang die Möglichkeit weiterer Alternativen in Erwägung zu ziehen. Irgendjemand kommt zu Ihnen und sagt:

»Es gibt nur zwei Methoden.«

Sie erwidern: »Mag sein, aber überlegen wir eine Minute, ob uns noch andere Möglichkeiten offenstehen.«

Was langfristig zählt, ist die Absicht und das Bemühen, weiteren Alternativen auf den Grund zu gehen. Wenn es sich um eine wichtige Angelegenheit handelt, setzten Sie den Zeitpunkt für das Abnabeln vielleicht auf eine Woche oder sogar einen Monat fest. Am Ende dieser Zeitspanne müssen Sie sich dann endgültig für eine der Alternativen entscheiden.
Vergleichen Sie diese drei Verhaltensweisen:

1. »Mir fällt kein anderer Weg ein, deshalb kann es keinen weiteren geben.«
2. »Im Augenblick fallen mir nur diese Möglichkeiten ein, aber ich schlage vor, einige Zeit, sagen wir bis zum Ende der Woche, über weitere Alternativen nachzudenken.«
3. »Wir müssen einfach die Augen weiterhin offenhalten.«

Die erste Reaktion zeugt von einem Mangel an Phantasie, Arroganz und geringer Bereitschaft, kreativ zu denken. Die zweite Reaktion ist pragmatisch, und die dritte nur in bestimmten Situationen möglich. Die Polizei sucht zum Beispiel immer nach Möglichkeiten, ihre Arbeit im Rahmen der Verbrechensbekämpfung zu verbessern.

Es gibt gleichwohl einen praktischen Grund dafür, daß manche Leute zögern, die Möglichkeit weiterer Alternativen auch nur in Betracht zu ziehen. Er hat weniger mit der Zeitspanne zu tun, die kreativen Überlegungen gewidmet ist, weil diese sehr kurz sein kann, sondern vielmehr mit dem eigenen Sicherheitsgefühl. Wenn Sie der Meinung sind, alle Alternativen bedacht zu haben, können Sie voll auf Ihre Fähigkeit vertrauen, im Rahmen dieser Möglichkeiten die richtige zu wählen. Doch wenn Sie sich eingestehen müssen, daß es noch andere Alternativen geben könnte, schwindet dieses Sicherheitsgefühl. Und falls Sie keine besseren Alternativen finden, leidet Ihr Selbstvertrauen, und das wegen nichts und wieder nichts. Dieser Grund ist in der Praxis durchaus valide, sollte aber der Suche nach Alternativen, über die offenkundigen Möglichkeiten hinaus, nicht im Wege stehen.

Es gibt noch einen zweiten, weniger überzeugenden Grund für die Abwehrhaltung, die manche bekunden, wenn es gilt, nach weiteren Alternativen zu forschen.

»Wenn ich mir zwei Möglichkeiten vorstellen kann und Sie zwingen mich, vier zu bedenken, dann muß ich doppelt soviel Arbeit in die Entscheidung investieren, welche ich letztlich wähle.«

Solche Argumente werden oft mit vollem Ernst ins Feld geführt. Es stimmt, daß sich mit der Anzahl der Alternativen auch die Denkarbeit erhöht, die mit der Entscheidung für einen bestimmten Lösungsansatz verbunden ist. Aber der umgekehrte Fall – wir hätten nicht die geringste Mühe, zu einer Entscheidung zu gelangen, wenn uns keine einzige Alternative einfällt – ist absurd. Die Qualität einer Entscheidung läßt sich nicht dadurch verbessern, daß man die Palette der Wahlmöglichkeiten begrenzt. Wir müssen also imstande sein, Alternativen zu entwickeln, je mehr, desto besser, und unter ihnen wählen.

Falls Ihnen die endgültige Entscheidung schwerfällt, können Sie sich mit aller Macht zu einem Entschluß durchringen. Sie können sämtliche Möglichkeiten verwerfen, die nicht mehr Vorteile bieten als die derzeit praktizierte Methode. Das bedeutet unter Umständen, daß Sie einige Ideen von der Liste streichen müssen, die sich bei genauerer Betrachtung vielleicht als nützlich erwiesen hätten. Doch auf diese Weise sind Sie in der Lage, sich die Entscheidungsfindung erheblich zu erleichtern. Es ist besser, eine Vielzahl von Alternativen aufzuzeigen und in aller Kürze einen unerbittlichen Selektionsprozeß durchzuführen, als sich mit einer handverlesenen Anzahl von Möglichkeiten zu begnügen und die Entscheidung aus jeder erdenklichen Warte zu durchleuchten. Das liegt daran, daß sich bei der Entwicklung von Alternativen oft Lösungen herauskristallisieren, die gut oder um soviel besser als die übrigen sind, daß Ihnen die Entscheidung letztlich leicht fällt. Es ist, als hätten Sie plötzlich eine Erleuchtung gehabt.

Alternativen finden und entwickeln

Wie bereits erwähnt (die Wahl der Krawatte) bietet sich Ihnen vielleicht eine vorgegebene Palette von Möglichkeiten, unter denen Sie wählen können. Oder Sie beschließen, sich auf die Suche nach Alternativen zu begeben. Sie können Reisebroschüren wälzen und Tips von Freunden einholen, um einen Urlaub nach Maß zu planen. Sie können den Portier im Hotel nach Restaurants in der Umgebung ihres Feriendomizils fragen. Sie können die Zeitungsanzeigen durchforsten, um aus dem Immobilienteil eine Liste mit reizvollen Ferienapartments zusammenzustellen. Manchmal werden Alternativen durch planvolle Recherchen oder durch bewußtes Erforschen der eigenen Erfahrungen entwickelt.

In allen Fällen macht es Sinn, nach verfügbaren Alternativen zu fahnden, bevor man sich daran macht, sie in Eigenarbeit zu entwickeln. Zugegeben, die bestehenden Möglichkeiten sind meistens weithin bekannt, stellen Standardmethoden dar und tragen in aller Regel selten dazu bei, innovative Ideen auszulösen. Aber im allgemeinen sollte man sich zumindest die vorhandenen Alternativen bewußt machen, bevor man sich anschickt, eigene Lösungen zu erarbeiten. Es hat keinen Sinn, eine exotische Ferienreise maßzuschneidern, wenn es bereits sehr gute Abenteuerurlaube gibt, die nur darauf warten, von Ihnen entdeckt zu werden. Erst wenn Sie die Standardangebote kennen, kann es sich als Vorteil erweisen, nach originelleren Möglichkeiten zu suchen.

Ich habe die innere Einstellung erwähnt, die den ›Entwurf‹ neuartiger Alternativen fördert. Sie beinhaltet die Weigerung, eine Situation als gegeben und zementiert hinzunehmen. Sie erfordert die Bereitschaft, Grenzen und Elemente zu ändern, wie an früherer Stelle des Kapitels beschrieben.

Die Entwicklung neuer Alternativen muß bewußt in Angriff genommen werden. Man könnte behaupten, daß diese Entwicklungsarbeit nur eine andere Form der Suche darstellt. Der Grund ist, daß jede annehmbare Alternative im nachhinein logisch sein muß, was den Hinweis herausfordert, man wäre bei gründlicher Suche auch ohne kreative Anstrengung darauf gekommen. Solche Spitzfindigkeiten bringen nichts. Wenn Sie die Möglichkeiten, die Ihnen in den Sinn kommen, schriftlich fixiert haben, müssen Sie imstande sein, weitere Lösungsansätze zum Vergleich heranzuziehen. Normalerweise beinhaltet dieser Prozeß eine Mischung aus Suchen und Entwickeln.

Der Fixpunkt

Ich suche nach einer Alternative zum Lenkrad eines Autos.
Wie wäre es mit Spaghetti?

Da keine offenkundige Verbindung zwischen einem Lenkrad und Spaghetti besteht, akzeptieren wir diese Alternative nicht. Sie hätten genauso gut »Spazierstock« oder »Küchenschabe« sagen können.

Immer, wenn wir nach einer Alternative Ausschau halten, muß es einen Bezugspunkt oder sachlichen Zusammenhang geben.

Alternativen im Hinblick worauf?
Alternativen in Zusammenhang womit?

Wir bezeichnen diesen Bezugspunkt als ›Fixpunkt‹. Abb. 2.4 zeigt, wie eine Idee Gestalt annimmt; dann beginnt sich ein Fixpunkt herauszukristallisieren, und danach fahnden wir nach anderen Ideen, die sich an diesem Fixpunkt festmachen lassen. Diese anderen Ideen sind unsere Alternativen.

Im engen Wortsinn versteht man unter Alternative ›eine von zwei Möglichkeiten‹. Ich benutze den Begriff in seiner weitesten Bedeutung als eine von zahlreichen Möglichkeiten, Optionen oder Handlungsmustern.

Es gibt verschiedene mögliche Fixpunkte.

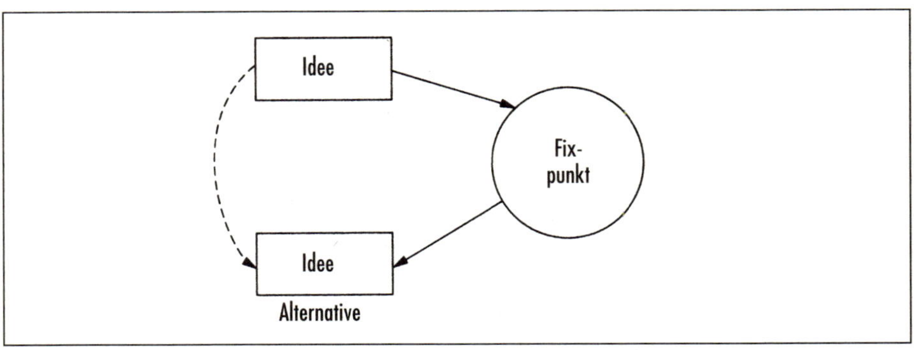

Abb. 2.4

Zielgebundene Fixpunkte

Das ist der offensichtlichste und am weitesten verbreitete Fixpunkt.

Welche anderen Möglichkeiten gibt es, dieses Ziel zu erreichen?

Welche Alterativen bieten sich an, um dieser Funktion gerecht zu werden?

Für den Pfadfinder bestand der Fixpunkt darin, Feuer anzuzünden. Also suchte er nach verschiedenen Möglichkeiten, sein Ziel zu erreichen. Beim Lenkrad hätte der Fixpunkt ›Alternativen für die Steuerfunktion‹ sein können. Oder ›Alternativen für die Übertragung der Handbewegungen in einen Steuermechanismus‹.

Immer, wenn etwas einem bestimmten Zweck dient, kann der Fixpunkt dazu beitragen, dieses Ziel zu erreichen.

Welches Ziel wird hier angestrebt? Das ist der Fixpunkt.

Kategorien

Welche Alternativen gibt es zu Orangen? Man könnte sagen, Äpfel, Birnen, Bananen usw. In diesem Fall zählen wir nur Produkte auf, die man der Kategorie ›übliche heimische Früchte‹ zurechnet. Vielleicht haben Sie auch spontan an die Zitrusfrüchte-Kategorie gedacht, zum Beispiel an Zitronen oder Grapefruit. Deshalb ist es so wichtig, den Fixpunkt genau zu definieren. Wenn Ihnen als Alternative die Kategorie ›Erfrischungsgetränke‹ eingefallen ist, hätten Sie vielleicht Bier einbezogen. Bei letzterem liegt ein klare Überschneidung mit dem zielgebundenen Fixpunkt vor.

Welche Schellfisch-Gerichte stehen sonst noch auf der Speisekarte?
Welche Fahrzeugmodelle mit Vierradantrieb können Sie mir sonst noch zeigen?
Welche Ferienwohnungen mit drei Schlafzimmern und Blick aufs Meer können Sie mir sonst noch anbieten?

Wir können eine Kategorie nennen oder charakteristische Merkmale auflisten, die zu Fixpunkten werden. Dann suchen wir nach Produkten, die zur genannten Gattung gehören, oder Angeboten, die mit dem Anforderungsprofil der neuen ad-hoc-Gruppe übereinstimmen.

Ähnlichkeit

Welche Blätter sehen so aus wie diese?
Welche Maler haben einen vergleichbaren Stil?
Welche Krankheiten verursachen einen ähnlichen Ausschlag am ganzen Körper?

Tatsache ist, daß die ›Ähnlichkeit‹ nur eine besondere Art ist, eine Kategorie genauer zu beschreiben. Aber die rein physische Verwandtschaft und wahrgenommene Übereinstimmung bestimmter Aspekte verdient ihre eigene Position als möglicher Fixpunkt. Ein phantasievoller Koch sucht gleichwohl stets nach neuen Möglichkeiten, ein Rezept zu variieren.

Konzepte

Man könnte behaupten, daß alle Fixpunkte in Wirklichkeit Konzepte sind. Es gibt Konzepte, die zielgerichtet sind, und solche, die auf den gemeinsamen Merkmalen einer Produktgruppe oder Kategorie basieren.

Wir bewegen uns von der Idee zum dahinter liegenden Konzept und suchen dann nach anderen Mitteln und Wegen, ein Vorhaben umzusetzen. Es ist, als würde man zuerst das Kind und danach die Eltern fragen, wo seine Geschwister stecken.

Eine Idee bezieht sich hier auf die praktische Seite eines Vorhabens, das Konzept auf die allgemeine Methode, die darin zum Tragen kommt. Wir begeben uns gewissermaßen auf eine Reise und legen die Route vorher fest. Diese Route ist das Konzept. Aber wir brauchen eine Beförderungsmöglichkeit, um ans Ziel zu gelangen: wir gehen zu Fuß, fahren mit dem Rad oder Auto, oder wir besteigen den Bus. Der spezifische Transportmodus ist die Idee.

> Der Fixpunkt ist das Vergütungssystem: Wie soll das Vergütungssystem für unsere Außendienstmitarbeiter aussehen?
> Ich denke, der Fixpunkt sollte die ›Motivation‹ der Mitarbeiter sein, was nicht dasselbe ist wie ›Vergütung‹.
> Mein Fixpunkt ist das ›Provisionskonzept‹ für den Außendienst. Welche Alternativen gäbe es?

Es ist wichtig, das Konzept, das als Fixpunkt gelten soll, genau zu umreißen und zu formulieren.

Oft lassen wir fünf gerade sein, wenn wir uns auf die Suche nach Alternativen begeben. Wir haben vage einen Fixpunkt entdeckt (normalerweise ein Ziel), dann halten wir auf gut Glück nach diversen Lösungsansätzen Ausschau. Wenn der Fixpunkt als ›Motivation‹ definiert wurde, wäre Angst eine Alternative, was beim Fixpunkt ›Vergütungssystem‹ nicht unbedingt der Fall ist. Und macht man die Überlegungen am Fixpunkt ›Provision‹ fest, sind Belohnungen nach dem Gießkannenprinzip keine gute Idee.

Wir überlegen, welche Optionen eine berufliche Beförderung ersetzen könnten. Mögliche Fixpunkte wären: Geld, Macht, Status, Anerkennung, mehr Verantwortung, das Bewußtsein, etwas erreicht zu haben, gesellschaftliche Position usw. Einigen käme ein klangvoller Titel als Alternative recht, für andere wäre das Schall und Rauch.

Es geht nicht darum, den ›richtigen‹ Fixpunkt zu finden, sondern mit mehreren Fixpunkten gedankliche Experimente durchzuführen.

Manchmal können wir nach einem Konzept Ausschau halten, das uns gestattet, zwei völlig unterschiedliche Alternativen miteinander zu verschmelzen. Gibt es ein Konzept, das ›Lenkrad‹ und ›Spaghetti‹ auf einen Nenner bringt, so daß sich eine sinnvolle Alternative daraus schmieden läßt? Ein solches Konzept wäre die ›Flexibilität‹. Bei der Vorstellung kristallisiert sich der Unterschied heraus, daß sich die gekochten Nudeln in sämtliche Richtungen biegen lassen, während das Lenkrad nur nach rechts oder links beweglich ist. Dieser Gedanke eröffnet interessante Möglichkeiten.

Der Konzeptfächer

Angenommen, Sie wollen in einem Zimmer mit normaler Raumhöhe ein Dekorationsobjekt an der Decke befestigen. Die Lösung ist einfach. Sie suchen eine Leiter. Aber sie können nirgendwo eine Leiter finden. Was nun? Werfen Sie das Handtuch und behaupten, die Aufgabe sei undurchführbar?

Die Leiter ist nur eine von vielen Möglichkeiten, ›den Boden zu verlassen‹. Das Bestreben, ›den Boden zu verlassen‹, wird zum Fixpunkt. Eine andere Möglichkeiten, diesem Fixpunkt gerecht zu werden, könnte darin bestehen, daß Sie sich auf einen Tisch stellen oder jemanden bitten, Sie hochzuheben.

Den Boden zu verlassen ist an sich nicht mehr als ein Weg, um ›die Entfernung zwischen dem Objekt und der Zimmerdecke zu verringern‹. Das wird Ihr neuer Fixpunkt, und Sie suchen nach Alternativen. Dieses Mal sind die Alternativen jedoch selbst Konzepte. Eines bestünde darin, ›Ihren Arm künstlich zu verlängern‹. Es läßt sich praktisch umsetzen, wenn Sie ›einen Stock benutzen‹. Oder Sie versuchen, ›das Objekt selbst in Bewegung zu versetzen‹. Das gelingt Ihnen, wenn Sie einen Ball daran befestigen und diesen an die Decke werfen.

Alternativen werden, wie in diesem Beispiel und in Abb. 2.5 deutlich, in zwei Schichten aufgebaut. Wir bewegen uns von einer Idee (der Leiter) zum Konzept, das zum Fixpunkt für weitere Ideen wird. Aber wir können auch das

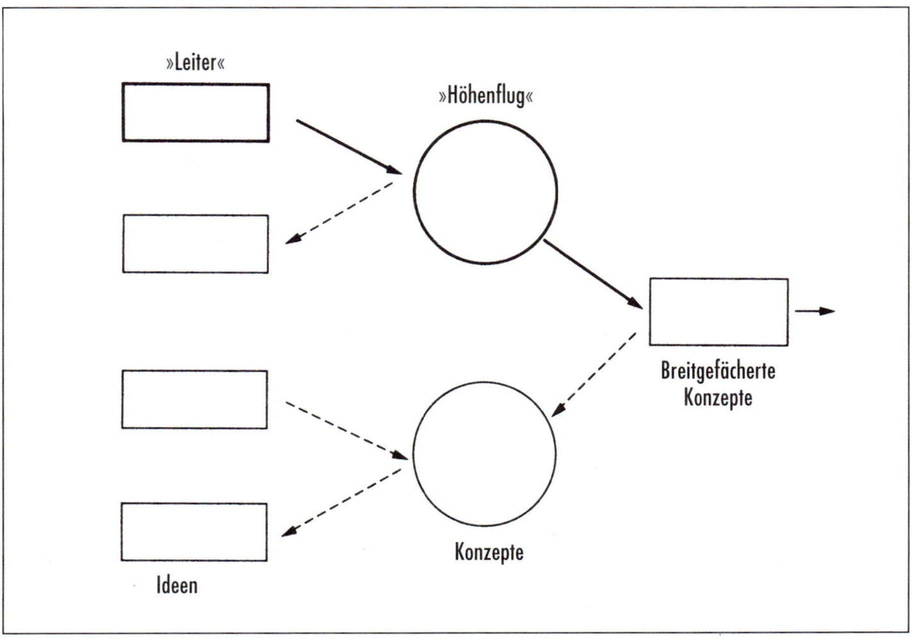

Abb. 2.5

Konzept selbst auf der zweiten Stufe in ein breitergefächertes Konzept verwandeln, das als Fixpunkt für die Entwicklung alternativer Möglichkeiten dient. Wir stützen uns also auf ein zweischichtiges Konzept, wobei sich der Ideenstrom wie die Kaskaden eines Sprungbrunnens in das nächste Konzept-Sammelbecken ergießt. Diesen Prozeß bezeichnen wir als ›Konzeptfächer‹.

Am einen Ende des Konzeptfächers haben wir den Zweck oder das Ziel der Denkoperation. Der Konzeptfächer ist eine zielspezifische Technik. Wie lösen wir dieses Problem? Wir meistern wir diese Aufgabe? Wie gelangen wir an das gewünschte Ziel?

Wenn wir uns vom Ziel unseres Denkvorgangs rückwärts bewegen, haben wir den breitgefächerten Lösungsansatz bzw. die grobe Marschrichtung oder Route, die uns zum Ziel führt. Wenn das Ziel darin besteht, ›einer Wasserverknappung entgegenzuwirken‹, könnten die Lösungsansätze oder Marschrouten folgendermaßen aussehen:

Verbrauch einschränken.
Angebot erhöhen.
Ohne Wasser auskommen.

Diese breitgefächerten Konzepte oder Marschrouten werden jeweils zum Fixpunkt, um alternativen Lösungsmöglichkeiten auf die Spur zu kommen. Wir bewegen uns nun also nach links und schaffen die Konzeptebene. Jedes Konzept stellt eine Möglichkeit dar, die eine oder andere Marschroute einzuschlagen.

Unter der Rubrik ›Wasserverbrauch einschränken‹ könnten wir folgende Konzepte in Betracht ziehen:

Wirtschaftlichere Nutzung.
Weniger Wasser verschwenden.
Verbrauch verringern.
Bevölkerung über Verknappung der Ressource aufklären.

Unter der Rubrik ›Angebot erhöhen‹ könnten wir über folgende Konzepte nachdenken:

Neue Quellen der Wassergewinnung ermitteln.
Recycling.
Wahrung der Ressourcen.

Und die Rubrik ›ohne Wasser auskommen‹ könnte die Konzepte beinhalten:

Aktivitäten mit hohem Wasserverbrauch stoppen.
Wasser durch andere Substanzen ersetzen.
Freiwilliger Verzicht auf Bedürfnisse, bei denen hohe
Wassermengen verbraucht werden.

Am Ende dieser Phase haben wir neun alternative Konzepte. Jedes dieser Konzepte wird zum Fixpunkt der nächsten Konzeptschicht. Für jedes Konzept suchen wir nun alternative Möglichkeiten der praktischen Umsetzung. Wir forschen nach alternativen Ideen.

Bei dem Konzept ›Verbrauch verringern‹ könnte uns beispielsweise einfallen:

Wasserverbrauch regelmäßig messen.
Wasserbenutzungsgebühr erheben.
Wasserbenutzungsgebühr erhöhen.
Wasser nur aus öffentlichen Quellen erhältlich.
Wasser nur zu bestimmten Zeiten erhältlich.
Wasser mit einem harmlosen, aber schlecht riechenden Mittel versetzen.
Verbrauch für Gartenbewässerung, Schwimmbecken usw. per Gesetz einschränken.
Namen der Personen und Firmen mit Verbrauchsrekord veröffentlichen.
Rationierung androhen.

Der gleiche Prozeß läßt sich für jeden einzelnen Denkvorgang auf der Konzeptebene durchführen.

Der gesamte Prozeß ist in Abb. 2.6 anschaulich dargestellt.

Die drei Ebenen des Konzeptfächers sind:

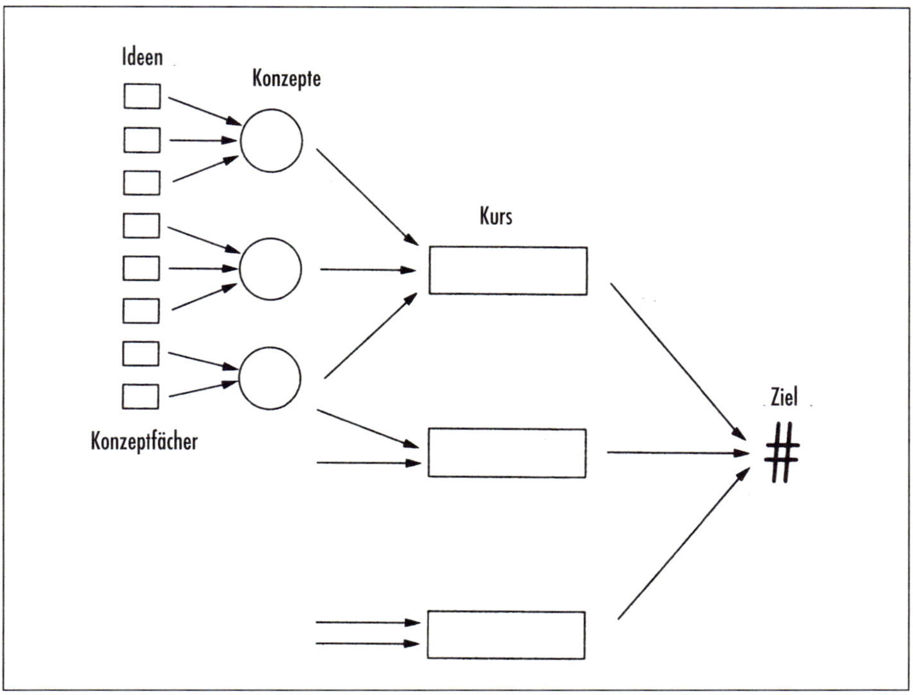

Abb. 2.6

Marschrouten

Hier ist das grobe Profil des Konzepts oder Lösungsansatzes gemeint. Das breitgefächerte Konzept, dessen Konturen Sie skizzieren, wird die Route, die Sie zum Ziel führen soll.

Konzepte

Die allgemeine Methode oder Marschrichtung.

Ideen

Spezifische, konkrete Möglichkeiten, ein Konzept praktisch umzusetzen. Eine Idee muß fest umrissen sein, so daß sie sich unmittelbar verwirklichen läßt.

Wir können wieder die zuvor erwähnte Analogie benutzen. Wenn Sie nach Norden fahren, haben Sie sich für diese ›Route‹ entschieden. Es gibt viele Wege, die nach Norden führen; sie stellen die ›Konzepte‹ dar. Sie müssen ein bestimmtes Vehikel für Ihre Reise nach Norden wählen (per Auto, Bus oder zu Fuß), und dieses Vehikel ist die ›Idee‹.

Viele Leute zerbrechen sich den Kopf über den Unterschied zwischen Konzept und Marschroute. Das liegt daran, daß der Unterschied relativ ist. Wir verstehen hier unter Marschroute das am weitesten gefaßte Konzept, das Sie sich derzeit vorstellen können. Sollte Ihnen später ein noch breiter gefächertes einfallen, wird dieses zu Ihrer Marschroute.

Die drei Schichten des Konzeptfächers haben nichts Geheimnisvolles. In der Praxis kann es vorkommen, daß zwischen den Routen und Ideen zahlreiche Konzeptschichten liegen. Die Route ist immer die grob skizzierte Marschrichtung, und die Idee der spezifische Weg, der zur Bewältigung einer Aufgabe führt. Alles, was auf der Skala zwischen diesen beiden Punkten angesiedelt ist, wird zum Konzept.

Wie Sie einen Konzeptfächer entwickeln

Bei der Entwicklung eines Konzeptfächers sollen Sie beim Ziel beginnen und rückwärts vorgehen. Bei jeder Etappe fragen Sie sich: »Wie bin ich an diesen Punkt gelangt?« Sie bewegen sich also von der Marschroute zur Konzeptebene und haben am Ende ein Sammelsurium alternativer Ideen, was der Zweck der Übung ist.

Leider behagt unserem Gehirn diese fein säuberlich vorgezeichnete Marschrichtung gar nicht. Wenn wir uns vornehmen, einen Konzeptfächer zu entwickeln, springt es oft unvermittelt von einer Idee zur nächsten. Angenommen, Sie wollen einen Konzeptfächer für das Verkehrsproblem in Großstädten ausarbeiten. Ihr Gehirn schlägt prompt vor: ›Arbeitsplatz in den eigenen vier Wänden‹. Dann fragen Sie sich: »Wie würde sich das auswirken?« Die Antwort lautet, daß dadurch »weniger Leute gezwungen wären, das Auto zu benutzen.« Und welchen Vorteil hätte das? Dadurch würde sich das Verkehrsaufkommen vermutlich reduzieren. ›Das Verkehrsaufkommen reduzieren‹ ist eine Marschroute, die Verringerung der Notwendigkeit, das Auto zu benutzen, eine Idee. (In diesem Fall ist der ›Arbeitsplatz in den eigenen vier Wänden‹ ein eigenständiges Konzept; deshalb müßten wir nach realisierbaren Ideen suchen, es in die Praxis umzusetzen).

Vielleicht fallen Ihnen auf Anhieb ›Fahr- oder Haltergemeinschaften‹ ein. Welchen Vorteil hätte diese Möglichkeit? Dadurch ließe sich die ›Anzahl der Fahrzeuginsassen‹ erhöht. Mit welchem Ergebnis? Das Verkehrsaufkommen würde sich verringern. Die ›Anzahl der Fahrzeuginsassen erhöhen‹ ist ein Konzept, und eine andere Möglichkeit, es umzusetzen, wäre die ›verstärkte Benutzung öffentlicher Verkehrmittel‹.

Sie denken daran, die ›Arbeitszeit zu staffeln‹. Welchen Nutzen hätte das? Dadurch würden der ›Verkehr zu Stoßzeiten entlastet‹. Welche Vorteile wären damit verbunden? Damit ließe sich unter anderem der ›Verkehrsfluß auf den vorhandenen Straßen verbessern‹. Dieser Ansatz bietet also eine zweite Route oder einen alternativen Problemlösungsansatz.

Wenn Sie also eine Idee (oder sogar ein Konzept) gefunden haben, bewegen Sie sich ›stromaufwärts‹ mit der Frage: »Welchen Nutzen hätte dieses Vorhaben?« Wenn Sie über eine Marschroute (oder ein Konzept) nachdenken, bewegen Sie sich ›stromabwärts‹ mit der Frage: »Wie läßt sich dieses Vorhaben praktisch umsetzen?«

Ungeachtet Ihres Ausgangspunktes entwickeln Sie also immer schrittweise einen Konzeptfächer.

An dieser Stelle sollte in aller Deutlichkeit gesagt werden, daß dieser Konzeptfächer immer zielspezifisch ist. Alles dreht sich um die Frage: »Wie gelangen wir ans Ziel?« Es handelt sich nicht um eine verzweigte Analyse, bei der ein Themenbereich in Abschnitte und Unterabschnitte gegliedert wird. Der Hauptakzent liegt auf dem Handeln, nicht auf der Beschreibung oder Analyse.

Im Konzeptfächer können Sie, so oft wie Sie möchten, wieder zum gleichen Punkt zurückkehren. Bei dem Konzeptfächer ›Das Problem des Wassermangels in den Griff bekommen‹ bestand eine Marschroute darin, ›ohne Wasser‹ auszukommen. Es liegt auf der Hand, daß sich dieser Punkt auch in das Konzept ›Verringerung des Wasserverbrauchs‹ einbringen läßt. Er könnte an mehr als einer Stelle und auf mehr als einer Ebene auftauchen. Wenn Sie nicht in der Lage sind, zu entscheiden, unter welche der beiden Rubriken Sie ihn einordnen sollen, listen Sie ihn einfach unter beiden auf.

Der Zweck des Konzeptfächers besteht darin, einen Bezugsrahmen für die Entwicklung alternativer Ideen zu schaffen. Dieser Rahmen forciert die Suche nach weiteren Möglichkeiten, weil er eine Vielzahl von Fixpunkten in Abfolge bietet. Der Konzeptfächer kann auch neue Fokuspunkte beinhalten. Beispielsweise schwebt Ihnen vage ein bestimmtes Konzept vor, aber Sie haben keinen blassen Schimmer, wie es sich realisieren ließe. Beim Verkehrsproblem könnte ein Konzept darin bestehen, ›diejenigen zu belohnen, die bei Fahrten in die Stadt das Auto zu Hause lassen‹. Aber Sie haben im Augenblick keine Ahnung, wie sich das in der Praxis bewerkstelligen ließe. Der Gedanke wird nun zu Ihrem kreativen Fokuspunkt. Sie beschließen, die Möglichkeiten zu erforschen.

Menschen, die in einiger Entfernung von der nächsten menschlichen Ansiedlung auf dem Lande wohnen, geben oft folgende Wegbeschreibung ab: »Fahr' einfach bis XXX, das ist der nächst größere Ort; da kann dir jeder sagen, wie du zu uns kommst.« Also machen Sie sich auf den Weg nach XXX. Dort erklären Ihnen die Dorfbewohner: »Wenn Sie nach YYY fahren, ist es kein Problem, XXX zu finden; der Weg ist ausgeschildert.« Die Route wird also rückwärts aufgerollt: Zuerst fahren Sie nach XXX, dann nach YYY, und von dort zum Haus Ihrer Freunde. Der Konzeptfächer bietet Ihnen eine Möglichkeit, sich rückwärts vom Ziel zu den realisierbaren Alternativen vorzuarbeiten, die dazu beitragen, dieses Ziel zu erreichen.

Der Unterschied zwischen einem Konzeptfächer und einer direkten Auflistung der Alternativen wird in Abb. 2.7 deutlich. Der Kaskadeneffekt der Konzeptschichten und Routen ist klar zu erkennen.

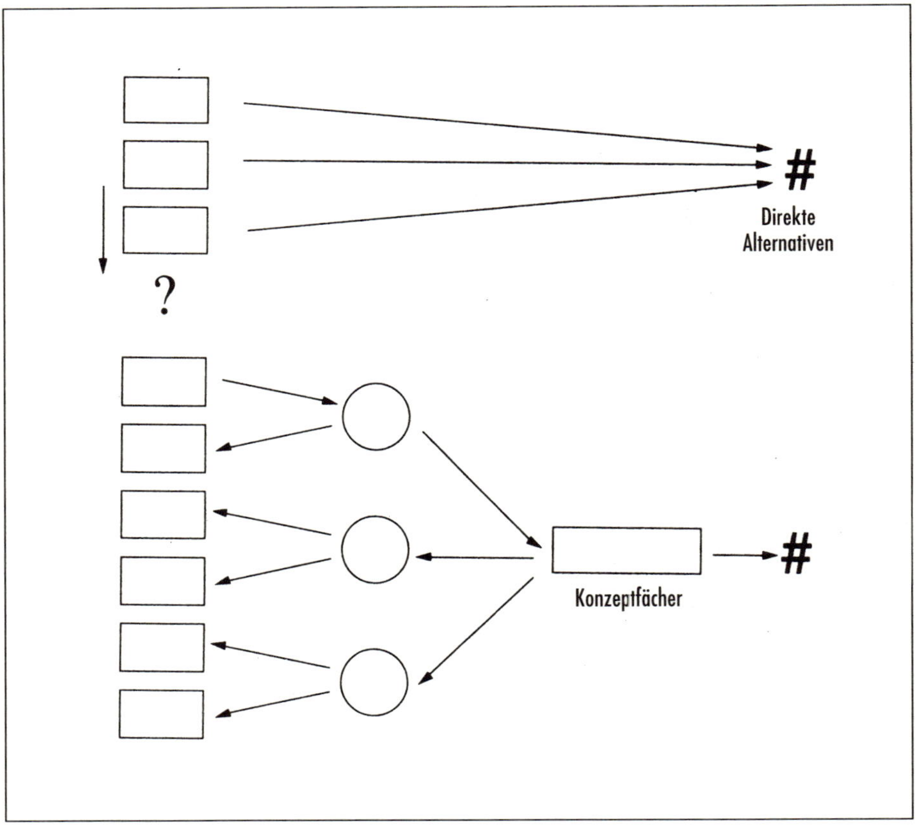

Abb. 2.7

Provokante Alternativen

Normalerweise bemühen wir uns bei der Suche nach Alternativen um zündende Ideen, deren praktischer Nutzen auf den ersten Blick erkennbar ist. Warnschilder sind meistens rot. Wenn wir an andere Signalfarben denken, fällt uns spontan ›Gelb‹ oder ›Orange‹ ein. Gelb ist eine helle Farbe und bei Nacht deutlicher zu sehen als rot. Orange hat ebenfalls einen Leuchteffekt und kommt seltener vor als rot oder gelb. ›Gelb‹ und ›Orange‹ sind also bei Warnschildern ernsthafte Alternativen mit einem Nutzen, der sich überzeugend begründen läßt.

Wir können jedoch auch bewußt Möglickeiten ins Auge fassen, die keinerlei Hinweis auf den Nutzen enthalten. Wir können beispielsweise vorschlagen, ›blaue‹ Warnschilder aufzustellen und ›blau‹ als Alternative zu ›rot‹ betrachten. Blau gehört zu den Primärfarben. Über den Nutzen der Farbe Blau, wenn es gilt, die Aufmerksamkeit auf einen bestimmten Punkt zu lenken, ist nichts ausgesagt. Wir überlegen, ob sie vielleicht einen Nutzen haben könnte. Das ist eine provokante Alternative, denn die Gründe für die Wahl der Farbe Blau werden oft erst offenkundig, *nachdem* Sie den Vorschlag gemacht haben.

Es besteht ein großer Unterschied zwischen dem Ausleuchten einer Alternative, die bereits einen klar erkennbaren Nutzen aufweist, und Vorschlägen, bei denen sich erst zeigen muß, welche Wirkung sie haben.

Das ist ein wichtiges Element der mentalen Provokation. Die Logik und Techniken dieses Prozesses werden in einem nachfolgenden Kapitel erläutert. Die Suche nach einer provokanten Alternative läßt sich jedoch als eigenständige Kreativitätsmethode anwenden:

> Hier ist eine provokante Alternative: überlegen wir einmal, ob sie einen Nutzen haben könnte.
>
> Es gibt keine Gewähr dafür, daß eine provokante Alternative tatsächlich einen Nutzen bietet.

Auswertung

Wie lassen sich die Alternativen, die wir entwickelt haben, objektiv bewerten? Die Auswertung, oder Evaluation, ist ein Thema für sich, auf das ich im Anwendungsteil noch einmal zurückkommen werde. Im Prinzip sollte sich die Auswertung der Ideen, die mittels Kreativitätstechniken entstehen, sich nicht von der Auswertung gleich welcher anderen Ideen unterscheiden. Der Evaluationsprozeß ist logisch, begründbar und kein unmittelbarer Teil des kreativen Prozesses, was er auch nicht sein sollte.

Bevor kreative Ideen die Auswertungsphase erreichen, müssen sie gründlicher bearbeitet werden, um sie feinzuschleifen, maßzuschneidern, ihr Potential voller zu entfalten und Schwächen auszumerzen. Dieser Prozeß, der für alle innovativen Ideen gilt, wird an späterer Stelle genauer erklärt.

Im allgemeinen werden bei der Auswertung vier Kriterien als Meßlatte zugrunde gelegt:

Realisierbarkeit. Funktioniert die Idee wirklich? Welche Möglichkeit gibt es, sie zu verwirklichen?

Vorteile. Welche Vorteile bietet sie? Wie groß sind die Vorteile? Worin wurzeln diese Vorteile? Wie langlebig sind die Vorteile? Ohne hohen Punktestand in diesem Bereich hat die Idee keinen unmittelbaren Nutzen.

Ressourcen. Sind die Ressourcen verfügbar, die man zur Umsetzung der Idee braucht? Zu diesen Ressourcen gehören Zeit, Geld, Personal, Technologie, Mechanismen und Motivation. Eine Idee mag realisierbar sein, aber nicht selten fehlen die Mittel und Möglichkeiten, sie zu implementieren.

Übereinstimmung. Stimmt die Idee mit dem Profil der Firma/der Person überein, die sie höchstwahrscheinlich umsetzen wird? Das Konzept der Übereinstimmung umfaßt Strategien, Unternehmenspolitik, Persönlichkeitsmerkmale, Zielsetzungen usw.

Diese stark gekürzte Checkliste kann für eine erste, grobe Auswertung der entwickelten Alternativen verwendet werden.

Konzepte

Die Fähigkeit, abstrakt zu denken, ist vermutlich die Grundlage der menschlichen Vernunft. Der Pfadfinder, der nach Möglichkeiten sucht, ohne Streichhölzer ein Feuer anzuzünden, hat ein generelles Konzept benutzt, um nach Alternativen Ausschau zu halten. Wir verwenden auf Schritt und Tritt Konzepte, sowohl bewußt als auch unterschwellig. Trotzdem fühlen sich viele Menschen, vor allem in den USA, unbehaglich im Umgang mit Konzepten. In ihren Augen handelt es sich dabei um eine vage, rein akademische und völlig unnötige Gedankenakrobatik. Sie ziehen es vor, eine Aufgabe sofort anzupakken und konkrete Maßnahmen einzuleiten.

Bei der Erschließung Nordamerikas war Pioniergeist gefragt. In einer Gesellschaft, die immer wieder Neuland erkundete, war Handeln oft wichtiger als Nachdenken. Ein Tatmensch stürzt sich in Aktivitäten, während der Denker zu Hause sitzt und grübelt. Auf diese Weise entstand eine handlungsorientierte Kultur in den USA. Doch die Welt hat sich verändert: sie ist von beinhartem Wettbewerb und einem Überfluß an Waren und Dienstleistungen gekennzeichnet. Denken fällt heute beinahe genauso ins Gewicht wie Handeln.

Eine Bank in Kalifornien war die erste, die Kontoauszugsdrucker installierte. Dahinter stand das Konzept, den Kunden, die nicht mehr in der Schalterhalle Schlange stehen wollten und imstande waren, den Automaten zu bedienen, eine bequemere Abfrage des Kontostands zu ermöglichen. Nachdem die Kontoauszugsdrucker eine Weile in Betrieb waren, nahm die Bank diesen Vorgang genauer unter die Lupe. Zu den vorrangigen Kundensegmenten zählten mexikanische Einwanderer (legale und illegale), die nicht gut oder gerne Englisch sprachen und die Anonymität der Kontoauszugsdrucker dem persönlichen Kontakt vorzogen. Das dominierende Konzept war hier die ›Anonymität‹.

Sämtliche Aktivitäten, vor allem im geschäftlichen Bereich, stützen sich auf ein Konzept, das oft stillschweigend inbegriffen ist. Ist der Versuch, dieses Konzept zu herauszufiltern und sichtbar zu machen, wirklich nichts weiter als eine akademische Übung?

Oft sind mehreren Konzepte gleichzeitig wirksam. Andere sehen dasselbe Konzept aus einer unterschiedlichen Warte. Woher wissen wir, das wir das richtige Konzept herausgefiltert haben? Warum sollte uns daran gelegen sein, es sichtbar zu machen? Reicht es nicht aus, wenn es Erfolg hat?

Mehrere Gründe sprechen dafür, ein Konzept herauszufiltern und aufzuzeigen.

Alternativen erkunden

Wenn es uns gelingt, ein Konzept herauszufiltern, können wir es als Fixpunkt benutzen, um alternative Möglichkeiten zu erkunden, ein Vorhaben in die Praxis umzusetzen. Einige dieser Alternativen haben möglicherweise ein größeres Potential als die Ideen, die uns derzeit vorschweben.

Fundament stärken

Wenn wir ein Konzept herausfiltern, können wir es mit Hilfe bewußter Verbesserungsbemühungen stärken. Wir sind imstande, Fehler und Schwachstellen auszumerzen und das Konzept auf ein solides Fundament zu stellen.

Veränderungen durchführen

Sobald wir das Konzept kennen, können wir es verändern. Diesen Wunsch verspüren wir vielleicht gerade dann, wenn nicht alles zum Besten steht, wenn wir uns einer Wettbewerbsbedrohung gegenübersehen oder das Gefühl haben, daß wir die günstigen Marktbedingungen nicht optimal nutzen.

Wir können mehrere Konzepte im allgemeinen Geschäftsfeld ›Fast Food‹ herausfiltern:

Blitzschnelle Bedienung.
Standardisierte Produkte, Preise und Qualität.
Preisgünstig.
Treffpunkt für Jugendliche.

Nun hinterfragen wir jedes einzelne Konzept.

Wir können die ›blitzschnelle Bedienung‹ für diejenigen beibehalten, die nicht lange auf ihr Essen warten wollen, aber es wäre vielleicht auch nicht schlecht, wenn die Kunden länger im Verkaufsraum verweilten. Dann können wir ihnen mehr Produkte schmackhaft machen, z.B. einen Salat als zusätzliche Beilage, Eis zum Nachtisch usw. Auf diese Weise wären wir vielleicht in der Lage, den Umsatz je Besucher zu erhöhen. Oder wir finden auf eine andere Möglichkeit, den Fast-Food-Kunden ›standardisierte Produkte, Preise und Qualität‹ zu bieten, zum Beispiel abgepackte Menüs, die alle das gleiche kosten und von 1-A-Qualität sind. Restaurants, die solche Menüs anbieten, weisen mit einem Schild darauf hin. Die Palette der Gerichte könnte auch auf Tiefkühlkost beschränkt sein, die nur noch in der Mikrowelle warm gemacht werden muß und jedwedes Risiko ausschließt, daß Ihnen beim Kochen etwas mißlingt.

Das Konzept ›preisgünstig‹ wurde von einigen Fast-Food-Restaurants, die sich auf Fisch, Sushi oder andere teure Gerichte spezialisiert haben, bereits mit Erfolg angefochten.

Das Konzept des Treffpunkts für die Jugend ließe sich noch auf verschiedene Weise verbessern, oder untergraben, falls die Verkaufsfläche dadurch nicht gewinnbringend genutzt wird.

Von der Idee zum Konzept

Im allgemeinen ist es schwierig, auf der Konzeptebene zu arbeiten. Deshalb macht es Sinn, auf der Ideenebene zu beginnen und den Faden dann schrittweise ›zurückzuspulen‹, um das dahinter liegende Konzept aufzuspüren.

Wie sieht hier das Konzept aus?
Welches Konzept steht hinter dieser Idee?

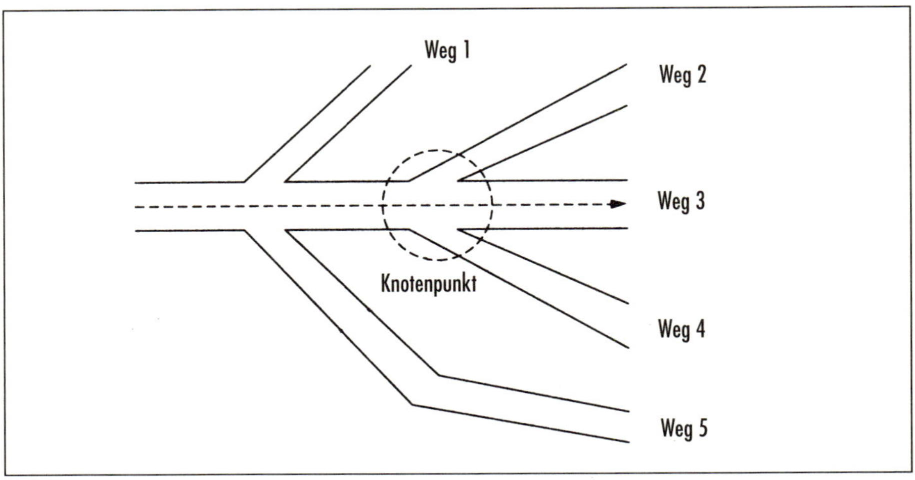

Abb. 2.8

Abb. 2.8 zeigt eine Straße; sie führt zu Ihrem Urlaubsort am Meer. Sie wollen Ihr Feriendomizil schnellstmöglich erreichen. Sie passieren die Kreuzung, ohne die anderen Ortsnamen bewußt wahrzunehmen, und konzentrieren sich nur auf die Hinweisschilder, die Sie an Ihr Ziel bringen. Aus irgendeinem Grund sind Sie unzufrieden, als Sie dort ankommen, vielleicht herrscht zuviel Trubel. Sie überlegen, ob Sie bis zur Straßenkreuzung zurückfahren und eine Route einschlagen sollen, die zu einem andern Ferienort führt.

Konzepte ähneln Kreuzungen oder Knotenpunkten. Wir kehren dorthin zurück, um einen anderen Weg zu suchen, der uns unserem Ziel näherbringt. Deshalb eignen sich Konzepte hervorragend als Fixpunkte für die Entwicklung von Alternativen.

Bei jeder Idee, die im Rahmen kreativer Denkprozesse auftaucht, lohnt es sich, den Faden zurückzuspulen, um zu sehen, wie das zugrunde liegende Konzept beschaffen sein könnte. Bisweilen entdecken Sie mehrere Konzepte gleichzeitig, und auch hinsichtlich der Beschaffenheit eines Konzepts herrschen unterschiedliche Meinungen. Der mangelnde Konsens spielt keine Rolle, denn der Zweck des Zurückspulens besteht darin, neue Ideen zu entwikkeln. Das ist alles, was zählt.

Dieser Prozeß des Zürückspulens, der uns auf die Konzeptebene führt, läßt sich durch eine Reihe von Fragen erleichtern:

Wie ist hier die allgemein vorherrschende Methode?
Welche Verfahrensweise ist hier relevant?
Diese Idee stellt eine Möglichkeit dar, was zu tun?

Sobald wir es uns zur Gewohnheit gemacht haben, einen Sachverhalt zur Konzeptebene zurückzuspulen, können wir unser kreatives Potential auch auf der Ideenebene ›anzapfen‹. Das ist wesentlich einfacher als die ständige Arbeit auf der abstrakten Konzeptebene.

Konzeptmerkmale

Meistens sind wir aufgefordert, präzise wie ein Uhrwerk zu denken und die Ergebnisse klar zu beschreiben. Konzepte sind die große Ausnahme. Hier legen wir einen Entwurf vor, der allgemein gehalten, nicht-spezifisch, verschwommen und nebulös ist. Je detaillierter die Einzelheiten ausgearbeitet sind, desto begrenzter ist der Nutzen.

An diesem Punkt sehen wir uns einer Schwierigkeit bei der Begriffsbestimmung gegenüber. Es gibt zahlreiche Konzeptebenen, die auf einer Skala zwischen ›ziemlich spezifisch‹ bis ›sehr allgemein‹ rangieren.

Unser Unternehmen sieht seine Aufgabe darin, vergoldete Kugelschreiber zu verkaufen.
Unser Unternehmen sieht seine Aufgabe darin, vergoldete Schreibgeräte zu verkaufen.

Unser Unternehmen sieht seine Aufgabe darin, sehr persönliche Produkte der Luxusklasse zu verkaufen.
Unser Unternehmen sieht seine Aufgabe darin, Luxusgüter zu verkaufen.
Unser Unternehmen sieht seine Aufgabe darin, mit dem Verkauf seiner Produkte die Wünsche und Bedürfnisse der Kunden zu befriedigen.
Unser Unternehmen sieht seine Aufgabe darin, Gewinne zu erzielen.

Hier haben wir sieben Konzeptebenen, die sich mit den charakteristischen Merkmalen einer bestimmten Branche befassen. Die erste ist zweifellos sehr spezifisch und lediglich darauf bedacht, die Unternehmensaktivitäten zu beschreiben. Die letzte ist bei weitem zu allgemein formuliert und könnte sich auf gleich welche Branche beziehen. Der Trick besteht darin, die brauchbarste Konzeptebene für Ihre kreative Arbeit zu ermitteln. Das ist nicht so einfach. Und es gibt auch keine Zauberformel, die Ihnen den Zugang zur richtigen Konzeptebene auf Anhieb erschließt. Ins Schwarze zu treffen ist hier eine Sache des Fingerspitzengefühls, das Sie mit einiger Übung im Lauf der Zeit entwickeln.

Die beste Möglichkeit, eine brauchbare Konzeptebene zu finden, besteht darin, über ein Konzept nachzudenken und es dann sowohl zu verallgemeinern als auch zu spezifizieren. Sie strecken Ihre Fühler rund um Ihr Konzept aus und fächern die Überlegungen gleichmäßig in beide Richtungen auf.

Angenommen, Sie wollen einen Blick auf die Branche der Autoverleiher werfen. Sie filtern das Konzept heraus, ›Kunden zeitweilig ein eigenes Transportmittel zur Verfügung stellen‹. Eine spezifische Formulierung wäre: ›Fahrzeuge jederzeit und an jedem vom Kunden gewünschten Ort zu einem Preis zur Verfügung zu stellen, der dem Unternehmen einen Gewinn ermöglicht‹. Eine allgemeine Beschreibung könnte lauten: ›Die Transportbedürfnisse der Kunden befriedigen‹.

Wenn Sie Ihr herausgefiltertes Konzept nach oben und nach unten auffächern, spüren Sie bald, ob Sie sich auf einer brauchbaren Konzeptebene befinden.

Manchmal hat es den Anschein, als besäße ein Konzept große Ähnlichkeit mit der Definition eines Produktes oder einer Dienstleistung.

Konzept einer Zahnbürste: ›Ein Gerät mit Handgriff an dem einen und gebündelten Borsten am anderen Ende, auf die man Zahnpaste streicht‹.
Das Konzept kann auch knapp formuliert sein und nur aus einem einzigen Schlüsselwort bestehen.
Konzept einer Zahnbürste: ›Eine *bequeme* Art, Zahnpasta zu benutzen‹.

Hinter Begriffen wie ›bequem‹, ›flexibel‹, ›Provision‹ und ›Gleichgewicht‹ verbergen sich ausnahmslos Konzepte. Oft reicht ein Wort aus, um es zu charakterisieren, aber es kann auch eine längere Beschreibung erforderlich sein. Es ist allerdings nicht nötig, zuviele Einzelheiten einzufügen.

Konzeptarten

Es gibt allgemeine Konzepte, die in jedes Produkt- oder Dienstleistungskonzept integriert werden können. Dazu gehören beispielsweise solche, die sich hinter Begriffen wie ›Bequemlichkeit‹, ›anpassungsfähig‹, ›leistungsstark‹ usw. verbergen. Darüber hinaus haben wir die sogenannten definierenden Konzepte, die einen einzigartigen Aspekt der Ware oder Dienstleistung hervorheben. Ob es sich um ein definierendes Konzept handelt, läßt sich anhand der Frage klären: »Könnte diese Beschreibung auch auf etwas anderes zutreffen?«
Betrachten Sie folgende Versuche, das ›Konzept einer Leiter‹ zu beschreiben:

> Eine Möglichkeit, an einen höher gelegenen Ort zu gelangen.
>
> Das ist zu allgemein formuliert. Das Konzept könnte sich auf einen Fahrstuhl, eine Rolltreppe, einen Kran oder sogar auf Bergsteigerschuhe beziehen.
>
> Eine Methode, sich mit Hilfe menschlicher Muskelkraft senkrecht fortzubewegen.
>
> Nun kommen wir der Sache langsam näher, aber die Beschreibung trifft auch auf eine steile Treppe zu.
>
> Eine Struktur, die Schritte in senkrechter Richtung ermöglicht.

Diese Konzeptbeschreibung ist schon eindeutiger.

Eine physikalische Beschreibung der Leiter hätte folgendermaßen aussehen können:

> Zwei parallele, senkrechte Pfosten mit waagerechten,
> in regelmäßigen Abständen befestigten Sprossen.

Was halten Sie von den folgenden möglichen Konzepten einer ›Individualversicherung‹:

> Eine Kompensationsmethode.
> Versicherungsleistungen bei Verlusten durch Unfälle/Katastrophen mit Personen- oder Sachschäden.
> Schutz vor unerwarteten Verlusten.
> Die Versicherungsnehmer zahlen Beiträge in einen Fond ein, der im Schadensfall der Schadensregulierung dient.
> Risikominderung.
> Prämienzahlungen, die im Versicherungsfall zu finanzieller Entschädigung berechtigen.
> Streuung des Risikos.
> Gegenseitiger finanzieller Schutz.

Alle diese Beschreibungen sind zutreffend. Aber manche lassen wesentliche Merkmale aus, z.B. das Element des nicht-finanziellen Beitrags, den jeder einzelne leistet. Die ›Risikominderung‹ könnte sich beispielsweise auch darauf beziehen, daß jemand keinen Schritt mehr vor die Tür setzt, um jeder Gefahr vorzubeugen, oder sein Garagentor mit einem Sicherheitsschloß versieht. Das Wort ›gegenseitig‹ kann eine ganze Reihe von Elementen umfassen, die man aufzählen sollte, um Mißverständnisse zu vermeiden.

Aus der Warte einer philosophischen Definition ist der Umgang mit Konzepten sehr frustrierend, weil es verschiedene Konzeptebenen gibt. Es macht jedoch keinen Sinn, in grauer Theorie zu verharren. Aus praktischen Erwägungen sollten Sie einfach verschiedene mögliche Konzeptversionen entwickeln und sich dann für diejenige entscheiden, die Ihnen für die weitere kreative Arbeit am brauchbarsten erscheint.

Manchmal versuchen wir, Ziele, Wirkungsmechanismen und Wertnormen zu einem einzigen Konzept zu verschmelzen. Einige Versicherungen waren um solche Mischdefinitionen bemüht. Im allgemeinen können sie recht nützlich sein. Doch manchmal müssen wir uns damit zufriedengeben, diese drei grundlegenden Konzeptarten strikt voneinander zu trennen.

Zweckorientierte Konzepte

Was streben wir an? Welchen Zweck verfolgen wir mit dieser Aktivität oder Maßnahme? In Wirklichkeit handelt es sich hier um eine allgemeine Zielformulierung auf konzeptioneller Ebene.

Der Zweck eines Regenschirms besteht darin, ›Schutz gegen Regen zu bieten‹.

Mechanistisch orientierte Konzepte

Wie funktioniert das? Wie wird dieser Zweck erreicht? Welcher Wirkungsmechanismus kommt hier zum Tragen? Wie sieht der Ablauf im Detail aus? Wir versuchen zu erkennen, welche Mechanismen in Gang gesetzt, verwendet oder in Betracht gezogen werden, um eine bestimmte Wirkung zu erzielen.

Schutz vor Regen ist mit einem Schirm gegeben, der aus hauchdünnem Material bestehen und aufgespannt oder zusammengefaltet aufbewahrt werden kann.

Natürlich können Sie die Beschreibung der Wirkungsmechanismen durch verschiedene Detailebenen ergänzen.

Wert- oder nutzenorientierte Konzepte

Warum macht dieses Konzept Sinn? Welchen Nutzen erzielen wir damit? Welche Werte sind dabei angesprochen? Warum lohnt sich die Umsetzung?

Der Nutzen eines Regenschirms besteht darin, daß es sich um ein tragbares, handlich verpacktes, vor Regen schützendes Gerät handelt.

Diese drei Konzeptarten findet man am häufigsten. Wir könnten noch die ›deskriptiven Konzepte‹ hinzufügen, die einen Sachverhalt lediglich beschreiben. Die meisten Begriffe haben beschreibenden Charakter. Das Wort

›Berg‹ beschreibt eine aus der Umgebung herausragende, senkrechte Geländeerhebung. In der Praxis sind wir indessen mehr an Funktionen als an einer Beschreibung interessiert, und die drei oben genannten Konzeptarten (zweckorientiert, mechanistisch orientiert und wertorientiert) decken diesen Funktionsaspekt ab.

Die Arbeit mit Konzepten

Wichtig bei der Arbeit mit Konzepten ist in erster Linie die Bereitschaft, sich überhaupt dieser Mühe zu unterziehen. Mit der Zeit wird Ihnen diese mentale Übung zunehmend leichter fallen, da sich Ihr Gespür für die brauchbaren Konzeptebenen schärft. Es geht weniger darum, auf Anhieb die richtige Konzeptebene zu finden: Sie sollen vielmehr mit verschiedenen Konzeptbeschreibungen experimentieren (wie bei den Problemdefinitioen), bis Sie eine für Sie brauchbare entdeckt haben. Der Nutzen des Konzepts wird durch die Möglichkeiten bestimmt, auf dieser Basis weitere Ideen zu entwickeln oder das Konzept zu verändern.

Auf den Bahnen zwischen Idee und Konzept und zwischen Konzept und Idee sollte reger Verkehr in Form ständiger mentaler Bewegungen herrschen. Das ist ein charakterisisches Merkmal von Menschen, denen die Kreativität zur zweiten Natur geworden ist.

Mentale Provokation

Einstein führte häufig sogenannte ›Gedankenexperimente‹ durch. Er pflegte sich zu fragen: »Was würde ich bei einer Reise mit Lichtgeschwindigkeit zu sehen bekommen?«

Das Kind, das ein Bauklötzchen auf das andere türmt, führt ein Experiment durch, um »zu sehen, was passiert«.

Provokation hat etwas mit mentalen Experimenten zu tun.

An früherer Stelle habe ich beschrieben, wieviele zündende Ideen durch Zufall, widrige Umstände, Fehler oder ›Hirngespinste‹ entstanden sind. In allen diesen Situationen gab eine Unterbrechung oder Störung des reibungslosen Ablaufs den Ausschlag für eine grundlegende Neuorientierung. Sie haben uns gezwungen, aus den von unserer Erfahrung gesetzten Grenzen der Vernunft auszubrechen. Die bewußte, mentale Provokation ist eine Methode, mit der sich die gleiche Wirkung erzielen läßt. Wir müssen nicht auf Zufälle, widrige Umstände oder Fehler warten. Wir könnten kontrolliert ›verrückt‹ sein und nicht mehr als dreißig Sekunden einem Hirngespinst nachhängen. Dieser mentale Zustand läßt sich ganz nach Belieben, wie auf Knopfdruck, herbeiführen. Deshalb ist die mentale Provokation ein so grundlegender Aspekt des lateralen Denkens und der Kreativität schlechthin.

Wir denken über die Verunreinigung der Flüsse nach.

Po, die Fabrik steht flußabwärts von sich selbst.

Das ist eine mentale Provokation. Die Behauptung ist ganz offensichtlich an den Haaren herbeigezogen. Wie könnte sich die Fabrik an zwei Orten zugleich befinden? Wir benutzen den Begriff *›po‹* als Symbol, um anzuzeigen, daß es sich nicht um eine ernstgemeinte Behauptung handelt, sondern eine mentale Provokation damit beabsichtigt ist (Ursprung und Beschaffenheit dieses Reizwortes ›po‹ werden an späterer Stelle beschrieben).

Diese Provokation führt dazu, daß wir Wasser als Eingangs- und Ausgangsgut einer Fabrik betrachten. Üblicherweise wird Frischwasser flußaufwärts zugeführt und das Abwasser flußabwärts abgeleitet. Die Provokation beinhaltet den Gedanken, per Gesetz zu verordnen, daß beim Bau von Fabriken an Flußufern die Wasserzuleitung nach der Wasserableitung erfolgt. Auf diese Weise würde die Produktionsstätte als erste eine Kostprobe des von ihr verunreinigten Wassers erhalten und wäre in stärkerem Maße daran interessiert, die Schadstoffbelastung so weit wie möglich zu verringern. Im nachhinein erscheint diese Idee völlig logisch. Wie verlautet, ist in einigen Ländern bereits ein entsprechendes Gesetz verabschiedet worden.

In der Firma Du Pont wurde über die Markteinführung eines neuen Produktes beraten. David Tanner verpackte die Überlegungen in eine mentale Provokation.

Po, wir verkaufen das Produkt unseren Konkurrenten.

Diese Provokation führte zu einer Veränderung im herkömmlichen Marketinginstrumentarium und einer merklichen Verkürzung der Produktentwicklungszeit.

Po, Autos sollten viereckige Räder haben.
Po, Flugzeuge sollten mit der Oberseite nach unten landen.
Po, Briefe sollten erst zugeklebt werden, nachdem sie zur Post gebracht wurden.

Alle diese Vorschläge scheinen jeglicher Logik zu entbehren, ja sie klingen sogar wie Hirngespinste. Tatsache ist gleichwohl, daß sie aus der Warte eines Informationssystems, das mit Codes arbeitet, völlig logisch sind.

Die Definition einer mentalen Provokation ist einfach:

Bei einer Provokation kristallisiert sich der Grund für eine Behauptung oft erst heraus, nachdem sie aufgestellt wurde.

Diese Vorgehensweise widerspricht unseren herkömmlichen Denkgewohnheiten. Uns wurde von Kindesbeinen eingebleut, daß wir imstande sein müssen, alle Behauptungen zu begründen, und diesen Nachweis sollten wir parat haben, bevor wir den Mund aufmachen. Bei einer Provokation erfolgt zuerst die Behauptung, und die aufreizende Wirkung aktiviert unsere grauen Zellen und liefert im nachhinein die Rechtfertigung.

Auf den ersten Blick mag es den Anschein wecken, als sei die mentale Provokation lediglich ein ›Sperrfeuer-Ansatz‹, bei dem Sie spontan und ungebremst alles sagen, was Ihnen in den Sinn kommt, in der Hoffnung, mit der einen oder anderen Idee ins Schwarze zu treffen. Bis zu einem gewissen Grad wird die Brainstorming-Technik von manchen Leuten auf eben diese Weise angewendet. Doch ist eine solche Kreativitätsmethode ineffizient und eine Verschwendung wertvoller Ressourcen.

Die mentale Provokation ist eine logische Notwendigkeit in einem selbstorganisierendem System. Darüber wurden einige Papiere auf mathematischer Basis verfaßt. Solche Systeme nisten sich in einem stabilen, mentalen Gleichgewichtszustand ein. Die mentale Provokation führt ein Element der Instabilität und Verunsicherung ein: es rüttelt unser Gehirn auf und bewirkt, daß es aktiv wird, um einen neuen stabilen Gleichgewichtszustand zu erreichen.

Das Gehirn bildet asymmetrische Muster oder Codes, wie in Abb. 2.9 dargestellt. Humor entsteht durch Wahrnehmungen, die uns zwingen, das Hauptgleis der Gedanken zu verlassen, so daß wir am Ende eines Nebengleises landen. Von dort aus können wir den Weg zurück zum Ausgangspunkt sehen. Kreativität entsteht durch die gleiche Auslenkung. Doch wie gelangen wir bewußt vom Hauptgleis auf das Nebengleis? Hier kommen die systematisch anwendbaren Provokationsmethoden des lateralen Denkens ins Spiel.

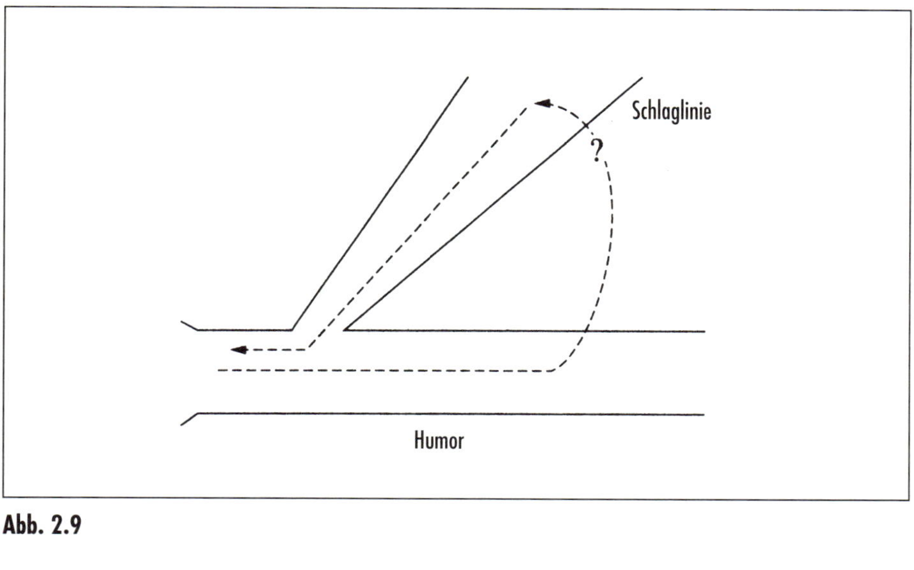

Abb. 2.9

Abb. 2.10 zeigt, wie wir ein Konzept oder eine Idee in eine mentale Provokation verwandeln, in eine Information, die nicht im Repertoire der codierten, gespeicherten und als Orientierungshilfe abrufbaren Handlungsmuster verankert ist. Diese Provokation liegt also außerhalb unserer Erfahrung.

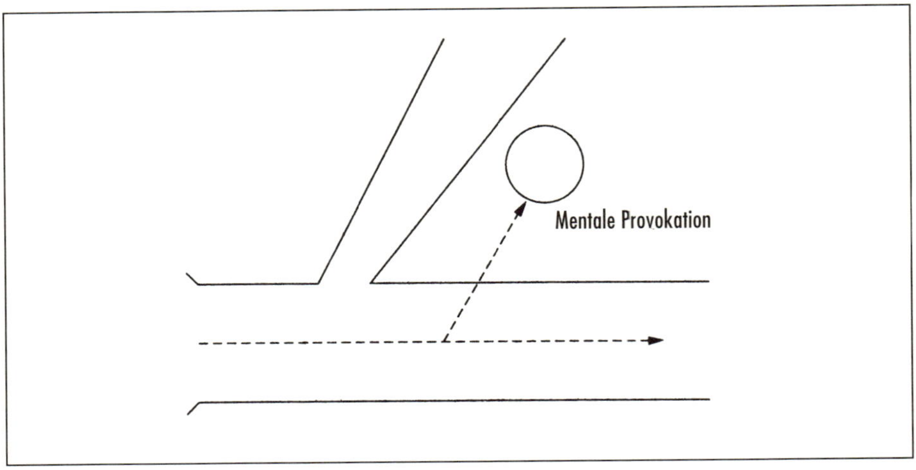

Abb. 2.10

Aus Abb. 2.11 wird ersichtlich, wie wir uns vom Hauptgleis zur mentalen Provokation und von dort aus zum Nebengleis ›bewegen‹. Sobald wir uns auf dem Nebengleis befinden, können wir unseren Weg zum Ausgangspunkt zurückverfolgen und damit das Nebengleis für jede neue Idee öffnen.

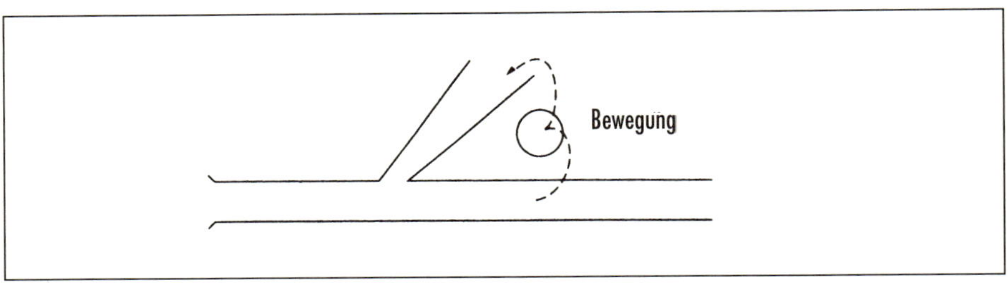

Abb. 2.11

An diesem Prozeß ist nichts Rätselhaftes. In der Chemie muß man, um von einer stabilen chemischen Verbindung zur anderen zu gelangen, zuerst eine instabile schaffen, die sich dann als neue Verbindung wieder stabilisiert. In der Physik beinhalten Veränderungen in der Anordnung von Atomen oft den gleichen zeitweiligen Zustand der Instabilität.

Bei herkömmlichen Denkoperationen stützt sich jeder Denkschritt, den wir vollziehen, auf den vorhergehenden (vertikales Denken). Wenn wir zu einer Schlußfolgerung gelangen, läßt sich ihre Gültigkeit durch die Gültigkeit jedes einzelnen Denkschritts nachweisen, die uns vom Ausgangspunkt zum Ergebnis unserer Überlegungen geführt hat. Dieser Prozeß, der Schritt für Schritt gerechtfertigt und begründet ist, wird in Abb. 2.12 deutlich.

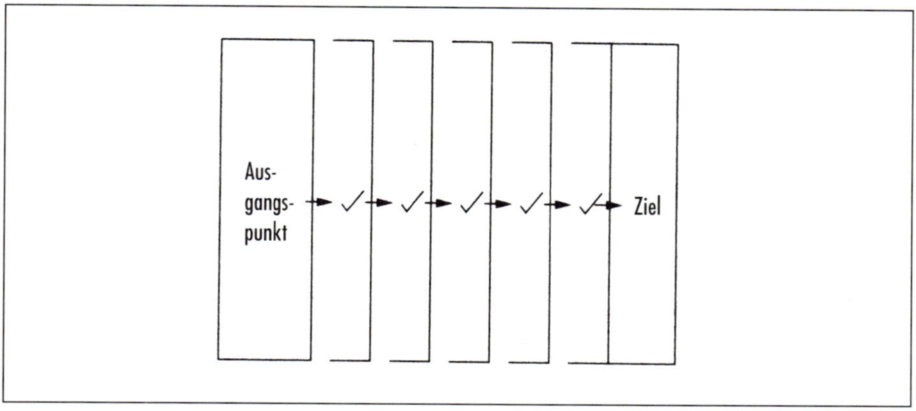

Abb. 2.12

Bei der mentalen Provokation ist eine willkürliche, herausfordernde Aussage die Ausgangsbasis. Sie dient als Sprungbrett für eine Idee oder ein Konzept. Die Gültigkeit des Ergebnisses in diesem Denkprozeß kann nicht durch die Art gerechtfertigt werden, wie wir an unser Ziel gelangt sind. Aber wir sind imstande, einen Blick zum Ausgangspunkt zurückzuwerfen (das Problem oder der Themenbereich, dem unser Augenmerk gilt) und im nachhinein zu erkennen, daß die neue Position wirkliche Vorteile hat. Wenn sich dieser Wert oder Nutzen rückblickend und logisch aufzeigen läßt, dann ist er genauso akzeptabel, als wäre er mittels einer Abfolge unanfechtbarer Schritte ermittelt worden. Die Rechtfertigung einer Idee aus der Retrospektive ist genauso annehmbar wie jede andere Rechtfertigung.

Aber warum brauchen wir eine Methode, die einen solchen ›Gedankensprung‹ erfordert? Warum eine Idee rechtfertigen, indem wir sie rückwärts aufrollen? Der Grund ist einfach. In einem mit Codes arbeitenden System müssen wir das verankerte Muster an irgendeinem Punkt weiterentwickeln. Die verankerte oder überlieferte ›Denkschiene‹ bringt uns also vorwärts. Wir haben keine andere Wahl, als ihr zu folgen, und oft sind uns andere Möglichkeiten nicht einmal bewußt.

Nur wenn wir uns rückwärts bewegen, sind wir in der Lage, andere Wege zu erforschen und zu benutzen; sie waren die ganze Zeit über vorhanden. Dieser Prozeß ist in Abb. 2.13 dargestellt.

Der Zweck der Provokation besteht darin, uns aus eingefahrenen mentalen Gleisen herauszureißen. Sie stellt einen Ausgangspunkt dar, von dem wir uns aufmachen, um einen neuen Standpunkt zu finden, der rückblickend einen Nutzen verspricht. Das Wichtigste ist das Ausbrechen aus der Denkschiene. Unser Gehirn muß Schwerstarbeit leisten, um die breiten Pfade anzulegen, auf denen sich unsere Gedanken bewegen. Genau das macht im wesentlichen die beispiellose Leistungsfähigkeit des menschlichen Gehirns aus. Gleichzeitig benötigen wir jedoch ein Vehikel, um diese ausgetretenen

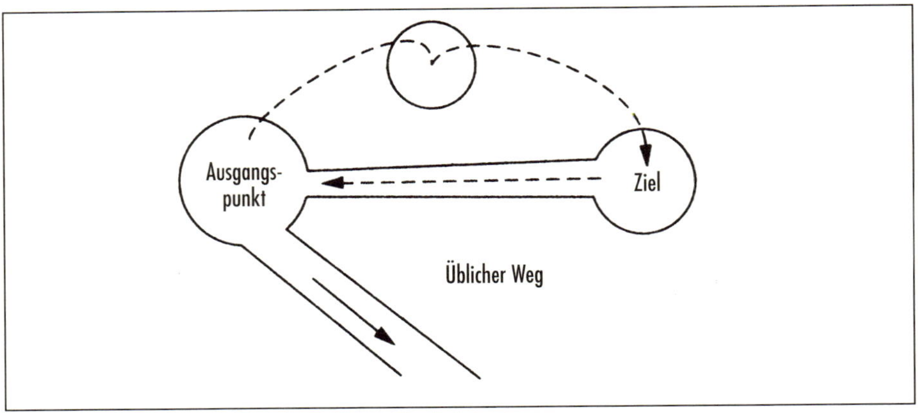

Abb. 2.13

Pfade zu verlassen und kreativ zu sein. Und deshalb spielt die mentale Provokation eine so wichtige Rolle für das laterale Denken.

Provokation und Hypothese

Ich habe bereits den großen Nutzen der Hypothese erwähnt, ein Konstrukt, das uns gestattet, ungesicherte Mutmaßungen über einen grundlegenden Mechanismus anzustellen. Sie dienen als Orientierungshilfe und Rahmenwerk für unsere Gedanken über eine Situation. Die mentale Provokation bietet uns darüber hinaus die Möglichkeit, einen Sachverhalt aus einer neuartigen Perspektive zu betrachten. Sie geht gleichwohl merklich über eine Hypothese hinaus. Eine Hypothese stützt sich weitgehend auf die Vernunft. Bei einer mentalen Provokation herrscht die ›Unvernunft‹ vor; sie beinhaltet einen starken Außenreiz, der unser Denken aktivieren und mit einem Ruck aus den gewohnten Schablonen reißen soll.

Wir sind oft bestrebt, um jeden Preis Hypothesen zu entwickeln, sie zu rechtfertigen und ihre Gültigkeit zu beweisen; damit verwandeln wir eine Annahme in eine vorläufige Wahrheit. Im Gegensatz dazu sind wir nicht darum bemüht, um jeden Preis eine mentale Provokation zu entwickeln oder zu rechtfertigen. Es liegt nicht in unserem Interesse, nachzuweisen, daß viereckige Räder bei einem Kraftfahrzeug das Nonplusultra sind, oder daß nichts über eine Rückenlandung bei Flugzeugen geht. Wir versuchen lediglich, zu einer brauchbaren Idee zu gelangen, die von der Reiz-Aussage getrennt ist und ganz eigene Merkmale besitzt. Die mentale Provokation ist nur ein Vehikel, das uns diesem Ziel näherbringt.

Sowohl die Hypothese als auch die mentale Provokation sind bemüht, unsere Wahrnehmungen zu verändern. Bei einer Hypothese sollen unsere Wahrnehmungen in eine bestimmte Richtung gelenkt werden. Bei einer mentalen Provokation sollen unsere Wahrnehmungen aus der eingeschliffenen Bahn geworfen werden.

Sowohl Hypothese als auch mentale Provokation sind Spekulationen, die wir im Geiste anstellen; sie dienen dazu, unsere Denkleistungen bezüglich einer bestimmten Situation zu verbessern. Sowohl Hypothese als auch mentale Provokation sind Teil des kreativen Prozesses und unterscheiden sich auffallend von der Analyse. Die Analyse dockt am Vorhandenen an. Provokation und Hypothese bringen neue Elemente ins Spiel, die es bisher nicht gab.

Zweistufiger Prozeß

Die formale, kognitive Technik der mentalen Provokation ist ein zweistufiger Prozeß. Die erste Phase beinhaltet die Formulierung der Reiz-Aussage. In der zweiten Phase wird die Provokation als Plattform oder Sprungbrett benutzt, um eine neue, zündende Idee zu finden.

Es liegt auf der Hand, daß bei der praktischen Anwendung der Provokationstechnik die erste Stufe der zweiten vorausgeht. Die Reihenfolge muß folgendermaßen aussehen:

1. Wahl des kreativen Fokusbereichs
2. Formulierung der mentalen Provokation
3. Verwendung der Provokation als Sprungbrett.

In der Praxis macht es jedoch Sinn zu lernen, wie man eine mentale Provokation benutzt, bevor man sie entwickelt. Es würde nicht viel bringen, wenn wir eine merkwürdig erscheinende Behauptung aufstellen, ohne zu wissen, was sich damit anfangen läßt. Dieser allgemeine, rückwärts gerichtete Lernprozeß, der eine äußerst nachhaltige Wirkung und seine ganz eigene Logik hat, ist andernorts ausführlich beschrieben.*

Die Anwendung der Provokationstechnik erfordert eine ganz bestimmte Denkoperation, die wir als ›mentale Bewegung‹ bezeichnen. Sie stellt eine aktive Denkleistung dar und unterscheidet sich in jeder Beziehung von einem Werturteil. Die mentale Bewegung bezieht sich auf einen Denkvorgang, den wir lernen und üben müssen, um auf diesem Gebiet Geschick und Geschwindigkeit zu entwickeln.

Die mentale Bewegung wird im nachfolgenden Kapitel beschrieben, und danach fahren wir mit den Methoden der mentalen Provokation fort.

---

* I Am Right, You Are Wrong, Viking, New York, 1991, und Penguin Books, London, 1990.

Mentale Bewegung

Die mentale Bewegung ist eine außerordentlich wichtige Denkoperation. Sie steht im Mittelpunkt jeder kreativen Aktivität. Es ist beinahe unmöglich, kreativ zu sein, ohne die Fähigkeit der geistigen Beweglichkeit zu besitzen. Und doch ist die Bewegung kein herkömmliches Element unseres Denkverhaltens, außer vielleicht in der Dichtkunst. Hier bewegen wir uns mental von der Stelle und gelangen von Bildern und Metaphern zu Bedeutungsinhalten und Gefühlen.

Das menschliche Gehirn reagiert wie ein selbstorganisierendes System, das die eintreffenden Informationen den im Gedächtnis gespeicherten Mustern, Wegen, Bahnen, Sequenzen usw. zuordnet. Deshalb ist das Gehirn ein so unbeschreiblich leistungsfähiges Instrument, wenn es gilt, unsere vielschichtige Umwelt kognitiv zu erfassen und ihre vielfältigen Herausforderungen zu meistern. Daß unser Gehirn Informationen im Rahmen des Speichervorgangs kodiert, ist keineswegs auf einen Defekt des Systems zurückzuführen. Im Gegenteil, diese Fähigkeit ist die größte Stärke, mit der dieser Informationsmechanismus aufwarten kann.

Wahrnehmung beinhaltet die ursprüngliche Entwicklung und nachfolgende Nutzung dieser Codes als Orientierungshilfe. Dazu gehört, daß unser Gehirn die situationsspezifischen Handlungsmuster ›erkennt‹ und sich Gewißheit verschafft, daß wir uns an sie halten. Und hier kommt das Werturteil oder die Bewertung der verarbeiteten Informationen ins Spiel. Sie ist ein wichtiger Teil des Wahrnehmungsprozesses.

Es gibt Urteile, die bewußt erfolgen, wie bei einem Richter in einem Prozeß, bei einem Lehrer, der eine Klassenarbeit benotet, oder bei einem Innendekorateur, der seine Wahl unter einer Reihe von Stoffen trifft. Aber es gibt auch Bewertungen, die automatisch und unbewußt stattfinden. Unser Gehirn stellt sich die Frage: Was für eine Situation liegt hier vor?

Die Bewertungen unseres Gehirns haben im Wahrnehmungsprozeß zwei wichtige Funktionen zu erfüllen. Zum einen dienen sie dazu, das entsprechende Muster aufzuspüren, zu identifizieren, mit anderen zu vergleichen oder auf Anhieb zu erkennen. Dieser Vorgang spult sich beinahe ohne unser Zutun ab, auch wenn er manchmal durch eine bewußte Analyse unterstützt werden muß, mit der sich eine Situation in ihre leichter erkennbaren Elemente aufsplittern läßt.

Die zweite Rolle der Bewertung besteht darin, zu gewährleisten, daß wir nicht vom richtigen Kurs abkommen. Das Urteil unseres Gehirns weist auf Fehler, Irrwege, Abweichungen oder einen Mangel an Übereinstimmung hin, so daß wir veranlaßt werden, schleunigst auf die vorgezeichnete Bahn zurückzukehren. Dieser zweite Aspekt steht in Zusammenhang mit der Zurückweisung von Ideen, die das Gehirn als falsch und als Gegensatz zu den bisherigen Erfahrungen einstuft.

Wenn eine mentale Provokation wie ›Autos mit viereckigen Rädern‹ oder ›Flugzeuge, die mit der Oberseite nach unten landen‹ dem Gehirn zur Beurteilung dargeboten wird, weist es diese in aller Deutlickeit, sofort und mit Recht zurück. Die Bewertung der eintreffenden Informationen hat eine bestimmte Aufgabe zu erfüllen, und die muß es einwandfrei ausführen: Schwarzhut-Denken sollte Kritik und Einwände beinhalten, wie es sich gehört. An diesem Punkt und aus einleuchtenden Gründen fordern manche Kreativitäts-Auguren, die Bewertung im Ideenfindungsprozeß ›auszuklammern‹, ›hinauszuzögern‹ oder auf einen späteren Zeitpunkt zu ›verschieben‹. Das ist der traditionelle Ansatz im Brainstorming-Verfahren. Leider ist er viel zu schwach. Wenn man jemanden bittet, fürs erste mit seinem Werturteil hinter dem Berg zu halten, sagt man ihm noch lange nicht, wie's weitergehen soll. Wenn man jemandem verbietet, morgens Spiegeleier zu essen, setzt man ihm damit noch kein Frühstück vor.

Wir kommen nun zur mentalen Bewegung, einer aktiven Denkoperation. Sie läßt sich lernen, üben und jederzeit anwenden. Bewegung ist nicht das Fehlen einer Bewertung. Bewegung setzt Ihnen Wurst und Käse statt der Spiegeleier zum Frühstück vor.

Der Unterschied zwischen Werturteil und Bewegung geht aus Abb. 2.14 hervor. Bei der Bewertung einer Idee vergleichen wir diese mit den vorausgegangenen, in Denk- und Lernprozessen verarbeiteten und gespeicherten Informationen. Paßt sie nicht in eines dieser Schemata, verwerfen wir sie. Das ist Schwarzhut-Denken vom Feinsten. Bei der mentalen Bewegung stoßen wir auf eine Idee und sind nicht im mindesten daran interessiert, ob sie gut oder schlecht ist oder ob sie unseren Erfahrungsmustern entspricht. Wir richten unser Augenmerk einzig darauf, in welche Richtung wir uns, von der Plattform dieser Idee ausgehend, bewegen können. Wir sind bestrebt, vorwärts zu kommen.

Werturteile sind statisch und orientieren sich daran, was ›ist‹ und was ›nicht ist‹. Werturteile zählen zu den Elementen der herkömmlichen ›Felsenlogik‹. Bewegung ist fließend und mit dem ›Wohin‹ befaßt: Wohin führt mich dieser Gedanke? Die Bewegung ist ein Element der Wasserlogik, die nie erstarrt, sondern sich stets im Fluß befindet. Bewegung entsteht unter dem grünen Hut.

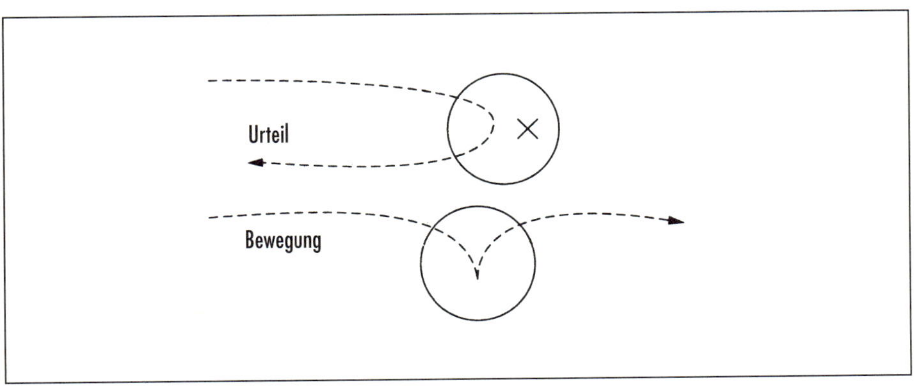

Abb. 2.14

Es ist sehr wichtig, sich bewußt zu machen, daß Bewegung und Bewertung zwei völlig verschiedene ›Spiele‹ sind. Ein Freund bringt Ihnen bei, Kontrakt-Bridge zu spielen. Dann kommt jemand anderes und zeigt Ihnen, wie man pokert. Wenn Sie Bridge spielen, versuchen Sie, gutes Bridge und nicht schlechtes Poker zu spielen, und umgekehrt. Wenn Sie ein Urteil fällen sollen, versuchen Sie, dieser Aufgabe gerecht zu werden. Wenn Sie zur Bewegung überwechseln, gehen Sie dabei nach allen Regeln der Kunst vor. Urteil und Bewegung sind zwei voneinander getrennte mentale Operationen, und es gibt keinen Kompromiß, keine goldene Mitte.

Die mentale Bewegung in der Praxis

Im Augenblick befassen wir uns mit der praktischen Anwendung der mentalen Bewegung, die erforderlich ist, um von einer mentalen Provokation zu einer brauchbaren Idee oder zu einem neuen Konzept zu gelangen. Ohne diese Bewegung hat die Reiz-Aussage keinen Sinn.

Es sollte jedoch erwähnt werden, daß die mentale Bewegung in der Kreativität einen wesentlich breiter gesteckten Anwendungsradius hat. Die Ankoppelung an die Provokation ist eine extreme Form der Bewegung. Wie gelangen wir von einer ›unmöglichen‹, provokanten Aussage zu einer vernünftigen Lösung? Es gibt aber auch andere Situationen, in denen die Technik der mentalen Bewegung für weniger ausgefallene Zwecke eingesetzt wird. Wir können sie benutzen, um von einer dürftigen Idee zu einer starken zu kommen. Wir können sie benutzen, um von einer vagen Vorstellung zu einer konkreten zu gelangen. Wir können Sie benutzen, um die Route von einem Konzept zu einer Idee zu bewältigen.

Im weitesten Wortsinn beinhaltet mentale Bewegung die Bereitschaft, konstruktiv und mit offenem Blick neue Wege zu erforschen, statt auf der Stelle zu treten und zu beurteilen, ob ein Lösungsansatz richtig oder falsch ist. Kreativität beinhaltet das Interesse, praktische, nützliche und stichhaltige Ideen zu entwickeln. Der Kreative geht im Unterschied zu den ›Eingleisigen‹ davon aus, daß viele Wege zum Ziel führen. Nicht jeder Schritt in diesem Prozeß muß die Hürde des Urteils nehmen und von der Vernunft akzeptiert werden.

Die kreative Grundhaltung, die sich hinter der mentalen Bewegung verbirgt, ist wichtig. Irgendjemand stellt eine Behauptung auf. Herr X, einer der Anwesenden, ist schnell mit dem Urteil bei der Hand, ob die Schlußfolgerung den Tatsachen entspricht, ja, er sucht geradezu nach irgendeinem kleinen Webfehler. Herr Y interessiert sich nur dafür, wohin diese Aussage führt. Der Unterschied besteht in der Reihenfolge: X benutzt sofort den schwarzen Hut. Y greift zum grünen Hut (Bewegung), und setzt erst später den schwarzen Hut auf, um eine Schlußfolgerung auf Herz und Nieren zu prüfen.

Es gibt zwei Möglichkeiten, das Element der mentalen Bewegung im Kreativitätsprozeß zu nutzen: es verbessert die kreative Grundhaltung und die Anwendung der systematischen Techniken, die mit der mentalen Bewegung einhergehen.

Kreative Grundhaltung

Damit ist die generelle Bereitschaft gemeint, die Reiz-Aussage oder mentale Provokation als Plattform für weitere Denkoperationen zu benutzen. Es gibt innovative Ideen, die einem auf Anhieb in den Sinn kommen. Wer in der mentalen Bewegung geübt ist und ihre systematischen Techniken kennt, bringt oft schon durch diese kreative Grundhaltung Dynamik in eine Denkoperation. Es ist immer von Vorteil, zunächst diese kreative Grundhaltung zu entwickeln. Falls sie keine brauchbaren Ergebnisse zeitigt, können Sie nahtlos zu den systematischen Techniken der mentalen Bewegung übergehen. Wenn Sie lernen, lateral zu denken, macht es Sinn, die systematischen Techniken zu benutzen, um Ihre allgemeine mentale Bewegungsfähigkeit zu verbessern.

Systematische Techniken der mentalen Bewegung

Es gibt fünf systematische Techniken, um Bewegung in eine Denkoperation zu bringen und die Provokation oder Aussage als Plattform für weitere Schritte zu benutzen. Jede einzelne kann gelernt, geübt und methodisch angewendet werden. Es besteht keine Notwendigkeit, sie bei bei jeder Gelegenheit gebündelt zu benutzen, aber sie stehen jederzeit zur Verfügung. Sie unterscheiden sich erheblich von der Aufforderung, mit dem Werturteil im Ideenfindungsprozeß noch zu warten.

1. Ein Prinzip herausfiltern

Sie werfen einen Blick auf die Provokation (die von Ihnen selbst oder anderen entwickelt wurde) und versuchen, ein grundlegendes Prinzip herauszfiltern. Was Sie aussondern, kann eine Leitlinie, ein Konzept, ein wichtiges Merkmal oder ein Aspekt sein. Welchen Begriff Sie letztlich dafür wählen, spielt keine Rolle. Sie greifen einen Schlüsselgedanken der Provokation heraus. Den Rest ignorieren Sie vollständig; Sie arbeiten nur mit dem weiter, was Sie herausgefiltert haben. Dieses grundlegende Prinzip ist Ihre mentale Radnarbe, um die sich Ihr weiteres Bemühen dreht, eine brauchbare Idee zu entwickeln.

Eine Werbeagentur suchte einen ›neuen Werbeträger‹. Als mentale Provokation wurde vorgeschlagen: Po, führt doch den Stadtausrufer wieder ein.

In einer modernen Großstadt mit ihren Hochhäusern, der Anonymität der Bewohner und dem dichten Straßenverkehr wäre ein Stadtausrufer faktisch fehl am Platze; aber hier handelt es sich nur um eine mentale Provokation, die Denkimpulse geben soll. Welche Prinzipien, Konzepte oder Merkmale bringen wir mit einem Stadtausrufer in Verbindung?

Ein Stadtausrufer ist mobil; er kann sich an jeden Ort begeben, wo sich Menschen aufhalten.
Ein Stadtausrufer kann seine Botschaft auf die Zuhörer abstimmen.
Ein Stadtausrufer ist imstande, Fragen unverzüglich zu beantworten.

Ein Stadtausrufer ist eine achtbare Persönlichkeit
des öffentlichen Lebens.
Ein Stadtausrufer ist immer über die aktuellen Geschehnisse
auf dem laufenden.
Man kann den Stadtaufrufer nicht auf Knopfdruck zum Schweigen
bringen.

Jede dieser Aussagen läßt sich herausfiltern und als Plattform für weitere Überlegungen verwenden. Nehmen wir als grundlegendes Prinzip beispielweise die Aussage, daß man den Stadtaufrufer nicht auf Knopfdruck zum Schweigen bringen kann. Vergessen Sie nun alles, was sonst noch über den Stadtausrufer gesagt wurde, und suchen Sie nach einem Medium, das Sie nicht abschalten können (oder nicht gerne abschalten würden). Das Telefon fällt in diese Kategorie. Daraus könnte die Idee entstehen, öffentliche Telefone einzurichten, deren Benutzung kostenlos ist, weil die Gesprächsübermittlung mit Werbung gespickt ist. Die Firmen zahlen für die auf Band aufgezeichneten Werbebotschaften, die man auf Ortgespräche beschränken könnte.

Sie sehen also, wie man die mentale Provokation als Plattform für die Entwicklung einer originellen Idee benutzt, die wirklich lohnenswert sein kann.

2. Konzentration auf den Unterschied

Hier wird die mentale Provokation mit einer bereits existierenden Idee oder Methode verglichen. Die Merkmale, die sich voneinander unterscheiden, werden herausgearbeitet und weiterverfolgt, um zu sehen, ob sich daraus nicht eine interessanter neuer Aspekt ergeben könnte. Selbst wenn die Provokation allem Anschein nach große Ähnlichkeit mit der eingeführten Verfahrensweise besitzt, bemühen Sie sich bewußt, sich auf den Unterschied zu konzentrieren. Und sollte dieser auch nur geringfügig sein und nicht mehr als ein Prozent ausmachen, läßt sich dieses eine Prozent von allen Seiten durchleuchten.

Eine Briefmarke kann als allgemeiner Themenbereich zur Diskussion gestellt werden. Irgendjemand stellt eine provokante Aussage in den Raum: »Po, Briefmarken sollten sehr lang und hauchdünn sein.«

Wir konzentrieren uns auf den Unterschied:

Sie können Botschaften auf die Briefmarken aufbringen.
Die Briefmarke würde mehr Platz für die Adresse lassen.
Sie können die Briefmarke benutzen, um den Umschlag zu
verschließen.
Briefmarken könnten in Rollen mit Haftbeschichtung verkauft werden.
Die Länge der Briefmarke könnte ihrem Wert entsprechen.
Die Briefmarke könnte auch nach hinten, auf die Rückseite
des Umschlags, gefalzt werden.

Der Vorschlag, daß die Länge der Briefmarke ihrem Wert entsprechen sollte, leitet sich direkt aus dem Unterschied zwischen den normalen Marken und den länglichen Sondermarken her, die heute erhältlich sind. Eine Längeneinheit würde einer Werteinheit entsprechen. Es wäre also nicht erforderlich, den Wert auf die Marken aufzudrucken, die lediglich in postalische Einheiten unterteilt würden. Diese postalischen Einheiten könnten zum aktuellen Preis erworben werden, wie Elektrizität oder Gas. Das Konzept läßt sich nun auch auf Briefmarken von normaler Form zurückführen. Hier würde man keinen Wert, sondern die Bezeichnung ›Inland‹ oder ›Express‹ aufdrucken. Die Briefmarken könnte man dann zum gängigen Preis erwerben.

Wir sehen also, daß sich eine Idee als Reaktion auf eine Provokation zurückführen und auf normale Briefmarken ummünzen läßt. Es gibt noch andere Ideen, die es wert sind, genauer unter die Lupe genomen zu werden. Manche schließen vielleicht originelle wie die lange, hauchdünne Marke aus der mentalen Provokation ein. Gelegentlich zeigt sich, daß auch diese einen direkten Nutzen haben kann, selbst wenn das nicht der angestrebte Zweck der Übung ist.

3. Visualisierung des Augenblicks

Dies ist vermutlich die wirksamste Bewegungstechnik. Wir stellen uns vor, wie die mentale Provokation in der Praxis aussehen würde – auch hier ist wieder Phantasie gefragt. Wir malen uns aus, was von einem Moment zum anderen geschehen würde. Uns interessiert nicht das Endergebnis, sondern vielmehr die Geschehnisse des Augenblicks. Es ist, als würde man einen Videofilm ansehen und ihn zwischendrin immer wieder anhalten, um eine Einstellung genauer in Augenschein zu nehmen. Auf der Grundlage dieser Beobachtung versuchen wir, interessante Ideen oder Konzepte zu entwickeln.

Po, Autos haben viereckige Räder.

Wir lassen ein Auto mit viereckigen Rädern vor unserem inneren Auge Revue passieren. Wir stellen uns vor, wie es losfährt: Das viereckige Rad schiebt sich langsam hoch, bis zur Ecke. Die Fahrt wäre sehr holprig. Aber die Radaufhängung könnte die Aufwärtsbewegung ausgleichen, indem sie automatisch kürzer wird. Das führt zum Konzept einer adjustierbaren Radaufhängung, was wiederum die Idee eines geländegängigen Fahrzeugs nahelegt. Eine Spannrolle würde der Aufhängung den Zustand des Geländes anzeigen, die sich dann dem Bodenprofil anpaßt. Auf diese Weise würde das Fahrzeug gleiten statt holpern. Diesen Vorschlag habe ich erstmals vor rund zwanzig Jahren gemacht. Heute arbeiten mehrere Automobilhersteller, beispielsweise Lotus (eine Sparte von GM) an der Entwicklung einer ›intelligenten Radaufhängung‹ mit ähnlichem Verhalten.

Po, Flugzeuge landen mit der Oberseite nach unten.

Diese Aussage erscheint völlig absurd, aber mentale Provokationen sind niemals absurd. Der Pilot würde auf diese Weise beim Landeanflug die Landebahn besser sehen. Das ist eine typische Visualisierungsbewegung. Daraus erwächst die Überlegung, an welcher Stelle im Flugzeug sich der Pilot am besten befinden sollte. Bei den ersten, kleinen Maschinen pflegte er hoch oben auf dem Flugzeug zu sitzen. Die erhöhte Position ist noch heute der übliche Platz. Aber ist er auch der beste? Ist er immer der beste? Die Concorde landet in einem so steilen Winkel, daß der Pilot überhaupt nichts sehen kann. Es gibt also einen Mechanismus, der die Nase automatisch senkt und dem Piloten die Sicht auf die Landebahn gestattet. Vielleicht könnte man ihn während des Landeanflugs anderso in der Machine plazieren? Videokameras an ausgewählten Punkten wären ebenfalls hilfreich.

4. Positive Aspekte

Das ist die einfachste Technik der mentalen Bewegung. Sie zeugt eher von Gelb- als von Grünhut-Denken. Wir halten direkt nach Vorteilen oder positiven Aspekten in der mentalen Provokation Ausschau. Welcher Wert oder Nutzen klingt darin an? Hier interessieren wir uns für das, was sich uns unmittelbar präsentiert, statt nachzudenken, wohin uns die Reiz-Aussage führen könnte. Dieser Nutzen ist unser Vehikel, mit dem wir uns vorwärts bewegen, um nach einer neuen Idee zu suchen.

Po, Autos sollten ihren Motor auf dem Dach haben.

Dann gäbe es gewiß Schwierigkeiten mit dem Getriebe und dem hohen Schwerpunkt, aber der Gedanke hat auch viele positive Aspekte:

Leichter Zugang zum Getriebe bei Wartung und Reparatur.
Geringeres Risiko eines Motorschadens bei einem Unfall.
Gleichmäßige Gewichtsverteilung auf beide Achsen.
Mehr Platz im Auto oder ein kürzerer Wagen.
Weniger Behinderungen bei der Luftumwälzung für die Kühlung.

Aus diesen Überlegungen könnte die Idee erwachsen, ein Auto mit kürzerem Chassis und Motor in der Mitte zu bauen. Die Insassen würden dabei über der Motorplattform sitzen.

Wenn durch die mentale Provokation ein Nutzen sichtbar wird, versuchen wir, die Idee solange feinzuschleifen, bis sie sich praktisch umsetzen läßt. Wir konzentrieren uns auf den Nutzen, der unsere mentale Radnarbe für die weitere Entwicklung der Idee darstellt.

5. Umstände

Unter welchen Umständen hätte diese Provokation einen Nutzen oder praktischen Wert? Z.B. wäre ein Auto, dessen Motor sich auf dem Dach befindet, bei Überschwemmungen zweckdienlich, weil man durch tiefes Wasser fahren könnte, ohne daß der Motor Schaden nimmt. Bei dieser mentalen Aktivierungsmethode richten wir unser Augenmerk auf spezifische Umstände, die der provokanten Aussage einen Nutzen oder Vorteil verleihen würden.

Po, Trinkgläser sollten eine runde Unterseite haben.

Unter welchen Umständen hätte eine runde Unterseite einen Nutzen? Man kann das Glas erst abstellen, wenn man ausgetrunken hat; folglich würden die Lokale vielleicht mehr Getränke umsetzen. Man braucht zum Abstellen des Glases ein besonders geformtes Behältnis; weiße Ringe auf polierten Möbeln ließen sich dadurch vermeiden.

Zweifellos gibt es hier einige Überlappungen. Bei runden Gläsern entsteht beispielsweise eine mentale Bewegung, wenn Sie sich ausmalen, wie jemand das leere Glas abstellt. Und das Element des positiven Aspekts ist vorhanden, wenn wir die lange, schmale Form der Briefmarke in Form einer mentalen Provokation untersuchen.

Noch ein letztes Beispiel:

Po, Mitarbeiter, die befördert werden wollen, sollten ein gelbes Hemd oder eine gelbe Bluse tragen.

Wir können sämtliche Techniken der mentalen Bewegung anwenden und für jede nur einen einzigen Punkt notieren:

Grundlegendes Prinzip herausfiltern: Das Prinzip, daß Mitarbeiter in der Lage sein sollten, ihre beruflichen Bestrebungen unmißverständlich zu offenbaren.

Konzentration auf den Unterschied: Karrierebewußte Menschen haben damit eine Möglichkeit, für jeden sichtbar Profil zu zeigen. Ist es besser, den Ehrgeiz talentierter Mitarbeiter anzuspornen, oder soll man die Ehrgeizigen ermutigen, ihre Fähigkeiten voll zu entfalten? Eine interessante Frage für alle, die mit beruflicher Aus- und Weiterbildung zu tun haben.

Visualisierung: Wenn sich ein Mitarbeiter morgens ankleidet, könnte die Partnerin/der Partner sagen: »Warum ziehst du heute nicht das gelbe Hemd (die gelbe Bluse) an?« Auf dem Fundament dieses Bildes nimmt der Gedanke Kontur an, die Familie stärker in die Motivation der Belegschaft einzubinden.

Positive Aspekte: Jeder, der ein gelbes Hemd oder eine gelbe Bluse trägt, hat einen Vorsatz gefaßt und versucht, seine Karriereziele zu erreichen.

Umstände: Kunden würden sich bevorzugt an jemanden wenden, der ein gelbes Hemd oder eine gelbe Bluse trägt, weil man zum einen erwarten kann, daß der Service besser ist und zum anderen, daß eine Beschwerde Wirkung zeitigt.

Bestimmte Aspekte dieser Bewegungstechniken sind analytisch und beinhalten ›konvergentes‹, also reproduktives Denken, das sich auf die Anwendung oder Übernahme bereits vorhandener Denkinhalte stützt. Deshalb ist das ›divergente‹ oder vom Gewohnten abweichende Denken nicht ausreichend, um das Kreativitätspotential wirksam auszuschöpfen. Die Visualisierung bezieht die Phantasie ein, ist aber gleichzeitig auch ein analytisches Instrument, das uns einen Blick auf das gestattet, was geschehen könnte. Die Suche nach positiven Aspekten zählt ebenfalls zu den analytischen Vorgängen. Und das

Herausfiltern eines grundlegenden Prinzips oder einer Leitlinie weist ebenfalls eine analytische Komponente auf.

Mögliche Ergebnisse der mentalen Bewegung

Während der mentalen Bewegung kann sich folgendes bemerkbar machen:

Negative Aspekte

Wenn wir uns auf den Unterschied konzentrieren oder durch Visualisierung die Situation vor unserem inneren Auge Revue passieren lassen, könnte es sein, daß einige tatsächlich negative Aspekte auftauchen. Solche negativen Punkte sollten Sie niemals weiterverfolgen, weil Sie dann leicht wieder in die Gewohnheit verfallen, ein vorschnelles Werturteil zu fällen. Es empfiehlt sich, sie zu beobachten und bewußt zu versuchen, sie als Aufhänger für eine brauchbare Idee zu benutzen. Beispielsweise könnte man zu der Schlußfolgerung gelangen, daß ein Mitarbeiter, der beharrlich sein gelbes Hemd trägt und trotzdem nicht befördert wird, über kurz oder lang ziemlich frustriert sein wird. Da ist etwas dran. Vielleicht wäre es besser, diesem Mann von vornherein (sobald er das gelbe Hemd trägt) mitzuteilen, daß keine Aussicht auf Beförderung besteht, statt ihn schmoren zu lassen und ihn jahrelang in falschen Hoffnungen zu wiegen.

Alte Ideen

Manchmal bringen uns die Techniken der mentalen Bewegung auf einen Kurs, der zu alten Ideen zurückführt. In einem solchen Fall gilt es, sich bewußt zu bemühen, neue Routen zu entwickeln. Es bringt nichts, wenn Sie versuchen, eine mentale Provokation mit einer allseits bekannten Idee zu verknüpfen.

Interessanter Punkt

Die mentale Bewegung kann uns zu einem interessanten Punkt führen. Dieses intuitive Gespür, daß irgendetwas an einem Gedanken gewinnbringend sein könnte, ist wichtig. Der Aspekt muß keinen unmittelbaren Nutzen, aber ein Potential erkennen lassen, das Sie dank Ihrer ausgefahrenen Antennen vage orten können. Mit zunehmender Fähigkeit, kreativ zu denken, wächst auch das Geschick, interessante Punkte auszumachen: »Ich denke, die Idee hat etwas.« Sie ahnen instinktiv, daß sie ausbaufähig wäre. Also legen Sie eine schöpferische Pause ein und halten die Augen offen. Das gleiche Gefühl stellt sich ein, wenn Sie mit dem Auto eine Spritztour unternehmen und dabei zufällig auf eine interessante kleine Stadt stoßen. In dieser mentalen Bewegung liegt keine Hast. Diese Situation gehört zu den wenigen, in denes es besser ist, sehr langsam zu denken, weil Sie auf diese Weise mehr wahrnehmen.

Unterschied

Der Unterschied selbst ist ein sehr interessanter Punkt. Sie stellen fest, daß sich ein Konzept oder eine Idee in hohem Maß von der gängigen Methode unterscheidet. Sie merken, daß Ihre eigene Gedanken plötzlich in völlig anderen Bahnen verlaufen. Unterschiede sind es immer wert, genauer erforscht zu werden, um zu sehen, ob sie zu einem bedeutsamen Nutzen oder Vorteil führen. Sie können bewußt nach einem Unterschied suchen oder sich näher damit befassen, wenn Sie zufällig auf einen stoßen. Es ist immer zu empfehlen, Punkte unter die Lupe zu nehmen, die Unterschiede oder Veränderungen signalisieren, auch wenn sie im Augenblick zu keinem brauchbaren Ergebnis führen.

Nutzen/Vorteil

Das ist das A und O in jedem kreativen Denkvorgang. Wenn Sie auf einen Nutzen oder offensichtlichen Vorteil stoßen, sollten Sie Ihren Schatz sorgsam hüten. Sie behalten ihn im Gedächtnis und räumen ihm dort einen bevorzugten Platz ein. Dann vergleichen Sie den neuen potentiellen Nutzen mit dem vorhandenen. Und am Schluß überlegen Sie, ob sich dieser Nutzen auch auf andere, vielleicht effizientere Weise erzielen läßt.

Sobald Sie durch laterales Denken eine Idee gefunden haben, die unwiderruflich in Ihrem Gedächtnis haften bleibt, sollten Sie innehalten, emotionalen Abstand gewinnen und nach Möglichkeiten suchen, den Nutzen auf einfachere oder zweckgemäßigere Weise zu realisieren. Diese Wertschöpfungsmöglichkeit wird zum Fixpunkt. Gibt es noch andere Wege, sie zur Verfügung zu stellen?

Entwicklung eines Konzepts

Wie immer die mentale Provokation auch beschaffen sein mag, sie dient normalerweise dazu, irgendein interessantes Konzept zu entwickeln, selbst wenn sie dieses keinen unmittelbaren Nutzen beinhaltet. Sie müssen es ist nicht in Worte fasses, um es bewußter zu machen. Es reicht aus, das innovative Konzept mit dem alten, eingeführten zu vergleichen. Und Sie versuchen, das Konzept neu zu definieren und zu konsolidieren.

Es ist nicht immer möglich, den nächsten Schritt einzuleiten und eine praktikable Möglichkeit zu finden, das Konzept umzusetzen. Konzepte sollten also aufgelistet und als Teil des Ergebnisses der Provokationsübung im Gedächtnis gespeichert werden. Konzepte haben das Recht auf eine eigenständige Existenz. Ein Konzept ist mehr als ein Schritt im Prozeß der Ideenfindung.

Am Schluß versuchen Sie also, vom Konzept zu praktischen Ideen für die Umsetzung zu gelangen. Manchmal handelt es sich dabei um realistische Möglichkeiten, aber Sie können auch ›Modellideen‹ entwickeln, um aufzuzeigen, wie die Anwendungen des Konzepts aussehen könnte.

Entwicklung einer Idee

Das gewünschte Ergebnis jeder kreativen Sitzung ist eine brauchbare neue Idee. Bisweilen nimmt eine solche Idee unmittelbar nach der mentalen Provokation Form an. Häufiger beginnen sich gleichwohl die vagen Konturen oder der Keim einer Idee abzuzeichnen, die noch einiges an Feinarbeit erfordert, bevor sie als nützlich gelten oder die Feuertaufe des Werturteils bestehen kann. Der Ideenbearbeitungsprozeß wird an späterer Stelle detaillierter beschrieben.

Manchmal stößt man mittels mentaler Bewegung auf eine Idee, die in ihrer gegenwärtigen Form unpraktisch oder unbrauchbar ist. In einem solchen Fall sollten Sie sich bemühen, den Faden von der Idee zu dem dahinter liegenden Konzept zurückzuspulen und es dann gesondert im Gedächtnis zu speichern oder schriftlich festzuhalten. Sie können auch nach einer anderen Möglichkeit suchen, das Konzept feinzuschleifen. Die Modellideen haben dabei oft einen nicht zu verkennenden Nutzen: Sie veranschaulichen, wie das Konzept in der Praxis funktioniert.

Nirgendwo

Manchmal führt eine mentale Bewegung ins Nirgendwo. Sie denken immer wieder im Kreis und kehren zu Ideen zurück, die bereits weidlichst ausgeschlachtet sind. Wenn die Wirkung verpufft, sollten Sie versuchen, soviel wie möglich aus der Kreativitätssitzung herauszuholen (die einzelnen Schritte dieses Ideensammelprozesses werden später erläutert). Es ist auch sinnvoll, sich klar vor Augen zu halten: »Ich habe kein brauchbares Ergebnis erzielt.« Es hat wenig Zweck, sich weiterhin über ein Thema den Kopf zu zerbrechen. Versuchen Sie es später noch einmal mit einer anderen mentalen Provokation oder einer anderen Technik. Es gibt keine Gewähr dafür, daß jede kreative Anstrengung mit einer originellen Idee belohnt wird. Sie stärken Ihr Selbstvertrauen mehr, wenn Sie akzeptieren, daß Sie nicht fündig geworden sind, als wenn Sie verbissen und vergeblich weitersuchen.

Vertrauen

Wie läßt sich der Gedankenfluß, die kreativen Fähigkeiten und das Selbstvertrauen im mentalen Bewegungsprozeß verbessern, so daß Sie jederzeit darauf zurückgreifen können? Wenn Fähigkeiten und Selbstvertrauen wachsen, erzielen Sie häufiger gute Ergebnisse.

Sie können nicht davon ausgehen, daß Sie jedesmal einen Geistesblitz haben, wenn Sie sich auf Ideensuche begeben. Aber Sie dürfen sehr wohl davon ausgehen, daß Sie imstande sind, den Prozeß der mentalen Bewegung geschickt und flüssig zu meistern.

Wenn Sie gelernt haben, Vertrauen in diese Denkoperation zu setzen, werden Sie feststellen, daß Sie den Hebel der mentalen Bewegung bei jeder

Provokation ansetzen und die Reiz-Aussage weiterführen können, wie unlogisch oder bizarr sie auf den ersten Blick auch erscheinen mag.

Nun werden wir uns der Frage zuwenden, woher die mentalen Provokationen stammen und wie wir sie entwickeln.

Mentale Provokationen entwickeln

Ich habe das Wörtchen ›*po*‹ 1968 aus der Taufe gehoben. Seither haben es viele Leute benutzt und entlehnt, ohne seine wahre Bedeutung zu kennen oder zu verstehen.

Warum brauchen wir das Wort ›po‹?

Die mentale Provokation deckt ein sehr breites Spektrum ab. Eine Provokation enthält eine Reiz-Aussage, die keinen Ist-Zustand beschreibt, sondern unser Gehirn aktivieren soll. Am entgegengesetzten, sanften Ende der Skala sind Sätze wie »Was wäre wenn ...«, »Angenommen ...« oder »Was würde passieren, wenn ...« angesiedelt. Solche Hypothesen reichen aus, um rationale Aussagen zu entwickeln, die auf bestimmte Umstände hindeuten. Diese Szenarien zeigen uns, was geschehen würde, wenn. Es gibt jedoch keine Möglichkeit, die Aussagen am entgegengesetzten, extremen Ende der Skala, die unrealistisch, widersprüchlich oder völlig unlogisch sind, verbal als solche zu kennzeichnen. Wir haben in unserer Sprache kein Wort, das uns ermöglicht, ein Instrument wie die mentale Provokation für jedermann auf Anhieb sichtbar zu machen. Sprache dient dazu, die Wirklichkeit zu beschreiben, und die in einer Provokation angesprochenen Sachverhalte kommen in der Realität nicht vor. Der Begriff *po* könnte in keiner Sprache ein Eigenleben führen und ist in gewisser Hinsicht ein ›sprachwidriges' Wort.

Die logische Grundlage für das Reizwort ›po‹ wurzelt in der Asymmetrie selbstorganisierender Informationssysteme, die Informationen in Form von situationsbezogenen Handlungsmustern codieren, speichern und als Orientierungshilfe abrufen. Solche Systeme erfordern eine ›po‹-Funktion. Folglich war es unumgänglich, das Wort ›po‹ zu erfinden, um anzuzeigen, daß eine Aussage eine bewußte mentale mentale Provokation darstellen soll.

Wir brauchen dieses Signal, denn sonst würde unser Gehirn viel Zeit damit verschwenden, sich mit Informationen über Wirklichkeiten auseinanderzusetzen und diese wie üblich zu werten. Wenn Sie vorschlagen, Autos mit viereckigen Rädern zu bauen, würden Ihre Zuhörer vermutlich viel Mühe darauf verwenden, einen solchen ›Schwachsinn‹ anzufechten. Zumindest würde man Sie aber auffordern, Ihren ausgefallenen Vorschlag triftig zu begründen. Sobald Sie aber sagen: »Po, Autos haben viereckige Räder«, haben Sie die Reiz-Aussage als solche gekennzeichnet und können zur mentalen Bewegung übergehen, denn nun ist allen klar, worauf Sie abzielen.

Begriffe wie Hy(po)these, (Po)tential und (Po)esie deuten auf die Sprungbrett-Funktion einer Aussage hin. Wir stellen eine These auf und sehen, wohin sie uns führt. Das ist das genaue Gegenteil von Prosa und Beschreibung, mit deren Hilfe wir einen Ist-Zustand beschreiben. Die Silbe *po* wurde daher aus solchen Worten herausgefiltert und als Symbol der mentalen Provokation benutzt.

In der alten polynesischen und in der Maori-Sprache bezieht sich das Wörtchen ›po‹ auf das Chaos der Urmaterie, aus der die Welt und alle Lebewesen erschaffen wurden. Diese Bedeutung ist nicht unangemessen.

Im allgemeinen bezeichnet ›po‹:

Eine (p)rovozierende Denk(o)peration.
Eine (p)rovokante Denk(o)peration.
Eine (P)rovokation, die Impulse für eine Denk(o)peration gibt.

Quellen der mentalen Provokation

Es gibt zwei Hauptquellen der mentalen Provokation: die unbewußten, die sich einfach so ergeben und nicht als Kampfansage an überlieferte Anschauungen beabsichtigt waren, und die bewußten, die absichtlich und formal aufgestellt werden.

Mentale Provokationen können durch Zufälle, widrige Umstände oder Fehler entstehen, wie die Geschichte hinlänglich beweist. Sie besitzen das Potential, unsere Denkweise von Grund auf zu verändern, gleich ob wir dabei aktiv mitwirken oder nicht.

Dann gibt es noch Provokationen, die nicht als solche gemeint waren, aber als solche gedeutet werden können, wenn der Zuhörer entscheidet, die Aussage aus dieser Perspektive zu betrachten. In diese Kategorie fallen sowohl ernsthafte als auch törichte Bemerkungen.

Jemand stellt eine Behauptung auf, der Sie nicht zustimmen. Sie können widersprechen und ein Urteil über die Gültigkeit der Aussage fällen. Damit hat die Diskussion dann vielleicht ein Ende. Aber es besteht in jedem Fall zusätzlich die Möglichkeit, diese Bemerkung als mentale Provokation zu betrachten, bevor oder nachdem Sie eine Wertung abgeben. Es ist egal, ob derjenige, der die Behauptung aufgestellt hat, eine Provokation im Sinn hatte oder den Provokationsprozeß auch nur ansatzweise kennt. Die Wahl, wie Sie eine Aussage behandeln wollen, liegt ganz allein bei Ihnen.

Eine aufschlußreiche Geschichte verdeutlicht den Kern des Provokationsprozesses: Ende der 30er Jahre wandte sich ein ›wunderlicher Kauz‹ an Robert Watson Watt mit dem Vorschlag, das Verteidigungsministerium möge einmal über die Entwicklung einer elekromagnetischen Welle nachdenken, die stark genug wäre, ein feindliches Flugzeug vom Himmel zu holen. Watson Watt soll diese Idee als Unsinn erachtet und zurückgewiesen haben (die Energiemenge bei der Funkübertragung ist ziemlich gering). Wie verlautet, betrachtete Watts Assistent die Idee dagegen als mentale Provokation. Er kam auf den Gedanken, daß die Reflexion der elektromagnetischen Welle vielleicht dazu beitragen könnte, ein Flugzeug zu orten. So wurde das Konzept des Radar geboren, das sich im Krieg, der einige Jahre später ausbrach, als unbeschreibliche Hilfe erweisen sollte.

Wie bei jeder Geschichte, fällt es auch hier schwer, die tatsächlichen Geschehnisse zu rekonstruieren. Aber sie ist ein anschauliches Beispiel für die Bereitschaft, eine Idee als mentale Provokation zu betrachten, gleichgültig, wie absurd sie auf den ersten Blick auch erscheinen mag.

Solche Reiz-Aussagen lassen sich in privaten Gesprächen oder geschäftlichen Besprechungen aufstellen. Ideen können informell erläutert oder in einem offiziellen Bericht dargelegt werden. Sie lesen etwas über eine Idee, die nach Ihrer Meinung an den Haaren herbeigezogen ist. Es liegt ganz bei Ihnen, ob Sie darin eine mentale Provokation sehen.

Ich habe einmal während eines Seminars um Ideen gebeten, wie man die Höhe eines vielgeschossigen Gebäudes in der Stadt schätzen könnte. Es wurden viele einleuchtende Vorschläge gemacht. Dann erklärte ein junger Mann scherzhaft: »Vielleicht sollte man das Gebäude auf die Seite legen, die Länge abgehen und dabei die Schritte zählen.« Obwohl als Scherz gemeint, könnten wir beschließen, den Gedanken als mentale Provokation zu behandeln: »Po, wir legen das Gebäude auf die Seite.« Die erste Idee, die mir nun in den Sinn kommt, ist, die Länge des Schattens zu messen und mit Hilfe dieser Kennzahl die Höhe des Gebäudes zu schätzen (indem ich meinen Schatten mit meiner Größe vergleiche). Eine andere Idee wäre, das Gebäude zu fotografieren und es dann im Foto auf die Seite zu legen. Bevor wir die Aufnahme machen, könnten wir noch eine große Kiste rund zwanzig Meter von der Basis des Gebäudes entfernt aufstellen. Die Entfernung zwischen Fundament und Kiste auf dem Foto stellt zwanzig Meter dar; folglich hätten wir einen brauchbaren Maßstab. Aus der urprünglichen mentalen Provokation lassen sich noch weitere Ideen ableiten.

In der Praxis ist es sehr schwierig, Ideen, die wir als unrealisierbar erkannt haben oder nicht mögen, als mentale Provokation weiterzuverfolgen. Dennoch sollten Sie die Bereitschaft aufbringen, jede Idee als potentielle Reiz-Aussage zu akzeptieren. Die Wahl liegt ganz allein bei Ihnen. Niemand muß etwas davon bemerken.

Es gibt eine Reihe kognitiver und formaler Methoden, die es uns ermöglichen, eine mentale Provokation aufzustellen. Sie stellen das Provokationsinstrumentarium des lateralen Denkens dar, das sich planvoll, systematisch und methodisch anwenden läßt. Sie gestatten uns, kreative Denkoperationen kontrolliert und bewußt einzuleiten, wo wir andernfalls auf Zufälle, widrige Umstände oder Fehler im System warten müßten. Es ist wichtig, sich vor Augen zu halten, daß die mentale Provokation in Wirklichkeit auf einem logischen Fundament ruht und nichts mit ›Hirngespinsten‹ und der Hoffnung auf eine Eingebung zu tun hat. Wir stellen eine formale Provokation auf und benutzen danach die systematischen Methoden der mentalen Bewegung, um von der provokanten Aussage zu neuen Ideen und Konzepten zu gelangen. Der Prozeß wird schrittweise vollzogen.

Die Ausfallschritt-Technik

Das ist eine einfache und direkte Möglichkeit, eine mentale Provokation zu entwickeln. Jede Situation hat eine Reihe sogenannter normaler Aspekte, die wir als selbstverständlich erachten. In unseren Augen ist es selbstverständlich, daß zu einer Tasse eine Untertasse und ein Henkel gehört. Wir betrachten es als selbstverständlich, daß der Tassenrand rund ist. Wir betrachten es als selbstverständlich, daß eine Tasse aufrecht steht. Ich ziehe die Formulierung ›als selbstverständlich betrachten‹ der Redewendung ›als gegeben annehmen‹ vor, weil wir manchmal selbst das Gefühl haben, daß diese Annahmen nicht gerechtfertigt sind. Merkmale, die wir für selbstverständlich halten, müssen nicht immer relevant sein, aber in den meisten Fällen sind sie vorhanden und wichtiger Bestandteil der Situation.

Sie sollten niemals ein Problem, eine Beschwerde oder ein negatives Merkmal als einen Sachverhalt betrachten, der ›selbstverständlich‹ geworden ist. Die Ausfallschritt-Technik würde in einem solchen Fall nicht funktionieren, weil kein mentaler Anreiz besteht, aus der negativen Bahn auszubrechen.

Manchmal treten die ›selbstverständlichen‹ Merkmale offen zutage. Wir halten es beispielsweise für selbstverständlich, daß Schuhe eine Sohle haben. In anderen Fällen sollten wir versuchen, die verborgenen Merkmale aufzuspüren. Die meisten Menschen betrachten es zum Beispiel als selbstverständlich, daß es einen linken und einen rechten Schuh gibt. Und nach unserer Meinung ist es auch selbstverständlich, daß bei Schuhen mit hohen Absätzen die Ferse den Boden nicht berührt.

Der erste Schritt besteht also darin, einen Sachverhalt, den wir als selbstverständlich erachten, zu ermitteln und in formale, situationsspezifische Worte zu kleiden. Ein Beispiel: Wir betrachten es als selbstverständlich, daß in Restaurants Nahrung angeboten wird.

Als nächstes gilt es, dem eingefahrenen Gleis der Selbstverständlichkeit zu entkommen, daher der Name Ausfallschritt-Technik. Das bedeutet, aus dem Repertoire streichen, in Abrede stellen, ausklammern, ausschließen, verneinen oder mit einem Ausfallschritt aus dieser Denkschiene ausscheren.

> Wir betrachten es als selbstverständlich, daß in Restaurants
> Nahrung angeboten wird.
> Po, in Restaurants wird keine Nahrung angeboten.

Da haben wir unsere mentale Provokation.

Der nächste Schritt ist die mentale Bewegung. Mit Hilfe der Visualisierungstechnik malen wir uns aus, wie die Leute in einem gemütlichen Restaurant sitzen, in dem sie nichts zu essen bestellen können. Beim nächsten Besuch werden sie daran denken, belegte Brote mitzunehmen. Daraus entsteht die Idee gepflegter geschlossener Räumlichkeiten, in denen man ein Picknick abhalten kann. Sie bringen neben Ihren Freunden auch die Speisen und Getränke mit und zahlen dem Restaurantbesitzer lediglich eine Mietgebühr. Oder die Picknickkörbe werden von einem regulären Restaurant in Zeiten, wo nicht viel Betrieb herrscht, zusammengestellt und angeliefert. Sie können

Ihre Freunde also nicht nur zu einem rustikalen Picknick am Flußufer, sondern auch in einem Restaurant mit elegantem Ambiente einladen.

Wir betrachten es als selbstverständlich, daß Restaurants Speisen und Getränke berechnen.
Po, in Restaurants sind Speisen und Getränke umsonst.

Vielleicht berechnen sie nicht das, was die Gäste verzehren, sondern die Zeit, die Sie im Lokal verbringen. Sie zahlen einen bestimmten Preis pro Minute Ihres Aufenthalts und können während dieser Zeit nach Herzenslust essen und trinken. Das könnte in einem Café sinnvoll sein, in dem manche Gäste stundenlang vor einer einzigen Tasse Kaffee hocken. Statt eine erkleckliche Summe für den Kaffee auf den Tisch zu blättern, damit das Café seine Gemeinkosten decken kann, wäre eine Art Parkuhr in der Mitte des Tisches installiert und der Kaffee billig, wenn Sie schnell trinken. Oder noch einfacher: Der Ober bringt Ihnen die Rechnung, auf der die Ankunftszeit abgestempelt ist, und beim Verlassen des Lokals zahlen Sie die Gebühren.

Diese bewußte Abkehr von der Notwendigkeit, an Ort und Stelle die Rechnung zu begleichen, hat interessanterweise vor vielen Jahren zu einem Konzept geführt, auf dem die Kreditkartenorganisation Diners Club fußt.

Wir betrachten es als selbstverständlich, daß es in Restaurants Speisekarten gibt.
Po, in Restaurants gibt es keine Speisekarten.

Von dieser mentalen Provokation können wir in verschiedene Richtungen vorstoßen. Wir stellen uns ein Restaurant vor, in dem der Küchenchef irgendein festliches Menü für eine Abendgesellschaft zubereitet; Sie wissen nicht, was es gibt, vertrauen aber blind auf seine Kochkünste. Es gibt bereits einige solcher Lokale. Oder Sie nehmen eine andere Route und visualisieren ein Restaurant, das eine Liste der verfügbaren Zutaten ausgedruckt hat, so daß Sie sich innerhalb dieser Vorgaben ein Gericht zusammenstellen lassen.

Wir betrachten es als selbstverständlich, daß das Bedienungspersonal in Restaurants (nicht immer) höflich ist.
Po, Bedienungspersonal ist nicht höflich.

Das führt zu der Idee, daß die Bedienungen schauspielern müssen. Auf der Speisekarte finden sich Hinweise zum Charakter, den sie verkörpern sollen: angriffslustig, humurvoll, kriecherisch usw. Sie bestellen einen zänkischen Ober und haben großen Spaß daran, ein Streitgespräch mit ihm zu inszenieren. Das Bedienungspersonal würde die jeweils gewünschte Rolle übernehmen.

Wir betrachten es selbstverständlich, daß Restaurants Geschirr und Besteck bereitstellen.
Po, in Restaurants gibt es weder Geschirr noch Besteck.

Also müssen Sie Ihr eigenes mitnehmen. Aber Sie haben keine Lust, es wieder mit nach Hause zu schleppen und deponieren es im Restraurant. Ihre Teller könnten nun besonders markiert werden, beispielsweise mit Ihrem Monogramm oder dem Firmenlogo. Das Essen wird auf diesen individuellen Tellern serviert. Das bedeutet, daß Sie vermutlich immer wieder in dieses Restaurant zurückkehren, wenn Sie Gäste bewirten.

Alles, was wir als selbstverständlich betrachten, ist eine einengende Falle, aus der wir ausbrechen müssen, um eine provokative Reiz-Aussage zu entwickeln. Es spielt keine Rolle, wie unrealistisch oder absurd die daraus entstehende mentale Provokation scheinen mag.

Den Selbstverständlichkeiten kommen Sie im Rahmen einer Kreativitätssitzung mit einer Lotterie auf die Spur: Lassen Sie alles, was den Leuten selbstverständlich erscheint, auf Zettel schreiben und in einem großen Behältnis mischen. Dann lassen Sie jeweils einen Zettel ziehen und befassen sich mit der Denkschiene, der Sie mit Hilfe der Ausfallschritt-Technik den Rücken kehren wollen. Oder Sie listen die ›Selbstverständlichkeiten‹ untereinander auf einem Blatt Papier auf und bestimmen aufs Geratewohl eine Zahl, sagen wir die Fünf. Jeder Teilnehmer der Kreativrunde muß dann versuchen, die Ausfallschritt-Technik beim fünfen Eintrag auf seiner Liste anzuwenden. Oder Sie beschreiben einfach Tatbestände, die als selbstverständlich gelten, und wählen einen aus, dessen Fesseln Sie bewußt abstreifen.

Die Ausfallschritt-Technik ist besonders nützlich, um festgefahrene Methoden, Verfahren oder Systeme unter die Lupe zu nehmen, die auf den ersten Blick keinen Anlaß zu Klagen geben und im Lauf der Zeit zu einem stabilen mentalen Gleichgewichtszustand geführt oder sich eingebürgert haben. Wenn Sie die Initiative ergreifen und Verbesserungen oder Veränderungen herbeiführen wollen, müssen Sie wissen, an welchem Punkt Sie den Hebel ansetzen. Die Ausfallschritt-Technik reißt Sie aus dem alten Trott, so daß sie gezwungen sind, die Dinge aus einer völlig neuen Perspektive zu betrachten.

Die Ausfallschritt-Technik ist leicht anzuwenden, aber sie hat ihre Tükken. Manchmal blockiert sie den Zugang zu einem komplizierten Gedankenpfad, und dann neigen wir dazu, nach einer einfachen Alternative zu suchen und somit den Weg des geringsten Widerstandes zu wählen.

> Wir betrachten es als selbstverständlich, daß wir mit dem Auto zur Arbeit fahren.
> Po, wir können nicht mit dem Auto zur Arbeit fahren.

Auf der einfachsten Ebene akzeptieren wir lediglich, daß Kraftfahrzeuge nicht benutzt werden dürfen, und schlagen vor, den Bus oder Zug zu nehmen. Mit anderen Worten: Wenn uns eine Möglichkeit versperrt ist, suchen wir einfach nach einer anderen. Obwohl solche Ideen ihren Wert haben können, sind sie meistens nicht besonders originell. Von derselben mentalen Provokation ausgehend, stünden uns andere, produktivere Wege offen. Wir könnten uns beispielsweise ausmalen, daß wir eine zeitlang in einem Wohnheim in unmittelbarer Nähe des Arbeitsplatzes schlafen und dann für ein verlängertes Wochenende nach Hause zurückfahren. Wir könnten uns vorstellen, unsere Tätigkeit freiberuflich auszuüben oder einen Arbeitsplatz zu Hause einzurichten, wobei die Arbeit angeliefert wird. Es wäre auch denkbar, daß wir nicht ›in die Stadt‹, sondern ›aufs Land‹ zur Arbeit fahren; das könnte beinhalten, daß am Morgen nur der Verkehr stadtauswärts gestattet ist. Dadurch würde eine Verlagerung von Arbeitsplätzen in die Stadtrandgebiete geschehen.

Die Trittstein-Methode

Die Schwierigkeit bei der Entwicklung der mentalen Provokation liegt darin, daß Sie die Reiz-Aussage entwickeln, aber von dieser Reiz-Aussage mental herausgefordert werden müssen. Es besteht die Gefahr, eine Provokation zu wählen, die sich nahtlos in Ihre bereits bestehenden oder Gestalt annehmenden Ideen oder Konzepte einfügt. Das macht keinen Sinn, weil die Technik in einem solchen Fall keine schöpferischen Denkprozesse auslöst. Viele Menschen haben ein unbestimmtes Gefühl, wo in etwa eine Idee angesiedelt sein könnte, und stellen eine Provokation auf, die genau in diese Richtung führt. Damit ist nichts gewonnen. Ein mentale Provokation sollte originell sein und unwillkürlich erfolgen. Sie sollten keine Vorahnung haben, wo Ihre Gedankengänge enden könnten.

Aus diesem Grund werden viele Provokationen halbherzig, mit einem Auge nach dem Ergebnis schielend, entwickelt. Mit der Ausfallschritt-Technik sprechen Sie aus, was als ›selbstverständlich‹ erachtet wird, und kehren den Tatbestand um. Bei der Trittstein-Methode führen Sie meistens eine willkürliche Denkoperation aus, die sich auf etwas bereits Gedachtes stützt.

Malen Sie sich nun einmal aus, daß Sie einen Spaziergang machen. Sie kommen an einen breiten Graben und wollen auf die andere Seite hinüber. Als erstes nehmen Sie einen großen Stein und werfen ihn mitten ins Wasser. Dann benutzen Sie ihn als Trittstein, um ans andere Ufer zu gelangen. Diese Analogie verdeutlicht, daß es sich beim Verankern und Benutzen des Trittsteins um zwei verschiedene Aktivitäten handelt.

Um zu prüfen, ob Ihre Reiz-Aussagen wirklich provokativ und unwillkürlich sind, empfiehlt es sich darauf zu achten, wieviele Sie erfolgreich als Trittstein für weitere kreative Denkleistungen benutzen können. Mindestens vierzig Prozent sollten *nicht* verwendbar sein. Wenn Sie imstande sind, auf allen aufzubauen, haben Sie entweder ein unglaubliches Geschick im Umgang mit dem Prozeß der mentalen Bewegung entwickelt oder stellen nur Provokationen auf, die mit Ihren bereits keimenden Ideen übereinstimmen.

Po, Flugzeuge landen mit der Oberseite nach unten.

Das ist eine unwillkürliche Umkehr-Provokation. Ich habe bereits erwähnt, daß daraus Überlegungen über die Sitzposition des Piloten erwachsen können. Eine andere Gedankenlinie konzentriert sich auf den Unterschied und beobachtet, daß die Flügel die Bodenneigung der Maschine verstärken würden. Das führt zum Konzept einer ›positiven Landung‹, die einen festen Bodenkontakt beim Aufsetzen beinhaltet, was wiederum zur Idee führt, die Maschinen zusätzlich mit einem kleineren Flügelpaar auszustatten. Unter welchen Umständen hätte diese Idee einen unmittelbaren Nutzen? In einer Notfallsituation während des Landeanflugs könnte der Pilot den Sinkflug schlagartig dadurch beenden, daß er die kleinen Flügel nach oben ausfährt und die Maschine damit auf Anhieb wieder steigt.

Der Zweck einer mentalen Provokation besteht darin, auf völlig neue Ideen zu kommen und nicht die bereits bestehenden zu bestätigen.

Wir wenden uns nun den vier formalen, planvoll, methodisch und systematisch anwendbaren Trittstein-Provokationen zu.

Umkehr-Provokation

Das bedeutet, die normale oder übliche Vorgehensweise genau in Augenschein zu nehmen und dann die umgekehrte oder entgegengesetzte Richtung einzuschlagen. Flugzeuge, die mit der Oberseite nach unten landen oder Autos mit viereckigen Rädern sind Beispiele für eine Umkehr-Provokation.

Bei früheren Olympischen Spielen hatten die meisten Organisationsausschüsse gezögert, Fernsehübertragungen anzuregen. Sie fürchteten, die Besucherzahlen würden sich drastisch verringern, wenn die Leute in der Lage wären, das Geschehen zu Hause am Bildschirm zu verfolgen. Eine der Konzeptveränderungen bei den Olympischen Spielen von 1984 bestand darin, die landläufige Haltung der Komiteemitglieder umzukehren und das sportliche Ereignis wie eine Fernsehshow zu behandeln. Dieses Konzept brachte die Kassen zum Klingeln, so daß die Fortsetzung der Spiele gesichert war. In diesem Fall wurde die Provokation zur Idee.

Viele Leute meinen, es sei bereits eine Umkehr, wenn man ›ohne etwas auskommt‹.

> Zum Frühstück verleibe ich mir immer Orangensaft ein.
> Po, ich verleibe mir zum Frühstück keinen Orangensaft ein.

Das ist keine Umkehr-Provokation, sondern ein Ausfallschritt, der lediglich aus dem eingefahrenen Gleis herausführt. Wie könnte in diesem Fall eine Umkehr-Provokation lauten?

> Po, ich werde beim Frühstück vom Orangensaft einverleibt.

Stellen Sie sich bildlich ein riesiges Glas Orangensaft vor, in das Sie hineinfallen. Sie klettern schnellstmöglich heraus und riechen von Kopf bis Fuß nach Orangensaft. Das führt zu der Idee, einen Duschkopf mit auswechselbaren Duftstäbchen zu installieren, so daß Sie die Duftnote des Wasserstrahls nach Lust und Laune auswählen können.

> Das Telefon klingelt, wenn ein Anruf eingeht.
> Po, das Telefon klingelt die ganze Zeit über und ist nur dann still, wenn ein Anruf erfolgt.

Das ist eine gute, aber ziemlich schwierige Umkehr-Provokation, weil sie zunächst absurd erscheint. Daraus lassen sich aber dennoch zwei gute Ideen ableiten. Wenn das Telefon ohne Unterlaß klingeln würde, wüßten Sie, daß es funktionstüchtig und betriebsbereit ist. Das führt zu der Idee, ein kleines rotes Lämpchen anzubringen, das bei einer Störung erlischt. Die zweite Idee wäre, Telefon und Fernsehgerät zu koppeln. Sobald ein Anruf eingeht, verstummt der Ton des Fernsehgeräts automatisch. Sie wissen auf Anhieb, daß jemand mit Ihnen sprechen will. Der Fernseher könnte solange geräuschlos weiterlaufen, bis Sie das Gespräch beenden (nach Wahl).

Der Anrufer zahlt für das Gespräch.
Po, der Empfänger wird dafür bezahlt, daß er das Gespräch entgegennimmt.

Eine andere Umkehr-Provokation könnte besagen, daß der Empfänger die Gesprächsgebühren bezahlt. Für die Entgegennahme eines Gesprächs zu bezahlen ist eine interessante, eigenständige Idee. Rein technisch gesehen dürfte es nicht zu schwierig sein, eine zusätzliche Summe auf die Telefonrechnung des Anrufers zu setzen und diese von der Rechnung des Empfängers abzuziehen. Je mehr Anrufe Sie erhalten, desto weniger müssen Sie also berappen. Freunden könnten Sie eine ›Geheimnummer‹ mit der üblichen Gebührenabrechnung geben – oder auch nicht.

Übertreibungsprovokation

Die zweite formale Methode, eine Trittstein-Provokation aufzustellen, ist die Übertreibung bzw. Untertreibung. Sie steht in unmittelbarem Zusammenhang mit Maßen und Dimensionen: Zahlen, Häufigkeit, Volumen, Temperatur, Zeitdauer, usw. Jede Situation beinhaltet eine Standard-Größenordnung. Übertreibung und Untertreibung sind Maßangaben, die außerhalb dieser Größenordnung liegen. Bei Vergrößerung dieser Normen liegt eine Übertreibung, bei einer Verkleinerung eine Untertreibung vor.

Po, in jedem Haushalt gibt es genau hundert Telefone.
Po, ein Telefon hat nur eine einzige Wahltaste.

Bei einer Untertreibung sollte die Maßzahl niemals Null betragen, denn dann handelt es sich um eine Ausfallschritt-Technik.

Po, die flüssige Zahncreme besteht aus einem einzigen Tropfen.
Po, es gibt keine Zahncreme.

Der einzige Tropfen deutet auf die Idee hin, der Nahrung eine bestimmte Substanz beizumengen, so daß die Reinungsfunktion auch während des Essens gewährleistet ist.

Die Über-oder Untertreibung schafft die typische [psychische] Instabilität, die infolge einer mentalen Provokation entsteht. Wir können uns nicht an ihr festklammern, und so setzen wir uns mental in Bewegung, um zu einer Idee zu gelangen.

Vor vielen Jahren wurde ich vom *New York Magazine* gebeten, einige Probleme im Auftrag der New Yorker Stadtverwaltung zu lösen. Eines war der Mangel an Streifenpolizisten.

Po, die Polizei hat sechs Augen.

Aus der einfachen Übertreibung entwickelte ich den Vorschlag, daß jeder Bürger Augen und Ohren offenhalten und als verlängerter Arm der Polizei verschiedene Dienste übernehmen sollte. Er wurde im April 1971 in der Titelgeschichte des *New York Magazine* abgedruckt. Später wurde daraus das Konzept ›neighborhood watch‹ entwickelt, eine Art Bürgerwehr, bei der Freiwillige in der unmittelbaren Nachbarschaft regelmäßig Patrouillengänge durchführen.

Po, Schüler werden immerzu geprüft.

Das führt zu der Idee, Computer in den Klassenzimmern aufzustellen, die ein Schüler jederzeit benutzen kann. Im Programm sind Fragen zum Lehrstoff enthalten, die der Schüler beantworten muß. Sobald die Anzahl der richtigen Antworten einen bestimmten Prozentsatz überschreitet, geht man davon aus, daß der Schüler genug über ein Thema weiß. Der Schüler hat jederzeit Zugang zu dem Gerät [und kann damit sein individuelles Lerntempo selber bestimmen]. Schummeln oder Mißbrauch wären automatisch ausgeschlossen.

Po, Telefone sind so schwer, daß man sie nicht hochheben kann.
Po, Telefone sind so leicht und klein, daß man sie wie ein Button anstecken kann.
Po, jedes Telefongespräch muß mindestens eine Stunde dauern.
Po, jedes Telefongespräch darf nicht länger als zehn Sekunden dauern.
Po, man muß hundert Nummern wählen.
Po, man muß nur eine einzige Nummer wählen.
Po, ein Anruf kostet hundert D-Mark.
Po, Anrufe kosten nicht mehr als zehn Pfennig.
Po, man kann nur eine einzige Person telefonisch erreichen.
Po, man kann mit hundert Leuten gleichzeitig sprechen.

Das Schwedische Filminstitut wandte sich einmal mit der Bitte an mich, zu überlegen, wie man Geld für Filmproduktionen auftreibt.

Po, eine Kinokarte kostet hundert Mark.

Das führt zu der Idee, den Zuschauern im Anschluß an eine Erstaufführung die Möglichkeit zu geben, an der Kinokasse eine Beteiligung an dem soeben gesehenen Film zu erwerben. Sie hatten ja bereits Gelegenheit, das Produkt zu begutachten, was bei anderen Vorausinvestition oft nicht der Fall ist. Außerdem würden sie natürlich noch kräftiger die Werbetrommel für den Streifen rühren. Mit den eingespielten Summen könnte man dann die ursprünglichen Anleger auszahlen, so daß sich ihr Risiko verringert und Anfangsinvestitionen ermutigt werden.

Ich staune immer wieder, daß es einigen Leuten schwerfällt, Übertreibungsprovokationen zu benutzen. Vermutlich liegt es daran, daß es sich hier um eine Reiz-Aussage in ihrer reinsten Form handelt. Sie stellen die mentale Provokation auf und haben keine Ahnung, wohin sie führen könnte. Diejenigen, die sich schwer damit tun, ziehen in aller Regel die Entwicklung einer mentalen Provokation vor, die sich um eine bereits im Ansatz vorhandene Idee rankt.

An dieser Stelle möchte ich noch einmal betonen, daß die Übertreibungsprovokation immer auf irgendeiner quantitativen Dimension oder Maßangabe basiert. Sie bezieht sich nicht auf die übliche, breitgefächerte Definition des Begriffs ›Übertreibung‹ oder ›Untertreibung‹, zu dem gleich welche irrigen Darstellungen eines Sachverhalts gehören.

Zerrbild-Provokation

In jeder Situation kommen Beziehungen zwischen den Parteien zum Tragen, die bestimmten Gesetzmäßigkeiten folgen. Und die Zeitsequenz menschlicher Aktivitäten folgt ebenfalls bestimmten Gesetzmäßigkeiten. Eine Zerrbild-Provokation liegt vor, wenn wir diese herkömmlichen Gesetzmäßigkeiten oder Zusammenhänge verändern. Dadurch entsteht ein Zerrbild der Situation, das sich in eine Reiz-Aussage einbauen läßt.

Po, man klebt einen Brief erst zu, nachdem er aufgegeben wurde.

Das ist ein anschauliches Beispiel für eine Zerrbild-Provokation (man verzerrt die Reihenfolge der Aktivitäten). Daraus läßt sich eine interessante Idee ableiten. Wenn Sie keine Briefmarken kaufen und bezahlen wollen, bringen Sie Ihren Brief geöffnet zur Post. Ein Direktmarketing-Unternehmen könnte dann einen Prospekt oder einen Werbezettel in Ihren Umschlag einfügen, ihn zukleben und die Versandkosten übernehmen. Sie profitieren von der kostenlosen Beförderung, und der Inserent hätte unmittelbaren Zugang zu potentiellen Kunden. Natürlich müßte er den Postbezirk der Empfänger sorgfältig auswählen, um die gewünschte Zielgruppe anzusprechen.

Po, Schüler prüfen ihr Wissen gegenseitig.

Diese Provokation führt zu der schlichten Idee, daß man Schüler bitten könnte, die Prüfungsfragen selber auszuarbeiten und zu erklären, warum sie diese stellen. Man muß sich gut auf einem Gebiet auskennen, um gute Fragen zu konzipieren. Diese Fragen könnten auch für künftige Prüfungen verwendet werden.

Po, man stirbt, bevor man stirbt.

Das war genau die Art Provokation, die Ron Barbaro von der Prudential Versicherungsgesellschaft dazu führte, die ungeheuer erfolgreiche Idee der ›Versicherungsleistung zu Lebzeiten‹ zu entwickeln. Bei Hypothekendarlehen erhält man auch zuerst das Geld und leistet später die monatlichen Rückzahlungen.

Po, Sie wählen im Auftrag Ihres Nachbarn.
Po, die Post schreibt einen Brief für Sie.
Po, die Zinsen aus Ihrer Investition werden an eine dritte Partei ausbezahlt.

Po, Straftäter zahlen für den Polizeieinsatz.
Po, man kann ein nichtalkoholisches Getränk einschenken, bevor man die Dose öffnet.
Po, man landet mit einem Flugzeug, bevor man startet.
Po, das Fernsehgerät wählt aus, was es Ihnen auf dem Bildschirm präsentiert.
Po, Kinder entscheiden, wen die Eltern heiraten sollen.

Wenn nicht mehr als zwei Parteien beteiligt sind, laufen Zerrbild und Umkehr-Provokation auf das gleiche hinaus.

Wie ist die Situation normalerweise beschaffen? (Beziehungen, Zeitfolge usw.)? Kehren wir diese um.

Die Zerrbild-Methode ist vielleicht die schwierigste Trittstein-Technik, aber sie kann zündende Ideen hervorbringen, weil die Reiz-Aussagen sehr provokativ und wir folglich nicht imstande sind, wieder in festgefahrene Denkschienen zurückzufallen.

Wunschbild-Provokation

Das Beispiel von der Fabrik, die an einer Stelle ›stromabwärts von sich selbst‹ errichtet werden sollte, ist eine solche Wunschbild-Provokation.

Wäre es nicht schön, wenn ...

Wir malen uns eine Situation aus, von der wir wissen, daß sie sich niemals verwirklichen läßt. Es ist wichtig, sich vor Augen zu halten, daß es sich bei dieser Form der mentalen Provokation immer um reines Wunschdenken handelt. Es bringt Sie keinen Schritt weiter, wenn Sie ganz normale Bestrebungen, Zielvorstellungen oder Aufgaben als Trittstein benutzen.

Ich würde diesen Bleistift gerne für die Hälfte der Kosten herstellen.

Das ist ein Ziel oder eine Aufgabe, auf die Sie hinarbeiten können, auch wenn es zunächst sehr schwierig erscheint. Aber es handelt sich dabei nicht um eine Provokation.

Po, der Bleistift sollte ohne menschliches Zutun schreiben.

Das ist eine Phantasievorstellung, wie man unschwer erkennt, und eine provokative obendrein.

Ich wurde einmal um ein Lösungskonzept für die Parkplätze im Zentrum einer Kleinstadt gebeten, die den ganzen Tag lang von den Autos der Pendler besetzt waren.

Po, Autos sollten ihre eigene Parkdauer begrenzen.
(Wäre es nicht schön, wenn Autos ihre eigene Parkdauer begrenzen könnten?)

Daraus erwuchs die Idee, daß man überall parken darf, aber die Scheinwerfer des Autos eingeschaltet lassen muß. Die Batterie wäre ziemlich bald leer, wenn man zu lange ausbleibt. Das gleiche Prinzip könnte man in Großstädten bei den Parkuhren anwenden: Solange das Licht eingeschaltet ist, müssen Sie nicht zahlen. Damit würde ein schnellerer Wechsel bei der Nutzung der knapp bemessenen Parkzonen in der Innenstadt erreicht.

Die drei anderen Möglichkeiten, Trittstein-Provokationen aufzustellen, beinhalten ausnahmslos, an den derzeit bestehenden Gesetzmäßigkeiten oder Verhältnissen zu rütteln (durch Umkehrprovokation, Übertreibung, Zerrbild-Provokation). Bei der Wunschbild-Provokation lassen wir unserer Phantasie freien Lauf. Manche finden diese Technik schwieriger, weil sie weniger mechanisch erfolgt. Anderen fällt es nicht im mindesten schwer, ihre Traumbilder in Worte zu fassen oder niederzuschreiben.

Po, Ladendiebe geben sich selbst zu erkennen.
(Wäre es nicht schön, wenn Ladendiebe sich selbst zu erkennen gäben?)

Eine solche Vorstellung ist ziemlich unwahrscheinlich. Wir malen uns aus, wie ein Ladendieb die Hand hebt und sagt: »Ich habe gerade etwas mitgehen lassen!« Vielleicht muß er dann in Zukunft bestimmte Kleidung tragen, wenn er das Kaufhaus betritt, um ihn besser kenntlich zu machen. Das führt zu der Idee eines Einkaufskittels, vielleicht ein hygienisch verpacktes Einmalprodukt, das man freiwillig über die normale Straßenkleidung zieht. Der Kittel hat keine Öffnungen und Taschen, so daß sich die gestohlene Ware von vornherein schwerer verstauen läßt. Jeder, der einen Kittel trägt, erhält einen kleinen Rabatt auf die eingekauften Artikel. Diejenigen, die keine Lust haben, den Kittel zu tragen, könnte man besser im Auge behalten. Hinter dieser Idee steckt ein Konzept – daß sich Ladendiebe vielleicht gegen eine Bitte oder Aufforderung wehren, denen andere nachkommen, weil sie unerheblich ist.

Je phantastischer die Reiz-Aussage, desto provokativer ist sie.

Po, man steigt ins Flugzeug ein, sobald man den Flughafen betreten hat.
Po, jeder Passagier hat seine eigene Maschine und seinen eigenen Piloten.
Po, das Flugzeugt bringt Sie zu jeder gewünschten Zeit an jeden gewünschten Ort.
Po, ein Flugbegleiter/eine Flugbegleiterin kümmert sich nur um Sie.
Po, Sie schlafen nach dem Start jedesmal sofort ein.
Po, Sie sitzen immer neben den interessantesten Fluggästen.
Po, die Fluggesellschaft stellt Ihnen das gesamte Reisegepäck, das Sie brauchen, zur Verfügung.
Po, mit Ihrem Flugschein erwerben Sie Anteile an der Luftfahrtgesellschaft.
Po, Verspätungen machen Spaß und stellen sinnvoll verbrachte Zeit dar.
Po, immer wenn Sie fliegen wollen, gelten Sondertarife.
Po, das Flugzeug wartet auf Sie, wenn Sie in einem Verkehrsstau stecken.

Auch wenn einige dieser Ideen völlig unrealisierbar erscheinen, können sie als mentale Provokation benutzt werden. Mit dem Vertrauen in Ihre mentale Bewegungsfähigkeit wächst auch Ihre Fähigkeit, aus jeder Reiz-Aussage einen gewissen Nutzen abzuleiten. Und je geschickter Sie selbst mit den extremen Formen der mentalen Provokation umzugehen lernen, desto kühner gehen Sie bei der Aufstellung neuer provokativer Behauptungen vor. Aussagen mit schwachem Reiz-Impuls sind als Provokation unergiebig.

> Po, das Flugzeug wartet auf Sie, wenn Sie in einem Verkehrsstau stecken.

Das führt zu der Idee, daß bei jedem Flug von Haus aus eine halbe Stunde Differenz zwischen der geplanten und der tatsächlichen Abflugzeit anberaumt wird. Wenn Sie zu spät kommen, zahlen Sie eine Strafgebühr, dürfen aber noch an Bord. Oder Sie erhalten einen Gutschein, wenn Sie frühzeitig einchecken. Eine andere Idee wäre, nicht rechtzeitig erschienene Passagiere automatisch für den nächsten Flug zu buchen, wobei diese Buchung nur eine Stunde lang gilt.

Es ist in der Praxis hilfreich und empfehlenswert, eine ganze Reihe von Trittstein-Provokationen als eigenständige Denkoperation zu entwickeln, wenn Sie versuchen, kreativ an ein Thema heranzugehen. Notieren Sie die Trittsteine einfach nur, ohne weiter mit ihnen zu arbeiten. Die Übung kann dazu beitragen, Ihre Phantasie freizusetzen. Danach stellen Sie vielleicht fest, daß Sie Lust haben, einen der Trittsteine zu benutzen. Der Zweck der Übung besteht jedoch darin, den kreativen Fokusbereich mit sovielen Trittstein-Provokationen wie möglich zu umgeben.

Die Random Input-Technik

Sie ist die einfachste von allen Kreativitätstechniken und wird heute von Neuprodukt-Gruppen, Werbeagenturen, Rockbands, Drehbuchautoren und zahlreichen anderen angewendet. Sie wurde 1968 von mir entwickelt, und seither hat man oft geistige Anleihe bei ihr genommen oder sie schlicht plagiiert, nicht selten ohne zu wissen, wie und warum sie funktioniert.

Die Technik ist sehr fruchtbar, scheint aber auf den ersten Blick jeder Logik zu entbehren.

Immer wenn wir neue Ideen brauchen, ist ein kreativer Fokus erforderlich. Wir suchen ein Wort, das in keinem Zusammenhang mit der Situation steht, und schweißen beides zusammen.

> Bürokopierer -po- Nase

Aus dieser Wortkombination versuchen wir, neue Ideen zu entwickeln.

Jeder, der sich der herkömmlichen Logik bedient, würde auf den Widersinn hinweisen. Wenn es sich wirklich um einen Zufallsbegriff handelt, hilft uns dieser in gleich welchem Themenbereich weiter. Ähnlich wäre jedes beliebige Wort verwendbar, wenn der Fokus vorgegeben ist. Jeder Begriff ist also von Nutzen, ungeachtet des Themas, auf das wir uns konzentrieren. Das ist für viele der Gipfel des Unlogischen.

Erst wenn wir begriffen haben, daß unser Gehirn wie ein selbstorganisierendes Informationssystem funktioniert, das situationsspezifische Handlungsmuster codiert, speichert und abruft, macht dieser Prozeß Sinn. Abb. 2.15 zeigt ein Haus, Ihr Haus, das sich in einer Kleinstadt befindet. Sie schlagen immer denselben Weg ein, wenn Sie Ihr Haus verlassen. Aber eines Tages nimmt jemand Sie im Auto bis zum Stadtrand mit, und abends müssen Sie alleine nach Hause zurückfinden. Höchstwahrscheinlich wählen Sie dabei eine Route, die Sie nicht genommen hätten, wenn Sie zu Fuß aus dem Haus gegangen wären. Mit anderen Worten: Die Musterwahrscheinlichkeiten im Zentrum unterscheiden sich von denen an der Peripherie. Daran ist nichts Geheimnisvolles.

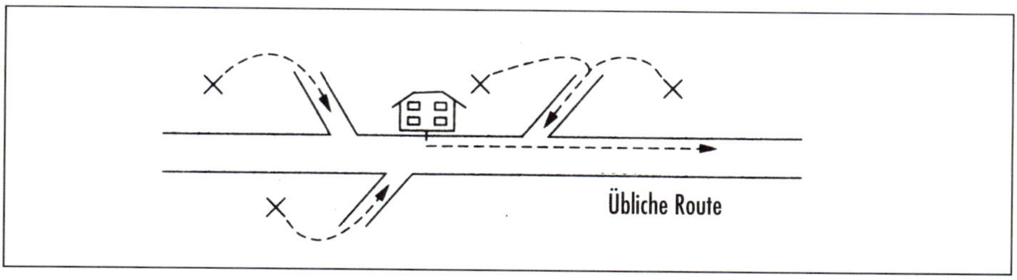

Abb. 2.15

Das Gehirn versteht sich so meisterhaft darauf, mentale Verbindungen herzustellen, daß es selbst bei einem weit hergeholten Zufallsbegriff (oder Input) wieder an den Fokusbereich anzuknüpfen vermag. Es ist in meiner langjährigen Praxis nicht ein einziges Mal vorgekommen, daß ein Zufallsbegriff zu weit hergeholt war. Im Gegenteil, oft ist dieser Zufallsbegriff in Wirklichkeit so eng mit dem Fokus verzahnt, daß die provokative Wirkung äußerst gering ist.

Die Geschichte belegt, daß der Zufall in vielen Fällen den Stoff für eine wichtige neue Idee geliefert hat. Natürlich werden solche kreativen Impulse nur in einem ›aktivierten‹ Gehirn ausgelöst, das über ein Thema nachdenkt. Sie kennen vermutlich die Geschichte, wie Newton in Woolsthorpe, Lincolnshire, unter dem Apfelbaum saß und ein Apfel auf seinen Kopf fiel. Diese Begebenheit soll die Entwicklung des Gravitationsgesetzes zur Folge gehabt haben. Selbst wenn es sich dabei um eine Erfindung handelt, gibt es viele andere Beispiele.

Müssen wir geduldig unter dem Baum sitzen und warten, bis uns der Apfel der Erkenntnis am Kopf trifft? Selbst wenn wir beschließen, uns bei Sturm unter einem mit reifem Obst beladenen Baum zu kauern, sind wir noch zur Untätigkeit verdammt. Warum stehen wir nicht auf und schütteln den Baum, immer wenn wir nach einer neuen Idee suchen? Genau das werden wir mit Hilfe der Random Input-Technik tun.

Die Random Input-Technik zählt zu den provokativen Techniken, obwohl sie sich in einigen Punkten von ihnen unterscheidet. Wie in Abb. 2.16 zu ersehen, stellen wir mit den anderen Techniken eine Provokation auf (po) und benutzen diese, um eingefahrene Denkschienen zu verlassen und uns mental auf neuen Bahnen zu bewegen. Mit der Random Input-Technik beginnen wir die Ideensuche an einem neuen Ausgangspunkt, und damit erhöhen sich auf Anhieb unsere Chancen, neue Horizonte zu erschließen. Sobald uns dies gelungen ist, stellen wir wieder die Verbindung zu unserem Fokus her und können nun die neue Gedankenlinie weiterverfolgen.

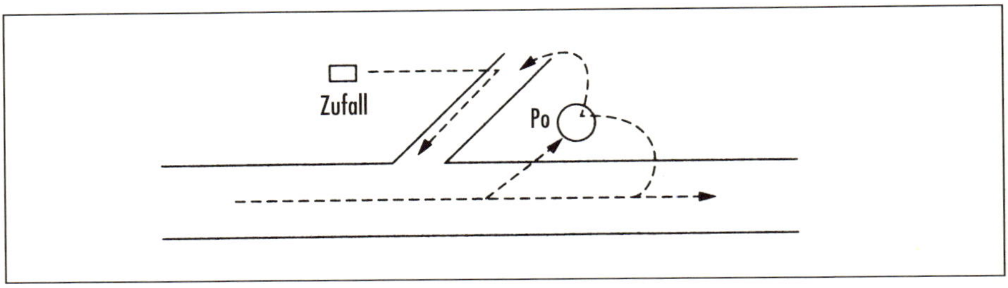

Abb. 2.16

Mit einem neuen Ausgangspunkt zu beginnen, ist im Bereich des kreativen Denkens ein seit langem eingeführter Prozeß. Manchmal sind wir in der Lage, unsere Aufmerksamkeit von den Gewinnern auf die Verlierer eines Tennisturniers zu verlagern, von Straftäter, die dingfest gemacht werden, zu den Verbrechern, die unentdeckt bleiben, von den interessierten zu den gelangweilten Lesern usw. In bestimmten Fällen gibt es klar definierte Ausgangspunkte. Die Random Input-Technik ist viel breiter gefächert und schließt sämtliche Situationen ein, gleich ob der Ausgangspunkt bekannt ist oder nicht.

Wir können einen zufälligen Ausgangspunkt nicht wirklich ›wählen‹, denn er würde in Übereinstimmung mit den im Gedächtnis gespeicherten Handlungsvorlagen ausgesucht werden und keine mentale Provokation beihalten. Wir brauchen also einen Zufallsgenerator, um eine Reiz-Aussage zu entwickeln, die uns neue Denkimpulse vermittelt. Es gibt verschiedene, praktische Methoden, die uns dieses Unterfangen erleichtern.

1. Kompilieren Sie eine Liste mit sechzig Begriffen (Feuer, Schreibtisch, Schuhe, Nase, Hund, Flugzeug, Hamburger, Tiger usw.). Um den Zufallsbegriff zu ermitteln, blicken Sie einfach auf den Sekundenzeiger Ihrer Uhr. Suchen Sie mittels dieser Zahl das entsprechende Wort auf Ihrer Liste. Sollte Ihre Uhr hundertstel Sekunden anzeigen, notieren Sie hundert Begriffe. Tauschen Sie die Liste ungefähr alle sechs Monate gegen eine neue aus.

2. Benutzen Sie ein Wörterbuch. Denken Sie an eine Seitenzahl (sagen wir Seite 82), und an die Position eines Begriffs auf dieser Seite (zum Beispiel das achte Wort von oben). Schlagen Sie das Wörterbuch auf Seite 82 auf und suchen Sie das achte Wort. Falls es sich dabei nicht um ein Substantiv handelt, nehmen Sie das nächste Hauptwort.
3. Ein Kanadier hat einmal eine große Plastikkugel gefertigt, die 13 000 Begriffe enthielt. Man konnte eine Kurbel drehen, so daß die Wörter gemischt wurden, und dann das Wort ablesen, das im Fenster erschien.
4. Sie schließen die Augen und tippen mit dem Finger auf eine Zeitungs- oder Buchseite. Sie nehmen das Wort, das Ihrem Finger am nächsten ist.

Das alles sind Methoden, um einen Zufallsbegriff zu ermitteln.

Die Random Input-Technik ist leichter zu benutzen als andere Provokationstechniken, weil die Reiz-Aussage auf Anhieb gefunden wird und nicht konstruiert werden muß.

Zigarette -po- Verkehrsampel

Innerhalb von wenigen Sekunden führte diese Kombination zu der Idee, eine rote Banderole kurz vor dem Filter oder dem Ende der Zigarette anzubringen. Sie markiert die Gefahrenzone mit der größten Schadstoffkonzentration. Wenn Sie die Zigarette ausdrücken, bevor die Banderole erreicht ist, beeinträchtigen Sie Ihre Gesundheit weniger und haben vielleicht auch ein weniger schlechtes Gewissen. Für alle, die das Rauchen reduzieren wollen, könnte man Zigaretten herstellen, bei denen die Banderole in zunehmend größerem Abstand vom Mundstück angebracht ist.

Auf der Grundlage dieser mentalen Provokation entstand ein weiterer ungewöhnlicher Vorschlag: Man könnte Samen im Zigarettenfilter anbringen, so daß, wenn eine Kippe im Garten oder auf einer Grünfläche weggeworfen wird, Blumen daraus wachsen. Wenn man eine bestimmte Pflanzenart auswählt, ließe sich damit eine Werbeaktion für die Zigarettenmarke durchführen.

Arbeitslosigkeit -po- falsche Zähne

Zahnersatz muß wie angegossen sitzen. Normalerweise hat man die Gewähr, daß die dritten Zähne bis zum Lebensende halten. Eine Idee wäre, den Arbeitnehmern eine Beschäftigungsgarantie zu geben, die ihren spezifischen Bedürfnissen angepaßt ist. Bei langfristiger Arbeitsplatzgarantie ist der Verdienst niedriger, und Leute mit höherem Einkommen nehmen das Risiko in Kauf, als erste entlassen zu werden, falls die Wirtschaftslage es erfordert. Jeder kann seine eigenen Prioritäten setzen und das Beschäftigungsverhältnis wird darauf abgestimmt.

Kehren wir noch einmal zu der Provokation zurück, die Sie zu Beginn des Kapitels gelesen haben:

Bürokopierer -po- Nase

Auf Anhieb denken wir an Geruch. Welchen Vorteil könnte ein Geruch haben? Vielleicht erfinden wir eine Duft-Kartusche für das Kopiergerät, die bei einem Defekt einen deutlich wahrnehmbaren Signalgeruch absondert. Wenn Sie vor dem Kopierer stehen und er funktioniert nicht, schnuppern Sie. Riecht es nach Lavendel, dann wissen Sie, daß Sie Papier nachlegen müssen. Kampfergeruch zeigt an, daß ein Wechsel der Druckpatrone fällig ist. Die Technologie ist einfach. Ein Vorteil wäre, daß Sie nicht neben dem Kopiergerät stehenbleiben müssen. Wenn Sie an Ihrem Schreibtisch arbeiten und Lavendel riechen, stehen Sie auf und füllen Papier nach. Das Konzept, mit Hilfe von olfaktorischen Signalen Informationen über den Zustand eines komplizierten Geräts zu gewinnen, läßt sich bei technischen Ausrüstungen der unterschiedlichsten Art anwenden.

Die Random Input-Technik ist zweifellos hervorragend geeignet, neue Gedankenketten und Ideen zu entwickeln, auf die man durch logische Konstruktion oder analytische Prozesse nie gekommen wäre.

Die Random Word-Technik läßt sich in folgenden Situationen praktisch umsetzen.

Sackgasse

Sie haben das Gefühl, daß Ihnen nichts mehr einfällt. Sie waren lange Zeit bemüht, kreativ an eine Aufgabenstellung heranzugehen, aber Sie treten auf der Stelle und kommen immer wieder zu denselben Ideen und Konzepten zurück. Es ist, als hätten Sie ein Brett vor dem Kopf. Sie arbeiten mit der Random Word-Technik und benutzen einen Zufallsbegriff; meistens erschließen sich Ihnen auf Anhieb neue Gedankenlinien und Horizonte.

Leeres Blatt (Grüne Wiese)

Man hat Ihnen ein Projekt zugewiesen, daß durch originelle, neue Ideen frischen Schwung erhalten soll. Sie haben nicht die leiseste Ahnung, wie Sie die Aufgabe anpacken sollen. Keines der bestehenden Konzepte kann als Starthilfe dienen. In solchen Fällen ist die Random Input-Technik besonders hilfreich: sie bringt den kreativen Ideenfluß in Gang, weil sie Ihnen einen ungewöhnlichen Ausgangspunkt bietet.

Zusätzliche Ideen

Wenn Sie bereits eine Reihe von Ideen haben, aber meinen, es könnte eine noch völlig andere, bisher nicht berücksichtigte Denklinie geben, sollten Sie eine Zeitlang mit der Random Word-Technik arbeiten, um zu sehen, ob Ihnen noch andere Möglichkeiten einfallen.

Blockade

Wenn Sie wirklich in einer Sackgasse gelandet sind und immer nur im Kreis denken, bringt die Random Input-Technik Sie vielleicht weiter. Es gibt keine Gewähr, daß sie jedesmal funktioniert, aber es lohnt sich, Zeit und Mühe zu investieren. Die Random Input-Technik liefert Ihnen vielleicht nicht die benötigte Lösung, aber sie trägt im allgemeinen dazu bei, neue Gedankenlinien zu erschließen und die mentale Blockade zumindest zu durchbrechen.

Obwohl die Random Input-Technik mühelos anzuwenden ist, sollten Sie dabei nachfolgende Tips beherzigen. Sie helfen Ihnen, bestimmte Fußangeln zu vermeiden.

1. Es bringt nichts, das System überlisten zu wollen und einen Zufallsbegriff oder anderen Input mit einer Idee zu verknüpfen, die Ihnen bereits vage vorschwebt. Daß diese Methode völlig sinnlos ist, werden Sie normalerweise sehr bald feststellen. Sie suchen ja nicht nach einer Ausrede, um bestehende Vorstellungen auszufeilen, sondern wollen wirklich *neuartige* Ideen produzieren.
2. Benutzen Sie die Begriffe, wie Sie sind, ohne die Buchstabenfolge zu verändern oder aus Teilen des Wortes einen anderen Begriff zu bilden. Dadurch verändern Sie lediglich den Zufallsbegriff auf eine Weise, die sich besser mit Ihren bereits existierenden Ideen in Einklang bringen läßt. Die provokative Wirkung geht dabei verloren.
3. Machen Sie nicht zuviele Schritte auf einmal: das könnte bedeuten ... was wiederum dazu führt ... und das erinnert mich an ... usw. Wenn Sie Ihre Gedankenkette zu schnell entwickeln, gelangen Sie nur an das Ziel bereits vorhandener Ideen und verfehlen dabei die Provokation.
4. Notieren Sie nicht alle Merkmale des Zufallsbegriffs, denn sonst verfolgen Sie die Einträge auf Ihrer Liste, bis Sie auf eine Eigenschaft stoßen, die sich leicht in bestehende Ideenschablonen einpassen läßt und jeglicher Provokation entbehrt. Nehmen Sie das erste Merkmal, das Ihnen spontan in den Sinn kommt, und versuchen Sie, etwas daraus zu machen.
5. Halten Sie nicht sofort nach einem neuen Zufallsbegriff Ausschau, weil das derzeitige ›unbrauchbar‹ ist. Auf diese Weise warten Sie nur auf einen Begriff, der sich mit den bestehenden Ideen unter einen Hut bringen läßt. Es ist nur dann zulässig, zu einem neuen Begriff überzuwechseln, wenn die Verbindung zwischen dem Fokus und dem ersten Zufallsbegriff so unverkennbar und direkt ist, daß die mentale Provokation fehlt.

Diese Punkte sind wichtig, um die provokative Wirkung der Random Input-Technik zu erhalten. Bitte halten Sie sich immer wieder vor Augen: Es geht nicht darum, den Zufallsbegriff mit einer bestehenden Idee zu verknüpfen, sondern eine Reiz-Aussage zu schaffen und mit dieser mentalen Provokation eine Lawine neuer Ideen loszutreten.

Bei der Random Input-Technik läßt sich bisweilen ein aufschlußreiches Phänomen beobachten. Zuerst sind viele Leute skeptisch und fragen sich, wie eine so einfache Methode funktionieren kann. Doch sobald sich die ersten Erfolge einstellen, werden sie ›habgierig‹ und können nicht mehr davon lassen.

> Wenn ein Zufallsbegriff interessante Ideen hervorgebracht hat, woher wissen wir dann, daß ein anderes Wort nicht noch bessere Ergebnisse gezeitigt hätte? Wie finden wir den ›besten‹ Zufallsbegriff?

Die Antwort lautet schlicht und ergreifend: gar nicht. Der Prozeß muß offen bleiben. Vielleicht hätten Sie mit einem anderen Zufallsbegriff noch bessere Einfälle gehabt. Es gibt keine Möglichkeit, das ›beste‹ Wort zu ermitteln, denn dann wäre der Zufall nicht mehr im Spiel. Freuen Sie sich lieber, daß Ihnen ein paar gute neue Ideen gekommen sind.

Sie sollten nicht mehrere Zufallsbegriffe hintereinander benutzen, um jede nur mögliche Idee herauszufiltern. Wenden Sie eine Zeitlang die Random Input-Technik an; dann wechseln Sie zu anderen Kreativitätsmethoden über. Sie können bei anderer Gelegenheit wieder darauf zurückgreifen. Wenn Sie zuviele Zufallsbegriffe in Abfolge benutzen, laufen Sie Gefahr, sich bei keinem allzu große Mühe zu geben und insgeheim darauf zu warten, daß Sie auf eine leichte Wortkombination stoßen.

Ich möchte Sie an dieser Stelle darauf hinweisen, daß die Random Input-Technik nicht nur mit Zufallsbegriffen arbeitet. Sie können auch Zufallsbilder als Input benutzen. Sie blättern beispielsweise eine Zeitschrift durch und wählen auf gut Glück ein Bild aus. Das gleiche ist auch mit Gegenständen möglich. Nehmen Sie ein Objekt in die Hand oder kaufen Sie eines im Laden, das Sie stimuliert. Der Random Input-Prozeß kann sich auch auf Eindrücke stützen, die Sie beispielsweise beim Besuch einer branchenfremden Ausstellung oder im Gespräch mit Leuten gewinnen, die in einem anderen Metier arbeiten. Und natürlich können Sie auch die Fachzeitschriften anderer Tätigkeitsfelder durchstöbern.

Das grundlegende Prinzip, das sich hinter der Random Input-Technik verbirgt, ist die Bereitschaft, nach unzusammenhängenden Informationen Ausschau zu halten und diese zu benutzen, um neue Gedankenlinien zu erschließen. Ein Teil Ihrer Lektüre sollte ebenfalls dem Zufall überlassen sein. Wenn Sie sich immer nur in Themen vertiefen, die für Ihre unmittelbare Tätigkeit relevant sind, untermauern Sie nur die bestehenden Ideen und halten sich keine Möglichkeit offen, auf wirklich neue Ideen zu stoßen.

Der Zufallsbegriff hat als Ideengenerator deshalb einen so großen Reiz, weil die Methode praktisch und einfach anzuwenden ist. Ein Begriff stellt ein vielschichtiges Bündel aus Funktionen, Konzepten, Details und Assoziationen dar. Andere Zufallsgeneratoren sind in aller Regel weniger ergiebig, da begrenzter. Es ist außerdem wichtig, die Zufallsbegriffe gelegentlich zu wechseln, denn wenn Sie immer dieselben verwenden, kehren Ihre Gedanken stets auf dieselben ausgetretenen Pfade zurück.

Die Random Input-Technik gehört zu den Kreativitätsmethoden, die uns gestatten, die mentale Provokation planvoll und systematisch anzuwenden.

Sensibilisierungstechniken

Nun kommen wir zu den Sensibilisierungstechniken. Obwohl es sich dabei nicht um mentale Provokationen im strengen Wortsinn handelt, dienen auch sie dazu, Denkprozesse in Gang zu setzen und ›zu sehen, was geschieht‹. Auch sie enthalten ein Element des Zufalls, weil hier weder der Versuch gemacht wird, analytisch oder umfassend zu sein.

Als Informationssystem, das mit Codes arbeitet, ist unser Gehirn in hohem Maß empfänglich für Außenreize. Wenn bestimmte Zentren stimuliert werden, sind diese bereit, sich aktiv an den nachfolgenden Gedankensequenzen zu beteiligen. Diese Bereitschaft nennen wir Sensibilisierung. Wenn Sie erklären, daß Sie im Sportstadion nach Besuchern Ausschau halten werden, die gelbe Kleidung tragen, werden Ihnen diese direkt in die Augen springen. Ihr Gehirn ist auf die Wahrnehmung der Farbe gelb programmiert.

Der Zweck der Sensibilisierungstechniken besteht darin, unser Gehirn mit einer Reihe von Ideen zu füttern, damit unsere Gedanken in neuen, kreativen Bahnen verlaufen. Diese Techniken sind nicht ganz so durchschlagend oder wirksam wie die Provokationstechniken, aber auch sie können entscheidend dazu beitragen, neue Ideen und Konzepte zu finden.

Stratale

Stratale ist ein neues Wort, das ich für mein Buch *I Am Right You Are Wrong* erfunden habe. Stratalen beziehen sich auf Strata oder Schichten. Eine Stratale besteht aus einer Reihe paralleler Aussagen oder Beobachtungen, die zu einem Gesamtbild zusammengefaßt werden. Die Aussagen müssen nicht sinngemäß zusammengehören. Wir versuchen weder, sämtliche Aspekte eines Themas zu berücksichtigen oder zu beschreiben, noch bemühen wir uns, analytisch vorzugehen. Genauso, wie wir einen Zufallsbegriff benutzen, weil wir es so beschlossen haben, werden verschiedene Aussagen nur deshalb zu einer ›Stratale‹ zusammengefügt, weil wir es wollen. Eine Stratale setzt sich aus einer Reihe unzusammenhängender Aussagen zusammen, die nur zu einem Zweck verkettet werden: Sie soll unser Gehirn sensibilisieren, so daß unser Ideenfluß angeregt wird.

Eine Stratale kann eine beliebige Anzahl von Aussagen umfassen, aber aus formalen Gründen habe ich jeweils fünf ausgewählt. Eine Stratale besteht also aus fünf Gedankenlinien. Fünf reichen aus, um eine gewisse Vielfalt zu gewährleisten, gestatten aber noch, die gesamte Stratale im Blick zu behalten. Jeder Gedankenstrang sollte aus einem ganzen Satz oder einer Aussage bestehen, und nicht aus einem einzelnen Wort. Eine Liste mit Begriffen läßt sich nicht als Stratale verwenden, selbst wenn jedes Wort einen ganzen Themenkreis beinhaltet.

Eine Stratale über Kraftfahrzeugversicherungen

... anfällig für Betrugsdelikte durch Versicherungsnehmer und Autoreparaturwerkstätten.
... Anstieg der Unfallsinstandsetzungskosten durch hohen Arbeitslohn und Arbeitsaufwand.
... staatliche Regulierung und Höchstgrenze für Prämien.
... unterschiedliches Verhalten ausgewählter Gruppen.

Daraus lassen sich folgende Ideen ableiten:

1. Konzentration auf einen stark segmentierten Markt.
2. Sollte das nicht möglich sein, zieht man sich am besten aus diesem Geschäftsfeld zurück.
3. Angebot, eine staatliche Kraftfahrzeugversicherung einzuführen und die Organisation zu leiten.

Die dritte Idee ist die originellste und hat vermutlich ihre Vorzüge. Versicherungen werden hier als eine Aktivität betrachtet, auf die der Staat ein Anrecht hat, und deshalb dürfte es schwierig sein, sie in ein Profitcenter zu verwandeln. Die Gewinne könnten aus der Organisation/Leitung des staatlichen Versicherungssystems stammen.

Eine Stratale über die Rekrutierung hochrangiger Führungskräfte

... die Besten sind zufrieden mit ihrer derzeitigen Tätigkeit.
... Schwierigkeit, künftige Leistungen zu beurteilen.
... Ausgewogenheit zwischen Persönlichkeit und Kompetenz.
... wer häufig den Arbeitsplatz wechselt, bleibt nicht lange in einem Unternehmen.
... welche Kosten müssen wir für eine hochkarätige Führungskraft ansetzen?

Aus dieser Stratale könnten sich folgende Ideen herauskristallisieren:

1. Es ist kostengünstiger, ausgesuchte Mitarbeiter aus dem vorhandenen Personal zu entwickeln als Manager mit nachweislicher Qualifikation einzustellen.
2. Wir sollten teure, kompetente Führungskräfte nur zeitweilig beschäftigen, um bestimmte Veränderungsziele zu erreichen.
3. Es wäre besser, nach Bedarf Berater statt Vollzeit-Mitarbeiter auf die Gehaltsliste zu setzen.
4. Man könnte Berater hinzuziehen und ihnen, wenn sie gut sind, einen regulären Job anbieten.
5. Wir sollten eine Möglichkeit finden, Experten zu leasen und sie nach Beendigung des Projekts (mit noch mehr Erfahrung) wieder in ihren angestammten Arbeitsbereich zurückkehren lassen.

Die Leasing-Idee ist eindeutig die originellste.

Eine Stratale über Bier

... ein Getränk vornehmlich für Männer.
... überall erhältlich, überall trinkbar.
... schwierig, die Unterschiede zwischen den verschiedenen Marken aufzuzeigen.
... wird oft von Frauen im Supermarkt für den Haushalt eingekauft.
... Marktwert neuer Biertrinker oder Trinkgelegenheiten.

Aus dieser Stratale entsteht die Idee, bestimmte Biersorten in Verbindung mit bestimmten Nahrungsmitteln zu vermarkten. Beispielsweise könnte man Heineken als ein Bier propagieren, das besonders gut zu Hühnchen paßt, und Guinness als hervorragende Ergänzung zu Fischgerichten und Schalentieren. Dahinter verbirgt sich das Konzept, den Bier-und-Nahrungsmarkt in Kombination zu erschließen, was auch den Zugang zum Segment der weiblichen Konsumenten erleichtern würde.

Die Verwendung von Stratalen beinhaltet einen reflektiven Prozeß. Sie stellen die Stratale zusammen und lesen sie wieder und wieder, bis die eine oder andere Idee langsam Gestalt anzunehmen beginnt. Die Methode bringt nichts, wenn Sie die stratalen Schichten so auswählen, daß sie auf eine bereits keimenden Idee abgestimmt sind und nur dazu dienen, immer wieder auf diesen Gedanken zurückzukommen. Wenn die Stratale dagegen unbewußt durch eine unbewußte Idee entsteht, kann sie dazu beitragen, die Idee ins Bewußtsein zu rücken, und das ist ein hieb- und stichfester Nutzen.

Eine Stratale zusammenzustellen erfordert einige Übung. Zuerst neigt man dazu, beim Zusammenzufügen der Schichten alle nur erdenklichen Aspekte zu berücksichtigen. Dieser Versuchung sollten Sie möglichst widerstehen, denn eine umfassende Beschreibung führt zu nichts. Das zufällige, willkürliche Element ist das A und O dieser Kreativitätstechnik.

Je unzusammenhängender die einzelnen Schichten der Stratale sind, desto größer ist der Radius der Sensibilisierung. Wenn Sie alle Schichten in einem Bereich bündeln, besteht kaum eine Chance, daß sich Ihnen eine neuartige Gedankenlinie eröffnet.

Stellen Sie sich vor, Sie wären ein Aquarellmaler; die Stratalen stellen Teilbereiche dar, die Sie mit Wasser anfeuchten, bevor Sie ein Bild malen. Wenn Sie zu einem nassen Fleck kommen, fließt die Farbe auseinander und bildet ureigene Muster.

Die Datenfile-Technik

Diese Datenstrang-Technik wurde bewußt mit Hilfe der Random Word-Technik entwickelt. Der benutzte Zufallsbegriff war ›Haar‹.

Bei der Datenfile- oder File-Technik entwickeln wir rund um den kreativen Fokus einige der normalen Anforderungen/Merkmale, die in diesem Themenbereich bei der Planung und Ideenfindung unerläßlich sind. Das ist unser ›Datenfile‹, mit dem wir weiterarbeiten. Wir betrachten jede der hier aufgelisteten Spezifikationen gesondert und lassen dabei den Zusammenhang des Fokusbereichs völlig außer acht. Wir entwickeln aus diesen Anforderungen ein File (oder eine Datei), in der Möglichkeiten aufgelistet werden, diesen Anforderungen gerecht zu werden. Dann können wir die parallel entwickelten Files abklopfen oder uns aus jedem Datenfile bestimmte Themen herauspicken. Im Anschluß bemühen wir uns, die getrennten Files zu einer neuen Idee zu verflechten. Die Auswahl der Themen kann bewußt oder unbewußt erfolgen.

Überlegen Sie einmal, wie ein solcher Stranganslatz für die Werbung aussehen würde. (Die herkömmliche Methode finden Sie am linken Rand in Großbuchstaben.)

Werbung

SICHTBAR: groß, hell beleuchtet, an einem ins Auge fallenden Platz, Blickfänger, häufig durchführbare Aktionen.
AUFMERKSAMKEIT WECKEN: Lärm, Ausrufe, Skandal, Überraschung, unerwartet.
VORTEILE: Versprechen, Nutzen, unmittelbare Belohnung, Geld.
POSITIVES IMAGE: positives Gefühl, Assoziationen, Qualität, die guten Dinge des Lebens, reizvoll.
GLAUBHAFT: überzeugend, Engagement, amtlich, offiziell.

Aus diesem Datenfile läßt sich das Konzept von einem Unternehmen zusammenfügen, das Lotterien für wohltätige Zwecke veranstaltet, zum Beispiel für den World Wildlife Fund (WWF), die Caritas, den Tierschutzbund oder die Welthungerhilfe. Die Werbung für die Lotterie, die Lose und die Ziehung der Gewinner (es sei denn, es handelt sich um Rubbelfelder) werden allesamt an ein bestimmtes Markenimage gekoppelt. Die Schlüsselbegriffe, die zu dieser Idee führen, waren vermutlich ›häufig durchführbar‹, ›Überraschung‹, ›unmittelbare Belohnung‹ und ›amtlich‹.

Eine Gruppe versucht, in einer Kreativitätssitzung ein neues Schuhverschlußsystem zu finden. Sie benutzt die File-Technik.

Schuh-Verschlußsystem

STRAPAZIERFÄHIG: robust, Gummi, Glas, Stahl, Keramik, Asphalt.
ANPASSUNGSFÄHIG: Ösen, Knoten, Schrauben, Klebstoff, Bolzen, Nägel.
STARK: Stahl, Klebstoff, Plastik, Metall, Seil, Eisenkette.

EINFACH: ein einziger Handgriff, öffnen/schließen.
REIZVOLL: Druck, Farbe, Design, Beschaffenheit.

Hieraus entsteht die Idee einer Keramik oder emaillierten Metallschnalle mit Haken an den Seiten und Ösen auf den Schuhen. Die Schnalle kann jederzeit problemlos ausgewechselt werden, passend zur Kleidung des Trägers. Sie läßt sich aufgrund ihrer Form und ihres Aussehens als Mode- und Schmuckartikel positionieren.

Die Schlüsselbegriffe waren hier vermutlich ›Keramik‹, ›Haken‹, ›Plastik‹ und ›Design‹.

In gewisser Hinsicht entsteht bei der File-Technik eine Stratalen-Variante. Die Stränge für jede Anforderung/jedes Merkmal bilden eine Schicht der Stratale und sensibilisieren unser Gehirn. Außerdem ist das Element des Zufalls gewährleistet, da wir verschiedene Begriffe aus jedem Daten-File nehmen und versuchen können, sie zu einer neuen Idee zu verknüpfen. Es besteht also die Möglichkeit, eine Idee unbewußt Gestalt annehmen zu lassen, oder eine Idee bewußt zu forcieren, das heißt, ihr durch eine willkürliche Kombination auf die Sprünge zu helfen.

Eine Kreativgruppe sucht nach Ideen, um Bankkunden (Privatkundengeschäft) mehr Servicekomfort zu bieten:

Servicekomfort für Bankkunden

LEICHT ZU ERREICHEN: in unmittelbarer Nachbarschaft, an jeder Ecke, mitten im Kaufhaus, an Verkehrsknotenpunkten, in Sportzentren.
AUSREICHENDER PLATZ: geräumig, nicht mit Mobiliar vollgestopft, Wartezonen, zusätzlicher Raum, falls erforderlich, um Privatsphäre [zum Beispiel bei Kreditgeschäften] zu gewährleisten.
ANGEMESSENE GESTALTUNG: Platz, um sich zu bewegen, Wartezonen, ausreichende Schreibflächen, klare Hinweisschilder, keine Engpässe, Ein- und Ausgang bequem zu erreichen.
GENUG PERSONAL: keine Probleme zu Stoßzeiten, flexible Funktionen, zusätzliches Personal, falls erforderlich, automatisierte Vorgänge, bei denen kein Personal benötigt wird.

In diesem besonderen Fall wählen wir einige Begriffe aus und kombinieren sie bewußt, um eine Idee zu forcieren.

Wir nehmen: an Verkehrsknotenpunkten, zusätzlicher Raum, falls erforderlich, klare Hinweisschilder und flexible Funktionen.

Aus dieser Kombination läßt sich die Idee mobiler Bankbusse ableiten, die zeitweilig, nach Bedarf, in bestimmten Stadtteilen eingesetzt werden. Weitere Busse stehen auf Abruf bereit. Die Funktionen werden auf die Bedürfnisse der Klientel abgestimmt. Die Bankbusse könnten beispielsweise auf großen Parkplätzen eingesetzt werden.

Die File-Technik läßt sich also auf zwei Arten verwenden:

1. Eine Idee nimmt Gestalt an, während Sie die einzelnen Stränge betrachten und dabei Ihrer Phantasie freien Lauf lassen.
2. Eine Idee wird forciert, indem Sie bestimmte Begriffe kombinieren und versuchen, einen Leitgedanken dabei herauszuarbeiten.

Nun kennen Sie die spezifischen Techniken des lateralen Denkens. Doch es bedarf noch einiger Arbeit, um den kreativen Prozeß zu vervollständigen.

Anwendung der Techniken des lateralen Denkens

Einige formale Techniken des lateralen Denkens sind bereit gang und gäbe. Die meisten dieser Kreativitätsinstrumente wurden im Lauf der Jahre von verschiedenen Anwendern in verschiedenen Kulturen systematisch erprobt und für gut befunden. Sie haben sich zweifelsfrei bewährt. Falls Sie feststellen, daß Sie mit einer bestimmten Methode nicht die gewünschten Ergebnisse erzielen, sollten Sie drei folgenden Möglichkeiten in Betracht ziehen:

1. Die Methode hat nur dieses eine Mal nicht funktioniert. Sie sollten damit rechnen, daß sich der Erfolg nicht auf Anhieb einstellt, denn auch hier gilt: gut Ding will Weile haben.
2. Sie brauchen mehr Übung und Selbstvertrauen bei der Anwendung einer bestimmten Methode, und das wächst mit der Erfahrung.
3. Sie tappen bei der Anwendung immer wieder in die gleiche Falle; folglich ist diese Methode vielleicht nicht optimal für Sie.

Im wesentlichen ist das Instrumentarium des lateralen Denkens so grundlegend und wichtig für den kreativen Prozeß, daß kaum jemand wirklich originelle Ideen und Konzepte entwickeln kann, der es nicht einigermaßen beherrscht. Wenn Sie gerade erst begonnen haben, sich intensiv mit den Kreativitätstechniken zu beschäftigen, sollten Sie sich mit allem Nachdruck bemühen, den Umgang mit ihnen zu erlernen. Es wäre jammerschade, wenn Sie bereits nach dem ersten Versuch das Handtuch werfen und zu der Schlußfolgerung gelangen, daß Kreativität für Sie ein Buch mit sieben Siegeln bleiben wird. Wie beim Fahrradfahren sind die ersten Minuten besonders anstrengend, aber es macht Spaß, sobald Sie richtig in die Gänge gekommen sind!

Wenn ein Seminarteilnehmer mir sagt, daß die Techniken bei ihm nichts gebracht haben, erwidere ich für gewöhnlich:

> Mag sein, daß Sie just in diesem Augenblick nicht damit zurechtkommen, aber viele Leute in allen Ländern der Welt haben damit spektakuläre Erfolge erzielt.

Das ist der große Vorteil, der sich aus der jahrelangen Erfahrung auf dem Gebiet ableitet: Man merkt, ob und wann sich etwas bewährt, und zwar über alle Spekulationen und subjektiven Ansichten hinaus.

Gibt es unterschiedliche Einsatzmöglichkeiten für die einzelnen Kreativitätsinstrumente? Oder spezifische Anwendungsgebiete? Welche Methoden sind die besten in einer bestimmten Situation?

Allgemeine Einsatzmöglichkeiten

Im allgemeinen kann jede beliebige Technik in jeder beliebigen Situation eingesetzt werden, die laterales Denken erfordert. Es könnte gleichwohl notwendig sein, die kreative Aufgabe angemessen zu formulieren. Die provokative Ausfallschritt-Technik zeitigt beispielsweise die besten Ergebnisse, wenn Sie aus einer Denkschablone ausbrechen müssen. Wie könnte man sich diesen Umstand in einer Grüne-Wiese oder Nullpunkt-Situation zunutze machen, in der Sie keine Ahnung haben, wo Sie am besten beginnen? Sie müssen also zuerst einmal Ihre Aufgabe klar und methodisch formulieren, und zwar folgendermaßen:

> Wie sieht der normale oder übliche Denkansatz angesichts einer solchen Situation aus? Davon muß ich mich befreien.

Ein entgegengesetztes Beispiel wäre das Bemühen, ein Problem zu lösen. Hier muß ein klar umrissenes Ziel erreicht werden – die Beseitigung des Problems. Wie würde hier die Random Word-Technik funktionieren? Definitionsgemäß ist diese Technik nicht zweckgerichtet und zeitigt die besten Ergebnisse in einem allgemeinen Fokusbereich. Wir behalten also die Problemelemente im Auge und wenden die Random Word-Technik an. Dann überlegen wir, ob irgendeine der dabei entstandenen Ideen für unser Problem von unmittelbarem Nutzen sein könnte. Andernfalls versuchen wir, eine der Ideen so zu formen und zurechtzubiegen, daß sie für die Problemlösung relevant sein könnte. Mitunter verbirgt sich darin ein grundlegendes Prinzip, auch wenn die Idee selbst nicht brauchbar ist.

Tatsache ist, daß einige Leute mit bestimmten Techniken besser zurechtkommen als mit anderen. Die meisten kreativen Denker entwickeln nach und nach ihre Lieblingsmethode, weil sie festgestellt haben, daß sie leichter anzuwenden oder in einem spezifischen Fall fruchtbarer ist. Viele bevorzugen beispielsweise die einfache Random Word-Technik, um aus den üblichen Denkmustern auszubrechen. Die Wagemutigen entscheiden sich für die Trittstein-Methode, weil sie noch ausgefallenere mentale Provokationen gestattet. Der Konzeptfächer erfreut sich bei jenen besonderer Beliebtheit, die eine Aufgabe am liebsten systematisch, Schritt für Schritt, angehen.

Selbst wenn Sie eine Lieblingsmethode haben, ist es wichtig, auch die anderen Techniken von Zeit zu Zeit zu üben. Wie ein Golfspieler besitzen Sie vielleicht einen Schläger, den Sie besonders gerne und häufig verwenden, doch Sie müssen auch die anderen gelegentlich benutzen, damit Ihre Fähigkeiten, mit ihnen gute Ergebnisse zu erzielen, nicht ganz einrosten.

Spezifische Anwendungsmöglichkeiten

Einige der Techniken sind in jeder Situation von unmittelbarem Nutzen, in der innovative Ideen gebraucht werden.

Fokus

Die Fähigkeit, ein Ziel genau anzuvisieren, den Fokus immer wieder zu überprüfen und anzupassen und neue thematische Unterbereiche zu schaffen, hat in gleich welcher Situation einen kreativen Wert. Selbst wenn Sie mit der Durchführung einer im Ablauf genau umrissenen Aufgabe betraut wurden, ist es von Vorteil, die Zielvorstellung zu klären und neue Zwischenziele im Rahmen der vorgegebenen Aufgabe zu setzen. Sich diesen Fokus von Zeit zu Zeit ins Gedächtnis zu rufen und alternative Definitionen zu finden (was sich als Problem erweisen könnte), sind ebenfalls grundlegend kreative Gewohnheiten, die sich immer als Pluspunkt erweisen.

Kreative Herausforderung

Die kreative Herausforderung läßt sich auf einen bestehenden Sachverhalt oder im Rahmen von Denkprozessen anwenden, die im Zuge der Suche nach neuen, originellen Ideen und Konzepten stattfinden. Warum glauben wir, daß wir Aufgabe X so und nicht anders bewältigen sollten? Wo steht geschrieben, daß wir uns nur innerhalb dieser Grenzen bewegen dürfen? Selbst wenn es den Anschein hat, als sei eine Lösung oder Idee bis in alle Ewigkeit festgeschrieben, läßt sie sich in Frage stellen (oder zumindest einer ihrer Aspekte).

Alternativen

Die schlichte Suche nach Alternativen ist der Kern der Kreativität. Gibt es andere Definitiosmöglichkeiten für den Fokusbereich? Welche alternativen Lösungsansätze wären denkbar? Welche Techniken könnten wir sonst noch anwenden? Immer, wenn wir während der kreativen Denkoperation ein Konzept herausfiltern, halten wir unverzüglich nach weiteren Möglichkeiten Ausschau, es feinzuschleifen und praktisch umzusetzen. Selbst wenn eine Idee bereits ziemliche klare Konturen angenommen hat, können wir uns fragen: »Gibt es vielleicht noch eine bessere Methode, an diese Aufgabe heranzugehen?«

Random Input

Die Random Input-Technik wird bereits von vielen Menschen angewendet. Wenn Sie während des kreativen Denkprozesses in einer Sackgasse gelandet und Ihnen die Ideen ausgegangen sind, können Sie versuchen, mit einem Zufallsbegriff neue Denkprozesse in Gang zu setzen. Wenn Sie nicht wissen, wo Sie beginnen sollen, kann dieses Wort als Starthilfe dienen. Die Random

Word-Technik funktioniert am besten, wenn sich die Aufgabenstellung neu formulieren läßt und die Merkmale eines allgemeinen Fokusbereichs erhält.

Stratale

Die Stratale ist ebenfalls eine multifunktionale Technik. Zu Beginn der Denkübung stellen Sie eine Stratale zusammen, die sich auf die gesamte, von Ihnen überdachte Situation bezieht. Sie kann auf jede Situation zugeschnitten werden. Im Verlauf des Denkprozesses können Sie auch eine eine weitere Stratale entwickeln, die sich dieses Mal mit dem spezifischen Sachverhalt befaßt. Welche Punkte oder Themen sind dabei aufgetaucht? In der allgemeinen Anwendung ähnelt die Stratale der Random Word-Technik, ist aber weniger provokativ. Sie hat besonders großen Nutzen im Umgang mit komplexen Situationen.

File-Technik

Immer wenn Sie das Anforderungsprofil einer Situation klar formuliert werden können, läßt sich die File-Technik anwenden. Die Merkmale werden untereinander aufgelistet. Aus diesem Anforderungsprofil, das sich auf die gegenwärtige Situation bezieht, kristallisiert sich nach und nach ein Datenfile heraus. Da sich die allgemein gültigen Attribute in den meisten Fällen schriftlich festhalten lassen, können Sie die File-Technik in fast allen Situationen anwenden.

Grundlegende Denkmuster

Es gibt einige grundlegende Denkmuster, die in Kombination mit den am besten geeigneten Kreativitätsmethoden in Betracht gezogen werden können. Hier handelt es sich um grobe Vereinfachungen vielschichtiger Denkoperationen, aber sie bieten anschauliche Leitlinien für die Anwendung der verschiedenen Techniken des lateralen Denkens.

Zielorientierte Denkprozesse (Bestreben)

Wie erreichen wir diesen Punkt? Wie lösen wir dieses Problem? Wie packen wir diese Aufgabe am besten an? Wir haben eine klare Vorstellung davon, was wir erreichen wollen. Wenn ein Problem vorliegt, sind wir innerlich bestrebt, es zu lösen oder uns auf irgendeine Weise davon zu befreien. Dieses Denkmuster schließt Probleme, Aufgaben, Projekte, Verhandlungen, Konflikte usw. ein. Obwohl viele der lateralen Kreativitätstechniken bei zielorientierten Denkprozessen angemessen sind, eignen sich die nachfolgenden am besten:

Herausforderung. Grenzen, vorherrschende Konzepte, Schlüsselfaktoren, ja sogar die Definition eines Problems können wir hinterfragen. Warum müssen wir die Situation aus diesem Blickwinkel betrachten? Warum sehen wir sie als Problem an?

KONZEPTFÄCHER. Dieser Technik kommt für zielorientierte Denkprozesse eine Schlüsselstellung zu, weil sie sich hier alles um die Frage dreht: »Wie erreichen wir unser Ziel?« Welche Konzept brauchen wir? Bei der Entwicklung des Konzeptfächers selbst können sich neue Fokuspunkte ergeben, die ebenfalls unserer kreativen Aufmerksamkeit bedürfen. Wenn Sie den Konzeptfächer systematisch und schrittweise erarbeiten, werden Sie vermutlich auf viele alternative Lösungsansätze und Marschrouten stoßen, die zum Ziel führen. Zweifellos ist diese ausgefeilte Technik bei der Suche nach Alternativen sehr nützlich. Sollte es nicht möglich sein, einen Konzeptfächer zu entwickeln, dann ist auch die einfache Suche nach Alternativen zulässig.

TRITTSTEIN-METHODE. Diese provokative Technik ist hilfreich, wenn es gilt, wirklich neuartige, originelle Lösungen zu finden. Sie kehren bei der Betrachtung des Problems das Unterste zuoberst und stellen die einzelnen Elemente einer Situation in ganz neue Zusammenhänge, die ein radikales Umdenken erfordern. Während der Konzeptfächer unterschiedliche *potentielle* Lösungsansätze ans Tageslicht bringt, entstehen bei der provokativen Trittstein-Methode *anders geartete* Lösungsmöglichkeiten. Wenn es sich um ein hartnäkkiges Problem handelt, sollten Sie ihm unbedingt mit einer provokativen Technik zu Leibe rücken, denn sonst denken Sie auch weiterhin im Kreis.

Verbesserungsorientierte Denkprozesse (Veränderung)

Verbesserungsorientiertes Denken ist oft zielbewußtes Denken (wie läßt sich dieses Arbeitsverfahren beschleunigen?), aber wir wollen diese Kategorie deshalb gesondert betrachten, weil sie zwei spezifische Verbesserungsmerkmale enthält. Zum hat man bereits ein Arbeitsverfahren, das funktioniert. Und zum anderen ist die Richtung, in der die Verbesserung abzielt (mehr Schnelligkeit, weniger Zeit- oder Energieaufwand, geringere Fehlerquote) allgemein formuliert und bleibt bis zum Schluß offen. Auch hier können wieder viele der Buch beschriebenen Kreativitätstechniken angewendet werden, wobei die nachfolgenden in aller Regel besonders nützlich sind:

KREATIVE HERAUSFORDERUNG. Das ist die Schlüsseltechnik. Wie sind wir auf dieses Arbeitsverfahren gekommen? Warum wird die Tätigkeit so und nicht anders ausgeführt? Warum müssen wir uns dabei innerhalb dieser Grenzen bewegen? Wir können sowohl den Arbeitsablauf als auch unsere Denkprozesse selbst in Frage stellen? Eine Kontinuitätsanalyse ist hier besonders wichtig.

ALTERNATIVEN. Wir suchen an jedem Punkt des kreativen Denkprozesses nach Alternativen. Wir definieren die Fixpunkte und halten dann nach verschiedenen Möglichkeiten Ausschau, sie zu erreichen. Das gilt nicht nur für den Gesamtablauf des Prozesses, sondern für jeden einzelnen Schritt, den er umfaßt.

AUSFALLSCHRITT-TECHNIK. Das ist die am besten geeignete provokative Technik. Wir nennen das Kind beim Namen: wir formulieren klar, was wir im üblichen Arbeitsablauf als ›selbstverständlich‹ erachten, und dann brechen wir aus diesem Denkschema aus. Im Verbesserungsprozeß gibt es immer Ballast, von dem wir uns befreien müssen, denn wir versuchen ja, ein eingespieltes Verfahren zu veredeln. Selbst grundlegende Angelegenheiten können mittels provokativer Techniken ins Visier genommen werden, um sie auf Verbesserungsmöglichkeiten abzuklopfen.

Nullpunktorientierte Denkprozesse (Start, Grüne Wiese)

Wo fangen wir an? Wie kommen wir am besten in die Gänge? Nullpunktorientiertes Denken bilden einen Gegensatz zum verbesserungsorientierten Denken: bei letzterem haben wir einen eingeführten Arbeitsablauf, den wir als Ausgangsbasis benutzen können, während wir bei Nullpunktorientierten Denkoperationen auf unsere allgemeine Kenntnis der Situation angewiesen sind. Erfindungen und Planung/Entwürfe sind anschauliche Beispiele für das Nullpunktorientierte Denken, ebenso wie die Entwicklung neuer unternehmerischer Chancen und Konzepte. Manchmal wird das Nullpunktorientierte Denken mit zielorientierten Denkprozessen verwechselt (ich brauche eine neue Erfindung).

RANDOM INPUT. Sie ist hier die Schlüsseltechnik. Sie enthüllt auf Anhieb neue Ausgangspunkte in gleich welcher Situation. Der Zufallsbegriff führt unsere Gedanken in verschiedene Richtungen. Sobald diese Routen Kontur gewinnen, lassen sie sich leicht abwandeln oder nachhaltig verändern. Vielleicht zeichnen sich im Verlauf dieses Prozesses neue Wege ab. Deshalb benutzen Rockgruppen und andere Kreative diese Technik.

FILE-TECHNIK. Das allgemeine Anforderungsprofil der Aufgabe (die kurze Zusammenfassung des Sachverhalts) läßt sich schriftlich fixieren; danach können Soe die Datenfile-Technik anwenden, um verschiedene Gedankenlinien zu entwickeln. Lassen Sie Ihrer Phantasie freien Lauf oder forcieren Sie bewußt neue Ideen, indem Sie bestimmte Gedankenstränge bündeln.

WUNSCHDENKEN. Das ist eine der Methoden, mit der Sie die Trittstein-Provokation aufstellen. Bei der Nullpunktorientierung beschwören Sie Ihr Wunschbild herauf, wodurch das Denken in neue Bahnen geleitet werden kann. Am besten kombinieren Sie diese Kreativitätstechnik mit dem unerschütterlichen Bemühen, originelle Konzepte auszuwählen und zu formulieren. Welches Konzept verbirgt sich hinter dieser Idee? Wie könnte man dieses Konzept sonst noch verwenden?

Sie haben alle Elemente einer Idee ermittelt. Wie bringen Sie bestmöglich Ordnung in die ganze Angelegenheit? Das gilt für Pläne, Strategien, einige Formen des Entwurfs und die Organisation generell. Obwohl ein Großteil dieser Denkoperationen einen analytischen Verbesserungsprozeß beinhaltet, sind bisweilen auch einige neuartige Lösungsansätze erforderlich.

ALTERNATIVEN. Der Schlüssel liegt darin, verschiedene Möglichkeiten auszuprobieren. Hier sollten nicht nur die vernünftigen, sondern auch die provokativen Lösungsansätze berücksichtigt werden. Was wäre, wenn wir nach dieser Methode vorgingen?

KREATIVE HERAUSFORDERUNG. Ein großer Teil der ordnungsorientierten Denkoperationen verläuft in den herkömmlichen Bahnen, aber auch Annahmen, Grenzen und äußere Zwänge dienen als Richtmaß. Folglich ist es besonders wichtig, die Gültigkeit der üblichen Vorgehensweise in Frage zu stellen und neue Wege zu gehen.

ZERRBILD-PROVOKATION. Das ist eine Möglichkeit, eine Trittstein-Provokation aufzustellen. Sie eignet sich vor allem für organisationsorientierte Denkprozesse, weil die übliche Ordnung aus den Angeln gehoben wird, um neue Lösungen zu forcieren. Diese Form der mentalen Provokation kann zu blitzartigen Erkenntnissen und Veränderungen in der Herangehensweise an eine Aufgabe führen.

Spezifische Situationen

Wir werden die einzelnen Situationen nun eine nach der anderen unter die Lupe nehmen. Die Anmerkungen über die grundlegenden Denkmuster werden dabei gelegentlich wiederholt; sie sind so wichtig, daß wir sie nicht außer acht lassen können. Die Techniken des lateralen Denkens, die sich am besten für jede einzelne Situation eignen, werden noch einmal genannt. Das schließt andere Kreativitätsmethoden nicht aus, denn es gibt Situationen, in denen jedes in diesem Buch beschriebene kreative Instrument benutzt werden kann. Wenn Sie beispielsweise bei dem Versuch, ein Problem zu lösen, auf keinen grünen Zweig kommen, können Sie dann und wann einen Zufallsbegriff als Impulsgeber verwenden. Die lateralen Techniken sind also keine Patentlösung, an die Sie sich starr halten müssen, sondern lediglich Empfehlungen, wenn Sie keine bessere eigene Strategie parat haben. Im Lauf der Zeit werden Sie vielleicht Ihre eigenen bevorzugten Strategien und Methoden entwickeln, wenn es gilt, eine Situation in den Griff zu bekommen.

Es kann auch vorkommen, daß eine Situation eine andere einschließt. Beispielsweise tauchen bei Konfliktlösungen vielleicht immer wieder spezifische Probleme auf. Oder in einer Planungssituation besteht ein akuter Verbesserungsbedarf. Bisweilen wissen Sie anfangs vielleicht nicht genau, wie Sie eine Situation einordnen sollen. Es schadet nicht, sie aus unterschiedlichen Blickwinkeln anzugehen, solange Sie Denkfortschritte machen und die erforderlichen Ideen in Fluß bringen. Hüten Sie sich davor, jeder Situation das Etikett ›Problem‹ anzuhängen, nur weil Sie unbedingt ein Ergebnis brauchen.

Ungeachtet der Umstände besteht in allen Situationen folgender Zusammenhang zwischen Informationen, Analyse und Logik:

1. Sie haben sich alle erdenkliche Mühe gegeben, mit Informationen, Analyse und Logik weiterzukommen, aber Sie befinden sich trotzdem in einer Sackgasse. Ihre einzige Hoffnung ist ein kreativer Denkprozeß.
2. Sie haben auf der Basis von Informationen, Analyse und logischen Überlegungen einige Alternativen entwickelt, aber Sie sind bereit, mit Hilfe kreativer Aktivitäten zu ermitteln, ob es nicht innovativen Lösungsansatz gibt.
3. Die Probleme, mit denen Sie sich konfrontiert sehen, (Situationen) bestehen schon seit langem, obwohl intensiv versucht wurde, sie mittels Logik zu beseitigen. Es würde sich in jedem Fall lohnen, unverzüglich eine Kreativitätstechnik anzuwenden.
4. Im Verlauf des analytischen und logischen Denkprozesses haben Sie bestimmte Fokuspunkte umrissen und sich bewußt gemacht, daß die Suche nach neuen Ideen unumgänglich ist. Die kreative Anstrengung konzentriert sich auf diese Punkte.
5. Sie wechseln im Verlauf des Denkprozesses ständig zwischen dem analytisch/logischen und dem kreativen Modus hin und her.

Verbesserung

Wie ich schon des öfteren erwähnt habe, bietet sich hier möglicherweise das umfangreichste Anwendungspotential, weil es nichts gibt, was sich nicht verbessern ließe. Die Schwierigkeit besteht darin, alle Beteiligten zu motivieren, sich auf die Verbesserungsbemühungen einzulassen, denn wir sind daran gewöhnt, nur über akute Probleme nachzudenken.

Der Fokus ist wichtig, weil wir uns über den Bereich im klaren sein müssen, auf den wir unser Augenmerk richten. Wir müssen außerdem in der Lage sein, uns auf jeden beliebigen Fokus zu konzentrieren. Dabei muß es sich nicht um ein Problem handeln. Wenn es Ihnen gelingt, Ihre Aufmerksamkeit auf einen Aspekt zu lenken, den andere übersehen haben, können Sie schon mit einem Hauch Kreativität einen Sturm im Wettbewerb entfachen.

Die mentale Herausforderung ist wichtig, weil wir davon ausgehen müssen, daß die derzeitige Arbeitsweise vielleicht nicht die beste ist und nur aufgrund des menschlichen Strebens nach Kontinuität überdauert hat. Wir müssen außerdem die Gültigkeit der bestehenden Grenzen, Annahmen, Einflußfaktoren usw. anfechten, um das einengende Korsett abstreifen und Änderungen vorschlagen zu können. Halten Sie sich dabei vor Augen, daß diese mentale Herausforderung keine Angriffsstrategie darstellt, sondern eine Exploration: wir erforschen, ob es nicht andere, bessere Möglichkeiten gibt.

Der Suche nach Alternativen kommt hier eine Schlüsselbedeutung zu, denn sie führt uns zu Verbesserungsmöglichkeiten (es sei denn, wir streichen einen Schritt im herkömmlichen Arbeitsablauf). Diese Detektivarbeit sollte auf verschiedenen Ebenen stattfinden und sich auf den allgemeinen Zweck, die Konzepte und die Einzelheiten konzentrieren. Die Definition der Fixpunkte ähnelt einem roten Faden, der verhindert, daß wir uns bei der Suche nach Alternativen in einem Ideenlabyrinth verirren.

Der Konzeptfächer bietet uns die Möglichkeit zu prüfen, wie Verbesserungen auf den Weg gebracht werden können. Welche allgemeine Marschroute wollen wir einschlagen, und was bringt uns auf diesem Weg voran? Der Konzeptfächer läßt sich auch bei der Überlegung anwenden, welcher allgemeine Zweck mit einem Arbeitsverfahren angepeilt wird: »Mit dem einschlägigen Verfahren erreichen wir dieses oder jenes. Arbeiten wir nun einen Konzeptfächer aus, um zu sehen, ob wir dieses Ziel auch noch auf andere Weise erreichen könnten.«

Eine Überprüfung der Konzepte, die Eingang in den derzeitigen Arbeitsablauf gefunden haben, führt vielleicht zu einer Änderung dieser Konzepte oder zur Entwicklung von Möglichkeiten, sie auf neue Weise umzusetzen.

Die provokative Ausfallschritt-Technik gestattet uns, aus den Schienen jeder Arbeitsweise auszubrechen, die im Augenblick als Nonplusultra gilt. Damit sind wir gezwungen, den Arbeitsablauf noch einmal gründlich zu überdenken.

Die provokative Trittstein-Methode kann die Beschaffenheit eines bestehenden Systems radikal und von Grund auf wandeln. Diese Technik ist nützlicher, wenn man das gesamte System und nicht einzelne Schritte eines Arbeitsablaufs durchleuchtet.

Probleme

Der Fokus ist in einer solchen Situation wichtig, um ein Problem zu umreißen und mit alternativen Definitionen zu experimentieren. Der Fokus ist auch unerläßlich, um ein Problem in untergeordnete Problembereiche aufzusplittern. Der Fokus kann das Augenmerk auf bestimmte Aspekte des Problems lenken.

Die mentale Herausforderung dient dazu, die Präsentation des Problems und die Art in Frage zu stellen, wie man die Situation betrachtet. Vielleicht halten sich Chancen und Schwierigkeiten in Wirklichkeit die Waage. Müssen wir das Problem überhaupt in Angriff nehmen? Könnte es im Verlauf der Zeit nicht von alleine verschwinden? Die mentale Herausforderung ist auch unerläßlich, wenn wir Annahmen, Grenzen, Polarisierungen und alles in Frage stellen, was die Bandbreite der Optionen oder möglichen Lösungen einschränkt.

Die Suche nach Alternativen ist an gleich welchem Punkt ein absolutes Muß. Bei geringfügigen Problemen kann sie, wenn sie sich auf unsere Erfahrungen stützt, für die Lösung bereits ausreichen. Die Definition der Fixpunkte unterstützt unsere Nachforschungen.

Der Konzeptfächer ist die wichtigste Problemlösungstechnik. Welche Marschrichtungen oder Lösungsansätze gibt es? Welche Konzepte könnten uns auf jeder einzelnen Route voranbringen? Welche Ideen erleichtern die praktische Umsetzung der Konzepte? Halten Sie sich bitte stets vor Augen, daß der Konzeptfächer einige lebensfähige Ideen hervorbringt, aber höchstwahrscheinlich keine Impulse für wirkliche Innovationen zu geben vermag. Wenn Sie den Konzeptfächer erarbeiten, könnten indessen neue Fokuspunkte auftauchen. (Wie schaffen wir Parkmöglichkeiten oberhalb des Straßenniveaus?)

Die provokative Ausfallschritt-Technik wird beim herkömmlichen oder derzeit vorherrschenden Problemlösungsansatz verwendet. Wie gehen wir normalerweise an dieses Problem heran? Können wir aus diesem Schema ausbrechen? Die Ausfallschritt-Technik kann in jeder Phase des kreativen Denkprozesses eingesetzt werden. Immer wenn uns ein Aspekt des Sachverhalts oder eine Situation als selbstverständlich erscheint, können wir versuchen, diese eingefahrene Denkschiene zu verlassen.

Trittstein-Provokationen jedweder Art sind ein probates Mittel, um das Gesamtbild einer Situation so zu verändern, daß sich neuartige Ideen ihre Bahn brechen können. Das gilt vor allem dann, wenn das Verhalten eines bestimmten Systems im Mittelpunkt des Problems steht. Die Trittstein-Methode bietet oft die beste Möglichkeit, auf völlig neue, originelle Weise an eine Situation heranzugehen.

Die File-Technik ist nützlich, wenn Probleme eine gründliche Planung erfordern, bei der zahlreiche Anforderungen berücksichtigt werden müssen.

Die Random Word-Technik ist vor allem dann empfehlenswert, wenn Sie das Gefühl haben, mit Ihrem Latein am Ende zu sein und ständig im Kreis zu denken. Sie bietet höchstwahrscheinlich keine sofort umsetzbare Lösung, eröffnet aber neue Gedankenlinien.

Aufgaben

Ein Problem *müssen* Sie in Angriff nehmen, eine Aufgabe *wollen* Sie in Angriff nehmen. Dabei spielt es keine Rolle, ob Sie sich die Aufgabe selbst gestellt haben oder ob Sie von anderen mit ihr betraut wurden. Wir befassen uns hier mit kreativen Aufgaben, die neue Ideen und nicht nur Kompetenz erfordern.

Der Fokus hat auch hier eine Schlüsselfunktion inne: Sie müssen sich genau darüber im klaren sein, worauf Sie Ihre Gedanken konzentrieren wollen. Manche Leute haben die schlechte Angewohnheit, allen möglichen Ideen nachzuhängen ... nur um nicht die Aufgaben kreativ anzugehen, die Sie eigentlich erledigen sollten.

Der Konzeptfächer dient hier in erster Linie der Überlegung, welche Lösungsansätze es für eine Aufgabe gibt. Er könnte ein wichtiges Konzept aufzeigen und bewirken, das unser Augenmerk auf dessen Umsetzung gelenkt wird (Wie lassen wir die Kraftfahrzeuge ›verschwinden‹, sobald sie das Stadtzentrum erreicht haben?).

Konzepte sind außerordentlich wichtig. Es ist dringend notwendig, sie bewußt zu erarbeiten und spielerisch zu erproben. Jede Idee, die sich Ihnen präsentiert, kann auf ein weiteres Konzept hinweisen. Es besteht kein Grund, aus den Höhen der konzeptionellen Phantasie überstürzt auf den Boden der Ideen herunterzukommen. Für die Realität bleibt Ihnen später noch genug Zeit. Wenn Sie eine zeitlang auf der Konzeptebene arbeiten, haben Sie bessere Chancen, einen brandneuen Lösungsansatz zu entdecken.

Die Random Word-Technik ist hier von zentraler Bedeutung. Der Zufallsbegriff wird benutzt, um neue Denklinien zu erschließen, die sich merklich von den Konzeptfächern unterscheiden sollten.

Das Wunschdenken ist vermutlich die fruchtbarste Trittstein-Provokation, denn sie gestattet uns einen Schritt nach vorne, dessen Richtung völlig offen ist. Der Phantasie sind dabei keine Grenzen gesetzt.

Die File-Technik empfiehlt sich, wenn das Anforderungsprofil einer Aufgabe klar umrissen ist. Oft wird das Ziel einer Aufgabenstellung durch bestimmte Leistungsmerkmale oder Anforderungen definiert.

Chance

Die Umstände ändern sich und Sie haben die Hoffnung, daß sie Ihnen eine unternehmerische Chance bieten. Ein neues Material ist entwickelt worden; welche Marktchancen könnten sich daraus ergeben? Meinungsumfragen und statistische Erhebungen lassen einen Wandel in den Einstellungs- und Verhaltensmustern der potentiellen Kunden erkennen; könnten sich Ihnen damit ungeahnte Verkaufschancen eröffnen?

Hier ist das Wunschdenken wichtig. Diese Form der Trittstein-Provokation kann den Blick für eine ganze Reihe neuer Konzepte schärfen. Und Ihre Phantasie wird dabei nicht durch die Vernunft im Zaum gehalten.

Die Stratale ist oft gleichermaßen hilfreich. Wenn wir die verschiedenen Aspekte einer Situation durchleuchten, bieten wir unserem Gehirn die Möglichkeit, neue Verbindungen zu knüpfen. Die Stratale kann im passiven oder aktiven Modus (Ideen forcieren) eingesetzt werden.

Die Random Word-Technik kann neue Gedankenlinien erschließen und Ihnen zumindest einen Ausgangspunkt bieten, der Ihnen den Weg zu neuen Konzepten ebnet.

Während des Denkprozesses, wenn auch nicht zwangsläufig am Anfang, ist häufig der Versuch von Vorteil, verschiedene Konzepte herauszufiltern und zu formulieren. Sie entstehen mitunter im Zuge der kreativen Aktivitäten, die bereits stattgefunden haben. Gelegentlich springen Ihnen diese Konzepte schon zu Beginn des Kreativitätsprozesses geradezu ins Auge.

Die Ausfallschritt-Technik kann von Zeit zu Zeit wahre Wunder wirken, wenn Sie sich aus der Zwangsjacke der Selbstverständlichkeiten befreien wollen.

Auch die mentale Herausforderung, mit der wir die Gültigkeit des Denkvorgangs selbst anfechten, kann gute Dienste leisten. Die Fragestellung ist die gleiche wie bei der Ausfallschritt-Technik: Warum interessieren wir uns beispielsweise ausschließlich für die niedrigen Materialkosten?

Erfindung

Eine Erfindung kann viele Ausgangspunkte haben. Einige stützen sich auf einen allgemeinen, völlig offenen Fokus (Ich würde gerne ein Gerät für die Gartenarbeit konstruieren.). Andere leiten sich aus der Konzentration auf einen spezifischen Fokus her (Ich möchte eine stufenlos regulierbare Düse für den Gartenschlauch konstruieren.). Oft sind der Prozeß des Erfindens und der Prozeß der Aufgabenbewältigung beinahe identisch.

Der Fokus hat in dieser Situation einen hohen Stellenwert, weil er sich im Verlauf der Denkoperation ändern kann; es ist wichtig, sich den neuen Fokuspunkt oder -bereich hin und wieder bewußt zu machen. Es kommt nicht selten vor, daß sich jemand anschickt, ein bestimmtes Gerät zu konstruieren, und am Ende hat er ein ganz anderes entwickelt. Bei Erfindungen ist das absolut zulässig.

Der Konzeptfächer kann oft mit Lösungsansätzen aufwarten. Bei einem ungewöhnlichen Fokus reicht er möglicherweise aus, um den Prozeß der Erfindung abzurunden, denn mitunter stößt man dabei auf Implementierungsmethoden, die bereits verfügbar und geeignet sind, das Projekt zu realisieren.

Die File-Technik ist hier besonders zweckmäßig, denn das Anforderungsprofil selbst kann neue Ideen stimulieren. Erfinder haben im allgemeinen ziemlich genaue Vorstellungen von den Merkmalen, die ihr Produkt aufweisen soll.

Wunschbilder (und andere Formen der Trittstein-Provokation) können das Augenmerk auf einen ganz anderen Ansatz lenken, wenn der Fokus der Erfindung ungewöhnlich ist. Das Anforderungsprofil einer Aufgabe läßt sich diesem Provokationsprozeß unterwerfen (Po, das Wasser paßt sich der Düse des Schlauchs an).

Die Random Input-Technik (bei der sowohl Gegenstände als auch Worte benutzt werden, um den Ideenfluß anzuregen) bietet bisweilen ganz neue Ausgangspunkte, wenn alle anderen Ausgangspunkte zu keinem interessanten Ziel geführt haben.

Die mentale Herausforderung stellt im Verlauf des Denkprozesses die Frage in den Raum, warum sich bestimmte Annahmen eingebürgert haben und bestehende Grenzen akzeptiert werden. Oft sützt sich der große Durchbruch bei einer Erfindung auf eine Kette mentaler Herausforderungen (Wo steht geschrieben, daß ein Rasenmäher Räder haben muß?).

Entwurf/Planung

Eine Erfindung ist ein kreativer Prozeß, der möglicherweise kein konkretes Ergebnis hat. Um ein Ergebnis zu erzielen, braucht man einen Plan oder Entwurf. Uns bleibt immer die Möglichkeit, auf herkömmliche Verfahrensweisen und Standardmethoden zurückzugreifen, wenn uns nichts besseres einfällt.

Die mentale Herausforderung ist zu Beginn des Planungsprozesses von Bedeutung; sie bewirkt, daß wir die Gültigkeit der üblichen Methoden, Annahmen und Schulbuchweisheiten in Frage stellen. Sie stellt auch ein hervorragendes Mittel dar, um unsere eigenen Gedankengänge durch entsprechendes Hinterfragen einem Lackmustest zu unterziehen.

Die Ausfallschritt-Provokation ist ebenso wichtig wie die mentale Herausforderung: Beide bewirken, daß wir uns von althergebrachten Annahmen, die unbewußt in den Planungsprozeß eingehen, freimachen. Sie gestatten uns, die anfänglichen Überlegungen im Rahmen der Planungsaufgabe aus der emotionalen Distanz zu betrachten (Wie denke ich in diesem Punkt?). Die Ausfallschritt-Technik kann definitionsgemäß den Anstoß geben, daß ein Schritt in eine völlig neue Denkrichtung erfolgt. Dieser neue Kurs läßt sich dann logisch weiterentwickeln.

Alternativen sind auf allen Ebenen eine Hilfe. Bei manchen handelt es sich um alternative Planungsansätze im weitesten Sinn des Wortes. Dann gibt es noch die Alternativen, die sich mit der Implementierung befassen (Welche Materialien könnte ich verwenden?), und solche, die ein bestimmtes Detail innerhalb der allgemeinen Marschroute betreffen. Eine sehr klare Definition des jeweiligen Fixpunktes ist bei der Suche nach Alternativen unabdingbar, denn sonst besteht die Gefahr, daß bei abrupten Veränderungen an einem Punkt die Dinge auch anderswo aus dem Lot geraten.

Konzepte werden hier auf zweierlei Weise benutzt. Zum einen kann man zu Beginn des Planungsprozesses mit ihnen experimentieren. Zum anderen ist es sinnvoll, die noch verschwommenen Konzepte während des Denkprozesses zu konkretisieren, weil Sie die Umsetzungsmöglichkeiten erforschen müssen. Ohne diesen Bezug zur Realität bleibt der Entwurf unter Umständen im Labyrinth der Einzelheiten stecken und endet in einem heillosen Durcheinander.

Die Random Word-Technik hilft uns, die eigene Selbstgefälligkeit zu überwinden. Oft nimmt schon zu Beginn des Prozesses ein bestimmtes Planungskonzept Konturen an, und sämtliche Gedanken kreisen nur noch um diese eine Strategie. Es ist schwierig, sich aus einer solchen Falle zu befreien. Ein Zufallsbegriff kann die Fesseln sprengen und den Blick auf völlig neue Horizonte erschließen, die zeigen, daß auch andere Wege nach Rom führen.

Stagnierende Situationen

Sie befinden sich in einer solchen Sackgasse, wenn die Kreativität abgewürgt zu sein scheint. Ihnen fällt beim besten Willen nichts Neues ein. Ihre Gedanken drehen sich immer wieder im Kreis. Sie wissen nicht mehr, wo Sie nach einem anderen Lösungsansatz Ausschau halten sollen. Sie haben sich verrannt, wenn Sie beginnen, sich vergeblich den Kopf zu zermartern oder feststellen, daß Sie im Verlauf eines längeren Zeitraums immer wieder auf dieselben Ideen zurückkommen. Eine mentale Stagnation kann in jeder der hier beschriebenen Situationen eintreten.

Die Random Word-Technik ist die einfachste und wirksamste Methode, um Bewegung in die verfahrene Situation zu bringen. Die Zufallsbegriffe eröffnen neue Gedankenlinien. Selbst wenn diese unrealistisch sind, wird das sprichwörtliche Brett vorm Kopf entfernt.

Die Ausfallschritt-Technik kann ebenfalls aus dem Teufelskreis herausführen. Sie wird nicht benutzt, um mit frischer Kraft über unser Thema nachzudenken, sondern über die Denkvorgänge selbst. Beispielsweise wäre diese Methode empfehlenswert, wenn wir die Nabelschnur zu einem ›selbstverständlichen‹ Aspekt in den Lösungsmöglichkeiten durchtrennen wollen, die uns nicht aus dem Kopf gehen wollen (Po, wir müssen unsere Kunden nicht zufriedenstellen.).

Die File-Technik, die den Ideenfluß forciert, hat eine ähnliche Wirkung wie die Random Word-Technik.

Nullpunkt-Situationen

Damit sind Situationen gemeint, die ein ›unbeschriebenes Blatt‹ darstellen. Sie haben keinen Ahnung, wo Sie mit Ihrer kreativen Arbeit beginnen sollen. Diese Situation unterscheidet sich ganz beträchtlich von einer stagnierenden, in der Ihnen immer wieder dieselben Ideen im Kopf herumspuken.

Mit der Stratale schaffen Sie ein mentales Umfeld, das den Ideenfluß in Gang zu setzen vermag.

Wenn das allgemeine Anforderungsprofil bekannt ist, kann auch die File-Technik, im aktiven und passiven Modus angewendet, brauchbare Ausgangspunkte liefern.

Die Random Input-Technik ist in Nullpunkt-Situationen besonders fruchtbar, weil Sie Ihr Augenmerk auf keinerlei Vorgaben richten müssen. Sie können Begriffe, aber auch Gegenstände und Informationen, auf die Sie bei der Lektüre von Zeitungen, Zeitschriften und Fachbüchern gestoßen sind oder während einer Ausstellung gewonnen haben, nach dem Zufallsprinzip auswählen.

Projekte

Eine Aufgabe erfordert eine kreative Anstrengung, ein Projekt kompetentes Bemühen. Es sollte allerdings auch die Bereitschaft vorhanden sein, zu überlegen, ob sich ein Projekt durch eine kreative Herangehensweise nicht noch effizienter durchführen läßt.

Sowohl der allgemeine Fokus als auch die ausgewählten Unterbereiche sind wichtig. Hier handelt es sich nicht im Handlungsziele, sondern um Denkbereiche, auf die sich unsere Aufmerksamkeit konzentriert.

Denkschemata, die eigene derzeitige Denk- und Sichtweise, Annahmen, Grenzen usw. lassen sich auch hier durch eine mentale Herausforderung hinterfragen.

Der Konzeptfächer ist die klassische zielgerichtete Methode, um ein Projekt mental in Angriff zu nehmen. Dabei können neue Fokuspunkte auftauchen, die dann einer weiteren kreativen Denkoperation unterzogen werden (Wie können wir unsere Produkte auf dem Wasserweg transportieren?).

Die Ausfallschritt-Technik kann als Provokation für die Standardlösungen bei solchen Projekten angewendet werden. Was gilt gemeinhin als selbstverständlich? Was wäre, wenn wir aus dieser Denkschablone ausbrechen?

Die File-Technik läßt das Anforderungsprofil des Projektes erkennen, wobei sich eine neue Herangehensweise entwickeln kann. Hier ist der passive Modus besser geeignet (den Ideen freien Lauf lassen).

Die Aufmerksamkeit auf die grundlegenden Konzepte zu richten, die in einem Projekt zum Tragen kommen, kann zu Konzeptverbesserungen oder -veränderungen führen oder einfach nur wirksamere Möglickeiten aufzeigen, die bestehenden Konzepte umzusetzen.

Kreative Anstrengungen sind manchmal während des gesamten Projektes erforderlich, manchmal aber auch nur in bestimmten Phasen unabdingbar. Deshalb ist das Fokussieren ein so wichtiger Prozeß.

Viele Merkmale, die in der Rubrik ›Planung‹ oder ›Aufgaben‹ geschildert wurden, gelten auch für Projektsituationen.

Konflikte

Debattieren, verhandeln und kämpfen sind Kennzeichen von Konfliktsituationen, in denen zwei Parteien mit entgegengesetzten Interessen versuchen, ihre eigenen Wünsche durchzusetzen. Die üblichen Konfliktlösungsstrategien sind durch Kraftproben, Druck, Angst und Frustration oder verletzte Gefühle gekennzeichnet. In diesem Bereich bleibt mehr Spielraum für kreatives Denken als viele meinen (vor allem die unmittelbar in eine Konfliktsituation einbezogenen Kontrahenten).

Die Suche nach Alternativen ist hier ein grundlegender Prozeß. Dazu gehört die Eröffnung neuer Perspektiven, nicht nur in bezug auf das gesamte Szenario, sondern auch hinsichtlich jedes einzelnen Schritts, der von den strittigen Parteien eingeleitet wird, und jeder Entwicklung. Wie wird diese Reaktion wahrgenommen? Wie könnte man sie deuten? Es gibt immer Möglichkeiten, alternative Konfliktlösungen, Werthaltungen, Interessen und Strategien zu entwickeln, kurzum, andere Konfliktlösungspakete zu schnüren. Wenn Sie sich die Fixpunkte vor Augen halten, können Sie die Alternativen deutlicher erkennen und aufzeigen.

Die schöpferische Pause ist gerade in Konfliktsituationen sehr wichtig. Statt übereilt auf Lösungsvorschläge zu reagieren, sollten wir uns um inneren Abstand bemühen. In dieser Phase bietet sich uns die Möglichkeit, die Empfehlungen nicht nur als potentielle Bedrohung, sondern auch als Chance wahrzunehmen.

Der Prozeß der mentalen Herausforderung ist nicht auf den Konfliktgegner gerichtet, sondern zielt auf die eigene Denkweise ab. Warum muß ich die Situation aus diesem Blickwinkel betrachten? Sind diese Dinge wirklich so wichtig? Wieviel geht nur auf das Konto eingefleischter Gewohnheiten und des Strebens nach Kontinuität? Haben wir uns in einer bestimmten Position verrannt? Welche Diskussionspunkte führen zu einer Polarisierung?

Wie sehen die Schlüsselfaktoren aus? Sind sie wirklich von ausschlaggebender Bedeutung?

Die Ausfallschritt-Technik, die oft mit dem Prozeß der mentalen Herausforderung einhergeht, kann auch auf die eigene Denkweise angewendet werden. Wenn die Diskussionsbedingungen annehmbar sind, kann man sich auf diese Provokationsmethode verständigen (Po, es besteht überhaupt kein Grund, die Arbeitsstunden festzulegen.).

In solchen Situationen gilt es, auf Wertkonzepte zu achten. Die Fähigkeit, unterschiedliche Werthaltungen auszumachen, ist das Fundament jeder erfolgreichen Konfliktlösung. Sobald diese bewußt gemacht wurden, lassen sich Möglichkeiten finden, sie in der Konfliktlösungsstrategie zu berücksichtigen. Handlungskonzepte und Druckmittel müssen ebenfalls geortet und neu gestaltet bzw. überdacht (oder ausgehebelt) werden. Es wäre ein Fehler, anzunehmen, daß alle Figuren wie beim Schachspiel bereits auf dem Brett aufgestellt sind und nur noch gezogen werden müssen.

Die Stratale kann zu Beginn und am Ende einer Konfliktsituation nützlich sein, nachdem beide Parteien gründlich nachgedacht haben. Sie gestattet Ihnen, eine Verschnaufpause einzulegen und einen Schritt zurückzutreten, so daß sich neue Ideen ihre Bahn brechen können.

Auch hier gehen von der Random Word-Technik neue Denkimpulse aus, sobald eine Pattsituation eingetreten ist. Falls die Umstände sehr günstig sind, können sich beide Parteien darauf verständigen, gemeinsam an dieser kreativen Übung teilzunehmen.

Zukunftsszenarien

Normalerweise entwickeln wir Zukunftsbilder, indem wir augenblickliche Entwicklungstendenzen linear fortsetzen und versuchen, das Zusammentreffen von Ereignissen, die neue Folgewirkungen hervorrufen könnten, vorherzusehen. Es gibt Zeiten, in denen wir ein sehr klares Zukunftsbild brauchen und dieses auf mögliche Brüche abklopfen müssen. Dafür ist Kreativität unerläßlich.

Die Stratale bietet uns die Chance, getrennte Faktoren mental auf einen Nenner zu bringen und somit neue Aktionsmöglichkeiten zu schaffen. Sie können mehrere Stratale um dieselbe Fokus-Radnarbe entwickeln oder Ihre Aufmerksamkeit auf verschiedene Fokusbereiche konzentrieren. Hier ist das aufrichtige Bemühen um die Entwicklung neuer Handlungsmuster wichtig, damit die Zukunftsplanung nicht nur unsere bestehende Sicht- und Denkweise widerspiegelt. Um dies zu verhindern, sollten Sie einige Zettel, auf denen Sie stratale ›Linien‹ notiert haben, in einem Behältnis mischen und fünf blind ziehen. Sie bilden Ihre Stratale, mit der Sie weiterarbeiten.

Alle Methoden, eine Trittstein-Provokation aufzustellen (Übertreibung, Umkehrprovokation, Zerrbilder, Wunschdenken) sind gewinnbringend, um bestehende Trends bewußt zu unterbrechen. Diese Provokationen führen uns aus dem alten Trott heraus.

Eine Kombination aus Ausfallschritt-Technik und Konzeptanalyse kann ebendalls erfolgversprechend sein. Wir betrachten bereits existierende und potentielle Zukunftskonzepte und versuchen bewußt, uns von ihnen oder einem Baustein aus diesen Bildern zu lösen. (Po, wir müssen nicht arbeiten, um unseren Lebensunterhalt zu verdienen.)

Selbst wenn einige grundlegende Konzepte unverändert bleiben, könnt es alternative Möglichkeiten geben, sie in die Praxis umzusetzen (z.B. ein Wandel im persönlichen Arbeitsstil). Die Definition der Fixpunkte und die Suche nach Alternativen sind hier also gleichermaßen wichtig.

Die Random Word-Technik kann neue Wege in die Zukunft aufzeigen, auf die man sonst niemals gekommen wäre. Diese Optionen sollten einzeln erforscht und geprüft werden, um zu sehen, ob sie sich mit den anderen, bereits entwickelten Lösungsansätzen in Einklang bringen lassen.

Der Prozeß der mentalen Herausforderung kann in jeder Phase in Gang gesetzt werden, um unsere Vorstellungen von der Zukunft auf Herz und Nieren zu prüfen, selbst während wir darüber nachdenken.

Strategie

Eine Strategie zu erarbeiten ist ein vielschichtiger Prozeß. Er umfaßt zahlreiche Bausteine, zum Beispiel Probleme, Chancen, Aufgaben, Zukunftsszenarien und Konfliktlösungen, die im Planungsprozeß zu einem stimmigen Gesamtbild zusammengesetzt werden. Bei der Entwicklung einer Strategie ist ein beträchtliches Maß an Informationen und die Analyse bestehender Trends, unternehmerischer Chancen und der möglichen Reaktionen der übrigen Wettbewerber erforderlich. Für die Einführung neuer Konzepte und den Entwurf flexibler Handlungsmuster und Rückzugspositionen ist Kreativität unentbehrlich.

Der Fokus ist hier natürlich besonders wichtig. Der gesamte Zielbereich und die einzelnen Unterbereiche, auf die sich die Aufmerksamkeit konzentrieren soll, müssen klar umrissen sein. Welchen Zweck verfolgen Sie mit Strategie X? Welche Ergebnisse lassen sich damit erreichen? Wie soll die Strategie umgesetzt werden?

Die mentale Herausforderung nimmt ebenfalls eine Schlüsselstellung ein. Sie dient dazu, konventionelle und tradierte Denkmuster im Unternehmen in Frage zu stellen. Die Gültigkeit der eigenen Annahmen über die Zukunft und die Reaktion der Konkurrenz können angefochten werden. Grenzen, die durch staatliche Regulierung, Wertnormen und Technologie gesetzt sind, lassen sich gleichfalls hinterfragen. Oft entdecken Sie Polarisierungen (Positionierung entweder in der unteren oder in der oberen Preisklasse), die Sie ins Kreuzfeuer nehmen können. Und meistens stützt sich eine Strategie auf eine zusammenhängende Konzeptkette, die sich wieder in ihre einzelnen Glieder zerlegen läßt. Am Ende fügen sich die einzelnen Steinchen des Puzzles beinahe wie von selbst in das endgültige strategische Bild ein.

Es gibt alternative Strategien, alternative Konzepte und alternative Möglichkeiten, eine bestimmte Strategie umzusetzen. Hier ist es noch wichtiger als sonst, die Fixpunkt genau festzulegen, bevor Sie verschiedene Handlungsoptionen erarbeiten.

Konzepten sollte man große Aufmerksamkeit widmen; im Strategiebereich haben Sie sogar Vorrang vor den Ideen. Wenn ein Konzept falsch ist, kann auch die beste Idee den Denkfehler nicht ausbügeln. Sämtliche Ideen werden als Möglichkeit gesehen, durch Zurückspulen auf der Konzeptebene zu arbeiten.

Wenn Sie ein kunterbuntes Sammelsurium an Konzepten beisammen haben, lassen sich diese zu einem Konzeptfächer ordnen. Dadurch kristallisiert sich die grobe Marschrichtung heraus, in der Sie sich mental bewegen. Sie können sich dabei auch mit Möglichkeiten befassen, die vorhandenen Konzepte weiterzuentwickeln.

Die Ausfallschritt-Technik läßt sich anwenden, um die Fesseln der vorherrschenden Denk- und Sichtweisen im Unternehmen und in der Branche abzustreifen. Solche Provokationen lassen sich auch auf die Formulierung der augenblicklich verfolgten Strategien übertragen.

Radikal neue Ideen erfordern Trittstein-Provokationen, und hier besonders die Zerrbild-Variante.

Planung

Vieles, was bisher über Zukunftsszenarien, Handlungsentwürfe, Projekte und Strategien geschrieben wurde, trifft auch auf den Planungsprozeß zu. Man muß davon ausgehen, daß der übliche logische Planungsprozeß in die Wege geleitet worden und gleichwohl die Bereitschaft vorhanden ist, nach besseren Ideen zu suchen.

Nach Alternativen kann man in jeder Phase des Prozesses Ausschau halten. Es könnte andere Routen oder andere Möglichkeiten geben, dieselbe Marschrichtung zu verfolgen. Vielleicht stoßen Sie auch auf neue Möglichkeiten, die neuralgischen Punkte zu überwachen. Oder Sie leuchten durch provokative Fragen mögliche Alternativen aus (Was wäre, wenn wir dieses oder jenes täten?).

Sie können den Plan selbst oder die Anforderungen in Frage stellen, die es dabei zu erfüllen gilt. Müssen wir diese Grenzen akzeptieren? Sind diese vermeintlichen Schlüsselfaktoren wirklich ausschlaggebend?

Die Ausfallschritt-Technik kann die Entwicklung neuer Konzepte und die Prüfung erleichtern, wie flexibel unsere Planung ist. (Po, die Zinsen fallen nicht.)

Bei jedem Versuch, den Plan von Grund auf neu zu gestalten, ist die Trittstein-Methode von Vorteil. Sie kann unsere Wahrnehmungen hinsichtlich der Situation verändern. Die neue Sichtweise erfordert dann auch einen neuen Plan.

Inzwischen haben Sie gewiß ein gutes Gespür dafür entwickelt, wann die einzelnen Kreativitätstechniken angemessen sind. Wir können die grundlegenden Anwendungen folgendermaßen zusammenfassen:

Fokussieren: Den Zielbereich, auf den sich unsere Aufmerksamkeit konzentriert, umreißen oder verändern. Den Fokus auf andere Weise definieren. Thematische Unterbereiche auswählen.

Mentale Herausforderung: Die Gültigkeit herkömmlicher Ideologien, herrschender Anschauungen und der eigenen Denkweise während einer Kreativitätssitzung anfechten. Auch die Elemente hinterfragen, die sich um den Kern der Überlegungen ranken, beispielsweise Annahmen, Grenzen usw.

Alternativen: Andere Mittel und Möglichkeiten finden, Aufgaben zu verrichten, und genau definierten Fixpunkten gerecht werden. Die Suche kann auf verschiedenen Ebenen stattfinden, und die Skala der Optionen kann von breitgefächert bis detailliert reichen.

Konzeptfächer: Eine ausgefeilte Methode, um unterschiedliche Lösungsansätze für bestimmte Aufgaben aufzuspüren, indem man schrittweise verschiedene Konzepte entwickelt. Besonders nützlich bei zielorientierten Denkprozessen.

Konzepte: Das Augenmerk bewußt auf Konzepte lenken, versuchen, Konzepte herauszufiltern und zu konturieren. Faden von der Ideen- zur Konzeptebene zurückspulen. Konzepte geringfügig abwandeln oder gravierend verändern. Möglichkeiten ausmachen, Konzepte praktisch umzusetzen. Nützlich in allen Bereichen, in denen Konzepte eine federführende Rolle spielen.

Ausfallschritt-Technik: In allen Bereichen von Vorteil, wo Herausforderungen zweckdienlich sind. Verwandelt die Herausforderung in eine mentale Provokation. Probates Mittel, um vorherrschende Methoden und Anschauungen objektiv zu betrachten. Kann im Verlauf jedes kreativen Denkprozesses eingesetzt werden.

Trittstein-Provokation: Im allgemeinen verwendet, um radikale Veränderungen im gesamten System oder Lösungsansatz herbeizuführen. Technik mit dem stärksten Reizpotential. Die Wunschbild-Methode ist besonders geeignet, den Ideenfluß in Nullpunkt-Situationen in Gang zu setzen. Die Trittstein-Technik zeitigt die besten Ergebnisse, wenn sie sich auf das gesamte System bezieht.

Random Input: Trägt dazu bei, schöpferische oder originelle Ideen in gleich welcher Situation anzuregen. Vor allem in Nullpunkt- und stagnierenden Situationen ein Stimulans, oder um zusätzliche und anders geartete Alternativen aufzuspüren, wenn bereits einige Lösungsansätze gefunden wurden.

Stratale: Zu Beginn des Denkprozesses eingesetzt, um die Ideenproduktion in Gang zu bringen. In späteren Phasen eine Orientierungshilfe bei der Betrachtung, welche Ergebnisse sich mit den bereits erarbeiteten Lösungsmöglichkeiten erzielen lassen.

File-Technik: Immer dann brauchbar, wenn das Anforderungsprofil bekannt ist. Kann im passiven Modus eingesetzt werden, wobei man der Phantasie freien Lauf läßt, oder im aktiven Modus, wo sie die Ideen ähnlich forciert wie die Random Word-Technik.

Die Sechs Hüte

Die Hutwechsel-Methode wurde absichtlich nicht in die Liste der zuvor beschriebenen Techniken eingefügt: hierbei handelt es sich nämlich um ein Rahmenwerk, das sich allgemein auf Denkprozesse in Unternehmen bezieht. Der grüne Hut fordert in besonderem Maß zu kreativen Aktivitäten auf, schreibt aber nicht vor, wie diese im einzelnen erfolgen sollen. Das Spektrum kann von der schlichten schöpferischen Pause, um Abstand zu gewinnen und andere Möglichkeiten in Betracht zu ziehen, bis hin zur aktiven Suche nach Alternativen reichen. An diesem Punkt können auch andere Techniken des lateralen Denkens zur Anwendung kommen. Der wichtigste Nutzen des grünen Hutes besteht in dem Raum, den er für kreative Bemühungen schafft.

Der gelbe Hut dient vor allem dazu, die Gedanken gezielt auf die Suche nach realisierbaren Lösungen und Nutzen/Werthaltungen zu lenken. Eine Idee, die gerade erst Gestalt annimmt, erhält also gleich am Anfang konstruktive Aufmerksamkeit. Jemand, der sich dieser Idee widersetzt, kann direkt aufgefordert werden, nach positiven Aspekten und Möglichkeiten der praktischen Umsetzung Ausschau zu halten.

Ein überaus wichtiger Aspekt der Hutwechsel-Methode ist die Möglichkeit, das Schwarzhut-Denken auf bestimmte Phasen der Diskussion zu beschränken, statt zuzulassen, daß jemand fortwährend nur die negativen Seiten sieht. Schwarzhut-Denken ist bei der Überprüfung von Ideen angemessen, um Schwachstellen oder Fehler aufzuspüren, die beseitigt werden müssen. Schwarzhut-Denken kann bei der Bewertung von Ideen gute Dienste leisten.

Das Rahmenwerk, das die Hutwechsel-Methode bietet, erleichtert die kreativen Bemühungen.

Manchmal reicht allein die Hutwechsel-Methode als Kreativitätstechnik aus. In solchen Fällen könnte die Reihenfolge so aussehen:

Weißer Hut: Die Informationsbasis. Was wissen wir?
Grüner Hut: Alternativen, Vorschläge und Ideen.
Gelber Hut: Realisierbarkeit, Vorteile und Wert/Nutzen der Ideen.
Schwarzer Hut: Schwierigkeiten, Gefahren, Probleme und neuralgische Punkte, die besondere Wachsamkeit erfordern.
Roter Hut: Intuition und Gefühle bezüglich einer Idee.
Blauer Hut: Schlußfolgerung.

Ideensammlung

Ein Bauer sät auf dem gesamten Ackerland Getreide aus, doch wenn die Erntezeit gekommen ist, gibt er sich damit zufrieden, nur ein Viertel der Feldfrüchte einzubringen. Genau das machen die meisten Menschen, wenn sie sich bemühen, kreativ zu denken.

Die Ideensammlung ist, wie das Fokussieren, eine der Schwachstellen in kreativen Denkprozessen. Das liegt vermutlich daran, daß es sich bei beiden um einfache, unkomplizierte Vorgänge handelt. Sie haben nichts Exotisches oder Aufregendes, und deshalb widmet man ihnen keine besondere Aufmerksamkeit. Tatsache ist jedoch, daß beide Prozesse genauso wichtig sind wie die glanzvolleren Aspekte des kreativen Denkens.

Zu Beginn des kreativen Denkprozesses sind wir lediglich daran interessiert, auf innovative Ideen zu stoßen, die sich praktisch umsetzen und gleichzeitig anderen schmackkaft machen lassen. Wir suchen nach einem ›Sesam-Öffne-Dich‹. Wir erkennen solche Zauberformeln auf Anhieb, wenn sie unseren Weg kreuzen, und ignorieren prompt alle anderen Geschehnisse während der Kreativitätssitzung.

Wenn Sie nicht gerade Ornithologe sind, betrachten Sie Vögel durch ein Fernglas und verstehen nicht recht, wie irgendjemand Interesse an solchen Beobachtungen haben kann. Doch im Laufe der Zeit fallen ihnen bestimmte Verhaltensweisen auf. Sie beginnen, Muster zu erkennen. Sie bemerken Unterschiede. Und dann stellen Sie mit einem Mal fest, daß Sie Vögel faszinierend finden.

Sie stehen vor einem Kunstwerk und überlegen, ob Ihnen das Gemälde gefällt oder nicht. Nachdem Sie einen Kunstgeschichte-Kurs belegt haben, achten Sie plötzlich auf bestimmte Einzelheiten im Bild, beispielsweise Komposition, Pinselstrich, Aufteilung von Licht und Schatten, Wahl der Farben usw.

Es ist wichtig, daß wir unseren Blick durch Übung schärfen. Ohne ein solches Training sehen wir einfach nicht, was sich oftmals direkt vor unserer Nase befindet. Die Übung ist unumgänglich, wenn es gilt, die gesamte Ausbeute eines kreativen Denkprozesses zu ernten. Es reicht nicht aus, die ›Zauberformel‹ schriftlich zu fixieren und den Rest außer acht zu lassen. Das wäre eine aufgrundtiefe Verschwendung der kreativen Energie.

In jedem kreativen Prozeß werden mindestens drei Ziele angestrebt. Sie wollen:

1. Die ›Zauberformel‹ finden.
2. Neue Ideen produzieren, die sich in brauchbare Ideen umwandeln lassen.
3. Ein bestimmtes Repertoire an Konzepten und Ideen im Gedächtnis speichern. Sie mögen im Augenblick nicht verwendbar sein, stellen aber eine Bereicherung künftiger Überlegungen hinsichtlich derselben oder artverwandter Themen (und selbst in ganz anderen Angelegenheiten) dar.

Wenn wir bei der Ideensammlung pfuschen, werden der zweite und der dritte Punkt ignoriert.

Sorgfalt bei der Ideensammlung kann bedeuten, während der kreativen Sitzung Notizen zu machen oder ein Band mitlaufen zu lassen, das man hinterher abhört. Es kann bedeuten, den Denkprozeß immer wieder vor dem inneren Auge Revue passieren lassen und bestimmte Punkte für weitere kreative Aktivitäten auswählen. Auf diese Weise läßt sich der volle Nutzen der Kreativitätssitzung herausfiltern und dokumentieren.

Eine Checkliste ist in diesem Ideensammelprozeß sehr nützlich. Die Punkte auf dieser Liste können überlappen, und bisweilen fällt es Ihnen schwer zu entscheiden, wo Sie einen Gedanken einordnen sollen. Das ist kein Beinbruch, denn der Zweck der Übung besteht darin, unseren Blick für die wesentlichen Dinge zu schärfen, ungeachtet dessen, in welche Kategorie sie sich einordnen lassen.

Die einzelnen Punkte auf der Checkliste werden von anschaulichen Beispielen aus dem Ideensammelprozeß begleitet, der während einer Diskussion über den Entwurf eines Kinderspielplatzes stattgefunden hat.

Spezifische Ideen

Es gibt konkrete Ideen, die nur noch darauf warten, verwirklicht zu werden. Dazu gehören auch die ›Zauberformeln‹, die jeder augenblicklich als brillante Lösung erkennt, aber auch andere brauchbare und realisierbare Einfälle. Das ist die herkömmliche Ausbeute kreativer Denkleistungen auf individueller oder Gruppenbasis.

Bei der Diskussion über den Kinderspielplatz haben einige spezifische Ideen Gestalt angenommen:

Ein Café als Kontaktbörse für die Eltern.
Bedienungsanleitungen an neuen Spielgeräten anbringen.
Strikte Segmentierung nach Altersgruppen.

Modell-Ideen

Das sind Ideen, die sich nach einhelliger Meinung nicht umsetzen lassen, aber ein Konzept oder einen Prozeß beihalten, die nach allgemeiner Auffassung einen gewissen Nutzen haben. Die Modell-Ideen stellen lediglich Demonstrationsmöglichkeiten oder Beispiele dar.

In unserer Spielplatz-Diskussion wurden folgende Modell-Ideen erarbeitet:

Kisten mit Bauwerkzeug.
Ein Spiel, bei dem die Mannschaften einen schweren Balken
quer über das Spielfeld ziehen.
Eine Erfinderecke.

Keimende Ideen

Eine keimende Idee nimmt gerade erst Konturen an. Sie hat zweifellos ein gewisses Potential, verlangt aber noch Feinschliff und Form, um brauchbar zu sein. Sie müssen noch viel Arbeit in diese Idee investieren. Dennoch haben Sie das Gefühl, daß sich darin ein Nutzen und ungeahnte unternehmerische Chancen verbergen. Keimende Ideen unterscheiden sich in einem wichtigen Punkt von Modell-Ideen: bei letzteren besteht keine Nachbesserungsabsicht.

Im Spielplatz-Beispiel schließen die keimenden Ideen auf der Checkliste folgende ein:

Verschiedene Privatunternehmen, die jeweils an einem Tag in der Woche die Patenschaft für den Spielplatz übernehmen.
Expertengruppen mit dem Entwurf von Spielen beauftragen.
Farbige Einheitskleidung für die Spielplatz-Benutzer.

Unmittelbare Konzepte

Das sind die Konzepte, die während einer Diskussion Gestalt annehmen. Sie sind entweder zu Ideen weiterverarbeitet worden oder auf der Entwurfebene verblieben. In beiden Fällen werden sie als Konzepte auf der Checkliste vermerkt. Das ist besonders wichtig, wenn es sich um ›Wertkonzepte‹ handelt. Es fällt uns nicht immer leicht, Konzepte zu dokumentieren, weil sie oft nur einen Augenblick lang auf der Konzeptebene existieren und jeder annimmt, daß sie nur einen Daseinszweck haben, nämlich unmittelbar zu einer Idee zu führen. Deshalb empfiehlt es sich, bei der Ideensammlung darauf zu achten, Konzepte als solche zu erkennen und zu dokumentieren.

In der Spielplatz-Diskussion wurden folgende Konzepte entwickelt:

Kinder sollten aktiv in den Entwurf des Spielplatzes einbezogen sein.
Eine Chance, andere Kinder kennenzulernen.
Mit anderen im Team zusammenarbeiten.
Flexible Verwendung derselben Spielfläche.

Rückspul-Konzepte

Das sind Konzepte, die während der Diskussion nie direkt als Konzepte aufgetaucht sind. Sie wurden im Verlauf der Debatte bewußt durch Zurückverfolgen von Ideen aufgespürt, zum Beispiel von Modell-Ideen. Diese Rückführung auf die Konzeptebene kann während der kreativen Sitzung, sollte aber stets im Zuge der Ideensammlung stattfinden. Es ist also wichtig, sämtliche Ideen-Kategorien abzuklopfen und den Faden bewußt von der Ideen- zur Konzeptebene zurückzuspulen. Das Konzept ist mitunter fest in eine Idee eingebunden, aber es kann von Vorteil sein, es wieder auszugliedern und getrennt zu betrachten.

In der Spielplatz-Diskussion wurden durch Zurückspulen folgende Konzepte sichtbar:

Firmen als Sponsoren gewinnen.
Kinder zu Innovationen anspornen.
Teams bilden.
Strukturen für neue Spiele.

Marschrouten

Der Unterschied zwischen einem ›Konzept‹ und einer ›Marschroute‹ wurde im Kapitel über den Konzeptfächer erläutert. Routen oder Marschrouten sind lediglich sehr breitgefächerte Lösungsmöglichkeiten oder Herangehensweisen an eine Situation. Aus diesem Grund kann es zu Überlappungen zwischen den beiden Kategorien ›Konzepte‹ und ›Marschrouten‹ kommen, was jedoch nicht schlimm ist. Im Vordergrund steht das Bemühen, die breite Marschrichtung zu erkennen und zu skizzieren, gleich ob diese ausdrücklich erklärt wird oder stillschweigend inbegriffen bleibt.

Die Routen, die sich in der Spielplatz-Diskussion abzeichnen, sind folgende:

Persönliches Engagement.
Spielen mit anderen.
Vielseitigkeit.

Bedürfnisse

Im Zuge der kreativen Bemühungen haben sich vielleicht einige handfeste Bedürfnisse herauskristallisiert, z.B. die Notwendigkeit, ein Konzept in eine realisierbare Idee umzuwandeln. Es könnte auch eine klar definierte Marschroute geben, die in Konzepte eingebracht werden muß.

»Wir müssen eine Möglichkeit finden, dieses Vorhaben durchzuführen.«

Die Definition von Bedürfnisbereichen, die während der Kreativitätssitzung sichtbar werden, ist ein unverzichtbarer Bestandteil des Kreativitätsprozesses.

Wenn Sie eine Lücke oder Schwachstelle entdecken, haben Sie bereits den ersten Schritt getan, um Abhilfe zu schaffen.

Folgende Bedürfnisse nahmen während der Spielplatz-Diskussion Gestalt an:

Das Bedürfnis nach pädagogischer Anleitung, die den Kindern trotzdem genügend Freiraum für die Entfaltung eigener Aktivitäten läßt.
Das Bedürfnis, Mittel und Wege zu finden, die den Aufbau von Teams fördern.
Das Bedürfnis, Möglichkeiten zu ermitteln, um den Zugang zum Spielplatz nach Altersgruppen zu segmentieren.
Das Bedürfnis, Wege zu finden, um Unternehmen aktiv in das Projekt einzubinden (Patenschaften/Sponsoren).

Neue Fokuspunkte/-bereiche

Neue kreative Fokuspunkte oder -bereiche können sich direkt aus den ermittelten Bedürfnissen ableiten. Trotzdem ist es hilfreich, einen neuen kreativen Fokus auch als solchen zu dokumentieren. Das bedeutet, daß dieser Fokus später von der Gruppe oder von Einzelpersonen, die mit bestimmten kreativen Aufgaben betraut wurden, in Angriff genommen werden kann.

In der Spielplatz-Diskussion wurden sich folgende neue Fokusbereiche definiert:

> Gruppenspiele für den Spielplatz (allgemeiner Fokus).
> Möglichkeiten, Teams zu bilden (zweckorientierter Fokus).
> Engagement gewerblicher Organisationen (allgemeiner Fokus).

Veränderungen

Während jeder Kreativitätssitzung kann eine grundlegende Neuorientierung stattfinden. Manchmal zeichnen sich völlig neue Gedankenlinien ab, und einige beinhalten eine Änderung der Marschroute. Oft zeigt sich gleich zu Beginn der Diskussion, daß die Gruppe einem bestimmten Weg folgt, doch urplötzlich schwenkt sie auf einen neuen Kurs ein. Bei solchen Veränderungen sollte die zurückgelegte Wegstrecke ›von A nach B‹ zur Kenntnis genommen werden:

> Allem Anschein nach sind wir von Position X ... zu Position Y gelangt.
> Zu Anfang haben wir die Situation ... betrachtet; nun haben wir unsere Anschauung geändert und sind zu folgender Schlußfolgerung gekommen.

In der Spielplatz-Diskussuon wurden folgende Veränderungen wahrgenommen:

> Zuerst wurde der Spielplatz als Ort für individuelle Spiele betrachtet, dann ging man dazu über, dem Gruppenkonzept den Vorzug zu geben.
> Zuerst sollte es dort fest installierte Geräte und die herkömmlichen Spielmöglichkeiten geben, dann ging man dazu über, neue Spiele zu konzipieren.
> Zuerst wollte man vermeiden, die Geschäftsleute vor Ort einzubeziehen, dann ging man zur Suche nach Möglichkeiten über, ihr Interesse an Patenschaften zu wecken.

Tenor

Der letzte Punkt auf der Checkliste ist der ›Tenor‹. Er bezieht sich auf das emotionale Klima und die Umstände, die während der gesamten Kreativitätssitzung herrschen. Der Nutzen, sich diesen Tenor bewußt zu machen, besteht darin, daß man in künftigen Kreativitätsprozessen versuchen kann, andere

Ideen zu entwickeln. Wenn beispielsweise viel Zeit damit vergeudet wurde, nach Sündenböcken zu suchen, ist man beim nächsten Mal vielleicht imstande, konstruktiver an die Arbeit zu gehen. Sie sollten sich bemühen, den Tenor einer Kreativitätssitzung zu ermitteln, selbst wenn das eine oder andere Element nicht in diese Grundkategorie fällt.

Der Tenor der Spielplatz-Diskussion war das Bemühen, ›neue, auf Kinder zugeschnittene Lösungsansätze zu finden‹.

In der Zeitschriften-Branche ist es, wie verlautet, viermal teurer, einen neuen Abonnenten zu werben als einen bestehenden Kunden bei der Stange zu halten. Ähnlich verhält es sich mit der Ideensammlung. Ideen oder Konzepte weiterzuentwickeln, die bereits umgesetzt sind, ist wesentlich einfacher, als das Rad ein zweites Mal zu erfinden. Die Ideensammlung ist folglich wichtig, auch wenn Ihnen das Unterfangen mühselig und zeitraubend erscheinen mag. Außerdem können während des Sammelprozesses neue Ideen und Konzepte Gestalt annehmen, sogar dann noch, wenn man die bereits vorhandenen aufzeichnet.

Sobald Sie sich angewöhnt haben, mit Hilfe der Checkliste Ideen systematisch zu sammeln, schärfen Sie Ihr Auge für Dinge, die während der Kreativitätssitzung vor sich gehen. Notieren Sie, was Ihnen auffällt; Sie ziehen dadurch größeren Nutzen aus dem Kreativitätsprozeß selbst. Beispielsweise kann die Fähigkeit, selbst die geringfügigsten Konzeptänderungen schon in der Entstehungsphase wahrzunehmen, die sofortige Suche nach Ideen für die Umsetzung einer Handlungsoption auslösen.

Wenn Sie eine Änderung der Marschroute beobachten, fühlen Sie sich vielleicht bemüßigt, andere mögliche Wege zu erforschen (wie beim Konzeptfächer). Ein Konzept, das durch Zurückspulen von der Ideenebene ermittelt wurde, kann eine völlig neue Gedankenlinie erschließen. Sobald Sie merken, daß ein neuer Fokuspunkt aufgetaucht ist, können Sie versuchen, einige darauf bezogene Ideen zu entwickeln.

Die Ideensammlung stellt also nicht nur eine rückblickende Dokumentation der Kreativitätssitzung dar, sondern kann zu einem unerläßlichen Element des Kreativitätsprozesses selbst werden. Wenn Ihr Interesse an der Beobachtung von Vögeln geweckt ist, lernen Sie zunehmend besser, die Geschehnisse in dem Augenblick wahrzunehmen, in dem sie tatsächlich geschehen.

Ideenbearbeitung

Der planvolle und systematische Einsatz von Methoden und Techniken des lateralen Denkens hat einige zündende Ideen hervorgebracht. Was machen Sie nun mit Ihrer Ausbeute?

Möglicherweise befinden sich einige Ideen darunter, die auf Anhieb brauchbar erscheinen oder sich zumindest austesten lassen. Sie können unverzüglich, gemeinsam mit Ideen, die auf anderem Weg produziert wurden, (Nachahmung, logische Analyse usw.) zur Auswertung freigegeben werden. Was geschieht mit den restlichen Ideen?

Dieses Kapitel befaßt sich mit der Bearbeitung der Ideen, die im Verlauf des kreativen Denkprozesses entstanden, aber noch nicht so weit ausgereift sind, daß sie zur Bewertung anstehen. Bis sie diese Phase erreicht haben, wartet noch eine Menge Arbeit auf Sie. An diesem Punkt befassen wir uns nicht mit neuen Konzepten, sondern mit neuen Ideen. Wir sind bemüht, Konzept in brauchbare Ideen umzuwandeln. Wie läßt sich dieses Konzept praktisch umsetzen? Ist Ihre Suche erfolgreich, zeichnen sich weitere Ideen ab. Andernfalls wird das Thema zu einem späteren Zeitpunkt einem erneuten kreativen Denkprozeß unterzogen.

Vorschnelle Zurückweisung von Ideen

Als erstes sollten Sie vermeiden, Ideen vorschnell zurückzuweisen. Das kommt häufig vor, wenn man unverzüglich die Anforderungen der realen Welt als Meßlatte anlegt. Wenn eine Idee diese Kriterien nicht erfüllt, wird sie verworfen. Das übereilte Schwarzhut-Denken muß durch die Aufforderung zum Gelbhut- und weiterem Grünhut-Denken gekontert werden. Die Auswertung kann noch warten. Im Augenblick richten sich die Bemühungen noch immer auf die Verbesserung und schrittweise Weiterentwicklung der Idee.

Ideen werden besonders häufig und wirksam mit der Floskel ›der/die/das gleiche, wie‹ abgeschmettert:

Dieses Verfahren ist das gleiche wie ...
Die Idee ist die gleiche wie ...
Mit dieser Idee werden wir den gleichen Reinfall erleben wie ...

Die Phrase ›der/die/das gleiche wie‹ erscheint auf den ersten Blick harmlos, aber in Wirklichkeit ist sie ein hochexplosiver Ideenkiller. In ihr schwingt der Gedanke mit, daß man einer Idee keine weitere Zeit oder Beachtung widmen muß, da sie Schnee von gestern ist. Man bemüht sich gar nicht erst, die Realisierbarkeit oder ihren Nutzen ernsthaft zu prüfen. Die Idee selbst kann dabei sogar als brauchbar eingestuft werden ... aber leider ist schon jemand anderes vor Ihnen darauf gekommen. Vielleicht haben Sie schon einmal die demoralisierende Wirkung miterlebt, wenn im Verlauf einer Konferenz gute Ideen unter den Teppich gekehrt werden. Es ist sehr schwer, eine Idee gegen solche niederschmetternden Bemerkungen zu verteidigen.

Manchmal werden sie in der besten Absicht vorgebracht. Derjenige, der den Einwand ›das gleiche wie‹ äußert, ist vielleicht außerstande, den Unterschied zwischen dem Vorschlag und der eingeführten Methode zu erkennen. Meistens verbirgt sich gleichwohl ein gerüttelt Maß an Unehrlichkeit dahinter, weil viele Leute die Erfahrung gemacht haben, daß man sich einer neuen Idee am schnellsten und einfachsten entledigt, wenn man behauptet, sie sei ein alter Hut.

Nur wenn wir uns auf eine ausreichend breitgefächerte Konzeptebene begeben, kann man oft mit Fug und Recht behaupten, daß viele Ideen einander ähneln. Beispielsweise hat ein Pferd etwas mit einem Flugzeug gemein: beide sind Transportmittel, mit denen wir von A nach B gelangen. Eine Kreditkarte, eine Bankcard und ein Scheckformular lassen sich ebenfalls auf einen gemeinsamen Nenner zurückführen: es handelt sich um bargeldlose Zahlungsmittel. Viele wichtige Ideen und Nutzanwendungen gehen verloren, wenn wir zulassen, daß die pauschale Verwendung dieses abschmetternden Arguments Schule macht.

Wenn Sie also neue Ideen suchen, sollten Sie der Phrase ›der/die/das gleiche wie‹ einen Riegel vorschieben. Wenn eine neue Idee einer bereits existierenden ähnelt, konzentrieren Sie sich auf den Unterschied (einer der Methoden, mentale Bewegung in einen kreativen Denkprozeß zu bringen). Selbst wenn der Unterschied minimal ist, sollten Sie Ihr Augenmerk darauf richten.

Ideen modellieren

Im normalen Planungsprozeß legen wir die Anforderungskriterien und Faktoren fest, die es zu berücksichtigen gilt, und suchen dann nach einer Idee, die in diese Gußform paßt. Die Vorgaben sind von Anfang an vorhanden.

Im normalen Bewertungsprozeß dienen uns diese Kriterien als eine Art Filter, der unser Urteil nachhaltig beeinflußt. Nur Ideen, die durch dieses Rastersystem gelangen, sind in unseren Augen annehmbar.

Im Kreativitätsprozeß benutzen wir diese Kriterien, um eine Idee so zu modellieren, daß sie uns brauchbar erscheint. Das ist ein aktiver, schöpferischer Prozeß. Das Bild des Töpfers entsteht, der mit seinen Händen den Ton auf der Töpferscheibe formt. Durch das Modellieren erhält das Material, also der Ton, eine gefälligere Form.

> Die Idee ist gut, aber die Fertigung des Produkts wird unter dem Strich zu teuer. Besteht eine Möglichkeit, es kostengünstiger herzustellen?
> In ihrer derzeitigen Form ist die Idee rechtswidrig. Läßt sie sich so modifizieren, daß wir im Rahmen des Gesetzes bleiben?
> So, wie sie jetzt aussieht, wird die Idee nicht ankommen. Wie könnten wir sie abwandeln, um ihr Akzeptanz zu verschaffen?
> Die Idee ist blendend, aber es besteht die Gefahr des Mißbrauchs. Läßt sie sich vielleicht so zurechtbiegen, daß wir dieses Risiko von vornherein ausschließen können?

Hier bemüht man sich bewußt und aktiv, eine neue Idee auf die Erfordernisse der Realität abzustimmen. Es ist auch zulässig, die Gültigkeit dieser Kriterien von Zeit zu Zeit in Frage zu stellen.

Falls es Ihnen nicht gelingt, eine Idee in die entsprechende Gußform einzupassen, sollten Sie sie vorerst auf Eis legen. Sie können vielleicht zu einem späteren Zeitpunkt darauf zurückkommen und mit neuer Kraft versuchen, sie zu modellieren.

Ideen maßschneidern

Das Maßschneidern bezieht sich nicht auf die Erfordernisse und Zwänge der realen Welt, sondern auf die vorhandenen Betriebsmittel. Ein Maßanzug wird aus einem der Stoffballen zugeschnitten, die dem Herrenschneider zur Verfügung stehen. Läßt sich eine Idee auf die verfügbaren Ressourcen des Unternehmens zuschneiden? Ein Mammutkonzern kann eine Idee in großem Stil implementieren, was für einen kleinen Familienbetrieb personell und finanziell außerhalb der Reichweite liegt.

Sollte man schon während der Ideenproduktion die vorhandenen Ressourcen berücksichtigen? Unter Umständen werden ergiebige Gedankenlinien abgewürgt, wenn man solche Überlegungen verfrüht ins Spiel bringt. Andrerseits kann das unterschwellige Wissen, in welchem Maß Ressourcen verfügbar sind, gewährleisten, daß Ideen in jeder Phase auf die Praxis abgestimmt werden. Das könnte die Entwicklung weiterer Alternativen während des kreativen Prozesses selbst erfordern. Nach meiner Erfahrung ist es schon zu Beginn des kreativen Prozesses hilfreich, dieses Wissen im Hinterstübchen zu bewahren. Es darf jedoch nicht dazu benutzt werden, Ideen vorschnell zurückzuweisen oder Scheuklappen anzulegen und bestimmte Gedankenlinien von vornherein auszuschließen. Dieses Wissen sollte als Orientierungshilfe dienen, die unsere Gedanken in eine bestimmte Richtung lenkt.

Ideen konsolidieren

Jede Idee hat eine gewisse Bedeutung oder ein bestimmtes Potential. Das können die Vorteile oder der Anreiz sein, den sie bietet, aber auch ihre leichte Umsetzbarkeit. Die Bearbeitung einer Idee beinhaltet unter anderem, diese Potentiale zu ermitteln und zu konsolidieren. Hier handelt es sich nicht um den allgemeinen Prozeß, den grundlegenden Nutzen einer Idee hervorzuheben. Das Potential der Idee, ein Restaurant als überdachten Platz für ein Picknick zu betrachten, liegt beispielsweise darin, daß man die Allgemeinkosten senkt, weil man keine Köche, Kücheneinrichtung, Lebensmittelabfall usw. hat. Infolge der niedrigen Allgemeinkosten kann Geld für andere Dinge bereitgestellt werden, zum Beispiel für den Transport der Picknickgäste oder das Ambiente.

Das Potential einer Idee kann dem Lieferanten der Produkte bzw. Dienstleistungen oder dem Kunden/Verbraucher zugute kommen. Wenn der Anbieter davon profitiert, sollte er einen Teil dieser Wertschöpfung an den Verbraucher weitergeben, denn sonst ist die Stärke einer Idee zu einseitig und steht ihrem Erfolg im Wege.

Der Konsolidierungsprozeß bezieht sich lediglich auf die Potentiale, die mit den Pluspunkten einer Idee verbunden sind und durch die Verdichtung zusätzlich an Stärke gewinnen. Wie wunderbar eine Idee auch erscheinen mag, ihre Stärke kann vermutlich in einigen Punkten noch ausgebaut werden. Der Konsolidierungsprozeß ähnelt dem Vergolden einer Lilie, wobei es hier jedoch mehr darum geht, das volle Potential einer Idee zu erforschen.

Das Potential der Werbetelefon-Idee läßt sich vielleicht durch Einbau einer Wahltaste konsolidieren, die dem Benutzer auf Knopfdruck ein Gespräch der herkömmlichen Art ermöglicht.

Ideen untermauern

Wenn ein Bauwerk Risse oder Schwachstellen an einem bestimmten Punkt aufweist, versucht man, diese auf ein festeres Fundament zu stellen. Ähnlich ist es mit Ideen. Wir konzentrieren uns auf die Schwachpunkte einer Idee und versuchen, sie zu untermauern. Schwachpunkte sind weniger Mängel oder Defekte, sondern vielmehr eine mögliche Ursache für spätere Fehlleistungen und Probleme.

Die Schwäche einer Idee liegt bisweilen in ihrer Vielschichtigkeit oder in der Möglichkeit des Mißbrauchs. Die Akzeptanz auf den ersten Blick könnte ebenfalls zunächst eine Achillesferse darstellen, auch wenn die Idee letztlich einschlägt. In solchen Fällen wäre eine ›kosmetische Behandlung‹ gerechtfertigt.

Der Schwachpunkt eines Computersystems, mit dessen Hilfe Schüler und Studenten ihr Wissen jederzeit individuell prüfen, ist die Notwendigkeit, eine riesige Anzahl von Fragen einzuspeichern, so daß die Antworten nicht stur auswendig gelernt werden können. Dieses Manko ließe sich durch ein Programm ausgleichen, das unzählige Kombinationsmöglichkeiten zuläßt. Man kann außerdem davon ausgehen, daß ein Schüler, der die Antworten büffelt, das Thema danach wie seine Westentasche kennt.

Es ist immer von Vorteil, neue Ideen unter dem Gesichtspunkt eines Motivationsdefizits zu betrachten. Kreative Menschen nehmen häufig an, daß die Nutznießer genauso begeistert auf eine Neuerung reagieren wie der Schöpfer. Das ist selten der Fall. Für diejenigen, die in den Wandel einbezogen werden, beinhaltet er häufig Streß, Ängste und Risiken, wie sie mit jeder Veränderungen verbunden sind. Der Anwender muß also wissen, was ihm die Neuerung ›bringt‹.

Die Konflikte, die aus der Konfrontation alter und neuer Ideen entstehen, und die Schwierigkeiten der Übergangsphase sind weit verbreitete Schwachpunkte. Läßt sich die Neuerung reibungsloser, zum Beispiel schrittweise einführen, oder muß sie auf einen Streich erfolgen?

Ideenpräsentation

Wer muß über die Idee entscheiden? Wer könnte mit der Umsetzung betraut werden? Wessen Kooperation ist notwendig?

Nicht selten versandet eine zündende Idee, weil man Maßnahmen einzuleiten versäumt hat, um sie richtig zu ›präsentieren‹. Oft geht es nur darum, ihr die optisch richtige Form zu geben oder sie im richtigen Zusammenhang darzubieten. Es könnte auch erforderlich sein, die unmittelbaren Vorteile für alle sichtbar einzubauen oder zumindest so hervorzuheben, daß diejenigen, die das letzte Wort haben, sie auf Anhieb erkennen. In den Entscheidungsprozeß sind Menschen einbezogen, und diese haben in aller Regel ihre eigenen Bedürfnisse und mehr oder weniger geheimen Zielsetzungen. Ein Meisterkoch weiß, daß unser Auge ›mitißt‹ und die optische Präsentation der Gerichte mindestens genauso wichtig ist wie die Qualität.

Wie schon an früherer Stelle erwähnt, sind einige Ideen rückblickend betrachtet völlig logisch, liegen nachgerade auf der Hand und lassen auf Anhieb ihre positiven Seiten erkennen. Andere beinhalten ein gewisses Risiko und erfordern einige Investitionen, bevor der Nutzen klar zutage tritt. Wie läßt sich dieses Risiko mindern? Besteht die Möglichkeit, ein Pilotprojekt durchzuführen und die Ergebnisse zu verwenden, um die Idee in einem günstigeren Licht zu präsentieren? Lassen sich diejenigen, die einer Neuerung zum Erfolg verhelfen müssen, durch eine aktive Beteiligung an der Ideenfindung motivieren, einen gewissen Besitzerstolz zu entwickeln? Bringt es einen Prestigegewinn mit sich, Pionierarbeit zu leisten und als erster die neue Idee zu erproben?

Vergleich

Im Westen herrscht, wie bereits erwähnt, schon immer die Denkweise vor, den Istzustand ins Kreuzfeuer der Kritik zu nehmen und Alternativen zu entwickeln, um die derzeitigen Unzulänglichkeiten zu beseitigen. Die nichtwestliche (und japanische) Tradtition besteht darin, die gegenwärtig praktizierte Methode an Ort und Stelle zu belassen, während man gleichzeitig andere Handlungsmuster entwickelt. Sind diese gefunden, werden sie mit dem eingeführten Lösungsansatz verglichen um zu sehen, welche mehr Vorteile bietet. Der Vergleich nimmt in diesem Ideenfindungsprozeß eine Schlüsselstellung ein. Auch im Rahmen des Bewertungsprozesses ist er wichtig: Sie vergleichen die neue Idee mit der alten, etablierten. Und Sie ziehen einen Vergleich zwischen verschiedenen neuen Ideen.

Der Vergleich verdeutlicht in kürzester Zeit Vorteile, Einsparungen und neuralgische Punkte. Er kann beispielsweise zeigen, daß die neue Idee gut ist, aber gegenüber der herkömmlichen keine nennenswerten Vorteile bringt.

In welchen Punkten weichen die Lösungsansätze voneinander ab? Wo bestehen Ähnlichkeiten? Unterscheiden sich die Konzepte oder die praktische Umsetzung? Sind die Unterscheidungsmerkmale grundlegender Natur oder handelt es sich dabei nur um Äußerlichkeiten? Lassen sich die Werthaltungen, die sich in den einzelnen Konzepten spiegeln, mittels verschiedener Mechanismen oder durch unterschiedliche Handhabung dieser Mechanismen erzielen?

Manche Ideen, die stark genug erscheinen, um auf eigenen Füßen zu stehen, offenbaren erst im Vergleich mit anderen Ideen ihre Schwachstellen. Die Vorteile der neuen Idee stützen sich oftmals einzig auf Hoffnungen, Spekulationen oder ideale Bedingungen. Jede gute neue Idee muß die Nagelprobe des Vergleichs bestehen und bezeigen, daß die versprochenen Vorteile auf einem gesunden Fundament ruhen. Einen Pluspunkt kann sie immer dann für sich verbuchen, wenn damit Vorteile erzielt werden können, die es vorher nicht gegeben hat.

Oft versucht jemand, die Vorteile einer Neuerung durch einen Vergleich mit der eingeführten Methode aufzuzeigen. Das ist hilfreich, aber nicht ausreichend. Eine Maschine zu konstruieren, die weniger Lärm macht als die alte, ist gut, aber nicht ganz so gut, als würde man eine absolut geräuschlose erfinden.

Fehler und Mängel

Nun können spezifische Fehler und Mängel der neuen Idee direkt angepeilt werden. Der Grund, mit dieser wichtigen Überprüfung bis zu einer späten Phase im Ideenbearbeitungsprozeß zu warten, ist, daß sich inzwischen wahrscheinlich einige Unzulänglichkeiten manifestiert haben. Vermutlich werden Sie einigen neuralgischen Punkten schon im Zuge der Konsolidierung und Aufbereitung der Idee für die Präsentation auf die Spur gekommen sein. In jedem Fall werden Sie sich jetzt ein klareres Bild von den Fehlern, Mängeln und möglichen Problemen machen können.

Lassen sich diese ermittelten Schwachstellen auf herkömmliche Weise überwinden? Reicht sogar einfaches, konzentriertes Nachdenken aus? Oder gebührt ihnen die bewußte kreative Anstrengung, die mit der Konzentration auf Fokuspunkte einhergehen sollte?

Ein ernsthafter Makel kann ein Anlaß sein, eine Idee letztlich doch ad acta zu legen, falls alle Korrekturversuche scheitern. Sie müssen damit rechnen, daß jedes verbliebene Manko bei der Auswertung sofort als Aufhänger für eine Ablehnung dienen wird. Viele sind bereit, sichtbare Vorteile in den Wind zu schreiben, wenn sie sich weigern, eine Idee mit einem Pferdefuß zu akzeptieren, auch wenn sie noch so verlockend erscheint. Aber sie sind nicht bereit, auch nur das geringste Risiko mit einer Idee einzugehen, die bekanntermaßen einen Haken hat. Die Bilanz der Vor- und Nachteile läßt sich leichter durch Mängelbeseitigung als durch Nutzenmaximierung ausgleichen. Die meisten Menschen sind risikoscheu und haben insgeheim Angst, Fehler zu machen. Niemand wird zum Sündenbock gestempelt, nur weil er es versäumt hat, eine unternehmerische Chance beim Schopf zu packen. Aber es hagelt Schuldzuweisungen, wenn eine Idee abgesegnet wird, die bekanntermaßen ein Haar in der Suppe aufweist.

An diesem Punkt ist Schwarzhut-Denken das Gebot der Stunde. Die neue Idee wird gründlich auf Schwachstellen, Probleme und neuralgische Punkte abgeklopft. Mit welchen Problemen ist angesichts verschiedener Umstände zu rechnen? Was könnte schieflaufen? Welche unvorhergesehenen Ereignisse wären imstande, die mutmaßlichen Stärken einer Idee zunichte zu machen?

Nun ist der Zeitpunkt gekommen, an dem Sie eine gesunde Portion Vorsicht walten lassen sollten. Die positive und kreative Arbeit ist so gut wie abgeschlossen. Die Mängel müssen aufgespürt und ins Bewußtsein gerufen werden. Und die letzte kreative Anstrengung besteht darin, diese Schwachstellen zu beseitigen: entweder wandeln Sie die Idee so ab, daß Probleme nach Möglichkeit vermieden werden, oder das Problem wird kreativ gelöst.

Folgewirkungen

Der letzte Schritt im Ideenbearbeitungsprozeß besteht darin, vorausschauend die Folgewirkungen zu überdenken, die nach der Umsetzung der Idee entstehen könnten. Was wird nach Einführung der Neuerung geschehen?

An dieser Stelle führen Sie nun eine Zeitrahmenanalyse durch, bei der Sie die Folgewirkungen von einer Minute zur anderen, aber auch aus einer langfristigen Perspektive visualisieren.

Mit welchen Folgen ist unmittelbar zu rechnen?
Mit welchen Folgen ist kurzfristig zu rechnen?
Mit welchen Folgen ist mittelfristig zu rechnen?
Mit welchen Folgen ist langfristig zu rechnen?

Die Länge des Zeitrahmens für die Betrachtung der möglichen Folgewirkungen können Sie natürlich Ihrem Tätigkeitsbereich entsprechend variieren. In der Modebranche würde man unter langfristig mehr als sechs Monate verstehen, bei einem neuen Elektrizitätswerk würde diese Zeitspanne vielleicht dreißig Jahre umfassen.

Die Überprüfung der Folgewirkungen kann Schwachstellen, bisher unentdeckte Mängel und neue Schwierigkeiten ans Tageslicht fördern. Sie müssen als Teil des Ideenbearbeitungsprozesses in Angriff genommen werden. Es können sich Lücken und Unwägbarkeiten abzeichnen, und möglicherweise müssen Sie alternative Szenarien entwickeln. Die Reaktion Ihrer Konkurrenten auf die Neuerung ist vermutlich ebenfalls ein Buch mit sieben Siegeln, aber es empfiehlt sich trotzdem, einige mögliche Verhaltensweisen aufzuzeigen. Sie müssen außerdem die unterschiedlichen Bedingungen in Erwägung ziehen, unter denen sich die Neuerung bewähren muß. Und Sie sollten Rückzugspositionen und Möglichkeiten entwickeln, die Idee zu modifizieren.

Testfähigkeit

Das Testen einer Neuerung im Produkt- oder Dienstleistungsbereich ist kein direkter Bestandteil des Ideenbearbeitungsprozesses, aber dadurch erhöhen Sie den Nutzen der Innovation: wenn sie in die Bewertungsphase gelangt, läßt sich der Vorschlag einbringen, sie in der Praxis auf Herz und Nieren zu prüfen. In manchen Fällen können Sie die Idee selbst abwandeln, um ihre Testfähigkeit zu verbessern.

Vorschläge, die sich auf die Testfähigkeit der Idee beziehen, sollten in der Bewertungsphase wieder aufgegriffen werden.

Einige Ideen kann man nicht angemessen im voraus testen. In diesem Fall sollte ein gewisser Spielraum zum Manövrieren bleiben, so daß sie sich der Reaktion entsprechend anpassen lassen. Das hat den Vorteil, daß Sie die Idee auch dann noch verbessern können, wenn sie bereits in die Praxis umgesetzt wird.

Bewertung (Evaluation)

Wenn der Ideenbearbeitungsprozeß abgeschlossen ist, gelangt die Idee in die nächste Phase, die Bewertung. Sie haben durch positives und konstruktives Denken das Beste aus ihr gemacht. Nun muß sie sich im Kampf gegen alle anderen Aktivitäten, die im Unternehmen um Aufmerksamkeit, Zeit und Ressourcen konkurrieren, behaupten. Die Schlüsselelemente der Evaluationsprozesses sind Realisierbarkeit, Vorteile, Ressourcen und Übereinstimmung.

Formales Ergebnis

Manche Menschen sind der Ansicht, Regeln, Struktur und Formalität ließen sich nicht mit Kreativität vereinbaren. Sie sind daran gewöhnt, Kreativität als Akt der Selbstbefreiung von äußeren Zwängen und ungezügelten Gedankenexperimenten zu betrachten, durchgeführt in der Hoffnung, früher oder später eine Erleuchtung zu haben. Diese Stufe war in der Entwicklung von Kreativitätsmethoden sehr wichtig, doch nun können wir uns darüber hinaus effizienteren Ideenfindungstechniken zuwenden, die sich planvoll, methodisch und systematisch anwenden lassen.

Ein Knochenfisch hat eine klar erkennbare Wirbelsäule mit klar erkennbaren Muskeln und eigenem Nervensystem. Er zieht ungeheuer weitläufige Bahnen im Meer. Je ausgefeilter diese Strukturen, wie beim Delphin oder Hai, desto freier und weiträumiger kann sich der Fisch bewegen. An früherer Stelle habe ich bereits den Unterschied zwischen einengenden und befreienden Strukturen erwähnt.

Ohne formale Ordnung und Normen, die als Orientierungshilfe dienen, gerät man leicht ins Schwimmen; unbestritten kann dieser Strukturmangel *gelegentlich* ein nützliches Ergebnis haben. Die Wirksamkeit eines Prozesses läßt sich jedoch durch Strukturen und Normen oft sehr nachhaltig verbessern.

Diese Normen oder Regeln sind durch folgende Aspekte gekennzeichnet:

Zeit

Sie legen einen Zeitrahmen fest (für sich selbst oder andere), um eine der beschriebenen Kreativitätstechniken in einem bestimmten Fokusbereich anzuwenden. Sie halten sich an diese Zeitvorgabe. Ist die Zeitdauer knapp bemessen (zwei bis vier Minuten), gewöhnt sich der Verstand daran, schneller zu arbeiten. Zeitregeln tragen dazu bei, die Fokussier- und Konzentrationsfähigkeit zu verbessern. In Schulen, die ›Denken‹ als Lehrfach eingeführt haben, wurde festgestellt, daß die Schüler erstklassige Ergebnisse bei der Lösung von Aufgaben erzielen, sobald sie an kurze Zeitvorgaben gewöhnt sind. Haben sie viel Zeit zur Verfügung, neigen viele dazu, herumzutrödeln. Die Zeitregel enthebt Sie außerdem der Verpflichtung, eine zündende Idee zu produzieren. Sie haben Ihr Bestes getan, und wenn die Zeit um ist, wenden Sie sich anderen Aktivitäten zu.

Fokus

Fokusregeln sind ungeheuer wichtig. Kreative Menschen schneiden sich oft ins eigene Fleisch, weil sich innerlich dagegen sperren, die ihnen überantwortete Aufgabe konzentriert in Angriff zu nehmen. Sie haben das Gefühl, geknebelt zu sein und gute Ideen zu jedem anderen Thema, nur nicht zum gestellten, beisteuern zu können. Auch von Haus aus kreative Menschen sollten zeigen, daß sie durchaus imstande sind, sich an die Spielregeln zu halten und ihre ungeteilte Aufmerksamkeit eine zeitlang auf den vorgegebenen Fokusbereich zu richten. Während einer Kreativitätssitzung schweifen die Gedanken leicht ab, weil eine Idee zur nächsten führt und die Teilnehmer oft geneigt sind, der interessanteren Marschroute zu folgen. Aber es ist wichtig, sich den eigentlichen Fokus immer wieder klar vor Augen zu führen und darauf zurückzukommen. Die Fokusregel ist vermutlich die wichtigste von allen.

Technik

Jede Technik besteht aus formalen Schritten, die nach bestimmten Regeln in Angriff genommen werden müssen. Wenn Sie zu einer provokativen Kreativitätsmethode greifen, gilt es, als erstes eine Reiz-Aussage zu entwickeln. Dann müssen Sie mentale Bewegung in die Denkoperation bringen. Und im Anschluß daran wird die Idee modelliert oder auf andere Weise bearbeitet. Obwohl es Überlappungen geben kann, sollte jede Technik bewußt und formal angewendet werden. Es reicht nicht aus, eine provokative Grundhaltung zu entwickeln und darauf zu warten, daß sich etwas tut. Immer wieder wurde mir von kreativen Menschen bestätigt, welche Vorteile ihnen die planvolle, methodische und systematische Anwendung der Techniken des lateralen Denkens gebracht hat. Sie waren überrascht, wieviele innovative, originelle Ideen ihnen dadurch zugeflossen sind.

Output

Am Ende jeder kreativen Bemühung steht der Output, also das Ergebnis. Ich habe bereits die Notwendigkeit einer systematischen Ideensammlung erwähnt. Auch die Dokumentation dieses Ergebnisses sollte formal und den Regeln entsprechend erfolgen. Die Teilnehmer einer Kreativitätssitzung kennen die Ideen, die im Rahmen des Gruppenprozesses entwickelt wurden, so daß nur ein Stichwort erforderlich ist, um sie wieder ins Gedächtnis zu rufen. Doch nach einiger Zeit verblaßt die Erinnerung, und oft gehen dann Ideen verloren, wenn sie nicht klar umrissen und dokumentiert worden sind. Obwohl Ihnen der Aufwand im Augenblick lästig erscheinen mag, ist die Befolgung dieser Regel unabdingbar, wenn das Ergebnis des kreativen Denkprozesses nicht für die Katz' sein soll.

Das Ergebnis

Der Fokuspunkt oder -bereich sollte in gewissen Abständen immer wieder in Erinnerung gerufen werden. Auch gilt es, abzuklären, welche Variante vorliegt. Das ist vielleicht nicht so wichtig bei einem zweckorientierten Fokus, wo der genannte Zweck automatisch den Zielbereich der kreativen Aktivität bestimmt. Bei einem allgemeinen Fokus ist die gelegentliche Wiederholung unabdingbar, weil sonst niemand mehr weiß, um was es eigentlich geht.

Der nächste Schritt besteht darin, das Konzept auf formale Weise zu umreißen. Während der Kreativitätssitzung wurde es möglicherweise als eigenständiges Konzept präsentiert. Häufig gelangt man gleichwohl direkt auf die Ideenebene. In einem solchen Fall müssen Sie versuchen, den Faden bis zu dem dahinter liegenden Konzept zurückzuspulen. Das Konzept in groben Zügen zu skizzieren ist deshalb so wichtig, weil später vielleicht irgendjemandem das grundlegende Konzept, nicht aber Ihre Idee gefällt.

Der letzte Schritt beinhaltet, die Idee oder Ideen auf formale Weise zu dokumentieren. Sämtliche Ideen werden einzeln in Worte gefaßt und präsentiert, auch wenn sie sich nur geringfügig voneinander unterscheiden. Wenn Sie beispielsweise die Idee in Erwägung ziehen, Ihre Mitarbeiter mit ›Geld‹ oder mehr ›Freizeit‹ zu belohnen, sollten Sie jede Idee getrennt auflisten.

Es ist von Vorteil, eine Formulierung wie ›Die Idee ist...‹ oder ›Das Konzept ist...‹ an den Anfang der Zusammenfassung zu setzen. Das mag ihnen wie eine unnötige Wiederholung vorkommen, aber sie kommt dem Ergebnis zugute. Diese Formalität erhöht den Wert des Output.

> *Fokus*: Der zweckorientierte Fokus ist, den Straßenverkehr in Großstädten zu entlasten.
> *Konzept*: Das Konzept ist, Fahrzeughalter zu belohnen, die Einsicht zeigen und darauf verzichten, mit dem Auto in die Stadt zu fahren.
> *Idee*: Die Idee ist, Autofahrer, die ihr Fahrzeug auf Parkplätzen am Stadtrand abstellen, mit Benzingutscheinen zu belohnen.
> Die Parkplätze könnten sich im Besitz der Ölkonzerne befinden.

In diesem Beispiel ist die Formulierung des Konzepts sehr wichtig. Wenn es geheißen hätte, ›Fahrzeughalter zu belohnen, die nicht mit dem Auto in die Stadt fahren‹, wäre die Schlußfolgerung möglich gewesen, daß nur diejenigen belohnt werden, die ihr Auto grundsätzlich nicht für Stadtfahrten benutzen. Sie müssen sich bei der Formulierung von Ideen und Konzepten nicht um jeden Preis kurz fassen. Es ist besser, einen Punkt ausführlich, dafür aber klar zu schildern. Es bringt nichts, sich auf ein einziges Wort zu beschränken, in der Hoffnung, daß jeder, der es später liest, Ihre Gedanken erraten kann und wissen wird, was Sie damit gemeint haben. Erklären Sie Ihre Überlegungen so erschöpfend wie nötig, statt eine unverständlich knappe Zusammenfassung oder ein einziges Stichwort zu liefern. Selbst wenn ein solches Vorgehen auf der Input-Seite – also bei der Eingabe der Informationen – zulässig ist, stiftet sie auf der Output-Seite nur Verwirrung.

Fokus: Allgemeiner Fokus auf Restaurants.
Konzept: Das Konzept besteht darin, daß die Besucher ihr eigenes Geschirr mitbringen.
Idee: Das Restaurant verwahrt das Geschirr der Gäste, auf dem sich, für Geschäftsessen, ein Firmenlogo aufbringen ließe. Damit könnte man außerdem Stammkunden heranziehen.

Hier sehen wir, daß die Idee durch einen nützlichen Vorschlag erweitert wurde. Sollen wir diesen Kurs einschlagen? Solange der Nutzen nicht unmittelbar in der Idee enthalten ist, sollten Sie ihn gesondert aufführen. Sie müssen keine lange Litanei verfassen, sondern den Nutzen oder Vorteil nur so ausführlich beschreiben, daß ein Leser später des Rätselratens enthoben wird. Wenn nötig, können Sie ihn auch in einer eigenen Rubrik schildern: ›Der Nutzen ist ...‹.

Fokus: Der zweckorientierte Fokus ist die Erhöhung des Bierkonsums.
Konzept: Das Konzept besteht darin, mehr Gelegenheiten zu schaffen, in denen Bier ein angemessenes Getränk ist.
Idee: Die Idee ist, Bier (oder eine bestimmte Marke) als ideale Ergänzung zu bestimmten Nahrungsmitteln wie Hühnchen oder Fisch zu positionieren.
Nutzen: Daraus leitet sich der Vorteil ab, daß Frauen mehr Bier im Supermarkt für den Haushalt kaufen und auch weibliche und junge Konsumenten als Biertrinker gewonnen werden können. Außerdem mehrt man dadurch die Gelegenheiten, Bier zu trinken.

In diesem Fall ist der Hauptnutzen in der Idee selbst enthalten, aber es lohnt sich, zusätzliche Nutzen ausdrücklich zu erwähnen. Danach muß auch der Hauptnutzen wieder einbezogen werden.

Fokus: Der zweckorientierte Fokus richtet sich darauf, den Personalengpässen bei der Polizei entgegenzuwirken.
Konzept: Das Konzept ist, Bürger zu motivieren, die Polizei bei ihrer Arbeit zu entlasten.

Idee: Die Idee ist, daß Bürger verstärkt die Augen offenhalten und eine effiziente Möglichkeit erhalten, bei Verdacht auf eine Straftat oder suspektem Verhalten unverzüglich die Polizei zu alarmieren.
Nutzen: Ein Nutzen dieser Idee besteht darin, daß die Verbrechensprävention verbessert würde. Ein weiterer Nutzen wäre, daß Straftäter durch die lokale Bürgerwehr abgeschreckt werden.

Die zusätzliche Arbeit, die durch eine formale, den Regeln entsprechende schriftliche Aufzeichnung des kreativen Output entsteht, lohnt sich. Die Ideen und Konzepte werden ernsthafter in Erwägung gezogen. Das Ergebnis der Kreativitätsitzung ist aktenkundig. Der volle Nutzen der Ideen und Konzepte läßt sich leichter erkennen.

Sollen alle Ideen und Konzepte, die während einer Kreativitätssitzung Gestalt annehmen, auf diese Weise bearbeitet werden? Hier müssen wir zwischen dem ›privaten‹ und dem ›öffentlichen‹ Output unterscheiden. Das private Ergebnis ist eine umfassende Ideensammlung. Das öffentliche Ergebnis schließt nur diejenigen Ideen und Konzepte ein, die soweit gediehen sind, daß sie dem kritischen Blick der ›Öffentlichkeit‹ standhalten. Welche im einzelnen in diese Kategorie fallen, hängt wiederum von der Öffentlichkeit ab, die sie voraussichtlich zu Gesicht bekommen wird. Manchen Lesern kann man auch unorthodoxe und Modell-Ideen präsentieren, während es bei anderen besser ist, das Ergebnis auf Ideen zu beschränken, die unbestreitbar einen realen Nutzen offenbaren.

Das Ergebnis auf formale Weise zu dokumentieren, zwingt Sie darüber hinaus, Klarheit in die Ideen und Konzepte zu bringen, die Ihnen im Kopf herumschwirren.

Gruppen- oder Einzelleistung

Sollten die Techniken des lateralen Denkens, die bisher beschrieben wurden, auf Gruppenebene oder von Einzelpersonen eingesetzt werden? Ich habe dieses Thema schon zu Beginn des Buches angesprochen, werde aber noch einmal darauf zurückkommen.

Jede der Methoden kann von einer Einzelperson angewendet werden, ohne daß eine Gruppe in Sicht ist. Dieser Punkt ist deshalb so wichtig, weil das herkömmliche Brainstorming-Verfahren den Eindruck vermittelt, Kreativität sei immer ein Gruppenprozeß. Das ist eindeutig nicht der Fall.

Traditionsgemäß bestand der Zweck einer Gruppe darin, sich gegenseitig zur Ideenproduktion anzustacheln, und die Bemerkungen der anderen sollten die eigenen Denkprozesse anregen. Die Techniken des lateralen Denkens können Sie planvoll, methodisch, systematisch und daheim im stillen Kämmerlein anwenden, um Ihren Ideenfluß in Gang zu setzen. Mit Hilfe der Provokationstechniken entwickeln Sie beispielsweise Situationen, die eine mentale Herausforderung darstellen und Ihrem Gehirn eine Reaktion abverlangen. Sie können also das eigene Intrumentarium bestimmen, mit dem Sie Ihre grauen Zellen aktivieren wollen. Das ist einer der erklärten Nutzen des Reizwortes ›po‹.

Die meisten Menschen arbeiten gerne in Gruppen; sie glauben, gemeinsam mehr erreichen zu können als alleine. Es ist nicht so einfach, isoliert von anderen produktiv zu sein, und Sie brauchen Selbstdisziplin und Geschick im Umgang mit den ›Tools‹, dem Instrumentarium des lateralen Denkens. Aber Denkprozesse in Gruppen machen oft nur sehr langsam Fortschritte.

In einer Gruppe gibt es immer einen, der redet, während der Rest zuhört. Ein Mitglied fühlt sich vielleicht bemüßigt, einen Vorschlag fortwährend zu wiederholen, um ihn den anderen einzuhämmern, oder erörtert ihn langatmig, weil er meint, man habe den Nutzen seiner Idee nicht richtig erkannt. Oft besteht die Neigung, sie mit witzigen Sprüchen zu untermalen, nur um einen Lacher zu ernten. In der Gruppe kann nicht mehr als ein Kurs auf einmal verfolgt werden.

Einzelpersonen sind in der Lage, viele verschiedene Marschrouten gleichzeitig zu erkunden. Es besteht keine Notwendigkeit, zu reden und zuzuhören. Der Einzelne kann einem ›Hirngespinst‹ nachhängen und solange daran feilen, bis es Sinn macht. Das ist in einer Gruppe selten unmöglich.

Auf der praktischen Ebene kann der Gruppenansatz den Vorteil haben, daß sich alle Teilnehmer der Kreativitätssitzung als Ideenproduzenten einbezogen fühlen und eine Art Besitzerstolz empfinden. Das ist wichtig, falls die Gruppe die Ideen akzeptieren oder umsetzen muß.

Andrerseits kann eine Einzelperson jederzeit einen kreativen Denkprozeß einleiten; es besteht keine Notwendigkeit, eine Gruppe zusammenzutromeln oder zu warten, bis die nächste Gruppensitzung anberaumt ist. Sie können kreativ denken, wann und wo immer es Ihnen beliebt.

Nach meiner Erfahrung erbringen Einzelpersonen wesentlich bessere Leistungen, wenn es gilt, den eigenen Ideenfluß zu aktivieren und ganz neue Marschrouten zu erschließen. Der Wert der Gruppenarbeit zeigt sich oft erst, sobald eine Idee Gestalt angenommen hat. Die Gruppenmitglieder sind nicht selten besser imstande, das Gedankengerüst klar herauszuarbeiten und darüber hinaus Routen zu entwickeln, die vom Urheber der Idee nicht bedacht wurden. Die Erfahrungsvielfalt, mit der eine Gruppe aufzuwarten vermag, kann zu diesem Zeitpunkt ein Aktivposten sein.

Obwohl alle Techniken bei Einzelpersonen gute Ergebnisse zeitigen, lassen sie auch kooperativ in der Gruppe einsetzen. Die Mitglieder können beispielsweise zu Beginn der Kreativitätssitzung einen Konzeptfächer entwickeln. Oder sie stellen mit Hilfe eines Zufallsbegriffs eine Provokation auf und versuchen, auf diesem Weg zu neuen, originellen Ideen zu gelangen. Alle diese Techniken können im Rahmen einer Diskussion zur Anwendung gelangen.

> Die Provokation lautet: Parkplatz -po- Sand. Was fällt Ihnen spontan dazu ein?
> Sand verlangsamt ein Fahrzeug – vielleicht wäre das ein guter Aufhänger.

Bei Sand denkt man automatisch an einen Meeresstrand. Dort suchen sich die Urlauber einen Platz aus, an dem Sie liegen wollen. Vielleicht sollten wir den Autofahrern gestatten, die Nutzung der Parkplätze und Parkhäuser in Eigenregie zu organisieren.
Mir fallen bei Sand automatisch kleine Körnchen ein. Vielleicht könnte man eine Art Punktesystem schaffen, das den Zugang zur Parkfläche bestimmt. Kriterien wie Notwendigkeit der Autobenutzung, Reihenfolge des Eintreffens, Belohnung usw.
Autos hinterlassen Spuren im Sand. Wie wäre es mit Fahrrinnen, die bewirken, daß die Leute dem vorgeschriebenen Weg auf Parkplätzen folgen und keine Abkürzung nehmen, um dem Vordermann einen Parkplatz wegzuschnappen?
Mir gefällt die Idee mit dem Punktesystem. Wenn man den Parkplatz eine zeitlang nicht mehr in Anspruch genommen hat, sammelt man Punkte. Jeder hat zu Anfang ein bestimmtes Punktekonto, das sich verringert, wenn man den Parkplatz benutzt. Also würde man nur gelegentlich in die Stadt fahren und zwar dann, wenn es wirklich unerläßlich ist.
So habe ich das mit dem Punktesystem nicht gemeint.
Ich weiß. Das ist eine andere Idee, auf die ich durch Ihren Vorschlag gekommen bin.

Hier sehen wir, wie der Gruppenansatz zu einem fruchtbaren Ideenaustausch führt. Einzelpersonen hätten vermutlich die ursprünglichen Ideen weiterverfolgt, statt sie zu erklären und danach zu vergessen.

Kombinationsmöglichkeiten

Individuelle Denkprozesse und kreative Gruppenleistungen lassen sich hervorragend kombinieren. Auf diese Weise kann man die Rosinen aus beiden Ansätzen herauspicken. Der Einzelne ist imstande, neue Gedankenlinien zu erschließen, und die Gruppe greift diese auf, um sie weiterzuentwickeln. Es gibt verschiedene Kombinationsmöglichkeiten.

Unterbrochene Kreativitätssitzung

Die Kreativitätssitzung beginnt mit einer Gruppendiskussion, um den Fokus zu bestimmen und erste Ideen zu entwickeln, die sich um diesen Zielbereich ranken.

Dann wird eine bestimmte laterale Kreativitätstechnik vorgeschlagen. Jedes Gruppenmitglied arbeitet für sich alleine und parallel nach der gleichen Methode. Die Zeit, die für die Einzelarbeit zur Verfügung steht, beträgt normalerweise zwei bis vier Minuten. Beim Konzeptfächer sind zehn Minuten erlaubt.

Bei der Einzelarbeit kann die Technik von Anfang an durchgeführt werden:

> Stellen Sie eine Ausfallschritt-Provokation auf und arbeiten Sie jeder für sich mit dieser Vorgabe weiter.

Die anfängliche Aufgabenstellung kann auch von der Gruppe umrissen werden:

> Die Provokation lautet: Po, wir haben ein Badezimmer ohne Wasserhähne. Arbeiten Sie jeder für sich mit dieser Vorgabe weiter.

Die Gruppe kann auch eine Reihe von Trittstein-Provokationen in den Raum stellen. Dann wird eine für die Einzelarbeit ausgewählt.

Oder die Gruppe verständigt sich auf den Fixpunkt für die Suche nach direkten Alternativen, und danach erarbeitet jeder für sich allein weitere Lösungsmöglichkeiten, die diesem Fixpunkt gerecht werden.

Wenn die Mitglieder der Gruppe noch kein großes Geschick im Umgang mit den Kreativitätstechniken entwickelt haben, ist es besser, sich für die Gruppenarbeit zu entscheiden und um rege Beteiligung zu bitten. Bei geübten lateralen Denkern kann man davon ausgehen, daß sie imstande sind, den kreativen Prozeß alleine in Gang zu setzen und die Techniken zu benutzen.

Am Ende der Zeitspanne, die für die Einzelarbeit festgelegt wurde, berichten die Gruppenmitglieder über die Ergebnisse ihrer Denkoperation. Als ungefähre Maßgabe sind rund drei Minuten pro Person zulässig. Danach findet wieder eine allgemeine Diskussion über die Ideen statt, die präsentiert wurden. Die Gruppe sollte diese Ideen nicht einfach passiv hinnehmen und notieren, sondern versuchen, aktiv an ihrer Entwicklung mitzuarbeiten und darauf aufzubauen.

Wenn die Gruppendiskussion lustlos dahinplätschert, kann man zu einer anderen Technik und zur Einzelarbeit übergehen.

Auf diese Weise wiederholt sich der Prozeß.

Im Mittelpunkt der Einzelarbeit steht immer eine bestimmte Technik, die dann alle zur gleichen Zeit planvoll, methodisch und systematisch anwenden.

Die Gruppenarbeit in einer Kreativitätssitzung hat drei Aspekte:

1. Die Gruppe hört den Beiträgen und Rückmeldungen der einzelnen Mitglieder aufmerksam zu.
2. Die Gruppe diskutiert Über die Ideen, die präsentiert wurden, und arbeitet aktiv an ihrer Weiterentwicklung.
3. Die Kreativitätstechniken werden nicht von jedem Mitglied einzeln, sondern in direkter Gruppenarbeit angewendet.

Sandwich-Methode

Hier erhalten Mitarbeiter Informationen über den kreativen Fokus, entweder im Rahmen einer Gruppensitzung, die vorausgeht, oder durch Kontaktnahme mit jedem Einzelnen (persönliches Gespräch oder auf dem Schriftweg). Die Betreffenden arbeiten dann absolut eigenständig, zum Beispiel eine Woche lang. Provokationen können im ursprünglichen Informationsgespräch in Form einer Empfehlung aufgestellt oder der Entscheidung des Einzelnen überlassen werden (was vom Grad ihrer Fähigkeit im Umgang mit den Techniken des lateralen Denkens abhängt).

Am Ende der individuellen Denkoperationen findet eine Gruppensitzung statt, in der jeder Einzelne seine Ideen einbringt. Diese sollten mündlich vorgetragen werden, auch wenn ein formaler schriftlicher Bericht über das Ergebnis vorliegt. Jedem Gruppenmitglied werden zehn Minuten für die Präsentation bewilligt. Der Rest der Gruppe hat die Aufgabe, über diese Beiträge zu diskutieren und neue Ideen zu entwickeln, die in unmittelbarem Zusammenhang mit den Vorschlägen stehen. Dafür sollte ein bestimmter Zeitrahmen vorgegeben werden, zusätzlich zur Berichterstattungszeit.

Am Ende der Sitzung löst sich die Gruppe auf, und die Mitglieder werden erneut aufgefordert, kreative Denkarbeit auf Einzelebene zu leisten. Die Betreffenden können sämtliche Konzepte oder Ideen, die vorgetragen wurden, einer näheren Betrachtung unterziehen, oder ihre eigenen Beiträge entsprechend den Kommentaren der Gruppe verbessern. Am Ende der vorher festgelegten Zeitspanne, die sich auf eine Woche belaufen könnte, sind die Gruppenmitglieder aufgefordert, einzeln über ihre Ideensammlung oder Ideenproduktion zu berichten. Dabei handelt es sich nicht um ein ausführliches Protokoll, das sich auf die letzte Gruppensitzung bezieht, sondern es werden nur diejenigen Punkte für die Rückmeldungen ausgewählt, die für Sie von Interesse sind. Die kreativen Einzelergebnisse werden zu einem Gesamtergebnis kombiniert. Dieses ›Konzentrat‹ in Schriftform kann wieder in Umlauf gesetzt werden. Wahlweise können Sie noch eine Abschlußsitzung der Gruppe anberaumen. Falls die Gruppe noch an den produzierten Ideen arbeiten muß, ist die Abschlußsitzung unumgänglich, um weitere Ideen zu diskutieren und auszuwählen.

Ein Vorteil der kombinierten Methode (Gruppen- und Einzelarbeit) besteht darin, daß die Gruppenmitglieder toleranter gegenüber den Einfällen anderer werden. Wenn Sie wissen, daß auch Sie an die Reihe kommen und Bericht über Ihre Ideen erstatten müssen, nehmen Sie automatisch eine konstruktivere Haltung gegenüber den Ideen anderer ein.

Ein Nachteil der reinen Gruppenarbeit besteht darin, daß sich einige Teilnehmer nicht durch einen eigenen kreativen Beitrag hervortun, sondern nur bemüht sind, durch harsche Kritik oder ›mauern‹ die Ideen anderer abzuwerten. Im Rahmen der Einzelarbeit ist jeder aufgefordert, sich zumindest um Kreativität zu bemühen und ein Ergebis vorzulegen. Das fördert die Motivation, sich aktiv an kreativen Methoden zu beteiligen. Bei einer Gruppensitzung haben einige Mitglieder vielleicht das Gefühl, sie wären von Haus aus kreativ und es reiche aus, Däumchen zu drehen und auf eine Erleuchtung zu warten. Wenn man von ihnen verlangt, eine spezifische Kreativitätstechnik anzuwenden und mit Ideen aufzuwarten, sehen sie vielleicht eher einen Anreiz darin, das vorhande Potential weiterzuentwickeln.

Teil III
Anwendung der Kreativität

Praxis

Im ersten Teil des Buches haben wir uns mit den Merkmalen, der Logik und der Bedeutung kreativer Denkprozesse befaßt.

Im zweiten Teil standen das Instrumentarium des lateralen Denkens im Vordergrund, das sich jederzeit planvoll, methodisch, systematisch anwenden läßt.

Vielleicht sind einige Leser in erster Linie am mittleren Teil interessiert, weil sie ihre eigenen kreativen Denkoperationen feinschleifen wollen. Andere haben möglicherweise den ersten Teil besonders aufmerksam gelesen, weil sie schon immer wissen oder verstehen wollten, was es mit der Kreativität auf sich hat und ob sich die eigenen kreativen Fähigkeiten verbessern lassen. Den dritten Teil des Buches werden viele Leser aufschlußreich finden, vor allem dann, wenn sie damit befaßt sind, Kreativitätstechniken in ihrem Unternehmen einzuführen oder anzuwenden.

Die formalen Techniken des lateralen Denkens bilden eine Klasse für sich. Sie umfassen ein Instrumentarium, das die Produktion neuer, origineller Ideen fördert, und zwar zu jedem beliebigen Zeitpunkt. Aber wir brauchen einen Anwendungsrahmen, denn sonst fühlen sich viele Leute nicht aufgefordert, selber neue Ideen zu entwickeln. Wie gut man eine Technik auch beherrschen mag, wenn man sie nicht regelmäßig benutzt, rosten die Fähigkeiten ein.

Der Anwendungsteil befaßt sich mit den unterschiedlichen Merkmalen der Kreativität im Alltag und in spezifischen Situationen.

Wir werden über die Einführung der Kreativitätstechniken im Unternehmen sprechen, da dieses Vorhaben große Umsicht erfordert.

Irgendjemand muß für die kreativen Bemühungen im Unternehmen verantwortlich zeichnen. Wir werden uns mit der Frage beschäftigen, wer mit dieser Aufgabe betraut werden soll.

Wir werden einige der spezifischen Strukturen beschreiben, die dazu dienen, die Anwendung der Kreativitätstechniken zu erleichtern. Sie stellen das formale Rahmenwerk dar, in dem kreative Denkprozesse stattfinden.

Ein weiteres Thema ist das Kreativitätstraining. Wie vermittelt man die kreativen Techniken am besten weiter?

Es wird notwendig sein, die Techniken des lateralen Denkens auf bestimmte Situationen abzustimmen. Welche Methoden und Verfahren sollten wann eingesetzt werden?

Es gibt Prozeßabläufe oder Formate, die sich besonders für kreative Einzel- bzw. Gruppenarbeit eignen. Im nachfolgenden finden Sie entsprechende Empfehlungen.

Den Abschluß bilden einige Tips zur Bewertung der Ideen, die mittels kreativer Aktivitäten entstanden sind.

Die Erkenntnisse, die im dritten Teil des Buches dargelegt werden, stützen sich auf jahrelange Erfahrung im Kreativitätsbereich. Dennoch sollten Sie sich vor Augen halten, daß jedes Unternehmen über eine Kultur und einen Mitarbeiterstab mit individuellen Merkmalen verfügt. Es gibt keine Garantie dafür, daß eine Technik, die sich in einem Unternehmen bewährt, in einem anderen die gleiche Wirkung zeigt. Der Erfolg hängt in hohem Maß davon ab, wer in den Prozeß einbezogen ist, diesem Erfolg durch eigenes Engagement auf die Sprünge zu helfen.

Sie sollten sich unbedingt daran erinnern, daß die Anwendung der Kreativitätstechniken nicht überall auf Begeisterung stoßen wird. Widerstand ist beispielsweise von Personen zu erwarten, die meinen, eine gelegentliche Brainstorming-Sitzung oder ein effizientes betriebliches Vorschlagswesen wären ausreichend. Wenn es bei der Anwendung der Techniken an Geschick mangelt, kann die Kreativität als eine Art nette Abwechslung am Rande betrachtet werden, die wenig Bedeutung für den Unternehmensalltag hat.

Kreativität zählt zu den Fähigkeiten, die ernstgenommen werden sollten. Sie ist ungeheuer wichtig, und ihre Bedeutung wird in Zukunft noch wachsen. Wir brauchen einen ernstzunehmenden Ansatz, um kreative Potentiale voll auszuschöpfen. Und wir brauchen ernstzunehmende Techniken, um kreative Ideen ernsthaft umzusetzen.

Kreativität im Alltag / In spezifischen Situationen

Es gibt zwei breitgefächerte, klar voneinander abgegrenzte Anwendungen für kreatives Denken. Die eine ist die ›Alltagsebene‹, was bedeutet, daß Kreativität Teil der normalen Denkoperationen wird und sich folglich in jede Situation einbringen läßt, die Überlegung erfordert. Dieser Prozeß sollte uns so in Fleisch und Blut übergehen, daß er formlos und nahezu automatisch in Gang gesetzt wird. Und die andere Ebene ist die ›situationsgebundene‹, wo ein klares Bedürfnis umrissen wurde. In einem solchen Fall bemühen Sie sich, die kognitiven Techniken des lateralen Denkens planvoll, systematisch und methodisch anzuwenden, um neue Ideen zu entwickeln.

Kreativität im Alltag

Für Menschen, denen die Ideen allem Anschein nach nur so zufliegen oder die motiviert sind, innovativ zu denken, ist diese Form der Kreativität ein ›alter Hut‹ und längst Bestandteil der alltäglichen Denkoperationen. Die Kreativität gehört genauso dazu wie die Gangschaltung im Auto oder die Schläger in der Golftasche. Diese Leute setzen ihre Kreativität ein, wenn es angemessen ist. Sie nehmen eine kreative und konstruktive Grundhaltung ein. Sie sind bereit, selber nach neuen Ideen zu suchen und Vorschläge ernsthaft in Betracht zu ziehen, die von anderen vorgetragen wurden. Einige dieser grundlegenden Merkmale eines kreativen Persönlichkeitsprofils lassen sich äußerst wirksam mit den einzelnen Kreativitätstechniken verbinden.

Schöpferische Pause

Die Bereitschaft, innezuhalten und das Erreichte von Zeit zu Zeit aus der emotionalen Distanz zu betrachten. Die Bereitschaft, einen reibungslosen Arbeitsablauf zu unterbrechen und sich zu fragen: »Gibt es Alternativen? Müssen wir die Aufgabe auf diese Weise verrichten?« Die Pause wird eingelegt, wenn Sie intensiv über einen Sachverhalt nachdenken, etwas lesen, das damit in Zusammenhang steht, oder jemandem zuhören. Sie ist eine kurze Unterbrechung, um Abstand zu gewinnen, und nicht so spezifisch wie das Fokussieren.

Mentale Herausforderung

Sie nimmt in der alltäglichen Kreativität eine Schlüsselstellung ein. Müssen wir eine Aufgabe auf diese Weise erledigen? Gibt es nicht vielleicht eine bessere Methode? Das sollten wir einmal gründlich in Augenschein nehmen.

Halten Sie sich bitte vor Augen, daß die mentale Herausforderung keine Kritik beinhaltet. Sobald sie in Kritik ausartet, ist sie nicht mehr Bestandteil der Kreativität im Alltag. Ständige Krittelei ist störend und unerwünscht. Die mentale, kreative Herausforderung beinhaltet die Bereitschaft, in Betracht zu ziehen, daß es noch andere, vielleicht sogar effizientere Möglichkeiten geben könnte, eine Aufgabe zu erledigen. Sie nehmen an, daß die derzeit gängige Methode nicht zwangsläufig die beste sein muß.

Die mentale Herausforderung schließt die schöpferische Pause ein, in der Sie emotional auf Distanz gehen und sich fragen, warum eine Aufgabe auf bestimmte Weise durchgeführt wird. Damit geht auch eine Kontinuitätsanalyse einher, und die Frage: Gab es früher einmal einen guten Grund, dieses Verfahren im Unternehmen einzuführen? Stützt es sich auf Anforderungen, die von anderen in einer anderen Zeit gestellt wurden und uns heute festnageln?

Die mentale Herausforderung beinhaltet einen Hauch von Unzufriedenheit mit der gegenwärtigen Situation und die Überzeugung, daß eine Wende zum Besseren möglich ist.

Grüner Hut

Die Grundhaltungen, die beim Grünhut-Modus zum Tragen kommen, sind in hohem Maß Bestandteil der Kreativität im Alltag. Sie können den grünen Hut aufsetzen, ohne daß es jemand bemerkt. Sie können aber auch in einem Gespräch zum Grünhut-Denken anspornen, indem Sie andere auffordern, sich an irgendeinem beliebigen Punkt der Unterhaltung um Kreativität zu bemühen. Sie fordern Ihre Gesprächspartner auf, nach andersartigen Ideen zu suchen und Alternativen zu entwickeln.

Einfacher Fokus

Das Fokussieren erfolgt bewußter und in stärkerem Maß zielgerichtet als die schöpferische Pause oder die mentale Herausforderung. Unter Fokus verstehen wir die Definition einen kreativen Bedürfnisses: »Ich möchte neue Ideen finden (im Bereich X oder zum Zweck Y). Der Fokus kann mit der Absicht umrissen werden, erst zu einem späteren Zeitpunkt mit kreativen Bemühungen nachzuhaken. Diese Intention muß nicht einmal vorhanden sein. Die Bereitschaft, einen Fokus auch ohne die Absicht zu definieren, den Worten sofort Taten folgen zu lassen, ist Bestandteil der Kreativität im Alltag.

Das Bewußtsein, daß ein Punkt oder Bereich als ›kreativer Fokus‹ definiert wurde, bewirkt, daß sie angelegentlich über die Angelegenheit nachdenken. Das ist ein Element der Kreativität im Alltag.

Alternativen

Die Suche nach Alternativen bietet hinreichend Gelegenheit, die Kreativität im Alltag zu üben. Es gibt Zeiten, in denen der Bedarf an kreativen Lösungen auf der Hand liegt. Hier geht es darum, mehr Möglichkeiten zu finden als diejenigen, die Ihnen auf Anhieb einfallen. Und Sie halten Ausschau nach ungewöhnlichen Alternativen, was vor allem für Erklärungen gilt. Die Kreativität im Alltag ermutigt die Suche nach einer maximalen Anzahl von Lösungsansätzen; die tiefgründige Erforschung jeder einzelnen Option ist dabei nebensächlich. Die Schlüsselfrage lautet: Was könnte sonst noch geschehen? Welche andersgearteten Alternativen haben wir? Gibt es noch weitere Möglichkeiten?

Es ist nicht so leicht, im gewohnten Trott innezuhalten und Alternativen ins Auge zu fassen, wenn es keine akuten Probleme, Schwierigkeiten oder einen klar umrissenen innovativen Bedarf gibt. Die Suche ist eng mit der schöpferischen Pause, der mentalen Herausforderung und dem einfachen Fokus verbunden. Sie ist Teil der Bereitschaft, Arbeitsabläufe auch dann unter die Lupe zu nehmen, um sie zu verbessern, wenn alles reibungslos funktioniert.

Provokation

Wenn die Kultur der Kreativität fest im Unternehmen verankert ist, gehört die Provokation bald zum kreativen Alltag. Dann benutzen Mitarbeiter das Wörtchen ›po‹ aus einem inneren Bedürfnis heraus und stellen selbst provokative Behauptungen auf (»Po, dieses Fließband läuft rückwärts.«). Natürlich ist das nicht möglich, wenn die Provokationsmethode nicht bekannt ist. Die provokative Grundhaltung schließt gleichwohl die Bereitschaft ein, auch seltsam anmutende Ideen eines zweiten Blickes zu würdigen und andere zur Äußerung von Einfällen zu ermutigen, die außerhalb der Norm liegen.

Darüber hinaus ist die Bereitschaft vorhanden, jedwede Idee aufzugreifen und wie eine mentale Provokation zu behandeln, auch wenn dies nicht in der Absicht des Ideenlieferanten lag.

Diese provokative Grundhaltung beinhaltet zwei Überzeugungen:

1. Daß selbst aus den unwahrscheinlichsten oder fehlerhaften Ideen etwas Nützliches entstehen kann, wenn wir uns um mentale Bewegung bemühen.
2. Daß es sich lohnt, provokative Ideen zu entwickeln, um unser Denken aus den eingefahrenen Geleisen zu reißen.

Zuhören

Konstruktives Zuhören gehört ebenfalls zu den kreativen Gewohnheiten, die wir uns zu eigen machen sollten. Auch wenn Sie keinen einzigen guten Einfall haben (oder glauben, sich umsonst den Kopf zu zermartern), können Sie sich durch aufmerksames Zuhören und Ansporn anderen Geburtshilfe leisten und dazu beitragen, daß ihre Ideen Kontur gewinnen.

Sie sollten sich außerdem vor Augen halten, daß ein hochleistungsfähiges ›Radarsystem‹ ebenfalls eine Quelle der Kreativität sein kann. Wie an früherer Stelle erklärt, verstehen wir darunter den kreativen Beitrag eines Menschen, der intuitiv das Potential hinter einer Idee erkennt und dabei hilft, es zu entwickeln.

Die Förderung kreativer Denk- und Verhaltensweisen bewirkt im allgemeinen, daß die Kreativität in der Unternehmenskultur fest verankert und Teil des kreativen Alltags wird.

Wie gelingt es nun, Kreativität als unverzichtbares Element in den Unternehmensalltag zu integrieren? Es ist leicht, die entsprechenden Grundeinstellungen und Verhaltensweisen zu beschreiben, aber wie werden sie überhaupt entwickelt? Es gibt drei mögliche Routen, um dieses Kreativitätsziel zu erreichen.

Sensibilisierung

Wenn Mitarbeiter die Beschaffenheit, Logik und Bedeutung der Kreativität verstanden haben, achten sie verstärkt auf kreatives Verhalten. Diese Form der Sensibilisierung erreicht man am besten durch hausintern abgehaltene Seminare auf der obersten Leitungsebene. Die Führungskräfte sollten aus sämtlichen Unternehmensbereichen stammen und sich nicht auf bestimmte Gruppen beschränken. Bei KLM nahmen alle sechzig Mitglieder der Vorstandsetage an meinem Seminar teil; keiner fehlte. Für mein Seminar bei Du Pont waren 1300 Teilnehmer gemeldet. Videofilme sind ein anderes, wenn auch nicht ganz so wirksames Sensibilisierungsinstrument.

Das Bemühen um Kreativität verbreitet sich sehr viel schneller in allen Unternehmensbereichen, wenn Topmanagement und Firmenchef ein direktes und sehr persönliches Interesse daran bekunden. Diese Erfahrung habe ich in mehreren führenden Unternehmen gemacht. Leider sind Versuche, die Kreativitätstechniken von einem kleinen Brennpunkt aus wie ein Lauffeuer zu verbreiten, in aller Regel nicht von Erfolg gekrönt.

Training

Ich werde das Thema Training an späterer Stelle noch einmal ausführlich behandeln. Die Kreativität im Alltag läßt sich fördern, wenn man Mitarbeiter durch ein fachkundiges Training mit den formalen Techniken des lateralen Denkens vertraut macht. Auf diese Weise ist die damit verbundene kreative Grundhaltung auch dann vorhanden und nutzbar, wenn die Techniken selbst nicht offiziell zur Anwendung kommen.

Ein erfolgreiches Kreativitätstraining schließt immer die Entwicklung einer kreativen Grundhaltung ein. Die Palette der Techniken, die vermittelt werden, sollte gleichwohl breitgefächert sein.

Zum Training gehört unabdingbar die Hutwechsel-Methode, da sie eine einfache Möglichkeit bietet, Kreativität und die damit verbundenen Techniken des lateralen Denkens durch die Aufforderung zum Grünhut-Denken im Unternehmen einzuführen.

Programme und Strukturen

Falls schöpferisches, konstruktives Denken in Programme wie ›Kaizen‹ (stetige Verbesserung in kleinen Schritten) oder ›Total Quality Management‹ eingebettet wird, kann die damit einhergehende Grundhaltung die Kreativität im Alltag fördern. Das gilt auch für Maßnahmen im Servicebereich, die auf eine Erhöhung der Kundenzufriedenheit abzielen. Da solche Programme zu intensiven Überlegungen und Korrekturen anspornen, fördern sie auch die notwendigen Grundhaltungen, die mit der Kreativität im Alltag einhergehen.

Qualitätszirkel und betriebliches Vorschlagswesen können ebenfalls zur Entwicklung einer kreativen Grundhaltung beitragen, obwohl sie möglicherweise auf den Personenkreis beschränkt bleiben, die in solche Strukturen eingebunden sind.

Die ›Hitliste für kreative Denker‹ und das FAT/CAT-System* gehören ebenfalls zu den hilfreichen Strukturen bei der Entwicklung einer kreativen Grundhaltung in sämtlichen Bereichen des Unternehmens. Auf diesen Punkt werden wir später zurückkommen.

Die meisten Menschen merken sehr schnell, was ›gespielt‹ wird. Wenn sie das Gefühl haben, daß Kreativität im Unternehmen geschätzt, belohnt und ermutigt wird, bemühen sie sich in aller Regel um schöpferisches Den-

---

* FAT/CAT ist das eingetragene Warenzeichen der McQuaig Group (Toronto). Das Kürzel steht für **F**ixed **A**ssigned **T**asks/**C**reative **A**ction Teams (fest umrissene Aufgaben/kreative Aktionsgruppen).

ken. Dieses generelle Bestreben muß durch entsprechende Schulung und spezifische Strukturen, die das Rahmenwerk für kreatives Verhalten bilden, unterstützt werden.

Im Idealfall wird Kreativität zur Gewohnheit und breitet sich wie ein Virus auf sämtlichen Unternehmensebenen und in allen Fachbereichen aus. Jeder ›Kopfarbeiter‹ sollte seine Fähigkeit, im Alltag kreativ zu denken, zumindest bis zu einem gewissen Grad entwickeln.

Kreativität in spezifischen Situationen

Hier ist der Fokus oder die kreative Aufgabe genau definiert. Sie schicken sich systematisch und planvoll an, neue Ideen und Konzepte zu entwickeln, die sich auf diesen Themenbereich beziehen. Kreativität wird als kognitives Verfahren eingesetzt, um neue Ideen zu produzieren. Die situationsbezogene Kreativität hat drei Aspekte:

1. Definition des Fokusbereichs oder der kreativen Aufgabe.
2. Entwicklung von Strukturen für die planvolle, methodische und systematische Anwendung des lateralen Kreativitätsinstrumentariums.
3. Bewertung und praktische Umsetzung des kreativen Ergebnisses.

Fokus definieren

Es gibt Probleme, die sich im Zuge ihrer Entwicklung unübersehbar offenbaren. Der Einzelne richtet sein Augenmerk auf einen Fokuspunkt oder -bereich, über den er kreativ nachdenkt. Der Kreativitätsbedarf kann direkt ins Auge springen. In solchen Situationen kristallisiert sich der kreative Fokus auf Anhieb klar heraus. Es gibt aber auch formalere Methoden, wie die Hitliste für kreative Denker und das FAT/CAT-Programm, um sich selbst (oder anderen) kreative Aufgaben zu stellen. Am Ende dieser Denkprozesse lassen sich dann die kreativen Fokusbereiche klar definieren.

Strukturen für kreatives Denken

Sobald der kreative Fokus definiert ist, können Sie ihn in gezielte kreative Denkprozesse einbinden, die in Einzelarbeit, in Gruppenarbeit oder, wie in Teil II beschrieben, in einer Kombination aus beidem erfolgen. Solche Strukturen lassen sich im Rahmen bestehender Programme wie Qualitätszirkel und projektorientierte Arbeitsgruppen durchführen, oder Sie stellen eigens für diesen Zweck ein Kreativitätsteam (FAT/CAT™) zusammen.

Es kommt häufig vor, daß sich die Gruppe, die mit der Lösung einer Aufgabe oder eines Problems betraut wurde, selbst zu einer Besprechung zusammenfindet, in deren Mittelpunkt die Ideenfindung steht. Sie können auch regelmäßig Kreativitätssitzungen anberaumen, die sich mit einem aktuellen Fokus befassen.

Strukturen für die Anwendung der Kreativitätsmethoden werden an späterer Stelle beschrieben.

Bewertung und praktische Umsetzung der Ideen

Die Gruppe, die mit der kreativen Aufgabe betraut wurde, ist manchmal auch in die Bewertung derjenigen Ideen einbezogen, die bei der kreativen Sitzung entstanden sind. In einem solchen Fall schließen sich alle weiteren Aktivitäten nahtlos an. Wenn Bewertung und Implementierung jedoch verschiedenen Gruppen obliegen, dann gilt es, auf den ›Ideentransfer‹ zu achten: diejenigen Mitarbeiter, die höchstwahrscheinlich für die Einführung der Neuerung zuständig sein werden, sollten früh genug in den Entwicklungsprozeß einbezogen sein, um ›Besitzerstolz‹ und Engagement zu entwickeln.

Der Schlüssel zur situationsspezifischen Kreativität liegt darin, Ideen genauso wie Rohmaterial, Technologie, Patente, Entwürfe oder Energie zu betrachten. Ideen, vor allem neuartige, haben eine klar definierte Existenzberechtigung und Bedeutung. Die Tatsache, daß sie ›nur‹ Produkte unserer Phantasie sind, sollte ihren Wert nicht mindern. Letztlich ist jeder menschliche Fortschritt auf den menschlichen Einfallsreichtum zurückzuführen. Selbst wenn keine unmittelbare Verwendung für eine innovative Idee besteht, empfiehlt es sich, sie formal zu bearbeiten. Sie existiert als nicht verwendete oder nicht verwendbare Idee weiter. Es ist nicht so, als würden Sie versuchen, ein Feuer anzuzünden: ein Nutzen ist nur dann gegeben, wenn das Feuer tatsächlich brennt. Ideen behalten dagegen ihren Wert, auch wenn sie auf Eis gelegt werden.

Die situationsgebundene Kreativität erfordert, daß Sie in jeder Phase des Denkprozesses Ihren Blick auf die kreative Aufgabe konzentrieren. Die Definition dieser Aufgabe muß spezifisch sein. Die Struktur für die laterale Technik, die zur Anwendung kommen soll, muß spezifisch sein. Das Ergebnis der kreativen Bemühungen muß spezifisch sein. Und schließlich muß auch die Bewertung und praktische Umsetzung (falls vorhanden) spezifisch sein.

Situationsbezogene Kreativität hat nichts damit zu tun, daß Sie sich kreativ fühlen, nach einem Fokus Ausschau halten, auf den Sie sich konzentrieren können, und darauf hoffen, daß Sie irgendwann eine Erleuchtung haben. Ernsthafte Kreativität bedeutet, daß Sie jede Phase des Kreativitätsprozesses ernsthaft und aktiv angehen.

Es gibt bestimmte Gruppen im Unternehmen (zum Beispiel in Bereichen wie Forschung und Entwicklung, Marketing, Neugeschäfte oder Unternehmensstrategien usw.), bei denen ein großer Kreativitätsbedarf im Alltag besteht. Die situationsspezifische Kreativität ist ebenfalls ein wichtiger Faktor, aber oft zögern diese Experten, den kreativen Fokus zu definieren und sich bewußt um kreative Lösungen zu bemühen. Sie sind oft der Ansicht: uns wird fortwährend Kreativität abverlangt, da bedarf es keiner zusätzlichen, spezifischen Anstrengung! Damit befinden sie sich indessen auf dem Holzweg. Selbst die findigsten Mitarbeiter im Unternehmen können von kreativen

Denkprozessen profitieren, die planvoll und mit Blick auf ein spezifisches Ziel eingeleitet werden.

Hitliste für kreative Denker

Betrachten Sie die beiden unterschiedlichen Ansätze:

> Ich möchte produktiv sein und habe die Fähigkeit, kreativ zu denken, weiterentwickelt. Nun brauche ich einen Themenbereich, der im Mittelpunkt meiner kreativen Aktivitäten stehen soll.
> Ich habe den kreativen Fokus definiert und suche nach Mitteln und Wegen, innovative Ideen zu entwickeln. Wie gehe ich dabei vor?

Im ersten Beispiel sind Motivation und Fähigkeit vorhanden, kreativ zu denken, und darauf aufbauend beginnt die Suche nach Zielen. Im zweiten Beispiel ist ein klar umrissenes Bedürfnis bewußt, das im Mittelpunkt der Ideenfindung steht.

Es geht nicht darum, die von Ihnen bevorzugte Methode auszuwählen. Die Motivation und die Fähigkeit, kreativ zu denken, entfaltet sich am besten, wenn man vorher ein klar definiertes Bedürfnis aufzeigt. Wenn dieses Bedürfnis und die Handlungserwartung vorhanden sind, dann ist die Entwicklung des kreativen Potentials keine nette Abwechslung mehr, sondern eine absolute Notwendigkeit. Dennoch zäumen überraschend viele Menschen das Pferd von hinten auf.

Die Bedeutung des Fokusbereichs für die Kreativität wurde in diesem Buch immer wieder erwähnt. Der Fokus ist aus zwei Gründen so ungeheuer wichtig:

1. Wenn Sie sich auf bestimmte Aspekte konzentrieren, denen niemand vorher Aufmerksamkeit geschenkt hat, können Sie mit geringem kreativem Aufwand zündende neue Ideen entwickeln.
2. Das kreative Instrumentarium, das sich planvoll, systematisch und methodisch anwenden läßt, hat dann die größte Wirkung, wenn Sie den kreativen Fokus genau definieren und den Blick unverwandt darauf gerichtet halten.

Es wurde auch bereits erwähnt, daß nach meiner Erfahrung viele Führungskräfte bei der Definition des kreativen Fokusbereichs keine Glanzleistungen erbringen. Die meisten beschränken sich auf problemlösungsorientiertes Denken. Nach ihrer Ansicht besteht keine Veranlassung, nach Problemen zu suchen; die würden sich von selbst ankündigen. Deshalb gehört der Gedanke, schlafende Hunde zu wecken oder einen Aufgabenbereich ohne Not auf Herz und Nieren zu prüfen, nicht zum Repertoire eines Managers. Sie sehen keine Notwendigkeit, Bereiche zu ermitteln, die von kreativen Denkprozessen profitieren könnten. Ihnen kann die Hitliste für kreative Denker auf die Sprünge helfen.

Diese Hitliste stellt eine formale Methode dar, klar definierte Bereiche mit einem Kreativitätsbedarf zusammenzustellen. Sie werden als kreative Zielbereiche oder kreative Aufgaben schriftlich niedergelegt.

Kompilieren der Liste

1. Als kreative Übung setzt sich eine Gruppe zur Erarbeitung einer Hitliste zusammen. Die Mitglieder haben vor dem Meeting die nötigen Informationen erhalten und sind gebeten worden, vorab Vorschläge zu skizzieren, die sie in die Diskussion einbringen sollen. Weitere Ideen entwikkeln sich während der Sitzung. Das Endprodukt ist eine Hitliste, die rund zwanzig Einträge enthält.
2. Die einzelnen Angehörigen einer Abteilung können gebeten werden, ihre eigene Hitliste zu erarbeiten und sie ihrem Abteilungsleiter zu geben, der sie dann zu einer übergeordneten Liste zusammenstellt.
3. Sie können ein Team mit der Aufgabe betrauen, eine Hitliste zu kompilieren. Die Gruppenmitglieder sprechen mit Angehörigen der Abteilung, die im Mittelpunkt des kreativen Bemühens steht, und stellen nach und nach die Hitliste zusammen. Sie wird dann, mit der Bitte um Kommentare, an die Befragten weitergegeben.
4. Eine Einzelperson entwickelt die Hitliste, die anschließend mit der Bitte um Vorschläge, Modifikationen und Erweiterungen in Umlauf gebracht wird.

Eine Hitliste für kreative Denker kann von einer Einzelperson, einer regulären Arbeitsgruppe oder einem ad hoc-Team erstellt werden. Sie kann für eine Abteilung oder einen Unternehmensbereich, ja sogar für die gesamte Organisation bestimmt sein. Es können sich mehrere Hitlisten gleichzeitig in Umlauf befinden, gekennzeichnet mit einem Namen oder einer Nummer.

Eintragungen auf der Hitliste

Es besteht die Neigung, auf der Hitliste für kreative Denker ausschließlich Probleme zu vermerken; damit hätte man lediglich eine Problemliste erstellt. Es wäre falsch, sämtliche Probleme von der Hitliste zu streichen, denn auch sie brauchen unsere kreative Aufmerksamkeit. Am besten bemühen Sie sich um eine gesunde Mischung mit Eintragungen aus den vier nachfolgenden Kategorien:

PROBLEM: Damit ist jeder zweckorientierte Fokus gemeint, der die herkömmlichen Schwierigkeiten oder Abweichungen von der Norm abdeckt. Wie lösen wir dieses Problem, und wie überwinden wir diese Hürde? Sie sollten bei der Zusammenstellung der Liste sowohl die wirklich hartnäckigen Probleme, die schon seit geraumer Zeit vorhanden sind, als auch die möglicherweise leichter zu beseitigenden gleichermaßen berücksichtigen. Bei der Auswahl empfiehlt es sich, zwei Kriterien zugrunde zu legen:

1. Die Lösung des Problems würde einen merklichen und (vorzugsweise) meßbaren Unterschied bewirken.
2. Die kreative Arbeit könnte einen Unterschied (mit Blick auf die Motivation der Beteiligten)im Zuge der Problemlösung bewirken.

Das Problem sollte nicht so definiert sein, daß ein hohes Maß an Fachwissen erforderlich ist; dadurch haben Mitarbeiter, die nicht zum Kreis der Eingeweihten zählen, keine Chance, sich aktiv an der Lösung zu beteiligen. Solche Probleme sind nur für eine Hitliste geeignet, die in einem definierten Fachbereich in Umlauf gesetzt wird.

Verbesserungsaufgabe: Bereich und Art der Verbesserung sind definiert. Wir haben es also mit einem zweckorientierten kreativen Fokus zu tun. Wie beschleunigen wir den Arbeitsablauf? Wie läßt sich der Abfall reduzieren? Wie können wir die Qualität verbessern? Die Aufgaben ranken sich bisweilen um meßbare und ehrgeizige Ziele: Wie können wir die Ausschußquote in den nächsten sechs Monaten um fünfzig Prozent verringern? Die Kriterien für die Auswahl der Verbesserungsaufgaben ähneln denjenigen, die bei der Problemauswahl zugrunde gelegt werden. Bei der Verbesserung wird indessen noch mehr Wert auf die Meßbarkeit der Ergebnisse gelegt. Es ist wichtig zu zeigen, daß Kreativität ein Unternehmen wirklich voranbringt. Die Wahl der Aufgaben mit meßbarem Ergebnis ist daher von großer Bedeutung, zumindest am Anfang.

Projekt: Es gibt reguläre Projekte, die bekanntermaßen ins Haus stehen und in jedem Fall durchgeführt werden, und Sonderprojekte, die außer der Reihe, beispielsweise infolge einer Kreativitätssitzung, angeschoben werden. Die kreative Arbeit an einem Projekt können Sie sich auch selbst auferlegen. Sie kann das Bestreben beinhalten, etwas Neues zu entwerfen oder zu erfinden. Gelegentlich handelt es sich dabei um Angelegenheiten, die nicht in direktem Bezug zur unternehmerischen Tätigkeit stehen, sondern in erster Linie die Gemeinde am Standort betreffen. Das Projekt kann auch als Aufgabenstellung die Entwicklung neuer kreativer Projekte umfassen.

Spontane Einfälle und Chancen: Unternehmerische Chancen haben große Ähnlichkeit mit dem allgemeinen Fokusbereich. Spontane Einfälle bedeutet lediglich, daß Sie einen x-beliebigen Bereich auswählen und Mitarbeiter bitten, ihre diesbezüglichen Ideen zu äußern. Dieser Bereich kann infolge der Konzentration auf einen ungewöhnlichen Fokus bewußt in den Brennpunkt des Interesses gerückt worden sein oder unsere Aufmerksamkeit willkürlich geweckt haben. In diese Gruppe fallen auch die ›Chancen‹. Veränderungen oder neue Produkte in der Branche können als unternehmerische Chance betrachtet werden, die sich vielleicht mit Hilfe kreativer Ideen wahrnehmen läßt. Falls es Tätigkeitsfelder gibt, die allem Anschein nach ein unausgeschöpftes Potential bergen, lassen sich diese ebenfalls als Wachstumsbereich definieren.

Das nachfolgende Muster zeigt die ganze Bandbreite der möglichen Positionen, die Sie in Ihrer Hitliste für kreative Denker vermerken können:

Probleme
Parkplatz zu klein.
Fehlquote erhöht sich.
Schlangen in der Kantine.
Konkurrent hat niedrigere operative Kosten.
Kommunikationsmangel zwischen F&E und Marketing.

Verbesserungsaufgaben
Zeit, die in Besprechungen investiert wird, verringern.
Schnellere Reaktion auf Kundenbeschwerden.
Bessere Übermittlung von firmeninternen Mitteilungen.
Schnellere Reinigung der Preßformen.
Weniger Kratzer auf polierten Oberflächen.

Projekte
Monatlich Ausflüge für ältere Bürger der Gemeinde arrangieren.
Kreativitätstrainingssystem ausarbeiten.
Bessere Schaukästen für Produkte entwerfen.
Benutzerfreundlichen PC-Standplatz erfinden.
Namen aller Mitglieder der Abteilung auswendig lernen.

Spontane Einfälle/Chancen
Lichtschalter.
Die letzten fünf Minuten des Tages.
Unterschrift bei Briefen.
Anwendungen für hochelastische Faser.
Erfahrung eines Hobbygärtners nutzen.

Anwendung der Hitliste

Die Hitliste kann am Schwarzen Brett ausgehängt oder kopiert und auf dem Schreibtisch jedes einzelnen Mitarbeiters ausgelegt werden. Eine postkartengroße Version läßt sich leicht in der Brieftasche verwahren. Eine andere Möglichkeit wäre, sie im hauseigenen Mitteilungsblatt zu veröffentlichen, zusammen mit Vorschlägen zu den Positionen, die Aufnahme finden könnten.

Die Hitliste für kreative Denker bietet Themen für ein Kreativitätstraining und formale Kreativitätssitzungen.

Jeder einzelne ist imstande, die Positionen auf der Liste für sich in Angriff zu nehmen. Oder Gruppen finden sich zusammen, die sich gezielt mit dem einen oder anderen Eintrag befassen.

Die Positionen auf der Hitliste lassen sich auch kreativen Aktionsteams im Rahmen des FAT/CAT-Programms™ als Aufgabe zuweisen.

Die Hitliste ist nicht bis in alle Ewigkeit festgeschrieben: Sie dürfen Einträge ersatzlos streichen oder durch andere ersetzen. Die modifizierte Liste kann sich sehr stark von der ursprünglichen unterscheiden.

Die Hitliste für kreative Denker und der allgemeine Problemlösungsprozeß

Es gibt Probleme im Unternehmen, die durch Informationssammlung und umfassende Analyse gelöst werden müssen. Einige dieser Probleme werden vermutlich bereits von verschiedenen Abteilungen oder Gruppen gründlich unter die Lupe genommen. Die Hitliste für kreative Denker ist kein Abriß aller Überlegungen, die in einem Unternehmen stattfinden. Ein Eintrag wird seinen Weg auf die Liste von selbst finden, sofern ein tatsächliches kreatives Bedürfnis besteht, was bedeutet, daß sich dieses Problem oder die Aufgabe nicht mittels anderer Lösungsansätze in den Griff bekommen läßt und eine neuartige Herangehensweise unerläßlich scheint. Der spezifische Innovationsbedarf sollte klar zum Ausdruck gebracht werden, wobei es nicht nötig ist, das Problem in allen Einzelheiten zu präsentieren.

In anderen Fällen sind vielleicht schon einige brauchbare Lösungsansätze vorhanden, aber es wäre trotzdem von Vorteil, wenn frischer Wind in den Prozeß käme.

Die Hitliste deutet den Fokusbereich und das kreative Bedürfnis nur an. Eine umfassende Beschreibung sollte für alle zur Verfügung stehen, die sich mit der Aufgabe befassen möchten.

Es ist immer gerechtfertigt, die Frage zu stellen: »Warum befindet sich dieser Eintrag auf der Liste?« Die Antwort muß das klar umrissene Bedürfnis beinhalten, neue Konzepte und Ideen zu entwickeln. Wird die Frage nicht zufriedenstellend beantwortet, sollten Sie die Position von der Liste streichen.

Nutzen der Hitliste für kreative Denker

Die Hitliste für kreative Denker bietet verschiedene Vorteile:

1. Es gibt Sachverhalte, die dringend der kreativen Aufmerksamkeit bedürfen. Die Hitliste fordert Mitarbeiter auf, über diese nachzudenken. Die brauchbaren Ideen, die infolge der kreativen Aufmerksamkeit entstehen, stellen einen unmittelbaren Nutzen dar.
2. Bei dem Bemühen, die Einträge für die Hitliste zu definieren, müssen Mitarbeiter die eigenen Aktivitäten bewußter betrachten und überprüfen. Im Lauf der Zeit wird die Wahl eines kreativen Fokusbereichs zur Gewohnheit. Selbst wenn diese Zielbereiche, auf die sich die Kreativität konzentriert, nicht den Sprung auf die Hitliste schaffen, lassen sie sich auf andere Weise bearbeiten.
3. Die Hitliste erinnert an das kreative Bedürfnis und trägt dazu bei, kreative Aktivitäten unverrückbar in die Unternehmenskultur einzubinden.

4. Die Hitliste bietet eine Reihe unmittelbarer Aufgaben, mit denen sich jeder einzelne im Rahmen des Kreativitätstrainings und beim Üben der Kreativitätstechniken befassen kann. Die Liste enthält außerdem kreative Aufgaben, die sich in das FAT/CAT™-Programm eingliedern lassen.
5. Die Hitliste offenbart den Kreativitätsbedarf und bietet somit einen Grund, ein Kreativitätstraining durchzuführen.
6. Die Hitlisten, die sich auf einen spezifischen Unternehmensbereich beziehen, können dazu dienen, das Augenmerk auf die tatsächlichen kreativen Bedürfnisse in dieser Disziplin zu lenken.
7. Die Hitliste enthält offizielle Zielvorgaben für die kreative Arbeit. Jedes Thema, das sich noch nicht auf der Liste befindet, kommt als nächstes Ziel in Frage.
8. Die Hitliste stellt eine Herausforderung für alle dar, die sich selbst für kreativ halten. Sie haben nun eine Chance, ihre Fähigkeiten auf diesem Gebiet unter Beweis zu stellen.
9. Die Hitliste bietet dem Einzelnen die Möglichkeit, Interessen und Engagement außerhalb der Grenzen seiner offiziellen Tätigkeit zu entwikkeln und dabei Erfüllung zu finden.
10. Die Hitliste stellt ein Mittel dar, um sowohl die kreativen Mitarbeiter als auch diejenigen zu ermitteln, die motiviert sind, konstruktiv und originell zu denken.

Gefahren

Mit der Hitliste für kreative Denker sind leider auch Gefahren verbunden. Die erste ist, daß sie häufig allgemeine Probleme enthält, die besser durch Informationen und Analyse als durch neue kreative Ideen gelöst werden könnten.

Die zweite Gefahr liegt darin, daß nebensächliche Themen auf der Liste landen und somit auch die Kreativität als nebensächlich betrachtet wird.

Beide Risiken lassen sich vermeiden, wenn der ›Hüter‹ der Hitliste jeden Eintrag auf Herz und Nieren prüft. Diese außerordentlich wichtige Funktion kann einer Einzelperson oder einer kleinen Gruppe überantwortet werden.

Einführung von Kreativitätsprogrammen

Wir tun bereits alles, was getan werden muß.
Wir haben andere Prioritäten gesetzt, denen ein höherer Stellenwert zukommt.
Kreativität ist angeboren; man kann sie nicht erzwingen,
deshalb sind wir bemüht, kreative Leute einzustellen.
Wir schneiden auf diesem Gebiet gar nicht so schlecht ab.
Bei uns gibt es einige ziemlich kreative Mitarbeiter.

Ich werde Ihnen mal sagen, was wir in puncto Kreativität schon alles geleistet haben.

In meinen Seminaren werde ich oft gebeten, etwas über die Einführung von Kreativitätsprogrammen im Unternehmen zu sagen. Ich muß leider erwidern, daß dieses Unterfangen seine Tücken hat.

Beginnen wir mit dem einfachen Ende der Skala, auf der Vorstandsebene, deren Angehörige selber kreativ sind oder den Kreativitätsbedarf erkannt haben.

Das war beispielsweise der Fall bei dem verstorbenen Sam Koechlin, CEO von Ciba Geigy, und beim verstorbenen Michael Pocok, den ersten Mann im Ölkonzern Shell. Auch Firmenchef Phil Smith von General Foods (vor der Übernahme) gehörte dazu, und Gunnar Wessman, im Chefsessel von Pharmacia in Schweden, oder Ron Barbaro von der Lebensversicherungsgesellschaft Prudential. Es gibt noch zahllose weitere Beispiele. In allen diesen Fällen werden infolge des Interesses, das der Firmenchef für das Thema bekundet, firmenintern Seminare durchgeführt, um Logik und Beschaffenheit der Kreativität aufzuzeigen. Das ist deshalb wichtig, weil sich sehr viele Menschen falsche Vorstellungen von der Kreativität machen. Es ist einfach nicht möglich, diese Fehlannahmen in einem Gespräch oder durch Vorlage von schriftlichem Informationsmaterial auszumerzen. Als Mano Kampourise, CEO von American Standard, sich für das Thema Kreativität zu interessieren begann, beraumte er eine Reihe von hausinternen Seminaren für seine Führungsmannschaft an, damit jeder verstand, worum es dabei ging. Obwohl die Techniken des lateralen Denkens im Rahmen eines solchen Trainings beschrieben werden, dienen sie weniger der Schulung, sondern vielmehr der Sensibilisierung der Teilnehmer. Deshalb ist eine formale Einführung von Kreativitätsprogrammen wichtig.

In anderen Fällen hatten leitende Mitarbeiter eines Unternehmens an meinen für jedermann zugänglichen Seminaren teilgenommen und sich für das Thema erwärmt. So entstand beispielsweise Du Ponts unerschütterliches Interesse an kreativen Denkprozessen. David Tanner besuchte eines meiner öffentlichen Seminare in Toronto, und sein Interesse war geweckt. Im Anschluß daran fanden Informationsveranstaltungen für die Spitzenmanager von Du Pont statt. Sobald diese sahen, daß es sich hier nicht um ein Spiel, sondern um einen ernsthaften, systematischen Ansatz handelt, ein wichtiges Thema kreativ in Angriff zu nehmen, unterstützten sie die Gründung eines firmeneigenen Kreativitätszentrums, das inzwischen seine Arbeit aufgenommen hat.

Die Einführung von Kreativitätsprogrammen im Unternehmen ist eine persönliche Angelegenheit, die Führungskompetenz erfordert. Sämtliche Mitglieder eines Ausschusses mögen nicken und darin übereinstimmen, daß Kreativität eine nützliche Sache ist, aber es tut sich nichts auf diesem Gebiet, weil es Krisen und Probleme und kostensenkende Maßnahmen zu überdenken gilt, denen höhere Priorität zukommt. Kreativität ist ein Luxus, gegen den niemand etwas einzuwenden hat, den aber auch niemand mit Nachdruck fordert. Man braucht einen Mann an der Unternehmensspitze oder in den oberen Etagen, der bei der Einführung als Wegbereiter oder Prozeßmanager fungiert (worüber wir später ausführlich sprechen werden).

Wäre auch eine kleine, motivierte Gruppe im Unternehmen imstande, die eigenen kreativen Fähigkeiten zu entwickeln und diese Sachkompetenz als Grundlage zu benutzen, um die Kreativität in der gesamten Organisation zu verbreiten? Ich bin sicher, daß es theoretisch möglich ist, aber in der Praxis habe ich es noch nicht erlebt. Man braucht großes diplomatisches Geschick, um die unsichtbaren Grenzen zwischen den einzelnen Unternehmensbereichen zu überschreiten. Ich vermute jedoch, daß dies vom Zeit zu Zeit geschieht.

Theoretisch müßte es leicht sein, Kreativität als Element in die laufenden Qualitätssicherungs-, Verbesserungs- oder Kostensenkungsprogramme zu integrieren, da sie ausnahmslos ein gewisses Maß an kreativem Denken erfordern, um effizientere Methoden und Verfahren zu finden. In der Praxis sieht es gleichwohl anders aus, weil die Beweggründe und Strukturen, auf die sich solche Programme stützen, häufig so starr sind, daß kein Raum für das offensichtlich Notwendige bleibt.

Welche Möglichkeiten bleiben also für die Einführung von Kreativitätsprogrammen in Unternehmen, die keinen zukunftsorientierten, vorausschauenden Mann an der Spitze besitzen?

Sensibilisierung

Dazu gehört, daß eine Anzahl Führungskräfte, Mitglieder des Topmanagements eingeschlossen, an einem Seminar für laterales Denken teilnehmen. Das ist die einfachste und effektivste Methode. Es wäre aber auch möglich, sie mittels Videobändern für das Thema zu sensibilisieren, was jedoch weniger wirksam ist, weil der Gruppeneffekt fehlt.

Hutwechsel-Methode

Diese Technik hat sich sehr schnell einen festen Platz in vielen Unternehmen erobert, weil sie wirksam und einfach zu erlernen ist. Das Rahmenwerk zeitigt spektakuläre Ergebnisse: Meetings werden deutlich produktiver und die Mitarbeiter sind eher bereit, ihre Gedanken zu äußern, eine Offenheit, die ansteckend wirkt. Die Hutwechsel-Methode ist nicht nur allgemein mit kreativen Denkprozessen befaßt: es gibt auch einige Punkte von spezifischer Relevanz. Der grüne Hut schafft zum einen Zeit und Raum für schöpferisches Denken und fordert zum anderen direkt zu kreativer Arbeit auf. Er stärkt das Bewußtsein, daß Kreativität erforderlich ist, und möglicherweise lassen die Fähigkeiten auf diesem Gebiet zu wünschen übrig. Die Hutwechsel-Methode beschränkt außerdem das Schwarzhut-Denken auf eine bestimmte, genau festgelegte Zeitspanne. Sie bewirkt, daß die Gruppe nun über neue Ideen umfassender und produktiver diskutieren kann.

Auf dieser Ebene der Skala erkennen Führungskräfte, daß die Hutwechsel-Methode sowohl einfach anzuwenden als auch hochwirksam ist und sind motiviert, auch einmal andere Mittel zu erproben, um die Qualität der Denkleistungen zu verbessern. Die Einführung der Hutwechsel-Methode im Unternehmen kann also ein brauchbarer erster Schritt sein.

Der Wegbereiter/Prozeßmanager

Wenn es eine Führungskraft gibt, die imstande und gewillt ist, die Kreativität zu ihrem/seinem ›Ding‹ zu machen, kann die Einführung kreativer Strukturen in Gang gesetzt werden. Die Energie, die im Rahmen dieses Prozesses aufgewendet wird, und das diplomatische Geschick des Betreffenden sind dabei von ausschlaggebender Bedeutung. Je früher sich die handfesten Ergebnisse der Kreativität zeigen, desto schneller geht die Einführung der Programme über die Bühne.

Der Wegbereiter oder Prozeßmanager muß kein Ausbund an Kreativität sein. Ein gutes Gespür im Umgang mit Menschen, Organisationstalent und Energie sind wichtiger.

Strukturen und Programmme

Die Entwicklung eines Systems, das die Aufstellung einer Hitliste für kreative Denker oder andere Strukturen fördert (die später noch beschrieben werden), können die Einführung von Kreativitätsprogrammen erleichtern. Aber wer solche Strukturen entwerfen?

Das FAT/CAT™-Programm, gekoppelt mit einem gezielten Kreativitätstraining, können eine Starthilfe darstellen, aber an erster Stelle muß der Wille stehen. Strukturen und Programme sind dann zweckmäßig, wenn die Bereitschaft zu kreativem Denken vorhanden ist, aber niemand recht weiß, wie man sie praktisch umetzt.

Die größte Hürde, die genommen werden muß, ist die Selbstgefälligkeit. Viele Unternehmen glauben allen Ernstes, daß sie in Sachen Kreativität genug auf die Beine stellen. Oft handelt es sich dabei nur um ein Lippenbekenntnis oder Aktivitäten in irgendeinem unbedeutenden Sektor. Wenn solchen Firmen letztlich doch mangels Kreativität der Wind hart ins Gesicht bläst, führen sie als erstes Kostensenkungsmaßnahmen durch, weil sich damit zumindest gewisse Verbesserungen erzielen lassen, die greifbar sind und unmittelbar auf den Schnitt erfolgen.

Hochmut kommt bekanntlich vor dem Fall. Niemand, der sich an der Spitze halten will, kann sich Selbstgefälligeit und die Ansicht leisten, es bestünde keine Notwendigkeit, die eigenen Leistungen noch zu verbessern.

Zuständigkeit

> Wer ist für die Durchführung des Kreativitätsprogrammes verantwortlich?
> Wessen Aufgabe ist das?
> Wer soll das Vorhaben umsetzen?

Kreativität ist eine gute Sache, gegen die vermutlich niemand etwas einzuwenden hat. Jeder kann sie gebrauchen, und deshalb ist sie jedermanns Angelegenheit. Und aus eben diesem Grund fühlt sich letztlich niemand dafür verantwortlich und alle guten Vorsätze versanden. Die volle Ausschöpfung des kreativen Potentials wird erst dann in Gang gesetzt, wenn jemand den Hebel betätigt.

Der Prozeßmanager

Jedes neue Produkt, das auf seine Markteinführung wartet, wird von einem Produktmanager betreut. Das ist diejenige Person, die ihre Energie gezielt darauf richtet, dem Produkt die Startphase zu erleichtern. Er (oder sie) macht sich für dieses Produkt stark und repräsentiert es bei Besprechungen, wenn andere um die Ressourcen für ihr Projekt kämpfen. Er investiert seine Energie in ein Projekt, das anfangs noch nicht ganz den Kinderschuhen entwachsen ist und unterstützt es, wenn die Dinge nicht reibungslos laufen und alle Beteiligten entmutigt sind. Ohne den Produktmanager würde beim ersten Anzeichen von Problemen schon in der Startphase das letzte Stündlein so manch neuen Produktes geschlagen haben.

Desgleichen brauchen wir einen Manager für das Produkt Kreativität, der für Einführung und ›Marketing‹ des Kreativitätsprozesses verantwortlich zeichnet. Kreativität ist genauso fragil und störanfällig wie jedes andere Produkt, das gerade aus der Taufe gehoben wurde. Sie braucht eine kräftige Energiezufuhr und einen Fürsprecher, der sich voll und ganz für sie einsetzt. Da die meisten viel von kreativem Denken halten, glauben sie, daß es keines Anstoßes bedarf, um den Prozeß anzukurbeln. Doch diese Initiative ist unerläßlich, weil das Hauptaugenmerk in den meisten Fällen auf Problemlösung und Informationssammlung liegt.

Sir Colin Marshall, CEO von British Airways, der maßgeblich für den aufsehenerregenden Turnaround seiner Fluggesellschaft verantwortlich war, glaubt fest an die Vorteile, einen Verantwortlichen als ›Wegbereiter‹ zu ernennen. Er erklärte, daß sich ohne diese Pionierarbeit nicht viel tut. Er war nicht der einzige, der zu dieser Schlußfolgerung gelangt ist. In den meisten Situationen empfiehlt es sich, jemanden zu bestimmen, der den Stein ins Rollen bringt und als Ansprechpartner dient, z.B., wenn Fragen auftauchen:

Was ist aus unserem Kreativitätsprojekt geworden?
Wie weit ist es gediehen?
Können Sie mir regelmäßig Bericht über die Fortschritte erstatten?

Obwohl ich voll mit der Notwendigkeit übereinstimme, einen Verantwortlichen als ›Wegbereiter‹ zu bestimmen, glaube ich nicht, daß diese Maßnahme ausreicht. Jemand kann verantwortlich, aber aufgrund äußerer Umstände nicht in der Lage sein, viel Energie auf ein Projekt zu verwenden. Nach meiner Ansicht ist der ›Prozeßmanager‹ ein darüber hinausführender Schritt auf dem Weg, Verantwortung für die Einführung von Kreativitätsstrukturen zu delegieren. Die beiden Funktionen können in der Hand ein und derselben Person konzentriert sein, wenn diese über sehr viel Energie verfügt.

Der Prozeßmanager muß kein kreatives Musterexemplar sein. In vielen Unternehmen gibt es den einen oder anderen Mitarbeiter mit kreativer Motivation, der in dem Ruf steht, ein ›findiger Kopf‹ zu sein. Das wäre der falsche Anwärter auf die Prozeßmanager-Position. Er befindet sich in einer Nische, aus der er nur schwer auszubrechen vermag. Häufig hat sich im Laufe der Jahre eine innere Abwehrhaltung (verursacht durch ständige Frustration) in ihm aufgebaut. Er wird vielleicht nicht immer ernst genug genommen. Kreative Menschen neigen oft zu übertiebenem Konkurrenzdenken und Krittelei, wenn es gilt, die Ideen anderer zu beurteilen. Aus diesen Gründen sollte der Prozeßmanager Interesse und Motivation zeigen, kreativen Prozesse in Gang zu setzen, auch wenn er selbst nicht zu den kreativen ›Leuchten‹ gehört.

Der Prozeßmanager muß einiges an Energie und Organisationstalent in die Waagschale werfen können. Da die Kreativität zahlreiche Disziplinen umfassen und es notwendig sein kann, verschiedene Bereiche zu berücksichtigen, gibt es keine eingeführte ›Interaktionsschiene‹ oder Triebkraft. Der Prozeßmanager kann sich folglich nicht im Sessel zurücklehnen und darauf warten, daß die Dinge von selbst auf den gewohnten Bahnen ins Rollen kommen. Es ist unerläßlich, die Initiative zu ergreifen und den Prozeß Schritt für Schritt einzuleiten.

Der Prozeßmanager sollte weitmöglichst an der Spitze der Unternehmenspyramide angesiedelt sein – und außerdem über genügend Zeit und Energie verfügen. Kreativität muß auf oberster Leitungsebene repräsentiert und bei Topmanagement-Konferenzen zur Sprache gebracht werden. Der Prozeßmanager muß außerdem hervorragend mit Menschen umgehen können, kontaktfreudig sein und es verstehen, sich dieser Verbindungen für die Realisierung der Kreativitätsziele zu bedienen. Gute zwischenmenschliche Beziehungen sind hier das A und O. Der Prozeßmanager muß ›Verkaufstalent‹ besitzen und imstande sein, andere zu überzeugen und ihnen sein Anliegen schmackhaft zu machen. Er sollte sich davor hüten, zu übertreiben und zu hohe Erwartungen in puncto Kreativität zu wecken, die unmöglich erfüllt werden können (»Damit lösen wir unsere Probleme spielend in einer halben Stunde!«). Andrerseits ist es jedoch unerläßlich, Mitarbeiter zum Handeln zu bewegen statt die Hände in den Schoß zu legen und auf dem Standpunkt zu beharren: Kreativität läßt sich nicht erlernen.

Der Prozeßmanager muß in der Lage sein, ein Team aufzubauen und es zu motivieren. Die Einführung von Kreativitätsprogrammen läßt sich nicht im Alleingang bewältigen. Das ist ein weiterer Grund, warum kreative Menschen, die häufig eine Einzelgängermentalität besitzen, als Prozeßmanager nicht unbedingt die besten Kandidaten sind.

Angesichts eines so hochgesteckten Anforderungsprofils scheint es nahezu aussichtslos, einen solchen Bilderbuch-Manager zu finden, der nicht schon mit anderen Aufgaben hoffnungslos überlastet ist. Die meisten haben weder die nötige Zeit noch die Kraft, auch diese Bürde noch zu schultern. Ein geeigneter Anwärter wäre ein Mitarbeiter in leitender Funktion, der nicht nach dem Chefsessel schielt, sondern nach einer neuen Herausforderung Ausschau hält. Der Aufgabenbereich, dem er seit langer Zeit vorsteht, bietet keine großen Überraschungen mehr und unterfordert seine geistigen Kräfte. Er wäre für den Posten des Prozeßmanagers ideal. Vielleicht gibt es solche Mitarbeiter auch in Ihrem Unternehmen. Eine Alternative wäre ein Nachwuchsmanager, der sich auf der ›Überholspur‹ befindet. Man könnte ihm dieses ›Projekt‹ probeweise überantworten, um seine Qualifikation zu prüfen und ihm außerdem ungehinderten Zugang zu sämtlichen Unternehmensbereichen zu bieten.

Der Konzeptmanager

Ich glaube, daß Unternehmen in Zukunft einen formalen ›Konzeptmanager‹ haben werden. In einem Wettbewerbsumfeld, in dem ein erbitterter Konkurrenzkampf herrscht und alle Teilnehmer in etwa über das grundlegend gleiche Kompetenzniveau verfügen, kann man sich nur noch mit besseren Konzepten vom Rest des Feldes positiv abheben. Wir müssen noch lernen, Konzepten das gleiche Gewicht beizumessen wie Finanzen, Arbeitskräften, Energie und Rohmaterialien. Es reicht nicht aus, sich auf den eigenen Lorbeeren auszuruhen und darauf zu hoffen, daß einem schon ›irgendetwas‹ einfallen wird, um der Konkurrenz ein Schnippchen zu schlagen. Die Notwendigkeit, eine ›Konzept-F&E‹ (eine Abteilung, die nur mit der Konzeptforschung- und Entwicklung befaßt ist) im Unternehmen aufzubauen, habe ich in meinem Buch *Sur/petition** angesprochen. Der Konzeptmanager sollte speziell für die Sammlung, Produktion und Entwicklung neuer Konzepte verantwortlich sein. Diese Funktion wird in Zukunft für den Erfolg aller Organisationen eine Schlüsselrolle spielen und weit über die Unternehmensstrategie hinausgehen.

In kleinen Firmen können die Aufgaben des Prozeßmanagers und des Konzeptmanagers zusammengelegt und einer einzigen Person überantwortet werden. In größeren Organisationen würde der Prozeßmanager mit dem und für den Konzeptmanager arbeiten. Die Funktion des Konzeptmanagers sollte darin bestehen, die Entwicklung von Konzepten zu forcieren und zu unter-

---

* Harper Business, New York, 1992.

stützen. Der Prozeßmanager sorgt für die entsprechende Personalentwicklung und die volle Ausschöpfung des kreativen Potentials, über das alle Mitarbeiter verfügen.

Kreativitätszentrum

David Tanner hat als Prozeßmanager von Du Pont Spitzenleistungen erbracht. Er gründete ein Kreativitätszentrum, das von Vollzeit-Mitarbeitern betreut wird. Sein Büro befand sich unweit des Büros, in dem der CEO residierte. Das ist genau die Ernsthaftigkeit, mit der man das Thema Kreativität im Unternehmen angehen sollte. Die Investition in das kreative Potential hat Ähnlichkeit mit der Investition in die Forschung – sie kostet nur weniger.

Anstatt sich darauf zu verlassen, daß das kreative Element von einigen handverlesenen Personen beigesteuert wird, die ihr Bestes geben, um Geistesblitze zu produzieren, bemüht sich Du Pont nun, die Kreativität in der gesamten Belegschaft zu fördern und Strukturen zu entwickeln, die zu kreativem Denken ermutigen.

Im Kreativitätszentrum ist Lehrpersonal tätig, das über nachweisliche Qualifikationen auf dem Gebiet des Kreativitätstrainings verfügt. Hier lernen Mitarbeiter, als ›Mittler‹ oder Prozeßmanager zu fungieren. Ein Mittler wird gebeten, an Besprechungen teilzunehmen, bei denen man neue Ideen in einem bestimmten Fokusbereich entwickeln will. Er unterweist die Teilnehmer der Sitzung im Einsatz der jeweiligen Kreativitätstechniken. Auf diese Weise können sie diese selbst dann nutzen, wenn sie vorher keine langwierige Schulung mitgemacht haben. Sie lernen durch die praktische Anwendung auf ihre eigenen Unternehmensprobleme.

Das Kreativitätszentrum organisiert Seminare, Konferenzen und Ausstellungen/Messen. Seine Aufgabe besteht generell darin, die Kreativität als Element der Unternehmenskultur zu verankern.

Das Kreativitätszentrum hat die sehr klar und genau definierte Aufgabe, die Kreativität im gesamten Unternehmen zu fördern.

Ein Wort der Warnung ist gleichwohl angebracht: Es bringt nichts, wenn Sie ein Kreativitätszentrum aufbauen und es dabei bewenden lassen. Das Kreativitätszentrum ist kein Ersatz für einen engagierten Prozeßmanager, der immer unabdingbar ist. Es vergrößert lediglich den Radius seiner Aktivitäten und stellt diese auf ein noch festeres Fundament. Sobald Kreativität zum unerläßlichen Bestandteil der Unternehmenskultur wird, kommt dem Kreativitätszentrum die Aufgabe zu, diese Triebkraft zu erhalten.

Es ist wichtig, daß ein Kreativitätszentrum oder Kreativitätsbüro sein Licht nicht unter den Scheffel stellt, indem es seine Rolle mit Aktivitäten rechtfertigt, die nicht zu seiner eigentlichen Aufgabenstellung gehören.

Bisweilen wird behauptet, daß alle anderen Mitarbeiter das Interesse verlieren, sobald die Kreativität mit der Gründung eines Kreativitätszentrums oder -büros ›institutionalisiert‹ wird. Gewiß besteht diese Gefahr, wenn das Kreativitätszentrum der einzige Ort ist, an dem kreative Denkprozesse stattfinden. Eine solche Entwicklung wäre verhängnisvoll. Der Zweck des Kreativitätszentrums oder Kreativitätsbüros besteht darin, sämtlichen Mitarbeitern eines Unternehmens den Zugang zur eigenen Kreativität zu erleichtern und das Ergebnis produktiver zu machen. Es kann keine Rede davon sein, eine kreative Enklave zu schaffen, von der man den Rest der Belegschaft ausschließt. Die Aufgabe des Kreativitätszentrums sollte wie der Aufbau einer Energieabteilung im Unternehmen betrachtet werden. Ihre Aufgabe ist, alle anderen mit Energie zu versorgen.

Netzwerk

Zusätzlich zum Kreativitätszentrum ist eine Art Distributionssystem erforderlich, bestehend aus Mitarbeitern, die motiviert und imstande sind, Energie in den kreativen Prozeß zu investieren. Dieses Netzwerk kann im wesentlichen zwei Formen haben:

1. Ein Netz lokaler Prozeßmanager oder ›Impulsgeber‹. Sie verstehen Wesen und Wirkung der Kreativität, können kreative Mitarbeiterbesprechungen leiten und sind in der Lage, andere im Gebrauch der Kreativitätstechniken zu unterweisen. Solche Mitarbeiter finden sich in den einzelnen Abteilungen, Geschäftsstellen oder Fertigungsstätten des Unternehmens. Aufbau und Pflege dieses Netzwerks nehmen eine Schlüsselstellung bei der allgemeinen Distribution, der Verbreitung der Kreativität ein. Warten Sie nicht, bis sich Freiwillige für diese Aufgabe melden. Es ist besser, die geeigneten Kandidaten auszuwählen und sie anzuspornen, sich mit dem Thema Kreativität vertraut zu machen.
2. In der zweiten Netzwerkversion könnten Personen einbezogen sein, die sich stets für Kreativität interessiert haben und auf ihre eigene Weise sehr schöpferisch sind. Sie dienen als Vorbild für alle Mitarbeiter in ihrer Umgebung und stellen eine besonders wirksame Quelle für kreative Aktivitäten dar. Wie bereits erwähnt, sind sie nicht unbedingt die idealen Anwärter für den Posten des lokalen Prozeßmanagers, denn Kreativität geht nicht immer Hand in Hand mit Organisationstalent oder der Fähigkeit, andere zu motivieren. In manchen Fällen können sich die beiden Netzwerke überschneiden, aber es ist wichtig, sie als zwei voneinander getrennte, eigenständige Systeme zu betrachten.

In der Firma Du Pont sind beide Netzwerke entwickelt worden und im Wachstum begriffen.

Personalabteilung

Seit immer mehr Unternehmen erkennen, daß die Menschen ihre wichtigste Ressource darstellen, gewinnen die Personalabteilungen (auch Abteilung für Human Relations, Humanressourcen oder Personal-Management genannt) an

Bedeutung und Prestige. Das ist nur recht und billig. Die Personalabteilung hat eine äußerst vielschichtige Rolle inne, die von der beruflichen Aus- und Weiterbildung bis hin zu Mitarbeiterbeurteilungen, Problemlösungen auf dem Personalsektor und allgemeiner Betreuung der Belegschaft reicht. Menschen sind das A und O des Unternehmenserfolgs, und deshalb nimmt die Behandlung, die gleich welche Organisation ihren eigenen Mitarbeitern angedeihen läßt, eine Schlüsselstellung ein.

Sollte man die Verantwortung für die Einführung und Leitung von Kreativitätsprogrammen einfach den Personalabteilungen überlassen? Auf den ersten Blick scheint das Sinn zu machen, da auch die Entwicklung kreativer Fähigkeiten in der gesamten Belegschaft zum Aufgabenbereich der Personalabteilung gehört. Das Kreativitätstraining sollte außerdem in die bestehenden, von der Personalabteilung organisierten betrieblichen Aus- und Weiterbildungsprogramme integriert werden. Doch besteht die Gefahr, daß man darin eine bequeme Möglichkeit sieht, den Schwarzen Peter weiterzugeben und sich das ›Kreativitätsproblem‹ vom Hals zu schaffen: »Überlassen wir das doch der Personalabteilung; sollen die doch sehen, wie sie damit fertig werden.«

In der Praxis haben viele Personalabteilungen bereits alle Hände voll mit der Bewältigung ihrer regulären Aufgaben zu tun. Einige Funktionen sind zur Routine geworden, andere schließen die Einführung neuer Programme ein, wie Qualitätssicherung und Verbesserung des Kundenservice. Aufgrund dieser Überlastung besteht das Risiko, daß die Einführung eines Kreativitätsprogramms im Katalog der Aktivitäten sehr bald unter ferner liefen rangiert. Der Prozeß würde nicht die geballte Energie und Aufmerksamkeit erhalten, die vor allem am Anfang unabdingbar ist.

Die ›Kreativität‹ der Personalabteilung zu überantworten, ist also keine gute Idee, es sei denn, ein Mitarbeiter der Abteilung verfügt sowohl über die Motivation als auch über die nötige Zeit und Energie, die Aufgabe des Prozeßmanagers zu übernehmen.

In jedem Fall muß der Prozeßmanager enge Verbindung zur Personalabteilung halten, da die Entwicklung der Fähigkeiten jedes einzelnen Mitarbeiters, so auch der kreativen, in ihren Aufgabenbereich fällt. Falls ein besonderes Kreativitätstraining oder die Einbindung eines Kreativitätselements in die herkömmlichen Aus- und Weiterbildungsprogramme ins Haus steht, muß der Prozeßmanager eng mit den Angehörigen der Personalabteilung zusammenarbeiten.

Wenn der Personalabteilung die Organisation von Qualitätssicherungs-, Kostensenkungs- und ähnlichen Programmen obliegt, sollte sie fortlaufend Kontakt zum Prozeßmanager halten, um die Kreativitätstechniken als ›Toolkit‹, oder Ergänzung, in den vorhandenen Programmen einzuführen.

Dort, wo bereits Programme wie FAT/CAT™ existieren, kann die Personalabteilung eine federführende Rolle bei der Einführung von Kreativitätsprogrammen im Unternehmen spielen. Der Prozeßmanager ist trotzdem ein Muß: er zeichnet für die Ausarbeitung des breiten Rahmens verantwortlich, in dem die kreativen Fähigkeiten zur Anwendung kommen.

Wie bereits an früherer Stelle erwähnt, braucht die Kreativität eine eigene Identität, auch wenn kreative Fähigkeiten in Qualitätssicherungs- und fortlaufende Verbesserungsprogrammen unverzichtbar sind. Deshalb macht Du Ponts Strategie, Kreativität und fortlaufende Verbesserung als getrennte, aber miteinander verzahnte Bereiche zu betrachten, Sinn.

Trainer

Als ernstgemeinte Geste, Kreativitätsprogramme auf den Weg zu bringen, schicken manche Unternehmen ausgewählte Mitarbeiter zu Seminaren, um zu lernen, wie man Kreativitätstrainings durchführt. Dieses Bemühen ist von dem Gedanken getragen, daß sie nach dem Blitzkurs imstande sind, anderen ihr Wissen zu vermitteln.

Der Ansatz ist sicher nützlich, hat aber nur dann Erfolg, wenn es bereits ein gesundes betriebliches Aus- und Weiterbildungssystem gibt, in das sich dies frischgebackenen Trainer ›einklinken‹. Die Trainerschulung könnte Teil des regulären Ausbildungsplans werden. In einem solchen Fall würden die soeben erst erworbenen Fähigkeiten des Trainers praktische Anwendung finden.

Falls man jedoch erwartet, daß diese Trainer die Verantwortung für die Einführung von Kreativitätsprogrammen im Unternehmen übernehmen können, ist das Vorhabem von vornherein zum Scheitern verurteilt. Sie sind aufgrund ihrer firmeninternen Position einfach nicht imstande, ein Trainingsprogramm auf sämtlichen Unternehmensebenen in Gang zu setzen oder andere kreative Strukturen zu entwickeln. Solche Erwartungen sind einfach unrealistisch.

Qualifizierte, firmeninterne Trainer können eine wichtige Rolle für die Entwicklung von Kreativitätsprogrammen spielen, aber sie sind aufgrund ihrer mangelnden Machtkompetenzen außerstande, die nötige organisatorische Vorarbeit zu leisten.

Hier besteht eine große Gefahr: Unternehmen, die Mitarbeiter zu Seminaren schicken, damit sie später das innerbetriebliche Kreativitätstraining übernehmen, könnten zu der Schlußfolgerung gelangen, damit sei alles Menschenmögliche getan. Die qualifizierten, firmeninternen Trainer stellen zweifellos eine Ressource dar. Ressourcen müssen eingesetzt werden, aber von *Unternehmern*. Und dieser kreative Unternehmer innerhalb einer Organisation ist der Prozeßmanager.

Letztlich hängt die erfolgreiche Einführung von Kreativitätsprogrammen im Unternehmen davon ab, daß im Verlauf dieses Prozesses die richtigen Leute an der richtigen Stelle sitzen.

Strukturen und Programme

Ich habe schon erwähnt, daß viele Menschen Angst haben, die Kreativität könne durch eine systematisch und methodisch anwendbare Technik abgewürgt oder durch institutionalisierte Strukturen und Programme eingeengt werden. Fußball- oder Handballprofis spielen auf einem genau vorgegebenen Feld nach formalen Regeln und bringen trotzdem Spitzenleistungen. Die Vorstellung, die Kreativität breche sich ungehindert ihre Bahn, wenn der Mensch von äußeren Zwängen befreit ist, war nur sinnvoll, solange es keine besseren Möglichkeiten gab, Kreativität zu definieren oder zu fördern.

Strukturen und Programme stellen ein Rahmenwerk dar, das dazu dient, kreatives Verhalten zu ermutigen und zu belohnen.

Bei der Einführung von Kreativitätsprogrammen ist vor allem das Bemühen wichtig, kreatives Verhalten als ›Erwartung‹ in der Unternehmenskultur zu verankern. Paradox ist, daß wir es zunächst als eine besondere oder zusätzliche Leistung deklarieren (weil sonst alle behaupten würden, sie wären doch kreativ), und es danach voraussetzen. Und wie gelingt es, diese Erwartungshaltung für alle sichtbar zu entwickeln? Eine Möglichkeit ist, Mitarbeiter in eine Situation zu versetzen, in der genau diese Verhaltensweise gefordert und Kreativität notwendig ist, um eine Aufgabe zu erfüllen. Und genau dieses Rahmenwerk schaffen Strukturen und Programme.

In diesem Abschnitt werden wir uns mit verschiedenen Strukturen und Programmen befassen. Einige sind seit langem bekannt, andere neueren Datums. Damit will ich nicht andeuten, daß sich ein Unternehmen bemühen sollte, alle oder möglichst viele zu übernehmen; ich möchte lediglich die Optionen aufzeigen. Im allgemeinen sind Strukturen dauerhafter als Programme. Ein formales Kreativitätszentrum zählt zu den Strukturen, während ein Qualitätssicherungsprogramm, wie der Name schon sagt, ein Programm ist, das im Rahmen der bestehenden Strukturen angeschoben wird. Es gibt jedoch auch Programme, wie das System der stetigen Verbesserung und bestimmte Betriebssicherheitssysteme, die fortlaufend durchgeführt werden können.

Betriebliches Vorschlagswesen

Einigen Unternehmen gelingt es, mit ihrem betrieblichen Vorschlagssystem ein gewisses Maß an Erfolg zu erzielen, während man in anderen Organisationen kaum etwas von ihrer Existenz bemerkt. Die Japaner haben aus den bereits erwähnten Gründen das betriebliche Vorschlagswesen unverrückbar in ihre Unternehmenskultur eingebunden. Es ist deshalb so erfolgreich, weil man von den Mitarbeitern ›erwartet‹, daß sie Vorschläge einreichen, die normalerweise auf derjenigen Unternehmensebene geprüft werden, auf der sie erfolgen. Vorschläge, die den Fertigungsprozeß betreffen, stammen meistens von den Qualitätszirkeln und werden auf dieser Ebene auf ihren Wert abgeklopft. Im Westen werden Vorschläge in das System ›eingespeist‹ und meistens zu einer Sammelstelle auf höherer Ebene befördert. Das bürdet den Prüfern eine weitere Last auf, die zögern, Zeit für diese zusätzliche Arbeit zu erübrigen. Infolgedessen werden unorthodoxe Vorschläge als ›unsinnig‹ abgestempelt und die Beteiligung beschränkt sich auf die wenigen Mitarbeiter, die glauben, mit einem wirklich brauchbaren Vorschlag aufwarten zu können.

Auch das Belohnungssystem ist vom Puls des Geschehens häufig zu weit entfernt. Normalerweise wird ein Vorschlag mehreren Prüfungsausschüssen zur Begutachtung vorgelegt. Falls man sich am am Ende des langwierigen Verfahrens für die Realisierung entscheidet, erfolgt die Belohnung. Viele Mitarbeiter haben das Gefühl, keine Idee beisteuern zu können, die in diesem Ausleseprozeß zu bestehen vermag, und sparen sich von vornherein die Mühe einer aktiven Beteiligung. Dazu kommen gravierende Unterschiede bei der Belohnung: gute Vorschläge werden in einigen Tätigkeitsfelder, wie im Konstruktionsbereich, mit einer Prämie honoriert, während es in anderen, zum Beispiel beim Kundendienst im weitesten Sinne, schwierig ist, den Wert einer neuen Idee in klingender Münze zu bemessen.

Es ist besser, den Mitarbeitern innerhalb eines angemessenen Zeitrahmens irgendeine Form der ›Anerkennung‹ für die Aufwendung ihrer kreativen Bemühungen zuteil werden zu lassen. Sie sollten ein Lob für die Bereitschaft erhalten, sich mit einem Thema zu beschäftigen und einen Vorschlag schriftlich auszuarbeiten, ungeachtet seiner Qualität. Um die Auswahl zu erleichtern und dem Ideenlieferanten zu verdeutlichen, warum sein Vorschlag nicht realisiert werden kann, sollte jeder Vorschlag eine Erklärung enthalten, warum er einen ›Nutzen‹ hat und wie sich dieser praktisch umsetzen läßt.

Wenn Vorschlagssysteme ein Mauerblümchen-Dasein fristen, hören die meisten Mitarbeiter irgendwann auf, Notiz von ihnen zu nehmen. Da das System eine ständige Instituition darstellt, spielt es keine Rolle, ob ich mir heute oder morgen den Kopf über Verbesserungsmöglichkeiten zerbreche. Und da ich ein x-beliebiges Thema ins Visier nehmen kann, muß ich mein Augenmerk auch nicht auf einen bestimmten Punkt oder Bereich konzentrieren.

Es ist empfehlenswert, von Zeit zu Zeit kurzfristige Aktionen unter einem bestimmten ›Motto‹ anzuberaumen. Zwei Wochen lang könnte man beispielsweise den Schwerpunkt auf Vorschläge zur ›betrieblichen Sicherheit‹ legen und die Maßnahme mit Postern, Symbolen usw. unterstützen. Dann verzichtet man eine zeitlang auf ein bestimmtes Thema. Später erfolgt dann eine weitere zweiwöchige Aktion, die auf Vorschläge zum Thema ›Kosten senken‹ abzielt und ebenfalls von flankierenden Werbemaßnahmen begleitet wird. Als nächstes richtet sich man das allgemeine Augenmerk vielleicht auf Bereiche wie ›Energiesparen‹, ›Abfallvermeidung‹ oder ›Prozeßverbesserungen‹ usw. Jeder Fokus wird kurz und klar definiert. Dann bittet man die Mitarbeiter um Vorschläge zu diesem spezifischen Themenkreis, die innerhalb eines bestimmten Zeitrahmens schriftlich eingereicht werden sollten.

Man geht gemeinhin davon aus, daß die Ideenlieferanten in diesem Rahmen Gebrauch von ihrer Kreativität machen, und dennoch bemüht man sich nicht bewußt, die kreativen Fähigkeiten sämtlicher Belegschaftsmitglieder zu verbessern. Es wäre durchaus möglich, ein Kreativitätstraining für alle Mitarbeiter anzuberaumen, die sich für eine entsprechende Schulung interessieren.

Qualitätszirkel

In Unternehmen, die über Qualitätszirkel verfügen, kann das Kreativitätstraining den bestehenden Strukturen hinzugefügt werden, um den Gruppen eine effektivere Arbeitsweise zu ermöglichen.

Es wäre sinnlos, Kreativitätsprogramme hier gleich zu Beginn einzuführen, da die Mitglieder der Qualitätszirkel oft brauchbare Vorschläge haben, die sich auf ihre Erfahrung und logische Analyse stützen. Erst wenn die Ausbeute dieser Methoden zu versiegen beginnt, macht das Kreativitätstraining Sinn. Vorher könnte es als überflüssige Einrichtung und als unnötige Komplikation der Aufgabenstellung gesehen werden.

Die Anwendung der Kreativitätstechniken innerhalb eines Qualitätszirkels hängt in hohem Maß von der Definition des kreativen Fokusbereichs ab. Es empfiehlt sich, die Suche nach solchen Schwerpunkten zu betonen, entweder innerhalb der Gruppe oder im Rahmen einer kreativen Übung für sämtliche Mitarbeiter. Die Einführung eines kreativen Fokusbereichs, der ein nicht unmittelbar lösbares ›Problem‹ präsentiert, bietet das beste Umfeld für die planvolle, systematische und methodische Anwendung des kreativen Instrumentariums. Unter diesen Umständen tritt der Wert der Kreativitätstechniken besonders deutlich hervor.

Es könnte auch hilfreich sein, darauf hinzuweisen, daß Qualität bedeutet, die gleichen Aktivitäten besser zu verrichten, während Kreativität beinhalten kann, eine Aufgabe auf andere Art in Angriff zu nehmen. Kreativität spielt jedoch auch bei der Verbesserung eingeführter Methoden eine nicht unbedeutende Rolle.

Qualitätssicherung, stetige Verbesserung und Kostensenkungsprogramme

Es gibt eine ungeheure Vielfalt von Programmen, die Qualitätssicherung, stetige Verbesserungen, Kostensenkung und ähnliche Unternehmensaspekte betreffen. Solche Programme haben ihre eigenen Zielsetzungen, Strukturen und Methoden. Bisweilen ist es erforderlich, ›bessere‹ Lösungen zu suchen, oder zusätzliche Alternativen zu entwickeln. Manchmal kann man den jeweiligen Bedürfnissen mittels eigener Erfahrung, Analyse oder zusätzlicher Informationen gerecht werden. Es gibt allerdings auch Zeiten, in denen kein akuter Bedarf an kreativen Denkoperationen besteht. Folglich besteht auch kein akuter Bedarf, die kreativen Fähigkeiten als eine der Grundvoraussetzungen in die laufenden Programme zu integrieren. Sobald sich ein kreatives Bedürfnis abzeichnet, füllt jemand die Lücke mit einer Kreativitätstechnik. Abgesehen von dem Wert, den diese Techniken als ›Toolkit‹ – also als Ergänzung – bieten, ist die kreative Grundhaltung, die sich im Rahmen des Kreativitätstrainings entwickelt, für alle derartigen Programme ein Zugewinn. Dadurch wird die Bereitschaft gefördert, innezuhalten und das Augenmerk auf einen Punkt oder Bereich zu richten, der kein Problem darstellt, nur um zu sehen, ob es nicht bessere Methoden gibt, eine Aufgabe zu lösen. Und es besteht die innere Bereitschaft, einen Fixpunkt zu ermitteln und nach Alternativen zu suchen.

Es besteht ganz offensichtlich ein Synergieeffekt zwischen Kreativität und solchen Programmen. Manchmal ist das Element der Kreativität in diese Programme eingebaut, doch ein derartiger Ansatz hat normalerweise keine durchschlagende Wirkung. Das kreative Element sollte gesondert als eine Fähigkeit eingeführt werden, die sich unmittelbar erlernen und von qualifizierten, erfahrenen Trainern strukturieren läßt.

Kreativitätszentrum

Ein Kreativitätszentrum ist eine der Strukturformen, über die wir bereits gesprochen haben. Es ist mit bestimmten eigenen Aktivitäten befaßt und wäre außerdem für die Koordination vieler Maßnahmen und Programme zuständig, die in diesem Abschnitt des Buches beschrieben sind. Das Kreativitätszentrum könnte beispielsweise die Hitliste und die Wolke-Sieben-Datei verwalten, die nachfolgend erklärt wird.

Das Kreativitätszentrum hat eine Struktur, die Impulse gibt und dazu beiträgt, die Aufmerksamkeit zu fokussieren. Es stellt ein Rahmenwerk für die Ideensammlung und Organisation dar. Es bietet die Möglichkeit, Aktivitäten nachzugehen, die unerläßlich sind, die aber niemand anderes verantwortlich in Angriff nehmen will (im kreativen Bereich).

Konzept-F&E

Dieser Vorschlag hat einige Vorteile. Dahinter steht die Idee, daß Konzepte formal den gleichen Stellenwert wie die Forschung & Entwicklung von Produkten erhalten sollten. Viele Unternehmen blättern Millionenbeträge für die F&E auf den Tisch, machen aber keine müde Mark für die Erforschung und Entwicklung neuer Konzepte locker. Man glaubt, Innovationen würden sich schon von alleine am Horizont abzeichnen. Da die technologische Kompetenz inzwischen bei den meisten Unternehmen ein gleich hohes Niveau erreicht hat, sind Konzepte die einzigen Hoffnungsträger der Zukunft, mit denen sich ein Wettbewerbsvorsprung erzielen läßt. Die Idee von der Abteilung für Konzeptforschung und -entwicklung wurde in einem anderen Buch ausführlich beschrieben*. Für unsere Zwecke reicht es aus, zu wissen, daß dieser Sektor das Thema Kreativität auf seine Flagge schreiben und bestrebt sein sollte, das kreative Potential in allen Unternehmensbereichen zu entwickeln.

---

* *Sur/petition*, Harper Business, New York, 1992.

Eine Organisation, die eine Abteilung für Konzeptforschung und Entwicklung aus der Taufe hebt, muß die Kreativität als Einflußfaktor für den Unternehmenserfolg sehr ernst nehmen.

Hitliste

Die Hitliste für kreative Denker wurde in einem vorhergehenden Abschnitt bereits ausführlich beschrieben. Sie wird hier der Vollständigkeit halber noch einmal erwähnt. Die Hitliste für kreative Denker ist eine simple Struktur; sie erleichtert die Einführung und den Erhalt von Kreativitätsprozessen.

Die Hitliste für kreative Denker sollte so formal und engagiert wie möglich erarbeitet werden. Bei diesem Vorhaben übernimmt der Prozeßmanager oder das Kreativitätszentrum die Leitung. Sie stellen eine übergeordnete Hitliste für das gesamte Unternehmen oder wichtige Sparten zusammen. Es sollten aber auch ›lokale‹ Hitlisten ausliegen, die themenspezifischer sind.

Die Vorschläge bezüglich der Einträge auf der Hitliste werden gesammelt und veröffentlicht (entweder in vollem Umfang oder in zusammengefaßter Form). Es empfiehlt sich, die interessantesten und erfolgversprechenden Vorschläge besonders hervorzuheben.

Von der Hitliste können Aufgaben im Rahmen von Programmen wie FAT/CAT™ delegiert werden.

Wolke-Sieben-Datei

Diese Struktur wurde von einer Baufirma im Westen Kanadas entwickelt. Wolke Sieben ist ein Synonym für ›Traum‹. Die Datei ist eine Akte, die auf der Führungsetage (oder in anderen Unternehmensbereichen) in Umlauf gebracht wird. Es können mehrere Dateien gleichzeitig und darüber hinaus auch lokale Dateien für spezifische Tätigkeitsfelder kursieren.

Die betreffenden Personen sollten einmal im Monat oder alle zwei Monate Zugang zu der Akte haben. Sie enthält folgende Einträge:

Neue Ideen: Eine Idee, die nicht neuartig ist und vielleicht schon in anderen Unternehmen Anwendung gefunden hat. In Ihrer Firma wurde sie indessen noch nicht erprobt. Sie kann als Anregung für eigene Entwicklungen dienen oder nachgeahmt werden.

Originäre Ideen: Eine Idee, die vom Urheber entwickelt und beschrieben wurde. Der Erfinder könnte ihr sein Namensschild anhängen, wenn gewünscht. Originäre Ideen ranken sich um den Fokus, der für einen bestimmten Unternehmensbereich definiert wurde, oder bauen auf anderem, in der Datei enthaltenem Informationsmaterial auf.

Konstruktive Anmerkungen: Weißhut-Kommentare, basierend auf persönlichen Erfahrungen oder Informationen, die eine Idee in der Datei stützen. Oder Gelbhut-Anmerkungen, um auf den Nutzen der Vorschläge in diesem Bereich aufmerksam zu machen. Grünhut-Randbemerkungen deuten auf Alternativen oder eine Abwandlung der Idee hin. Auf Schwarzhut-Kommentare sollte man hier verzichten, es sei denn, es werden gleichzeitig Problemlösungen aufgezeigt.

Neue kreative Fokusbereiche: Anregungen für neue Bereiche, auf die man die kreative Energie konzentrieren will. Sie können in Form von Problemen, Aufgaben, Chancen usw. präsentiert werden. Für die Sparte ›kreative Fokusbereiche‹ kann ein eigener Platz vorgesehen sein, so daß man sie auf den ersten Blick entdeckt.

Die Akte wird gelesen, ergänzt und weitergegeben. Bei zu umfangreichem Datenbestand können mehrere Backup-Dateien und ein Index angefertigt werden, der zeigt, wo welche Informationen verfügbar sind.

Die Wolke-Sieben-Datei hat einige Vorteile. Sie bietet:

1. Eine Erinnerungshilfe, kreativ zu denken.
2. Fokusbereiche, über die man kreativ nachdenken sollte.
3. Ideen und Konzepte, die eine Reaktion verlangen.
4. Ein einfaches System, in das Ideen nach dem Trichterprinzip gelangen.
5. Eine klare Übersicht über den tatsächlichen Nutzen von Ideen und Vorschlägen.

Das ›Trichterprinzip‹ ist sehr wichtig. Vielen Leuten gefällt es nicht, ihre Ideen publik zu machen: sie scheuen vor dem Wirbel zurück, der mit der Entscheidung einhergeht, die Initiative zu ergreifen. Die Idee wird sogar als Last empfunden. Was soll man damit anfangen? Wen muß man überzeugen? Wie kann man nachweisen, daß sie funktioniert? Die Wolke-Sieben-Datei bietet das denkbar einfachste Handwerkszeug, nämlich ein Trichtersystem. Wenn Sie eine neue Idee haben, warten Sie, bis Sie Zugang zur Datei haben, in der Sie Ihre ›Schöpfung‹ ablegen. Das ist schon alles.

Arbeitsblatt für kreative Ideen

Die Wolke-Sieben-Datei stellt eine ›Chance‹ dar. Niemand ist gezwungen, sie durch einen eigenen kreativen Beitrag zu ergänzen. Sie können die Datei lesen und weitergeben, ohne auch nur eine Silbe hinzuzufügen. Das Arbeitsblatt für kreative Ideen beinhaltet dagegen eine direkte Aufforderung, Ihre Gedanken bezüglich eines klar definierten Fokusbereichs zu schildern.

Viele Leute haben gute Einfälle zu einem bestimmten Thema. Wenn man sie fragt, warum sie damit hinter dem Berg halten, bekommt man folgende Anworten zu hören:

Das war schließlich nicht meine Sache.
Niemand hätte sich für meine Ideen interessiert.
Kein Mensch hat mich gefragt.
Ich wollte mir den Wirbel ersparen, den Vorschlag einzureichen.

Das Arbeitsblatt soll dabei helfen, diese zögerliche Haltung zu überwinden und außerdem die Produktion neuer Ideen fördern.

An oberster Stelle des Arbeitsblatts wird die kreative Aufgabe oder der Fokus beschrieben. Es empfiehlt sich, ihn angemessen zu definieren, wobei man nicht zu sehr ins Detail gehen muß. Die Kategorie, zu der die Aufgabe gehört, sollte umrissen sein (Vorschlag, Lösung, weitere Alternativen, ein neues Konzept usw.).

Das Blatt kann auch Vorschläge bezüglich der Techniken enthalten, die angewendet werden sollen. Eine spezifische Provokation (Po...) läßt sich ebenfalls einfügen, aber der Empfänger sollte nicht gezwungen sein, sie als Grundlage für seine kreativen Aktivitäten zu benutzen.

Das Arbeitsblatt wird namentlich an einzelne Mitarbeiter des Hauses verteilt, die man um ihren kreativen Beitrag bittet. Ein Termin wird festgesetzt, und das ausgefüllte Blatt muß pünktlich beim Absender abgeliefert werden.

Die verschiedenen Ideen und Konzept werden dann gesammelt. Sollten weitere Informationen notwendig sein, kann man sich direkt mit dem Ideenproduzenten in Verbindung setzen. Diejenigen, die am meisten Interesse und Einfallsreichtum gezeigt haben, könnten zur Teilnahme an einer Kreativitätssitzung aufgefordert werden.

Das Arbeitsblatt kann vom Kreativitätszentrum oder vom Prozeßmanager entwickelt und in Umlauf gebracht werden. Jeder Mitarbeiter in gleich welchem Unternehmensbereich, der konstruktive Ideen zu einem bestimmten Thema braucht, kann ein solches Arbeitsblatt firmenintern verschicken. Es ist natürlich einfacher, wenn diese Aktivitäten vom Kreativitätszentrum oder ihrer Entsprechung koordiniert werden. Ein ›lokales‹ Arbeitsblatt könnte direkt in Umlauf gebracht und zur festen Institution werden, auf die man immer dann zurückgreift, wenn es an neuen Ideen mangelt.

Ideen-Audit

Führungskräften wirft man oft vor, daß sie Fehler gemacht oder Probleme nicht gelöst haben. Aber es ist äußerst selten, daß man ihnen die Schuld an verpaßten unternehmerischen Chancen in die Schuhe schiebt. Das hat zur Folge, daß nur wenige bereit sind, ein Risiko einzugehen und die ausgetretenen, aber sicheren Pfade zu verlassen. Falls sie tatsächlich neue Wege einschlagen, müssen sie bei Pannen mit einem Vermerk in der Personalakte und einem Karriereknick rechnen. Wer nicht ›aus der Reihe tanzt‹, läuft auch nicht Gefahr, Fehler zu begehen. Woher soll also die Innovationsenergie kommen? Sam Koechlin, der verstorbene Konzernherr des Pharmamultis Ciba-Geigy, hat mir einmal erzählt, er würde es begrüßen, wenn ihm die Angehörigen seiner Führungsmannschaft einmal im Jahr Bericht über die unterlaufenen Fehler erstatteten. Fehlgriffe ließen zumindest auf die Bereitschaft schließen, auch einmal etwas Neues zu erproben. Von dieser Riskiko- und Innovationsfreudigkeit habe er in der Schweiz nicht viel bemerkt.

Das Ideen-Audit* ist ein formales Instrument, das Führungskräfte auffordert, unternehmerische Chancen oder neue Projekte zu beschreiben, die während des Jahres in Betracht gezogen wurden. Die aktive Beteiligung wird erwartet und somit zu einer Aufgabe, der man gerecht zu werden versucht. Wer keinen eigenen Beitrag leistet, sammelt Minuspunkte; man geht also nicht mehr auf Nummer Sicher, wenn man jedes Risiko scheut. Das Ideen-Audit ist eine Struktur, die unternehmerisches Denken nachgerade fordert. Es soll die Chancen aufzeigen, die während des Jahres auf den Prüfstand gelangt sind, des weiteren die Maßnahmen, die zu ihrer Realisierung ergriffen wurden, oder Gründe, sie zu verwerfen (und falls man den Kurs eingeschlagen hat, welche Fortschritte erzielt wurden).

Das Ideen-Audit kann als solches oder in abgewandelter Form als Kreativitätsaudit eingesetzt werden.

Reguläre Kreativitätssitzungen

Innerhalb einer Abteilung oder eines lokalen Bereichs lassen sich auch reguläre Kreativitätssitzungen anberaumen. Sie sollten regelmäßig stattfinden, zum Beispiel am ersten Mittwoch im Monat. Setzen Sie eine bestimmte Zeit fest, vielleicht eine Zusammenkunft beim Frühstück oder am Ende des Arbeitstages. Für jedes Meeting wird eine eigene Tagesordnung entwickelt; die Teilnehmer können ihre diesbezügichen Vorschläge schriftlich einreichen. Die Tagesordnung wird ihnen eine Woche vor der Kreativitätssitzung übermittelt, mit der Bitte, sich vorab ein paar konstruktive Gedanken zu machen. Sie sollten auch die Möglichkeit haben, das formale Ergebnis in Form von Ideen und Konzepten zum Meeting mitzubringen.

Die regulären Kreativitätsitzungen können vom ›lokalen‹ Prozeßmanager organisiert werden. Es ist besser, sie nicht als Brainstorming zu bezeichnen, denn damit würde man einen falschen Eindruck vom Ablauf erwecken. Bei den Kreativitätssitzungen stehen nämlich planvoll, systematisch und methodisch anwendbare Kreativitätstechniken (also die ›ernsthafte‹ Kreativität) im Mittelpunkt, wie in diesem Buch beschrieben. Der Ablauf des Meetings wird an späterer Stelle erläutert.

Der Wert regulärer Kreativitätssitzungen liegt in ihrer turnusmäßigen Wiederkehr, die im Gegensatz zu einem ad hoc oder nach Bedarf einberufenen Meeting steht. Sobald allgemein bekannt ist, daß die Kreativitätssitzungen zu einer dauerhaften Einrichtung geworden sind, können hier die jeweils aktuellen kreativen Fokusbereiche behandekt werden. Bei jeder Sitzung sollte man außerdem eine Position auf der Hitliste in Angriff nehmen.

Die Organisation der Kreativitätssitzung kann, wie die Hitliste, das Arbeitsblatt, das Ideen-Audit und andere kreativitätsfördernde Instrumente, dem Kreativitätszentrum überantwortet werden.

---

* Beschrieben in meinem Buch *Opportunities*, Penguin Books, London, 1977.

Trainer und Training

Das Training ist eine offensichtlich notwendige Struktur für die Entwicklung der Kreativität im Unternehmen. Wir werden an späterer Stelle gesondert darauf eingehen.

Im allgemeinen sollte das ›Kreativitätselement‹ die laufenden Aus- und Weiterbildungsprogramme abrunden, zum Beispiel als Auftakt oder Einfügung in bestimmte Schulungsmaßnahmen. Sie lassen sich durch ein spezifisches, separat angebotenes Training ergänzen, das darauf abzielt, die Fähigkeit des kreativen Denkens zu verbessern.

Das Training ist ein wichtiger Baustein des gesamtem Kreativitätsprozesses im Unternehmen. Ohne diese Schulung bleibt die Entwicklung kreativer Potentiale im Ansatz stecken. Sich auf das angeborene schöpferische Talent oder eine Erleuchtung zu verlassen, wäre sehr ineffektiv und eine sträfliche Verschwendung verfügbarer kreativer Ressourcen. Eine Schulung, die innerhalb eines hochwirksamen Rahmenwerks angesiedelt ist, hat einen hohen Nutzen, aber sie als einzige Möglichkeit zu betrachten, laterale Kreativitätstechniken im Unternehmen einzuführen, hieße, Wunder zu erwarten.

Der Mittler im Kreativitätsprozeß

Der Einsatz von Mittlern im Kreativitätsprozeß (Teil der Unternehmenskultur von Du Pont) ist ein interessantes Konzept, das vorher bereits angeschnitten wurde und hier der Vollständigkeit wegen noch einmal Erwähnung findet. Mittler sind weniger mit der Schulung befaßt, sondern fungieren eher als ›Prozeßmanager‹. Sie werden gebeten, beratend an Kreativitätssitzungen teilzunehmen und übernehmen den Vorsitz über den kreativen Prozeß. Sie stehen der Gruppe bei der Anwendung spezifischer Kreativitätstechniken mit Rat und Tat zur Seite. Auf diese Weise sind die Teilnehmer imstande, die Techniken unter fachkundiger Anleitung zu erlernen und gewisse grundlegende Fähigkeiten im Umgang mit ihnen zu entwickeln. Gleichzeitig sehen sie, daß Themen, die für sie große Bedeutung haben, mittels kreativer Prozesse ins Visier genommen werden. Motivation und praktischer Nutzen sind also gleichermaßen hoch.

An dieser Stelle ist gleichwohl ein Wort der Warnung angebracht: Es besteht die Gefahr, daß die Teilnehmer sich voll und ganz auf den Mittler verlassen und sich keine besondere Mühe geben, ihre eigenen kreativen Fähigkeiten zu entwickeln. Im Idealfall würde der Mittler versuchen, die Gruppe von sich abzunabeln, so daß er ›arbeitslos‹ wird.

Die Kreativitätstechniken zu erlernen, indem Sie diese auf Ihre eigenen dringlichen Probleme anwenden, ist nicht gerade optimal, weil sich die Aufmerksamkeit in aller Regel weniger auf den Denkprozeß selbst, sondern vielmehr auf den Probleminhalt richtet. Normalerweise macht es mehr Sinn, sich die Techniken mit Hilfe von Beispiel-Sitationen anzueignen und sie erst später bei der Lösung der eigenen Probleme einzusetzen.

Das ›Mittlersystem‹ ist freilich eine praktische und effektive Möglichkeit, Kreativitätstechniken im Unternehmen umzusetzen.

Das FAT/CAT™-Programm

Dieses Programm ist neu und wurde in erster Linie für die formale Einführung der lateralen Kreativitätstechniken im Unternehmen entwickelt. Wie an früherer Stelle erwähnt, stehen die Buchstaben des Kürzels für:

Fixed
Assigned
Task/
Creative
Action
Team.

Darunter versteht man Aufgaben, die genau festgelegt und kleinen Aktionsteams zur kreativen Lösung überantwortet werden. Sie erhalten den Auftrag, neue Ideen und Konzepte im Rahmen des definierten Themenbereichs zu entwickeln. Man kann mehrere Gruppen mit der gleichen Aufgabe betrauen. Das Programm sollte eine klare Struktur haben und außerdem eine Grundschulung für die teilnehmenden Teams beinhalten.

Ziellose Gedankenexperimente

In diesem Abschnitt habe ich eine Reihe spezifischer Strukturen und Programme geschildert, die eine formale Einführung und Anwendung von Kreativitätsprogrammen im Unternehmen erleichtern. Die übliche Vorgehensweise, bei der eine Handvoll kreativer Mitarbeiter ziellos Gedankenexperimente durchführt, in der Hoffnung, andere mögen ihrem Beispiel folgen, ist eine völlig unangemessene Methode.

Training

Ich habe in diesem Buch immer wieder darauf hingewiesen, daß jeder Mensch die Fähigkeit, kreativ zu denken, lernen und vervollkommnen kann. Dieses Argument widerspricht zwei Prinzipien der herkömmlichen Definition von Kreativität.

1. Es wird behauptet, Kreativität sei eine angeborene Gabe, die einigen wenigen in die Wiege gelegt wurde, während die übrigen leer ausgegangen sind. Wer von der Natur in diesem Punkt benachteiligt sei, könne nichts dagegen tun. Unternehmen wären daher gut beraten, Mitarbeiter zu rekrutieren, die das schöpferische Talent mitbringen.

2. Es wird behauptet, Kreativität bestünde darin, unbelastet von Ängsten und psychologischen Hemmungen der Phantasie freien Lauf zu lassen. Sobald die Hürden beseitigt wären, stünde den Gedankenexperimenten nichts mehr im Weg; dabei würde immer etwas Nützliches herauskommen. Um diesen ziellosen Ideenfluß zu ermutigen, erfolgt keine Bewertung der einzelnen Beiträge.

Ich will die theoretischen und praktischen Gründe nicht in allen Einzelheiten wiederholen, warum solche Vorstellungen von Kreativität überholt und unangemessen sind. Wir können kreatives Denken genauso lernen wie Mathematik, Kochen oder Tennisspielen. Das bedeutet nicht, daß jeder, der sein kreatives Potential weiterentwickelt, gleich ein schöpferisches Genie sein muß. Es kann ja auch nicht jeder, der Tennis spielen lernt und sich dabei einigermaßen geschickt anstellt, Wimbledon gewinnen. Es gibt zahlreiche Abstufungen, die auf der Kreativitätsskala zwischen genial und im Alltag nützlich angesiedelt sind.

Das Training beinhaltet die Bereitschaft, die Befähigung und die richtige Methode, Kreativität zu vermitteln.

Bereitschaft. Der Trainer muß bereit sein, anderen die Techniken des kreativen Denkens beizubringen. Es reicht nicht aus, daß er seine eigenen kreativen Fähigkeiten in den Prozeß einbringt. Er muß entschlossen und bemüht sein, bestimmte Techniken und Verfahren zu vermitteln.

Befähigung. Der Schulungsleiter oder Trainer muß befähigt sein, die Kreativitätstechniken zu vermitteln. Das ist kein komplexes Fachgebiet, setzt aber voraus, daß der Trainer eine klare Vorstellung von seiner Tätigkeit hat. Zielloses Herumprobieren und andere ermutigen, auch ›verrückte‹, unorthodoxe Ideen vom Stapel zu lassen, ist nicht gut genug. Die Wirkung einer planlosen, unsystematischen Vorgehensweise würde schon sehr bald verpuffen. Die formalen Kreativitätstechniken erlernt man ähnlich wie das Surfen. Zuerst kostet es ungeheure Mühe, sich auf dem Brett zu halten, und Sie verfluchen das widernatürliche Fortbewegungsmittel. Sie fragen sich, ob Sie diese Kunst jemals beherrschen werden und wie andere das Surfen wohl gelernt haben mögen. Aber nach einer Weile haben Sie den Bogen raus. Später, wenn Sie ein As im Surfen sind, blicken Sie auf die Anfänge zurück und fragen sich, wie Sie jemals geglaubt haben können, es sei schwer zu erlernen. Alle Aktivitäten, die erfordern, daß wir gegen unsere einfleischten Gewohnheiten und sogar gegen unsere natürlichen Neigungen ankämpfen, sind uns zunächst suspekt. Wenn wir Skifahren lernen, geht es uns zuerst völlig gegen den Strich, uns bei einem Bogen ins Tal zu lehnen statt nach innen in Richtung Berg.

Die natürlichen Hemmungen durch ›Spaß‹ und ›verrückte Ideen‹ zu überwinden, ist weder die einzige noch die wirkungsvollste Methode. Es ist effektiver (und bei technisch orientierten Menschen der einzige Weg), die Logik zu verstehen, auf die sich menschliche Kreativität stützt.

Methode. Es gibt formale Programme, um laterales Denken zu schulen, worunter ein planvoller, systematischer und methodischer Ansatz zu verstehen ist, das eigene kreative Potential zu entwickeln. Das Buch selbst kann dieses Training nicht ersetzen. Es erfordert eine besondere Ausbildung, die Trainer befähigt, die Fähigkeit des lateralen Denkens an andere weiterzugeben. Manchmal haben sich die Schulungsleiter die verheerende Angewohnheit zu eigen gemacht, aus jedem Kuchen die ›Rosinen‹ herauszupicken; sie glauben, ein buntgemischtes vielfältiges Angebot sei besser als ein spezifische Methode. Das ist für die Seminarteilnehmer höchst verwirrend, weil einige Techniken einander widerprechen. Dazu kommt, daß sich nicht alle Programme auf eine einheitliche Grundlage stützen. Manchen fehlt überhaupt jede Grundlage. Des weiteren besteht bei vielen Trainern der Wunsch oder die Neigung, das vorhandene Programm umzuschreiben. Abgesehen davon, daß man damit gegen das Urheberrecht verstößt, beschränkt sich die Wirkung auf Streicheleinheiten für das Ego des Schulungsleiters. Es besteht ausreichend Spielraum, eingeführte Programme durch lokale Beispiele zu untermauern und zu ergänzen, auch ohne sie ›umzumodeln‹. Wenn man zu solchen Mitteln greift, um die Kosten eines Programms zu umgehen, ist das intellektuelle Piraterie und eine gefährliche Gratwanderung am Rande der Legalität.

Trainingsbedürfnisse

Die Bedürfnisse, die im Kreativitätstraining angesprochen sind, lassen sich einigen klar voneinander abgrenzbaren Kategorien zuordnen. Für den Trainer ist es wichtig, sich über die Art der Schulung im klaren zu sein, die er durchführen wird. Das hat nichts damit zu tun, wie tief er dabei in die Materie vordringt.

1. Allgemeine kreative Fähigkeiten

Jeder Mensch, der gewisse anspruchsvolle Denkleistungen erbringen muß, sollte sein kreatives Potential entwickeln. Wenn Sie mit Konzepten, Wahrnehmungen und Ideen zu tun haben, ist Kreativität unabdingbar. Ohne diese kreativen Fähigkeiten können Sie eine Aufgabe lediglich im Rahmen der eingeführten Routine angehen oder die althergebrachten Methoden anders kombinieren.

Das Kreativitätstraining sollte Teil der Aus- und Weiterbildung auf allen Ebenen im Bildungswesen sein, angefangen von der Grundschule bis hin zu den Universitäten. Leider ist das bisher nicht der Fall. Die Entwicklung der allgemeinen kreativen Fähigkeiten muß daher notgedrungen in den Unternehmen stattfinden, die von diesem Potential profitieren wollen.

Diese allgemeine Form der Kreativität sollte allen Mitarbeitern zugänglich gemacht werden – ohne daran geknüpfte Erwartungen. Das bedeutet nicht, daß die kreativen Fähigkeiten auf allen Unternehmensebenen gleichermaßen erforderlich sind.

In der Führungsetage ist es unabdingbar, Stellenwert und Logik der Kreativität zu verstehen. Kreativität darf nicht als unterhaltsame Abwechslung eingestuft werden, sondern muß als eine Ressource von zentraler Bedeutung gelten. Jeder Angehörige der Geschäftsleitung sollte sich die Gewohnheiten und Techniken des lateralen Denkens zu eigen gemacht haben. Manche Topmanager werden diese Kreativitätsmethoden auch noch im Anschluß an das formale Training benutzen, vielleicht lebenslang. Die Hutwechsel-Methode sollte ein unverzichtbarer Bestandteil des Denkverhaltens werden.

Auf anderen Unternehmensebenen ist es unter Umständen nicht möglich, mit solcher Intensität auf die einzelnen Methoden einzugehen (obwohl es sehr vorteilhaft wäre). Es kann schon ausreichen, das Wissen um den praktischen Nutzen der Kreativität und einige grundlegende Techniken zu vermitteln, so daß alle, die kreativ arbeiten möchten, die erforderlichen ›Tools‹ zur Hand haben. Die mahnende Aufforderung, gründlich nachzudenken, hat nur einen begrenzten Effekt.

2. Bereichsspezifische Kreativität

Es gibt bestimmte Unternehmensbereiche, in denen ständig ein dringlicher Ideenbedarf herrscht. In gewisser Hinsicht sind diese ›Ideen‹ das Produkt des Bereichs. Die meisten Leute glauben, ihre Tätigkeit in diesem Bereich ihrem Einfallsreichtum zu verdanken. Bis zu einem gewissen Grad mag das stimmen. Doch die angeborene Kreativität (und die Motivation) kann durch das Erlernen von Kreativitätsmethoden, die sich planvoll und systematisch einsetzen lassen, erheblich verbessert werden.

Diese spezifischen Unternehmensbereiche schließen die Forschung ein; hier ist Kreativität nicht nur für Problemlösungen erforderlich, sondern auch unabdingbar, um neue Forschungslinien zu erschließen und neue Konzepte zu erarbeiten. Triebfeder der Forschungsaktivitäten sollten in erster Linie Konzepte sein; die Technologie ist von Haus aus ein Impulsgeber und sollte auf Platz Zwei rangieren. Die Frage lautet nicht:

> Welche Möglichkeiten eröffnet uns diese Technologie?
> Sondern:
> Es wäre wunderbar, wenn uns das gelänge; wie erreichen wir unser Ziel am besten?

Bei der Ausbildung von Wissenschaftlern und Technologen wird die Entwicklung der Fähigkeit, kreativ zu denken, nicht ausreichend berücksichtigt. Die Datensammlung und Datenanalyse steht dabei in aller Regel im Vordergrund.

In der Forschung ist außerdem ein hohes Maß an Kreativität gefragt, um das Gespür für die praktischen Anwendungen neuer Entwicklungen zu schärfen.

Viele neue Forschungsbereiche hängen von der Fähigkeiten ab, innovative Konzepte zu erarbeiten.

Entwicklungsabteilungen fristen oft ein kümmerliches Dasein und sind dazu verdammt, auf den ›fahrenden Zug aufzuspringen‹. Es ist natürlich möglich, anderen die Pionierarbeit der Markterschließung zu überlassen und dann mit einer verbesserten Version des gleichen Produkts herauszukommen. Aber auch für solche Motifikationen oder ›Patent-Umrundungen‹ ist kreatives Denken oft unentbehrlich.

Kreativität ist ein Muß, wenn man den Produktionszyklus verkürzen und die Kosten der Produktentwicklung senken will.

Einige Unternehmen haben Abteilungen gegründet, die ausschließlich damit beschäftigt sind, nach neuen Wachstumsfeldern Ausschau zu halten. Manchmal erfordern diese Aktivitäten Firmenzukäufe, Übernahmen oder eine Diverfikation durch Vorstoß in neue Geschäftsbereiche.

Kreativität ist Trumpf, wenn man versucht, Zukunftsszenarien zu entwickeln. Dabei müssen Sie Brüche in den derzeit bestehenden Trends berücksichtigen, die Probleme oder Chancen darstellen könnten. Es gilt, Konzepte zu erarbeiten, die flexibel sind und dem Unternehmen gestatten, sich an veränderte Bedingungen oder nicht prognostizierte Unwägbarkeiten anzupassen.

Eine Informationsanalyse kann derzeit bestehende Entwicklungstendenzen aufzeigen, aber es bleibt die Frage, welche Wechselwirkung diese haben könnten. Die Informationsanalyse, die Hinweise auf aktuelle Trends gibt, ist jedermann zugänglich; um einen Vorsprung im Wettbewerb zu erzielen, müssen Sie sich aber trotzdem fragen, mit welchen neuen Konzepten Ihr Unternehmen der Konkurrenz davonziehen kann. Die Bausteine mögen die gleichen sein, aber die fertige Konstruktion sieht möglicherweise völlig anders aus.

Manchmal geht es selbst im Rahmen einer Informationsanalyse nicht ganz ohne Kreativität. Das menschliche Gehirn nimmt nur das wahr, was es zu sehen erwartet. Manchmal müssen Sie eine Idee, eine Hypothese, eine Spekulation oder ein Handlungsmuster mitunter ›vorprogrammiert‹ haben, um sie in den Daten zu erkennen, die schwarz auf weiß vor Ihnen liegen.

Die zuvor erwähnte Konzept-F&E ist eine Struktur, die in unmittelbarem Bezug zur Erschließung neuer Geschäftsfelder steht.

Jedes kompetente Unternehmen verfügt über ein effektives Liefersystem. Dieses Potential wird ohne gute Konzepte verschwendet.

Diejenigen, die mit dem Entwurf der Unternehmensstrategie befaßt sind, sollten ausgiebig Gebrauch von ihrer Kreativität machen, um Konzepte und Alternativen zu entwerfen. Die zahllosen, unwägbaren Faktoren (die Zukunft, Verhalten der Konkurrenz, Druck durch Umweltschutzorganisationen, Maßnahmen der Regierung) erfordern eine flexible Planung und die Fähigkeit, jederzeit Anpassungen vorzunehmen. Einige dieser Zukunftsstrategien können durch logische Analyse und tradierte Konzepte abgeleitet werden, doch oft ist es nötig, neue Wege zu gehen. Woher haben wir die Gewißheit, daß die herkömmlichen Konzepte sämtliche Aspekte eine Situation berücksichtigen? Wieviel sollten wir in kreative Bemühungen investieren? Wenn die Belohnung groß ist – wie auf Topmanagement-Ebene gemeinhin der Fall –, dann macht es Sinn, den kreativen Möglichkeiten allerhöchste Priorität beizumessen. Letztendlich müssen alle innovativen Ideen den Lackmustest des Schwarzhut-Urteils bestehen, um die Gefahr zu umgehen, daß man sich in ein unrealisierbares Vorhaben verrennt. Wenn Sie sowohl die allgemeinen kreativen Fähigkeiten als auch die Urteilsfähigkeit/Bewertungskriterien verbessern, haben Sie die beste Kombination gewählt.

Jedes Unternehmen, das sich seiner Urteilsfähigkeit rühmt, sollte großes Gewicht auf kreative Aktivitäten legen.

Marketing ist eine Mischung aus Analyse, Tradition, Nachahmung und kreativen Konzepten. Gerade hier bietet sich ein weitläufiges Feld für innovative Konzepte mit tiefgreifender Wirkung. Wenn die Konkurrenz auch nicht gerade auf den Kopf gefallen ist und zügig aufschließt, müssen Sie sich etwas Neues einfallen lassen, um im Wettbewerb die Spitze zu halten. Sie werden nicht umhin können, auch althergebrachte Methoden anzuwenden, aber gleichzeitig gilt es, ihre Gültigkeit zu hinterfragen. Sie müssen neue Synergien und neue Wege zum Kunden aufspüren. Die Wertnormen ändern sich fortlaufend, und daher sollten Sie imstande sein, sich dem Wandel anzupassen und ihn zum Vorteil Ihres Unternehmens zu nutzen. Es ist auch notwendig, neue Wertschöpfungsmöglichkeiten zu schaffen oder die herkömmlichen Produkte einer ›Runderneuerung‹ zu unterziehen und sie neu im Markt zu positionieren. Sie sehen sich darüber hinaus der Aufgabe gegenüber, neue Marktsegmente aufzuspüren oder zu schaffen. Und es besteht immer das Risiko, daß Sie meinen, Sie hätten die Weisheit für sich gepachtet, was Sie dazu verleitet, über das Ziel hinauszuschießen.

Die Fähigkeit, Konzepte zu entwickeln, steht im Marketing besonders hoch im Kurs. Hier kann es nie zuviele neue Konzepte oder alternative Umsetzungsmöglichkeiten geben. Für manche Unternehmen, zum Beispiel solche mit Direktmarketing, ist es nicht schwer, Ideen zu testen. Damit erhält die Produktion einer Fülle verschiedener Ideen allerhöchsten Stellenwert. Oft sieht man sich der Versuchung gegenüber, genau das zu tun, was alle anderen tun und sich an bewährte Erfolgsrezepte zu halten. Gleichzeitig besteht aber auch die Gefahr, daß bei einer ehemals guten Ideen nach und nach der Lack abblättert oder ein Konkurrent sie mit einem Ersatzprodukt auf einen Schlag veralten läßt.

Verhandlung und Geschäftsabschlüsse sind keine traditionellen ›Kreativitätsbereiche‹, beinhalten aber den Entwurf neuer Konzepte und Wertschöpfungsmöglichkeiten. Im Rahmen einer kreativen Planung ist es beiden Parteien gleichermaßen möglich, Ziele zu erreichen, die Sinn für sie machen. Verhandlungen müssen nicht durch Kräftemessen und Tricks, Druck und Enttäuschung gekennzeichnet sein. Man kann auch versuchen, die divergenten Werthaltungen auf einen gemeinsamen Nenner zu bringen.

Bei Verhandlungen und Konfliktlösungen auf der Ebene der Arbeitnehmer-Arbeitgeber-Beziehungen bleibt ebenfalls viel Raum für Kreativität. Auch hier müssen neue Werte und Wege geschaffen werden, Konzepte umzusetzen. Der Entwurf von Handlungsalternativen geht über die Analyse hinaus und ist unbestritten ein kreativer Prozeß. Werbung, Öffenlichkeitsarbeit und das Design von Produktverpackungen, Fertigungsschritten und Arbeitsprozessen gehören ebenfalls zu den spezifischen Unternehmensbereichen oder Tätigkeitsfeldern mit unmittelbarem Kreativitätsbedarf.

Ich habe einige aufgezählt, um Ihnen einen Eindruck zu vermitteln, wie ungeheuer wichtig Kreativität hier ist. In jedem einzelnen Bereich laufen Sie Gefahr, daß durch Verharren im alten Trott und Nachahmung die eigene schöpferische Kraft allmählich versiegt. Damit verstärken Sie das Bestreben der Mitarbeiter, eine ›ruhige Kugel‹ zu schieben und ja kein Risiko einzugehen. Warum den Kopf hinhalten, wenn man bequem über die Runden kommt, indem man mit den Wölfen heult?

Ein Kreativitätstraining in diesen spezifischen Unternehmensbereichen durchzuführen ist nicht einfach, weil sich hier viele Mitarbeiter bereits für einfallsreich halten und sich dagegen wehren, daß ihnen jemand sagt, ›wo's langgeht‹. Doch sobald sie mit den Kreativitätstechniken vertraut sind, wenden die meisten sie bereitwillig, um die eigenen kreativen Leistungen noch zu steigern. Es ist unerläßlich, diese Techniken von der Pike auf zu vermitteln, um die Logik der Kreativität und die formalen Einzelheiten zu verdeutlichen. Darüber hinaus muß die Möglichkeit bestehen, die Techniken immer wieder zu üben. Ihr formaler Charakter sollte betont werden, weil dieser im Gegensatz zum herkömmlichen kreativen Ansatz in diesen Unternehmensbereichen steht, der in keine Struktur eingebunden ist. Laterales Denken erhebt nicht den Anspruch, besser zu sein als das ›naturgegebene‹ schöpferische Talent, sondern stellt nur eine andersgeartete Ideenfindungsmethode dar. In gewisser Hinsicht stellen die formalen Techniken des lateralen Denkens jedem, der sie benutzt, einen kreativen Helfer zur Seite, der immer dieselbe Person ist, seine Rolle aber stets neu definiert.

3. Praxisbezogene Kreativität

Es gibt bestimmte Mitarbeiter im Unternehmen, die aufgefordert werden, ihre Kreativität bewußt und formal zu nutzen, um neue Ideen zu suchen. Zum Beispiel sollten die Teilnehmer der regulären Kreativitätssitzungen über praxisbezogene Fähigkeiten des lateralen Denkens verfügen, weil sie diese regelmäßig anwenden müssen. Und die Gruppen, die in FAT/CAT™-Programme einbezogen sind, brauchen kreative Fähigkeiten dieser Art.

Die Mittler müssen in der Lage sein, die Techniken zu demonstrieren und anderen Tips und Anleitung im Verlauf ihrer kreativen Denkprozesse geben.

Die Mitglieder solcher Gruppen oder Teams sind normalerweise nicht mit kreativen Denkoperationen befaßt. Die vorhandene Fachkompetenz muß also durch die kreativen Fähigkeiten erweitert werden. Das Training ist bei solchen Gruppen wesentlich einfacher als bei den zuvor erwähnten ›Kreativitätsexperten‹. Das liegt daran, daß es hier keinen eingeschliffenen kreativen Arbeitsstil und weniger Probleme mit dem Ego gibt. Der Schwerpunkt des Trainings sollte auf der praktischen Seite liegen. Die Logik der Kreativität zu verstehen, ist weniger wichtig als die Fähigkeit, die verschiedenen Kreativitätstechniken richtig und präzise in ihrem Fachbereich anzuwenden.

Es ist nicht immer notwendig, die Angehörigen der Teams mit dem gesamten Kreativitätsinstrumentarium vertraut zu machen. Man kann die Anzahl der Techniken verringern, wenn Zeitmangel herrscht, aber die verbliebenen sollte man so intensiv übermitteln, daß sie allen in Fleisch und Blut übergehen.

Die praxisbezogenen kreativen Fähigkeiten lassen sich unverzüglich erproben. Sie werden sofort und ständig gebraucht. Doch dazu müssen Sie die nötigen Techniken des kreativen Denkens beherrschen – ähnlich wie bei einem Chirurgen, dem man nicht langwierig das gesamte medizinische Hintergrundwissen vermittelt, sondern nur bestimmte ›Schnitttechniken‹, die er bei spezifischen Operationen braucht.

Trainingsformen

Die Schulung des kreativen Denkens beinhaltet die Entwicklung der kreativen Fähigkeiten. Das bedeutet, es werden Techniken vermittelt, die problemlos anwendbar, aber trotz aller Einfachheit äußerst wirkungsvoll sind. Es bedarf zahlreicher Beispiele, um die Funktionsweise dieses Instrumentariums zu veranschaulichen, und die Praxis sollte dabei keinesfalls zu kurz kommen. Bei den Übungen sollte man auf emotionale Distanz achten, das heißt, keine Fallbeispiele aus der Praxis der Trainingsteilnehmer einschließen. Auf diese Weise konzentriert man die Aufmerksamkeit auf den Denkprozeß selbst und fördert das Vertrauen in die eigene Kompetenz im Umgang mit den Techniken. Von Zeit zu Zeit können auch Themen von unmittelbarer Relevanz einbezogen werden, um zu zeigen, daß sich die ›Tools‹ auf diese Fälle gleichermaßen anwenden lassen.

Am besten übt man die Techniken mittels Themen, die sich durch Daten und Fakten belegen lassen, denn dabei wird der Wert oder Nutzen einer Idee auf Anhieb sichtbar. Bei den sogenannten ›sanften‹ Themen ist dieser Nutzen oft Ansichtssache: Das schmälert das Erfolgsempfinden und das Bewußtsein, eine ›neuartige Idee‹ gefunden zu haben. Wenn Sie beispielsweise vorschlagen, Mitarbeitern nicht am Monatsende, sondern an irgendeinem x-beliebigen Datum die Löhne und Gehälter zu überweisen, läßt sich sehr schwer abschätzen, welche Wirkung damit verbunden wäre. Wenn Sie jedoch auf die Idee kommen, ein Trinkglas mit bauchigem Boden herzustellen, ›sehen‹ Sie auf Anhieb, welche Folgen Ihre Erfindung hätte.

Das Kreativitätstraining ist immer ein Training ›von innen nach außen‹, im Gegensatz zu herkömmlichen themenspezifischen Schulungsmethoden, die ›von außen nach innen‹ aufgebaut sind. Bei letzteren liegt der Schwerpunkt auf der Fähigkeit, Situationen voneinander zu unterscheiden, damit man den markierten, optimalen Aktionskurs einschlagen kann. Man widmet den überlappenden Bereichen und Grauzonen große Aufmerksamkeit, weil viele Entscheidungen in diesem Raum getroffen werden müssen. Die Fallbeispiele stellen keine großen Anforderungen an das Denkvermögen und die Lösungen sind offenkundig. Wer über ein gesundes Urteilsvermögen verfügt, verbringt seine gesamte Zeit in diesen Grauzonen mit dem Versuch, sich Klarheit über sie zu verschaffen. Bei der ›Lehrmethode von innen nach außen‹

ignoriert man die Grauzonen, weil sie keine Rolle spielen. Anschauliche und direkte Beispiele veranschaulichen ein Argument. Ein Sachverhalt wird anhand dieser Beispiele demonstriert. Wenn ein Thema Verwirrung auslöst, läßt man es fallen und geht zum nächsten über. Hier will man den Trainingsteilnehmern eine sehr klare Vorstellung davon vermitteln, was sie tun sollen. Verwirrung ist der Erzfeind jedes Lernfortschritts.

Zeitrahmen

Es gibt verschiedene Trainingsformate, von denen ich einige nachfolgend auflisten möchte. Es handelt sich dabei lediglich um Empfehlungen.

Eintägiges Seminar (sechseinhalb Stunden)

Solche Seminare sind nützlich, um großen Gruppen einen Eindruck von der Beschaffenheit und Wirkung der Kreativität zu vermitteln. Sie sensibilisieren Unternehmen für die Bedeutung der Kreativität. Hier können einige der grundlegenden Techniken des lateralen Denkens beschrieben werden, aber die Möglichkeiten, sie praktisch zu üben, sind durch die Fülle des Lehrstoffs und die knappe Zeit begrenzt. Ein solches Seminar eignet sich auch für Führungskräfte der obersten Leitungsebenen. Die Anzahl der Seminarteilnehmer unterliegt keiner Beschränkung und kann sich auf fünfhundert oder mehr belaufen.

Zweitägiges Seminar (elfeinhalb Stunden)

Das zweitägige Seminar deckt dieselben Themen wie das eintägige ab, bezieht aber auch andere Informationen ein. Der Hauptunterschied besteht darin, daß mehr Möglichkeiten gegeben sind, die Techniken praktisch zu üben und ein Gefühl für ihre Anwendung zu entwickeln. Aus diesem Grund sollte die Anzahl der Teilnehmer kleiner sein (ungefähr fünfzig). Es ist möglich, solche zweitägigen Seminare auch für größere Gruppen durchzuführen, aber dann kann man dem Einzelnen weniger Aufmerksamkeit widmen.

Trainer-Schulung (fünf Tage oder vierzig Stunden)

Sie dient vor allem dazu, Trainer mit dem Rüstzeug und den Methoden auszustatten, die sie an die Seminarteilnehmer weitervermitteln. Der Stil unterscheidet sich stark von den ein- oder zweitägigen Seminaren, die auf die persönliche Anwendung der Teilnehmer zugeschnitten sind. Bei der Trainer-Schulung steht die Praxis im Mittelpunkt, so daß absolute Klarheit über den Einsatz des Instrumentariums im Unternehmensalltag herrscht und Mißverständnisse, die vielleicht bei den nachfolgenden Trainings der Firmenangehörigen auftauchen, ausgeräumt werden können.

Laterales Denken für Fortgeschrittene (ein Kurs, der sich auf fünf Tage oder vierzig Stunden erstreckt)

Diese Trainingseinheit eignet sich für alle, die einen hohen persönlichen Bedarf am Einsatz ihrer kreativen Fähigkeiten haben. Hier handelt es sich nicht um eine Schulung für Trainer, sondern für die Benutzer. Einige Techniken des lateralen Denkens, die auf dem Grundwissen aufbauen, (wie die sogenannten ›Flußlandschaften‹) werden eingeführt. Der Schwerpunkt liegt auf Einzelübungen und Gruppenarbeit. Die persönliche Aufmerksamkeit, die man jedem Einzelnen widmet, spielt hier eine große Rolle, um individuelle Probleme herausfiltern zu können. Die Anzahl der Kursteilnehmer sollte daher auf zwanzig begrenzt sein.

Die nachfolgend beschriebenen Module sind für die firmeninterne Anwendung durch geschulte Trainer entwickelt worden.

Vierzig-Stunden-Modul

Ein Intensivkurs für Mitarbeiter in spezifischen Bereichen, die im Rahmen ihrer Arbeit häufig kreative Denkoperationen durchführen müssen.

Zwanzig-Stunden-Modul (für Führungskräfte)

Ein Kurs für Führungskräfte ohne spezifischen Kreativitätsbedarf, die neue Ideen im Rahmen ihrer eigenen Arbeit indessen gut gebrauchen können und imstande sein müssen, sie bei anderen zu ermutigen.

Zehn-Stunden-Modul (grundlegende Fähigkeiten)

In dieser Trainingseinheit werden nur diejenigen grundlegenden Techniken des lateralen Denkens angesprochen, die von Kreativgruppen praktisch umgesetzt werden sollen. Der Schwerpunkt liegt auf der unmittelbaren Nutzung des Instrumentariums.

Fünf-Stunden-Modul (Mindestvoraussetzung)

Diese Trainingseinheit ist eine Mindestvoraussetzung und deckt eine begrenzte Auswahl an Techniken ab. Sie kann für die gesamte Belegschaft eines Unternehmens verwendet werden. Falls es ist nicht möglich ist, eine intensivere Schulung durchzuführen, reicht dieses Modul für Gruppen aus, die in das FAT/CAT™-Programm eingebunden sind.

Jede dieser Trainingseinheiten läßt sich durch eine Minderung der Zeit, die für praktische Übungen angesetzt ist, verkürzen, was gleichwohl nicht empfehlenswert ist, da die Praxis bei der Entwicklung kreativer Fähigkeiten eine wichtige Rolle spielt. Wenn Sie jemandem ein Tennisspiel auf Video zeigen, hat er die Grundregeln vielleicht in zwanzig Minuten begriffen, aber deshalb kann er noch lange nicht Tennis spielen. Um diese Sportart richtig zu erlernen, muß er sich auf den Tennisplatz begeben und den Schläger selbst in die Hand nehmen. Deshalb ist die Übung unter Anleitung ein unverzichtbares Element des Kreativitätstrainings.

Die Module lassen sich in Segmente von unterschiedlicher Länge unterteilen, je nach Trainingsstil des jeweiligen Unternehmens. Das Zwanzig-Stunden-Modul kann beispielsweise in fünf Einheiten von vier Stunden Dauer aufgesplittet werden. Im allgemeinen gilt: Je mehr Segmente, desto wirksamer das Training, weil die dazwischenliegende Zeit das Einüben des Gelernten und Verinnerlichen der Methoden gestattet. Wenn man sämtliche Kreativitätstechniken auf einen Schlag vermittelt, läuft man Gefahr, die Schulungsteilnehmer zu überfordern und zu ermüden, was zur Folge hat, daß einige Kreativitätsprozesse auf Kosten anderer (gleichermaßen wichtiger, die jedoch in Vergessenheit geraten) bevorzugt werden.

Formate

Ich habe die Techniken des lateralen Denkens immer wieder als ›Instrumentarium‹ oder ›Tools‹ bezeichnet. Ein Zimmermann verfügt über eine Reihe von Werkzeugen (Hammer, Säge, Hobeleisen, Meißel, Bohrgerät usw.), die er entsprechend der jeweils anstehenden Arbeit benutzt. Dabei ist jedoch keine bestimmte Reihenfolge vorgeschrieben. Sobald er ein gewisses Maß an Erfahrung in seinem Metier gesammelt hat, weiß er, wann er welches verwenden muß. Ich bin immer ein wenig mißtrauisch gegenüber Trainingsprogrammen, die jeden einzelnen Schritt festlegen, dem die Teilnehmer folgen sollen. Das wirkt zwar beeindruckend und mag in einem Lernumfeld angebracht sein, aber wenn der Mitglied wieder an seinen Arbeitsplatz zurückkehrt, hat er die genaue Abfolge vergessen und ›steht auf dem Schlauch‹. Ist die Reihenfolge indessen nicht vorgeschrieben, kann er die Instrumente nach eigenem Gutdünken einsetzen. Auch wenn es sich dabei nicht um die bestmögliche Wahl handelt, wird sie ihre Wirkung nicht verfehlen.

Der wichtigste Punkt bei der Entwicklung von Kreativitätsprogrammen und in Schulungen ist, daß die Teilnehmer das Gelernte problemlos und sofort praktisch umsetzen können. Das wird leider nur allzu oft von den Trainingsverantwortlichen vergessen, die ein beeindruckend komplexes, aber aufgrund dieser Vielschichtigkeit schwer zu benutzendes Instrumentarium zusammenstellen. Ich halte mehr von den einfachen, aber hochwirksamen Verfahren. Die Hutwechsel-Methode ist ein anschauliches Beispiel.

Die nachfolgenden Beispiele verdeutlichen den praktischen Rahmen, in dem die Techniken des lateralen Denkens zum Tragen kommen können.

Sofortige Anwendung

Es ist möglich, die Techniken des lateralen Denkens sofort und ohne weitere Vorbereitungen anzuwenden. Betrachten Sie folgende Szene:

> Wir kommen nicht weiter. Wir denken immer wieder im Kreis. Versuchen wir es mit der Random Word-Technik, wobei wir uns auf einen spezifischen Zweck konzentrieren: die Anzahl der Mitarbeiter, die zu spät zur Arbeit erscheint, ist zu hoch. Das Zufallswort ist ›Brücke‹ (aus einer Liste mit sechzig Begriffen anhand des Sekundenzeigers der Uhr ermittelt). Sie haben zwei Minuten Zeit, in Einzelarbeit darüber nachzudenken.
> Welche Ideen können Sie beisteuern? Beginnen wir mit Ihnen.
> Sobald man sich auf der Brücke befindet, geht man ans andere Ufer hinüber. Die Idee ist, die Leute zu motivieren, in die Firma zu kommen, lange bevor sie mit der Arbeit beginnen. Wir könnten ihnen die Morgenzeitung zum Lesen anbieten, oder ein einfaches Frühstück, oder ähnliches.
> Mir ist die gleiche Idee gekommen, als ich bei dem Begriff ›Brücke‹ an Zahnersatz, Mund und essen gedacht habe.
> Bei Brücke fällt mir spontan das Wort überqueren ein. Könnten wir Mitarbeiter vielleicht ›quer‹ durch die Stadt zur Arbeit transportieren? Vielleicht sollten wir einen firmeneigenen Bus einsetzen, der die Leute an einer zentralen Haltestelle abholt. Man könnte sogar Besprechungen im Bus abhalten, um die Fahrzeit optimal zu nutzen.
> Ich habe an eine Hängebrücke gedacht und an die Möglichkeit, Mitarbeiter zu entlassen, die andauernd zu spät kommen. Und wie wäre es mit dem Gegenteil: Mitarbeiter, die mehr als einmal in der Woche fünf Minuten zu früh erscheinen, erhalten einen Bonus.
> Gut. Nun haben wir einige Ideen beisammen. Lassen Sie uns zusammenfassen ...

Der gesamte Prozeß dauert möglicherweise nicht länger als sechs Minuten. Weitere Zeit könnte man dafür ansetzen, die vom Zufallswort stimulierten Ideen eingehender zu erforschen, die Konzepte herauszufiltern und nach verschiedenen Möglichkeiten zu suchen, diese Konzepte umzusetzen (beispielsweise die Belohnung für vorzeitiges Erscheinen am Arbeitsplatz).

Betrachten wir ein weiteres Beispiel für die sofortige Nutzung einer Kreativitätstechnik.

> Wir brauchen Ideen für Tischgedecke im Restaurant. Wir wollen versuchen, einige direkte Alternativen aufzuzeigen. Der Fixpunkt, auf den wir unsere Aufmerksamkeit konzentrieren, ist die Tischoberfläche bei Mahlzeiten. Was fällt Ihnen spontan dazu ein?

Tischdecken.
Gäste, die ihre eigenen Tischdecken aussuchen.
Platzdeckchen.
Gar nichts. Nur eine saubere Tischplatte.
Keramikkacheln mit Dekor.
Auswechselbare Tischplatten.
Eine Art Moos oder Gras.
Eine Glasplatte, unter der man interessante Dekorationsobjekte plazieren kann, beispielsweise Antiquitäten oder sogar Ameisen, die in einem verschlossenen Glasbehältnis herumkrabbeln, sozusagen zu Studienzwecken.
Berühmte Zitate, auf einer kunststoffbeschichteten Oberfläche aufgedruckt.
Prima. Da haben wir ja einige Ideen gefunden.

Ein solcher Prozeß dauert vielleicht vier Minuten. Es ist interessant zu beobachten, wie man bei der Suche nach Alternativen von den herkömmlichen zu neuen, unkonventionellen Ideen übergegangen ist, sobald der provokative Vorschlag ›Moos oder Gras‹ geäußert wurde. Danach war die Bahn frei für einige interessante Möglichkeiten der Tischflächengestaltung. An diesem Punkt hätte man das Konzept ›etwas Interessantes zum Anschauen oder Diskutieren‹ als neuen Fixpunkt herausfiltern können.

Manchmal werden Sie das Gefühl haben, daß diese unmittelbaren Anwendungen völlig zwanglos erfolgen und formale Strukturen überflüssig sind. Aber diese formalen Strukturen erhöhen den Nutzen der Technik. Die Definition des Fixpunktes bei der Suche nach Alternativen zeitigt bessere Ergebnisse, als wenn Sie lediglich sagen: »Lassen Sie uns jetzt nach Alternativen Ausschau halten.«

Individuelle Formate

Wann die Techniken des lateralen Denkens am besten in Einzel- oder in Gruppenarbeit benutzt werden, ist an anderer Stelle beschrieben. Der große Vorteil der Einzelarbeit besteht darin, daß sie wesentlisch schneller erfolgt, weil die Rückmeldungen der Gruppe fehlen und keine Zeit für lange Diskussionen verlorengeht. Im Schnitt brauchen Gruppen für die Anwendung einer Technik drei- bis fünfmal länger als Einzelpersonen.

Ein weiteres zeitsparendes Merkmal ist, daß Ideen und Konzepte aufgeschrieben werden, sobald sie Gestalt annehmen, was in der Gruppe, wo sie sich im Rahmen einer Diskussion herauskristallisieren, nicht der Fall ist.

Phase 1: Fokus
Ermitteln und Abklären des Fokusbereichs.
Präsentation von Informationen, falls nötig.
Alternative Formulierungen und Definition des Fokusbereichs.
Auswahl von thematischen Unterbereichen für spätere Verwendung.

Phase 2: Technik
Wahl der Technik.
Anschieben der Technik (das heißt, Aufstellen der Provokation).
Anwendung der Technik.

Phase 4: Output
Herausfiltern der Konzepte.
Arbeit mit Konzepten.
Ideensammlung.
Ideenbearbeitung.
Formales Ergebnis.

Es ist schwierig, einen genauen Zeitrahmen für jede einzelne Phase festzulegen, da sie mehr oder weniger Zeit beanspruchen kann, je nach Fokus, Technik, die gewählt wurde, Ideenfluß und Arbeitsaufwand bei der Aufbereitung des Ergebnisses. Eine allgemeine Orientierungshilfe wäre: drei Minuten für die Fokus-Phase, drei Minuten für die Technik-Phase und sechs Minuten für die Output-Phase. Die Länge der Zeit, die für die Output-Phase angesetzt wird, hängt von der Beschaffenheit der Aufgabenstellung ab. Werden die Techniken des lateralen Denkens zur Produktion neuer Ideen benutzt, fällt in der Output-Phase kaum Arbeit an, sofern die Einfälle nicht wirklich brandneu sind. Zielt man damit indessen lediglich auf die Ideenfindung generell ab, erfordert diese Phase eine gründliche Abwicklung.

Das Herausfiltern der Konzepte aus den Ideen und die Arbeit mit Konzepten, um Verbesserungen zu erzielen und nach neuen Ideen zu suchen, ist Bestandteil der Output-Phase, weil diese Aktivitäten direkt auf die Anwendung der Technik folgen.

Sie können auch mit mehreren Techniken gleichzeitig arbeiten. Es ist jedoch nicht ratsam, mehr als drei in einer einzigen Kreativitätssitzung zur Anwendung zu bringen.

Fokus
Technik 1
Technik 2
Technik 3
Output.

Im Rahmen des Einzelansatzes können Konzeptarbeit, Ideensammlung und Ideenbearbeitung nacheinander erfolgen, sobald die letzte Technik angewendet wurde. Beim Gruppenansatz ist es am besten, diese Aktivitäten nach Abschluß jeder einzelnen Technik in Angriff zu nehmen.

Beispiel:

Fokus:
Verkehrsampeln verbessern (gleichwie).
Zweckorientierter Fokus.
Verkehrsampeln sollen derzeitige Funktion behalten.

Technik 1: Mentale Herausforderung
Warum sind die Signalleuchten der Ampeln senkrecht angebracht?
Warum befinden sie sich in einer bestimmten Höhe.
Warum gibt es nur eine Lichterreihe.
Konzept:
Mehrere Signalleuchten an verschiedenen Stellen plazieren.

Technik 2: Ausfallschritt-Technik
Wir betrachten es als selbstverständlich, daß Verkehrsampeln sichtbar sind.
Po, Verkehrsampeln sind nicht sichtbar.
Idee:
Ein Funksignal, das eine rotes Lämpchen innerhalb des Autos aufleuchten läßt, wenn die Ampel rot ist.

Output:
Konzept mehrerer Lichter könnte Verdoppelung der Signalleuchten an verschiedenen Stellen bedeuten. Vielleicht im Straßenbelag, beispielsweise Lichtband, das Farbe wechselt. Oder kleine Leuchten installieren, die ins Auge springende Form bilden.

Konzept, das durch Zurückspulen der Idee von der Ampelschaltung durch Funksignal ermittelt wurde, ist, daß jedes Fahrzeug automatisch darauf reagieren würde. Das könnte durch Veränderung der Straßenoberfläche bewerkstelligt werden, die zum Beispiel Holpern verursachen oder eine physische Barriere errichten. Es wäre auch möglich, daß im Auto selbst ein akustisches Signal ausgelöst wird.

Ideensammlung

Zwei breitgefächerte Richtungen: verschiedene Formen und Plazierungsmöglichkeiten der Signalleuchten, und eine Vorrichtung im Auto, die automatisch auf die Ampelschaltung reagiert.

Modell-Ideen: Licht oder Geräusch im Auto, ausgelöst durch Funksignal; Lichtband quer über die Straße, Veränderung der Straßenoberfläche, mehrere Leuchten in auffälliger Form arrangieren.

Richtungsänderung: Statt über Ampelanlage nachzudenken, liegt der Schwerpunkt jetzt auf Reaktion der Kraftfahrzeuge; statt der freiwilligen steht die erzwungene Reaktion im Mittelpunkt, wie bei der Straßenbarriere.

Ideenbearbeitung:
Rote Signalleuchte könnte merklich größer sein als die anderen Leuchten. Oder zwei rote Leuchten anbringen.

Signalgerät im Auto könnte Zusatz zum herkömmlichen Licht sein, so daß dieses auch dann noch funktioniert, wenn das Gerät defekt ist.

Weitere Überlegungen erforderlich, um Konzept einer greifbaren Barriere zu entwickeln, die bei roter Ampel Weiterfahrt der Kraftfahrzeuge verhindert.

Formales Ergebnis:
Idee: Die Idee ist eine größere oder doppelt angebrachte rote Signalleuchte, um diese besser zu kennzeichnen.

Nutzen: Man muß das rote Licht besser sehen können als Gelb oder Grün.

Konzept: Ein im Kraftfahrzeug eingebautes Signalsystem, das auf die Ampelschaltung reagiert.

Nutzen: Frühzeitige, wirksame Warnung, daß die Ampel rot ist.

In diesem Beispiel könnte die Ideensammlung und -bearbeitung gründlicher erfolgen. Die Schwierigkeit bei einem Funksignal besteht beispielsweise darin, Autos zu unterscheiden, die sich aus der einen bzw. anderen Richtung nähern (deshalb muß das Signal vielleicht vor der Straßenkreuzung erfolgen). Es ist immer von Vorteil, für die Ideensammlung und auch für die verschiedenen Schritte der Ideenbearbeitung die Checkliste zu benutzen.

Gruppenformate

Die Phasen des Gruppenformats ähneln denen des Einzelformats, wobei sich die Aktivitäten innerhalb der einzelnen Abschnitte klar unterscheiden.

Fokus-Phase

1. Ein Angehöriger der Gruppe, der die Bitte um kreative Beiträge äußert, umreißt in groben Zügen den Fokusbereich, an dem gearbeitet werden soll. Die notwendigen Daten und Informationen werden ebenfalls präsentiert.
2. Vorschläge bezüglich der Fokuspunkte können auch von den Mitgliedern der Gruppe kommen. Die Themenbereiche, Definitionen und Unterbereiche werden in der Diskussion geklärt. Dann entscheidet man über die endgültige Fokus-Variante. Es wird klar zum Ausdruck gebracht, um welche es sich handelt.

Technik-Phase

1. Ein Mittler oder irgendjemand, der die Führung im kreativen Prozeß übernimmt, bestimmt oder erklärt sogar umfassend die Techniken, mit denen die Gruppenmitglieder arbeiten sollen.
   »Wir werden die Random Word-Technik benutzen. Verkehrsampel -po- Wolke.«
   Dann folgt rund drei Minuten Einzelarbeit oder offene Arbeit in der Gruppe.
2. Der Mittler kann die Technik vorgeben, die dann von jedem Gruppenmitglied in Eigenarbeit entwickelt und benutzt wird, wie beim Einzelformat.

»Ich möchte, daß Sie die Ausfallschritt-Technik benutzen. Entwickeln und benutzen Sie diese jeder für sich.«

3. Die Gruppe diskutiert, welche Technik angewendet werden soll. Wenn man sich für eine Provokationsmethode entscheidet, können Vorschläge bezüglich der Reiz-Aussage gemacht werden. Dann wird eine der zur Wahl stehenden Provokationen aufgegriffen, mit der alle arbeiten. Diese Arbeit kann einzeln oder in der Gruppe erfolgen.
   Im allgemeinen empfiehlt es sich, daß alle mit derselben Provokation arbeiten, weil die Diskussion dadurch fruchtbarer ist. Wenn sich jemand für eine andere entscheidet, kann er auch alleine damit arbeiten.

Output-Phase

Bei der Gruppenarbeit sollte nach Anwendung jeder einzelnen Technik die Output-Phase anberaumt werden. Hier sammelt man die Ideen nicht in umfassender, sondern in vereinfachter Form, die folgende Elemente enthält:

1. Kurze Schilderung der kreativen Bemühungen jedes Gruppenmitglieds.
2. Notieren von Ideen und Konzepten.
3. Den Faden von Ideen zu Konzepten zurückspulen.
4. Allgemeine Diskussion (auf den Ideen aufbauend).

Nächste Phase

In der nächsten Phase kann man die Gruppendiskussion fortführen oder zu einer anderen Technik überwechseln. Die einzelnen Schrittte sind oben grob umrissen.

Endergebnis

Zuletzt werden die Ideen der gesamten Kreativitätssitzung in vollem Umfang gesammelt, bearbeitet und zu einem formalen Ergebnis kompiliert.

Die Ideensammlung kann in Gruppen- oder Einzelarbeit erfolgen; bei letzterer werden die verschiedenen Outputs zu einem Gesamtergebnis kombiniert.

Die Ideenbearbeitung und Entwicklung des formalen Endergebnisses obliegt wieder der Gruppe.

Auch hier ist es schwierig, einen genauen Zeitrahmen festzusetzen. Die tatsächliche Zeit, die für die einzelnen Phasen benötigt wird, hängt von der Anzahl der Gruppenmitglieder, dem Thema, den gewählten Techniken (die Entwicklung des Konzeptfächers ist langwierig) und dem Ideenfluß ab. Je mehr Ideen gefunden werden, desto mehr Zeit nimmt die Ideensammlung und -bearbeitung in Anspruch.

Die ungefähre Zeitdauer der einzelnen Phasen in einem 30-Minuten-Modul ist:

Fokus-Phase: 3 Minuten
Technik-Phase: 3 Minuten
Output-Phase: 10 Minuten
Endergebnis: (Ideensammlung, usw.): 10 Minuten
Formales Ergebnis: 4 Minuten.

Wie zuvor erwähnt, hängt die Zeitdauer der Ideensammlung und -bearbeitung von der Beschaffenheit der Aufgabe ab, die kreativ gelöst werden soll. Wenn man ausschließlich nach *neuartigen* Ideen sucht, erübrigt es sich, Ideen, die dieses Kriterium nicht erfüllen, umfassend aufzubereiten. Sind auch keine *neuen* Ideen, Konzepte oder Modell-Ideen gefunden worden, wird statt der Endergebnis-Phase eine weitere Kreativitätstechnik angeschlossen.

Das 30-Minuten-Modul kann beliebig oft wiederholt werden; die Endergebnis-Phase sollte indessen erst am Ende der gesamten Sitzung stattfinden. Die Sequenz sieht also folgendermaßen aus:

Fokus
Technik 1
Output
Technik 2
Output
Endergebnis.

Aufzeichnung

Herkömmlicherweise wird bei kreativen Gruppensitzungen jemand bestimmt, der das Protokoll führt. Nach meiner Erfahrung wird der kreative Prozeß durch diese akribische Aufzeichnung erheblich verlangsamt und auch der Ideen-Output beeinträchtigt. Der Grund ist, daß der Protokollführer überlastet ist: Alle warten mit dem nächsten Beitrag, bis die vorherige Idee schriftlich festgehalten ist. Dazu kommt, daß er sie oft unzulässig vereinfacht oder noch häufiger stichwortartig einem der vorhergehenden Themenkreise zuordnet. Das ist einfach und logisch, denn sie scheint hervorragend in die Kategorie hineinzupassen. Später gelingt es dann nicht mehr, die Idee mit ihren besonderen Merkmalen aus ihrer ›Verzahnung‹ zu lösen.

Ich habe an vielen interessanten Kreativitätssitzungen teilgenommen; das Endergebnis war merkwürdigerweise unglaublich langweilig. Der originelle Kern der einzelnen Ideen schien im Zuge des Aufzeichnungsprozesses verlorengegangen zu sein.

Ich persönlich ziehe es vor, die Sitzung auf Band aufzunehmen, so daß die Ideen in aller Ruhe gesammelt werden können. Am besten läßt man mehrere Kassettenrekorder mitlaufen, da die Absicht, Kopien zu ziehen, selten in die Tat umgesetzt wird. Solche Aufzeichnungen haben außerdem den Vorteil, daß man sogar kurz gefaßten Vorschlägen später volle Aufmerksamkeit angedeihen lassen kann. Es kommt oft vor, daß eine wichtige Anmerkung untergeht, wenn sich mehrere Teilnehmer zu Wort melden und der nächste nicht an die Idee anknüpft, sondern es eilig hat, seine eigenen Einfälle zu präsentieren.

Eine Alternative zum Kassettenrekorder wäre, daß jedes Gruppenmitglied diejenigen Ideen und Konzepte für sich notiert, die ihm nützlich erscheinen. In Anbetracht der menschlichen Natur darf man getrost davon ausgehen, daß letztlich alle Ideen schriftlich fixiert sind. Während der Einzelarbeit in einer Gruppensitzung kann das Ergebnis, zusätzlich zum mündlichen Bericht, auch noch schriftlich zusammengefaßt werden.

Ein kunterbuntes Sammelsurium von Einzelblättern ringsum an die Wände des Raumes zu pinnen vermittelt zweifelsfrei das Gefühl, etwas geleistet zu haben, aber der kreative Prozeß wird möglicherweise beschnitten und das Ergebnis beeinträchtigt, weil viele Teilnehmer die vorgetragenen Ideen als Sprungbrett für ihre Arbeit benutzen. Das ist unnötig, da man mittels mentaler Provokationen originellere Ergebnisse erzielen kann. Wenn die Gruppe gemeinsam eine Technik wie den Konzeptfächer anwendet, sind Flipcharts oder eine Tafel hilfreich.

Gruppenstrukturen

Unter einer Gruppe versteht man eine Anzahl von Leuten, die sich zu einem bestimmten Zweck zusammenfinden. In diesem Fall besteht der Zweck darin, kreativ zu denken. Beim klassischen Brainstorming ist die Gruppe ein ausschlaggebendes Element des Prozesses. Beim lateralen Denken benutzt die Gruppe die formalen Techniken des lateralen Denkens sowohl in Gruppen- als auch in Einzelarbeit. Die Gruppe kann dem Prozeß einen zusätzlichen Nutzen verleihen, weil sie die Diskussion oder Entwicklung von Ideen anregt. Ein Teilnehmer hat beispielsweise eine Idee, ein anderes Gruppenmitglied spult diese Idee auf die Konzeptebene zurück, und ein dritter schlägt eine bessere Lösung vor, das Konzept praktisch umzusetzen.

Anzahl der Gruppenmitglieder

Sechs Leute sind ideal. Vier kreative und konstruktive Mitglieder würden ebenfalls gute Ergebnisse erzielen. Acht wäre die Höchstzahl. Bei acht Personen hätten einige Gruppenmitglieder die Möglichkeit, sich zeitweilig in ihr Schneckenhaus zurückzuziehen, statt sich aktiv an der Sitzung zu beteiligen.

Bei lateralen Denkprozessen können die Gruppenmitglieder von Zeit zu Zeit die formalen Techniken in Einzelarbeit anwenden. Danach erstatten sie der Gruppe Rückmeldung über das Ergebnis der Denkoperation. Dafür muß man rund zwei bis drei Minuten je Person ansetzen. Bei einer großen Gruppe geht zuviel Zeit für diesen Feedback-Prozeß verloren.

In größeren Gruppen könnten einige Mitglieder geneigt sein, sich passiv zu verhalten und die kreative Arbeit den anderen zu überlassen. Außerdem schlüpfen manche, die nicht mit eigenen Ideen aufwarten können, gerne in die Rolle des stillschweigenden Beobachters oder Kritikers, der nach einem

Haar in der Suppe sucht. In kleinen Gruppen wird dagegen von allen gleichermaßen ein konstruktiver Beitrag erwartet. In größeren Gruppen bleibt außerdem Raum für Mitglieder, die in ›offizieller‹ Funktion an der Kreativitätssitzung teilnehmen, was die Gruppe hemmen und ihre Leistung beeinträchtigen kann.

Profil der Gruppenmitglieder

Manche behaupten, nur völlig Außenstehende wären imstande, frischen Wind in den Kreativitätsprozeß zu bringen. Das hat etwas für sich, ist aber nicht notwendig, da eine mentale Provokation die gleiche Funktion erfüllt und sich nach Belieben aufstellen läßt. Bei den herkömmlichen Kreativitätstechniken gab es keine formale Methode, Provokationen zu entwickeln, so daß man sich in stärkerem Maß auf unorthodoxe Ideen und einen unverbildeten Blick verlassen mußte.

Mit Kreativgruppen bezweckt man nicht zuletzt die Entwicklung der individuellen Fähigkeit, kreativ zu denken. Dieses Ziel erreicht man am besten, wenn man eine Gruppe zusammenstellt, die zu echter Teamarbeit befähigt und bereit ist.

Wenn sich in einer bestimmten Situation die Gruppe ernsthaft und zielstrebig auf die Suche nach neuen Ideen begibt, kann es von Vorteil sein, ein oder zwei Personen einzubeziehen, die nicht im Unternehmen beschäftigt sind oder zumindest anderen Abteilungen angehören.

Stehen strategische Themen auf dem Prüfstand, ist es vermutlich am besten, diejenigen Mitglieder der Führungsmannschaft an einen Tisch zu bringen, die normalerweise mit solchen Aufgaben betraut sind. Bezieht sich der Fokus jedoch auf ein Verfahren oder eine Aktivität in einer bestimmten Abteilung, sollten in der Gruppe Angehörige aus allen Unternehmensbereichen und von allen Hierarchieebenen vertreten sein.

Offizielle Funktionen

Es gibt nur eine offizielle Funktion, und das ist diejenige des ›Gruppenorganisators‹. Er bestimmt Zeit und Ort der Zusammenkunft und trommelt die Gruppenmitglieder zusammen. Er eröffnet und beendet die Kreativitätssitzung, und er setzt die Tagesordnung fest (normalerweise, nachdem er sich mit den anderen beraten hat).

Der Gruppenorganisator übernimmt den Vorsitz während des Meetings und sorgt dafür, daß nicht alle durcheinander reden. Er kann versuchen, gedanklich abschweifende Mitglieder wieder auf Kurs zu trimmen, indem er den Fokus in bestimmten Zeitabständen wiederholt oder klärt, ob er formal geändert werden soll.

Im allgemeinen trägt der Gruppenorganisator den ›blauen Hut‹ und steuert den Ablauf der Denkprozesse. Er schlägt die Techniken vor, die in Einzel- oder Gruppenarbeit benutzt werden sollen. Er behält die Entwicklung der Provokationen, der Zufallsbegriffe, usw. im Auge. Der Gruppenorganisator fordert die Teilnehmer zu Rückmeldungen auf, sorgt für den Mitschnitt der Sitzung oder andere Methoden, das Ergebnis aufzuzeichnen.

In manchen Fällen kann die Rolle des Gruppenorganisators von einem geschulten Mittler übernommen werden, der für die Zeitdauer der Sitzung die Funktion des Prozeßmanagers innehat. Die oben aufgelisteten Aufgabenstellungen werden dann dem Mittler überantwortet. In einem solchen Fall ist diejenige Person, die den ›Vorsitz‹ führt, und der Mittler nicht identisch. Der Mittler wird vom ›Vorsitzenden‹, der Mitglied der Gruppe ist und sowohl für die Zusammenkunft als auch für die Aufstellung der Tagesordnung verantwortlich zeichnet, zum Meeting eingeladen. Er ist also gewissermaßen eine ›Hilfskraft‹, die aufgefordert wurde, den kreativen Aspekt der Sitzung mit Rat und Tat zu unterstützen. Die Verantwortung für Inhalt und Fokus trägt der Vorsitzende.

Aus den genannten Gründen gibt es keinen offiziellen Protokollführer.

Zeitrahmen

Der Zeitrahmen für den gesamten Kreativitätsprozeß wird von vielen Faktoren beeinflußt. Wenn es sich um eine reguläre Kreativitätssitzung handelt, kann er kurz sein. Sollte es schwierig sein, die richtigen Teilnehmer an einen Tisch zu bringen, weil sie entweder eine lange Anreise haben oder sich nicht so ohne weiteres von ihrer Arbeit loseisen können, gilt es, trotzdem das Beste aus dem Meeting zu machen. Falls es wichtige Bereiche gibt, in denen ein dringlicher Bedarf an neuen Ideen herrscht, kann sich die Sitzung länger hinziehen, um alle relevanten Themen abzudecken.

Im allgemeinen ziehe ich kürzere Sitzungen von rund sechzig bis neunzig Minuten vor. Danach kann man noch eine zusätzliche halbe Stunde für die Ideensammlung oder -bearbeitung einplanen.

Die ersten fünfzehn Minuten sollten immer darauf verwendet werden, die formalen Techniken des lateralen Denkens zu üben und auf die Lösung von Problemen anzuwenden, die nicht in unmittelbaren Bezug zu den Teilnehmern stehen. Diese ›Aufwärmphase‹ dient auch dazu, die Fähigkeiten im Umgang mit bestimmten Techniken zu vertiefen, was schwierig ist, wenn man unter Druck steht und ein akutes lokales Problem mit Hilfe dieses Instrumentariums in den Griff bekommen muß.

Formate

Der Aufbau der Phasen innerhalb der Sitzung und das Verhältnis zwischen Gruppen- und Einzelarbeit wurden bereits beschrieben.

Evaluation

Irgendwann kommt der Zeitpunkt, wo sich die ›liebevolle‹ Nachsicht gegenüber einer neuen Idee, die den Kinderschuhen zu entwachsen beginnt, dem Ende zuneigt. Die Idee muß flügge werden und lernen, auf eigenen Füßen zu stehen. Sie muß sich mit anderen Ideen messen und ihren Wert oder Nutzen unter Beweis stellen.

Eine vorläufige Bewertung kann bereits während des kreativen Prozesses erfolgen: sie trägt dazu bei, eine Idee, die gerade erst Gestalt annimmt, auszufeilen oder in eine bessere abzuwandeln. Dieses Bewertungselement gehört zur Bearbeitung einer Idee. Doch nach Abschluß des Bearbeitungsprozesses muß sie auf Herz und Nieren geprüft werden.

Der Evaluationsprozeß ist kein Teil der kreativen Denkoperationen, sondern erfolgt im Rahmen einer Einschätzung, die von der Urteils- und Entscheidungsfähigkeit einzelner Personen oder des Unternehmens abhängt. Das persönliche Urteilsvermögen spielt bei allen Themen und Ideen aus gleich welchen Quellen eine große Rolle. Die Einschätzung des Potentials, das kreative Ideen in die Waagschale werfen, sollte sich nicht von der Einschätzung anderer Ideen unterscheiden. Deshalb behaupte ich, daß es keine ›Katastrophen‹ gibt, die sich auf kreatives Denken zurückführen lassen. Wenn eine Katastrophe eintritt, dann sind sie eine Folge einer Fehleinschätzung der kreativen Möglichkeiten. Genau aus diesem Grund sollte das Beurteilungs-/ Entscheidungssystem, das im Unternehmen eingeführt ist, als Grundlage der endgültigen Bewertung von Ideen benutzt werden, die im Rahmen kreativer Prozesse entstehen.

Die einzige Ausnahme von der oben genannten Regel wäre die bewußte Entscheidung eines Unternehmens, einen bestimmten Teil seiner Ressourcen in Ideen zu investieren, die sowohl ein beachtliches Potential als auch ein beachtliches Risiko beinhalten. Kreative Ideen, die in diese Kategorie fallen, werden deutlich anders als die herkömmlichen beurteilt. Die Kriterien für die Einschätzung der Erfolgsaussichten eines Forschungsprojekts sind wahrscheinlich nicht die gleichen wie diejenigen, die man einer Änderung im Produktionsplan zugrunde legt.

Die Anmerkungen zum Thema Evaluationsprozeß sollten im Licht dessen betrachtet werden, was bisher in diesem Teil des Buches gesagt wurde.

Verglichen mit den wenigen Sekunden, die es dauert, eine neue Idee ins Leben zu rufen, nimmt der Evaluationsprozeß viel Zeit in Anspruch. Das ist nur recht und billig, weil er letztlich das volle Risiko trägt. Ich möchte mit den ›Endkategorien‹ oder ›Rubriken‹ beginnen, in denen die Ideen am Ende der Auswertung abgelegt werden sollten. Dadurch wird die Beschaffenheit des Prozesses deutlich. Diese Kategorien sagen nichts über die spezifischen Merkmale einer Idee oder die Möglichkeiten aus, dieselbe Aufgabe auf andere Weise durchzuführen.

Sofort nutzbare Ideen

Das sind diejenigen Ideen, von denen man sich einen gewissen Nutzen und die Möglichkeit einer unmittelbaren Umsetzung verspricht. Das bedeutet nicht, daß man die Idee sofort realisiert. Ein Unternehmen hat unter Umständen mehr direkt verwendbare Ideen als Ressourcen.

Gute Idee, aber nicht für uns

Die Idee wird als nützlich und realisierbar eingestuft, aber sie entspricht nicht den ›Bedürfnissen‹ oder dem gegenwärtigen Status des Unternehmens. Diese Form der Bewertung steht in Zusammenhang mit der Prüfung des möglichen ›Standorts‹ einer Idee, über die wir später sprechen werden. Die Gründe für den Mangel an Übereinstimmung sollten genannt werden.

Gute Idee, aber nicht zum jetztigen Zeitpunkt (auf Eis gelegt)

Die Idee wird als grundlegend realisierbar und nützlich betrachtet. Man hat das Gefühl, daß man sie irgendwann in Zukunft aus der Schublade holen und umsetzen wird. Doch zunächst legt man sie erst einmal ›auf Eis‹, weil sie sich nicht mit den augenblicklichen Bedürfnissen oder Prioritäten unter einen Hut bringen läßt. Diese Bewertungskategorie ist nicht dieselbe wie die vorhergehende, bei der das Urteil ausschlaggebend ist, daß man für die Idee weder jetzt noch in ferner Zukunft Verwendung hat. Eine Idee auf Eis legen bedeutet, daß sie in ›Reserve‹ gehalten und von Zeit zu Zeit wieder begutachtet wird.

Die Idee braucht Feinschliff

Die Idee enthält schwerwiegende Fehler und Mängel. Dennoch gibt es kein Defizit, das nicht grundlegend zu beheben wäre, und die Idee läßt ein gewisses Potential erkennen. Es wird vorgeschlagen, weiter an der Idee zu arbeiten. Der Feinschliff kann sowohl auf logischem als auch auf kreativem Weg erfolgen. Man könnte auch eine Arbeitsgruppe bilden und sie mit dieser Aufgabe betrauen.

Die Idee hat ein beachtliches Potential, ist aber nicht umsetzbar

Dieser Kategorien werden alle Ideen zugeordnet, die einschlagen könnten, aber aus den verschiedensten Gründen nicht umsetzbar sind. Dazu können staatliche Regulierung, Umweltschutzbestimmungen, unangemessen hohe Risikofaktoren, ›Kannibalisierungstendenzen‹ (das langsame Abbröckeln des eigenen Marktes für das alte Produkt nach Einführung des neuen Produktes) usw. gehören. Man erkennt zum einen, daß die Idee ein beachtliches Potential hat, und zum anderen, daß man sie nicht verwenden kann. Ideen, die in diese Kategorie fallen, werden erst einmal ad acta gelegt und gelegentlich wieder aus der ›Schublade‹ geholt. Die derzeitigen Gegebenheiten können sich ändern, und dann wäre die Idee möglicherweise realisierbar. Aus dieser Idee lassen sich vielleicht brauchbare Konzepte ableiten und in eine Form bringen, die man eher umzusetzen vermag.

Interessant, aber unbrauchbar

Diese Ideen haben kein erkennbares Potential, sind aber interessant, weil sie den Blick auf viele Zukunftsszenarien eröffnen. Interessante Ideen können auf einen allmählichen Wandel in einem Tätigkeitsfeld und den vorherrschenden Anschauungen hinweisen. Die möglichen Auswirkungen dieser interessanten Ideen auf die Anschauungen sind unter Umständen noch wertvoller als die Nutzung der Idee selbst. Diese interessanten Ideen verdienen Beachtung und sollten von Zeit zu Zeit wieder in Augenschein genommen werden. Sie haben eine stimulierende Wirkung und einen kreativen Wert, selbst wenn sie nie umgesetzt werden können.

Geringfügiger Nutzen

Die Idee ist realisierbar und würde auch den Bedürfnissen des Unternehmens entsprechen. Aber der Nutzen und die Vorteile, die man sich davon verspricht, sind geringfügig. Es ist möglich, daß man den Wert einer Idee unterschätzt; in diesem Fall wäre es Aufgabe des Ideenlieferanten, einen qualitativ hochwertigen Nutzen zu demonstrieren. Einige Idee wecken Aufmerksamkeit und Interesse, weil sie als Neuerung ›firmieren‹. Aber wenn man sie einer gründlichen Überprüfung unterzieht, stellt sich häufig heraus, daß die ›Neuartigkeit‹ der einzige Pluspunkt ist, mit dem sie aufwarten können. Das mag in der Welt der Werbung ausreichen, ist in anderen Branchen aber oft nicht genug.

Unrealisierbar

Es gibt viele Ideen, die als unrealisierbar eingestuft werden. Das bedeutet, daß man sie grundlegend nicht umsetzen kann. Es hätte auch keinen Zweck, noch intensiver an ihnen ›herumzubasteln‹. Sie können später in einer anderen Form wieder auftauchen, aber im Augenblick darf man ihnen mit Fug und Recht eine Abfuhr erteilen. Sie sollten nicht künstlich an den Tropf der kreativen Nachsicht gehängt werden, nur um ihr Überleben zu gewährleisten.

Es kann viele Kategorien zwischen den ›sofort nutzbaren‹ und den ›unrealisierbaren‹ Ideen am entgegengesetzten Ende der Skala geben. Sie spielen in den Denkprozessen eines Unternehmen bisweilen eine wichtige Rolle. Aber nur die Ideen mit dem Etikett ›sofort nutzbar‹ erhalten eine hohe Priorität und gelangen in die Phase der Entscheidung über die praktische Umsetzung. Diese Ideen müssen vielleicht noch getestet werden oder als Pilotprojekt ihre Qualität beweisen, so daß man ihren wirklichen Nutzen erforschen und (was noch wichtiger ist) ein unterstützendes Fundament für die Implementierng schaffen kann. Die Testergebnisse sind oft motivierender als die Idee selbst.

Wichtige Kriterien

Die wichtigsten Kriterien, die bei der Bewertung einer Idee als Meßlatte zugrunde gelegt werden, sind nachfolgend aufgelistet. Sie decken einen sehr weit gesteckten Radius ab und können wesentlich schärfer in den Brennpunkt der Arbeit gerückt werden, um Einzelheiten Rechnung zu tragen.

Vorteile

Das ist die erste und wichtigste Überlegung, die ansteht. Wenn eine Idee keinerlei Vorteile bietet, ist sie es nicht wert, eingehender betrachtet zu werden. Welche Beziehungen bestehen zwischen ›Vorteilen‹ und ›Nutzen‹? Manchmal sind die beiden Begriffe gleichbedeutend. Im wesentlichen liegt der Nutzen in der ›Idee‹, und in den Genuß der Vorteile gelangen diejenigen, auf die sich die Idee auswirkt. Eine Statue kann von erlesener Schönheit sein, aber ihren optischen Reiz genießen vor allem Touristen, Fotografen, Künstler und andere, die von dem ästhetischen Anblick gefesselt sind.

Welche Vorteile hat eine Idee? Wie groß werden sie vermutlich sein? Woher leiten sie sich ab? Welche Faktoren entscheiden darüber, ob sich die Vorteile verwirklichen lassen? Und wie dauerhaft sind sie? Alle diese Fragen müssen gestellt und beantwortet werden. Beispielsweise können Vorteile, die auf dem aktuellen Wechselkurs beruhen, groß aber nicht sehr langlebig sein. Die Vorteile, die sich durch die Auslagerung von Fertigungsprozessen in Billiglohnländer realisieren lassen, können gleichfalls von kurzer Dauer sein. Und die Vorteile eines neuen Finanzkonzepts sind unter Umständen nur solange abschöpfbar, bis die Konkurrenten es nachahmen.

Wer kommt in den Genuß der Vorteile? Das ist eine Schlüsselfrage. Gehen sie nur auf das Konto des Herstellers, zum Beispiel in Form von Kosteneinsparungen und Gewinnsteigerungen? Oder profitiert der Kunde davon, der weniger für ein Produkt von höherer Qualität mit zusätzlichen Funktionen auf den Tisch blättern muß? Manchmal können beide Seiten Vorteile realisieren. Ein besseres Design hat mehr Reiz für den potentiellen Käufer und der erhöhte Umsatz, der sich dadurch erzielen läßt, kommt wiederum dem Hersteller zugute. Und was ist mit den Absatzwegen oder Institutionen, die ein Produkt oder eine Dienstleistung vom Hersteller zum Verbraucher dispositiv durchläuft? Die Waschmittelkonzentrate verringern die Handhabungskosten in Supermärkten um 45 Prozent und erfreuen sich deshalb im Einzelhandel großer Beliebtheit. Erleichtert eine neue Idee dem Einzelhandel das Leben? Vereinfacht oder erschwert sie den Arbeitsalltag von Maklern und Brokern? Neue Produkte, die häufig gewartet werden müssen oder deren Wirkung sich nicht in einer Präsentation vorführen läßt, bieten dem Einzelhandel keine Vorteile. Vorteile für die Umwelt mögen real sein, stellen aber gleichzeitig auch eine gute Möglichkeit dar, Öffentlichkeitsarbeit zu betreiben oder in eigener Sache zu werben.

Bandbreite und Ausmaß der Vorteile müssen genau beschrieben und gemeinsam mit Informationen und logischen Gründen für die Annahme dargeboten werden, warum diese Vorteile zu erwarten sind.

Realisierbarkeit

Man könnte behaupten, daß die Realisierbarkeit an erster Stelle stehen sollte. Warum sich den Kopf über die Vorteile zerrbrechen, wenn sich eine Idee ohnehin nicht verwirklichen läßt? Die Vorteile sollten deshalb einen höheren Stellenwert erhalten, weil man sich wesentlich mehr anstrengt, nach Umsetzungsmöglichkeiten zu suchen, wenn eine Innovation beträchtliche Vorteile verspricht.

Gelegentlich läßt sich eine Idee nicht verwirklichen, weil sie einem Naturgesetz oder physikalischen Prinzip widerspricht (wie das Perpetuum mobile). Dann hat es keinen Sinn, sie weiterzuverfolgen.

Manchmal sind Ideen deshalb zu einem Schattendasein verurteilt, weil sie nicht mit einer Rechtsbestimmung zu vereinbaren oder schlicht ungesetzlich sind. In einem solchen Fall können Sie das grundlegende Konzept beibehalten und versuchen, die Idee so zu ändern, daß dem Gesetz Genüge getan wird. Bisweilen zahlt es sich sogar aus, eine starke Lobby aufzubauen, um eine Änderung der Gesetzesvorschriften zu erreichen.

Ideen, die nicht realisierbar sind, weil sie bestimmten Interessengruppen gegen den Strich gehen oder Umweltschäden verursachen könnten, lassen sich mitunter so aufbereiten, daß man solchen Gefahren aus dem Weg gehen kann.

Einige Ideen gelangen nicht über die Reißbrett-Phase hinaus, weil keine Standardverfahren oder Technlogien für die Umsetzung verfügbar sind. Es gibt zahlreiche Beispiele für überaus erfolgreiche Ideen, bei denen die erste Reaktion war: »Das wird nie im Leben funktionieren!« Daß sie doch noch aus der Taufe gehoben wurden, war nur der Beharrlichkeit des Erfinders/Unternehmers zu verdanken, der einen Weg fand, sie zu verwirklichen. Zweifellos wurden viele Ideen an diesem Punkt im Keim erstickt, weil keine Methode existierte, sie zu realisieren. Doch wenn die Vorteile groß und überzeugend genug sind, strengt man sich vielleicht doppelt an, in ihren Genuß zu kommen. Als Ron Barbaro die ›Versicherungsleistungen zu Lebzeiten‹ vorschlug, erklärte die Branche einstimmig mit einem Sperrfeuer von Begründungen, warum ein solcher Gedanke absurd sei.

Die Frage ist, wieviel Zeit und Mühe man investiert, um einer Idee die nötige Starthilfe ins Leben zu geben.

Wenn sie auf Anhieb realisierbar erscheint, ist das bereits ›die halbe Miete‹.

Ressourcen

Verfügen wir über die nötigen Ressourcen, um die Idee zu verwirklichen? Lohnt es sich, sie gerade in dieses Projekt zu investieren?

Welche Summen müssen einkalkuliert werden? Mit welchem Zeitaufwand gilt es zu rechnen? Wie hoch sind die Kosten für die Arbeitsstunden anzusetzen und auf welcher Ebene fallen sie an? Wie rechnen sich die Umstellungsschwierigkeiten in der Übergangsphase und Unterbrechungen der laufenden Aktivitäten? Und war ist mit dem Chaos und den Komplikationen, die damit verbunden sind? Wer wird in seinem Tätigkeitsbereich unmittelbar von der Neuerung betroffen sein? Wer soll die Verantwortung für die Umsetzung der Idee tragen?

Wie verkraften die Betroffenen den Abfluß von Ressourcen und Anstrengungen, die bisher in andere Aktivitäten und Projekte geflossen sind?

Es wäre schön, wenn wir alle Ideen verwirklichen könnten, die nützliche und realisierbar erscheinen. Doch auch dann müßten wir noch ein großes Hindernis überwinden: die begrenzten Ressourcen.

Wenn diese Mittel fehlen, fällt die Entscheidung leicht. Sollten sie indessen verfügbar sein, dann gilt es, Prioritäten zu setzen und Vergleiche zu ziehen, um zu einer Entscheidung zu gelangen.

Es ist sehr wichtig, die vorhandenen Ressourcen realistisch zu beurteilen. Die Ressourcen, die man für die Verwirklichung einer neuen Idee braucht, werden fast immer stark unterschätzt.

Übereinstimmung

Stimmt die Idee mit dem Unternehmensprofil überein?

Der Begriff ›Übereinstimmung‹ umreißt ein vielschichtiges, aber sehr wichtiges Thema. Entspricht die Idee der Form, Größe und Struktur der Organisation? Manche Ideen sind für einen Branchenneuling angemessen, der versucht, sich ein Standbein am Markt zu verschaffen; andere können nur von einem großen Unternehmen realisiert werden, das seine Muskeln im Markt spielen läßt, um ihr den Weg zum Erfolg zu ebnen.

Ist eine Idee mit der Politik, der Strategie und den erklärten Zielen des Unternehmens in Einklang zu bringen? Entspricht sie dem Bild, das sich die Öffentlichkeit von ihm macht, und den damit verbundenen Erwartungen? Geht die Idee mit den Hoffnungen der Börsenanalysten konform?

Und auf firmeninterner Ebene stellt sich die Frage, ob die Idee der Persönlichkeit und den Ambitionen des Firmenchefs und aller anderen Entscheidungsträger im Unternehmen Rechnung trägt. Ist sie auf die Bestrebungen derjenigen abgestimmt, die unmittelbar für die Umsetzung verantwortlich sind und wissen wollen: Was springt für mich persönlich dabei heraus?

Die Schwierigkeit ist, daß man das Prädikat ›Übereinstimmung mit dem bisherigen Verhalten des Unternehmens‹ nur den herkömmlichen Ideen verleihen kann. Definitionsgemäß paßt keine neue Idee in diese Schablone.

Gleichzeitig ist es außerordentlich schwierig, eine Idee zu verwirklichen, wenn sie dem Stil und der Motivation des Unternehmens nicht hundertprozentig entspricht. Eine ungemein nützliche und realisierbare Idee ist von vornherein zum Scheitern verurteilt, wenn ein Mangel an Übereinstimmung herrscht.

Wie bei der Realisierbarkeit, so bedarf auch dieser Aspekt unter Umständen eines Feinschliffs. Wie läßt sich Kongruenz erzielen, wenn diese allem Anschein nach fehlt? Wieviel Mühe sind wir bereit zu investieren, um sie aktiv herbeiführen?

Die bereits erwähnte ›Standortprüfung‹ ist eine ideale Möglichkeit, den besten Platz für eine Idee zu finden. Hier wird nicht die Idee selbst unter die Lupe genommen, sondern vielmehr überlegt, an welcher Stelle dieser Baustein ins Gefüge paßt. Man stellt sich den idealen Standort für eine Idee bildlich vor und vergleicht diesen mit der bestehenden Organisationsstruktur. Wo läßt sich die Idee nahtlos einfügen? Können wir ihr diesen optimalen Standort bieten?

Die potentiellen Vorteile der Idee stellen eine Triebkraft dar, die Sie motiviert, nach Einpassungsmöglichkeiten zu suchen.

Wichtige Bestimmungsfaktoren

Obwohl die Faktoren, die über Erfolg oder Mißerfolg einer Idee entscheiden, angefochten werden können, bedeutet das nicht, daß sie keine Gültigkeit haben. Bei der Bewertung von Ideen und Alternativen sollte man sich dieser ›Bestimmungsfaktoren‹ oder Determinanten ständig bewußt sein. Sie entscheiden, ob eine Idee letztlich brauchbar ist oder nicht. Wenn ein wichtiger Bestimmungsfaktor fehlt, sollte man die Idee ›ausmustern‹ – oder sich bemühen, ihn zu integrieren.

Es gibt zwei grundlegende Arten von Bestimmungsfaktoren: die vitalen und die fatalen.

Vitale Faktoren

Sie sind für das Leben und Überleben einer neuen Idee unabdingbar; deshalb werden sie hier als vitale Faktoren bezeichnet. Ohne sie ist der Idee kein Erfolg beschieden. Zu ihnen gehören die Gewinnträchtigkeit einer Idee, die Übereinstimmung mit den gesetzlichen Bestimmungen, die Akzeptanz, die sie bei den Gewerkschaften findet, der definierte Markt, die Absatzwege oder die Allokation der Ressourcen. Einige dieser vitalen Faktoren sind bereits in der Idee enthalten, andere tauchen erst bei ihrer Bearbeitung auf. Eine angemessener Kapitalstock ist ein vitaler Faktor für den Erfolg jedes neu gegründeten Unternehmens. Und eine angemessene Betriebsmittelzuweisung ist ein vitaler Faktor für den Erfolg jeder neuen Idee.

Fatale Faktoren

Die vitalen Faktoren sind für das Leben einer neuen Idee unerläßlich; die fatalen Faktoren führen dagegen zum Tod einer Idee. Wenn eine Idee diese Faktoren beinhaltet, hat sie keine großen Überlebenschancen. Heutzutage ist der Schaden für die Umwelt ein fataler Faktor in vielen Ländern der Welt, desgleichen ein zu hoher Preis für Produkte und Dienstleistungen. Die horrenden Rechtskosten und Komplikationen des Rechtsweges können ebenfalls dazu beitragen, daß für eine Idee das letzte Stündlein schlägt, noch bevor sie das Licht der Welt erblickt. Weitere fatale Faktoren können eine Verletzung der Urheberrechte, Kooperationsabkommen mit maroden Firmen, Tierversuche oder Ausbeutung ethnischer Minderheiten sein.

Wie bei der Realisierbarkeit und Übereinstimmung können Sie mittels Feinschliff versuchen, die fatalen Faktoren auszumerzen (nicht nur kaschieren) oder die Idee durch vitale Faktoren anzureichern, die ihre Triebkraft durch den wahrgenommenen Nutzen erhalten. Wenn dieser nicht sehr groß ist, werden solche Ideen auf der Grundlage des Mißverhältnisses zwischen vitalen und fatalen Faktoren zurückgewiesen – und das mit Fug und Recht.

Flexibilität

Flexibilität gilt heute als zunehmend wichtiges Merkmal jeder neuen Idee. Die Zukunft ist mit zahllosen Unwägbarkeiten befrachtet. Das Verhalten der Konkurrenz läßt sich nicht mit absoluter Sicherheit vorhersagen. Die Werte wandeln sich fortwährend. Die künftige Kostenentwicklung ist ungewiß.

Angesichts solcher Ungewißheit läßt sich schwer prognostizieren, ob eine Idee Erfolg haben wird. Aber wir brauchen neue Ideen. Ein Unternehmen kann sich nicht auf seinen Lorbeeren ausruhen und jedes Risiko durch Passivität vermeiden, wenn es im Wettbewerb überleben will. Die Antwort auf dieses Problem heißt Flexibilität.

Kann man eine Idee so abwandeln, daß sie sich den veränderten Gegebenheiten anpassen läßt? Ist sie flexibel genug? Besteht die Möglichkeit, die Idee später auf die Reaktion der Konkurrenz abzustimmen? Oder die Preisstruktur zu ändern, falls erforderlich?

Auf Ideen, die in ein starres Schema gepreßt sind, sollte man in der heutigen Zeit verzichten. Das Element der Flexibilität einzubauen, ist ein wichtiger Bestandteil des Planungsprozesses.

Sie müssen sich fragen: Können wir aus dieser Idee, wenn sie einschlägt, eine Reihe zusätzlicher Ideen ableiten, so daß sie wie eine Lokomotive wirkt? Läßt sich das Erfolgssmuster in mehreren ›Produktgenerationen‹ wiederholen? Besteht die Möglichkeit, einen Erfolg in eine Erfolgsserie mit Modellcharakter zu verwandeln? Wie maximieren wir den Erfolg, wenn wir das Risiko eingehen und feststellen, daß es sich auszahlt?

Rückzugsposition

Wie sieht unsere Rückzugsposition aus, falls die Idee, aus welchen Gründen auch immer, scheitern sollte? Lassen sich die Verluste eindämmen? Können wir aus dem Versuch etwas lernen (vielleicht über den Markt?) Würde der Mißerfolg unseren eingeführten Produkten, unserem Image oder unseren Beziehungen zum Vertrieb schaden?

Die übliche Rückzugsposition besteht darin, einen Sündenbock zu suchen oder den Schwarzen Peter postwendend weiterzugeben. Oft wird sie von Anfang an in die Strategie ›eingebaut‹.

Obwohl beim Stapellauf niemand erwartet, daß eine Idee Schiffbruch erleidet, ist es klug, beizeiten eine Rückzugsposition zu schaffen.

Testfähigkeit

Die Überlegung, ob sich eine neue Idee testen läßt, sollte stets als wichtiger Faktor im Planungsprozeß berücksichtigt werden. Kann man das Produkt in einer Versuchsanlage auf Herz und Nieren prüfen? Sind Tests auf regional abgegrenzten Märkten möglich? Besteht die Möglichkeit, durch Stichprobenverfahren oder eine Verbraucherumfrage Erkenntnisse zu gewinnen? Kann man zu Schlußfolgerungen über ihre Akzeptanz gelangen, indem man vorab einen ›Versuchsballon‹ startet oder eine undichte Stelle schafft, um gezielt Informationen an die Presse durchsickern zu lassen?

Soll man die Idee auf ihre Tauglichkeit testen, indem man anderen Anbietern den Vortritt bei der Markteinführung läßt? Könnte sie von Fokusgruppen vor Ort im Handel getestet werden?

Wie bereits erwähnt, haben Test mehrere Vorteile:

1. Sie sehen, ob eine Idee funktioniert.
2. Sie sind imstande, die Idee entsprechend den Rückmeldungen abzuwandeln.
3. Sie können damit Unterstützung für die Idee gewinnen.

Bei Entwurf und Planung von praktikablen und überzeugenden Testverfahren ist ein beträchtliches Maß an Kreativität erforderlich.

Risiko

Der Risikofaktor bildet die Grundlage aller Urteils-, Entscheidungs- und Evaluationsprozesse. Zweck der Planung und Bewertung ist die Risikominderung.

Es besteht das Risiko, daß sich die Idee als Flop erweist.

Es besteht das Risiko, daß sich die Idee als wesentlich kostenaufwendiger entpuppt als gehofft.

Es besteht das Risiko, daß die Idee Schaden versursacht (Image, Verläßlichkeit des Produkts, Beziehungen zu den Distributoren oder Kunden usw.).

Es besteht das Risiko, daß die Idee Aufmerksamkeit und Ressourcen von anderen wichtigen Projekten ablenkt.

Es besteht das Risiko, daß ein unvorhergesehener Wandel in den aktuellen Gegebenheiten die Idee zunichte macht.

Es besteht das Risiko, daß ein Versagen der Technologie zum Scheitern der Idee führt.

Es besteht das Risiko, daß die Idee eine gnadenlose Reaktion der Konkurrenz auslöst, die den Wert der Idee für null und nichtig erklären.

Die Liste der möglichen Risiken ließe sich beinahe endlos fortsetzen, weil alles, was mit der Zukunft zu tun hat, unauslotbar ist.

Angesicht dieser Unwägbarkeiten können Sie:

1. Sich die möglichen Risiken bewußt machen.
2. Rückzugspositionen und Schadensbegrenzungssysteme entwickeln.
3. Das Risiko durch Tests verringern.
4. Das Risiko durch Neugestaltung der Idee mindern.
5. Frühwarnsysteme entwickeln.
6. Sich soviele Informationen wie möglich beschaffen.
7. Sich nach allen Seiten gegen das Risiko absichern.
8. Blitzschnell reagieren und Gegenmaßnahmen einleiten.
9. Das Risiko durch Partnerschaften und Kooperationen streuen.
10. Risiken und Vorteile sorgsam gegeneinander abwägen.

Auch wenn alle erdenklichen Vorkehrungen getroffen wurden, um Risiken einzudämmen oder zu verringern, bleibt schlußendlich die Entscheidung, wie groß das Restrisiko sein darf, das ein Unternehmen einzugehen bereit ist. Lassen sich die Kosten der Neuprodukteinführung reduzieren, ist das Risiko, das mit dem Markteintritt einhergeht, geringer.

Letztlich bleibt einer Organisation keine andere Wahl, als mit ihren Entscheidungen ein Wagnis einzugehen oder Unternehmergeist zu bekunden. Welcher Prozentsatz der verfügbaren Ressourcen soll einem neuen Projekt, bei dem sich Belohnung und Risikofaktoren die Waage halten, zugebilligt werden?

Alle mit einem Risiko behaftete Aktivitäten von vornherein abzulehnen und sich an tradierte Erfolgsmuster zu klammern, ist ebenfalls nicht ganz ungefährlich. Im alten Trott zu verharren bedeutet nicht, daß Sie jedem Risiko aus dem Weg gehen, sondern daß Sie durch Festhalten am Status quo ein hohes Risiko akzeptieren.

Manchmal ist es möglich, auf den fahrenden Zug aufzuspringen und ein Produkt erst dann herauszubringen, wenn ein anderer Anbieter Pionierleistungen erbracht und den Markt erschlossen hat. Doch auch hier ist Vorsicht geboten, denn wer zu spät kommt, den bestraft bekanntlich das Leben: Möglicherweise schöpft Ihr Konkurrent den Rahm ab und sorgt dafür, daß Sie keinen Fuß mehr in die Tür bekommen.

Die endgültige Entscheidung

Im Verlauf des Evaluationsprozesses werden die Entscheidungen oft nur im Ansatz sichtbar. Es kristallisiert sich aber immer klarer heraus, daß die Vorteile nicht ausreichen, um eine Idee weiterzuverfolgen. Was ebenfalls sehr deutlich wird, sind die zahlreichen Schwierigkeiten, mit denen man bei der Umsetzung rechnen muß. Die fatalen Faktoren lassen sich, über jeden Zweifel hinaus, einfach nicht ausklammern. Nach und nach entwickelt sich ein Konsens hinsichtlich der Entscheidung; so ist zumindest der Entscheidungsfindungsprozeß in Japan beschaffen.

Bei Diskussionen, die sich um die Idee ranken, ist die Hutwechsel-Methode angeraten. Sie dient dazu, die verschiedenen Denkmodi zu aktivieren.

Falls während des Evaluationsprozesses keine Entscheidung fällt, muß sie im Anschluß bewußt herbeigeführt werden. Solche Entscheidungen können sich auf verschiedene Grundlagen stützen.

Punktesystem

Die einzelnen Bewertungsfaktoren (nicht zu verwechseln mit den vitalen bzw. fatalen Bestimmungsfaktoren!) können durch Zuordnung von Punkten gewichtet werden. Am Ende sollte die bevorzugte Idee nach Punkten führen. Die Schwierigkeit beim diesem System besteht gleichwohl darin, daß dabei solide, nicht besonders glanzvolle Ideen das Feld anführen, weil sie in jedem Bereich leicht Punkte einheimsen.

Direkter Vergleich

Oft läßt sich ein direkter Vergleich zwischen den verschiedenen, miteinander konkurrierenden Ideen oder verfügbaren Alternativen ziehen. Die Ähnlichkeiten und Unterschiede können schriftlich festgehalten und die Leistungspotentiale anhand der Bewertungskriterien ermittelt werden. Der Vorteil des unmittelbaren Vergleichs besteht darin, daß man nicht nur die Faktoren berücksichtigt, die auf gleich welcher Checkliste für die Bewertung stehen. Es ist auch einfacher, eine Idee in ihrer Gesamtheit zu beurteilen.

In der Regel funktioniert der Vergleich am besten nach dem ›Disqualifikationsprinzip‹. Konzentrieren Sie sich auf die Risiken und Mängel, die Ihnen einen triftigen Grund liefern, eine Idee abzulehnen. Wenn Sie Ihr Augenmerk auf die Pluspunkte richten, fällt es Ihnen vielleicht schwer, die eine oder andere Idee aus dem Rennen auszuschließen, weil sie über ein Erfolgspotential verfügen könnte.

Retrospektive Logik

Sie stellen sich bei jeder einzelnen Idee bildlich vor, daß Sie beschlossen haben, sie aufzugreifen (oder zu realisieren). Sie erklären nun Ihren Zuhörern, warum Sie sich gerade für diese Idee entschieden haben. Sie legen die logischen Gründe für Ihre Wahl dar. Oft zeigt sich, daß eine Idee, die Ihnen auf den ersten Blick ziemlich stark vorkam, bei der Suche nach Gründen für Ihre Wahl äußerst schwach abschneidet. Es wird deutlich, daß ihr Reiz weniger auf der logischen, als vielmehr auf der gefühlsmäßigen Ebene, und mehr auf Hoffnungen als auf hieb- und stichfesten Erwartungen basiert.

Diese Visualisierungsübung hilft uns beim Aussieben von Ideen, die aus erklärbaren Gründen in die engere Wahl gelangen sollten. Dabei besteht allerdings die Gefahr, daß unkonventionelle Ideen mit hohem Potential aber geringer logischer Unterstützung abgelehnt werden.

Emotionen

Obwohl wir es nicht gerne eingestehen, schwingen in allen Entscheidungen Emotionen mit. Informationen und Logik ermöglichen uns lediglich, unsere Empfindungen wirksamer unter Kontrolle zu halten. Die emotionale Basis für unsere Entscheidung läßt sich ermitteln. Wir können uns bei jeder Alternative die grundlegenden Emotionen ansehen, die sich als Triebfeder hinter einer bestimmten Wahl verbergen. Welche Emotionen liegen der Entscheidung für diesen Lösungsansatz zugrunde?

Die drei häufigsten Emotionen sind:

1. Angst
2. Eigennutz
3. Faulheit.

Die Angst vor dem Risiko und die unangenehme Aussicht, zum Sündenbock gestempelt zu werden, trägt dazu bei, daß wir eine Idee ohne Umschweife zurückweisen oder sie nicht gerade begrüßen. Manchmal kann uns diese Angst aus der Lethargie aufrütteln. Die Angst, von der Konkurrenz abgehängt, um Marktanteile gebracht oder ›ausgebootet‹ zu werden, kann dazu führen, daß ein Unternehmen entschlossene und positive Schritte einleitet.

Obwohl der Begriff ›Eigennutz‹ abwertend klingen mag, ist damit in diesem Zusammenhang das Bedürfnis nach Selbstverwirklichung und Eigengestaltung gemeint, zum Beispiel durch Weiterentwicklung, Expansionsstreben, den Wunsch, die eigenen Ziele zu verwirklichen, Marktanteile zu gewinnen oder den Aktienkurs in die Höhe zu treiben. Eigennutz wird hier als positive Triebkraft menschlichen Verhaltens definiert.

Faulheit motiviert viele Entscheidungen. Die meisten Menschen haben eine tief verwurzelte Abgeneigung gegen jegliche Veränderung. Man zieht ein geruhsames Leben vor, in dem alles ohne große Überraschungen im alten Trott verläuft. Jede Neuerung erfordert Aufmerksamkeit, bringt Unsicherheit bei der Bewältigung der Arbeitsaufgaben mit sich und setzt intensives ›Nachdenken‹ voraus. Solchen Unannehmlichkeiten geht man am besten aus dem Weg. Folglich suchen wir oft krampfhaft nach Gründen, eine neue Idee abzuschmettern, auch wenn der einzige Grund die eigene ›Faulheit‹ ist.

Warum gefällt mir diese Idee? Warum behagt sie mir nicht? In welchem Maß fließen Angst, Eigennutz und Faulheit in den Bewertungsprozeß ein?

Umstände

Unter welchen Umständen würde ich mich für diese Idee entscheiden? Angesichts welcher Gegebenheiten wäre ich bereit, diese Idee weiterzuverfolgen?

Wie die anderen Kriterien, so kann auch das Rahmenwerk der ›Umstände‹ die Entscheidung erleichtern. Vielleicht besteht die Möglichkeit, ideale Bedingungen zu schaffen, oder sich klar zu machen, daß dieser Idealzustand immer eine Illusion bleiben wird.

Starthilfen für eine Idee

Manchmal glauben wir, eine Idee sei so phantastisch und überzeugend, daß sie jeden auf Anhieb begeistern wird. Das ist allerdings so gut wie nie der Fall. Meistens müssen wir ihr auf die Sprünge helfen. Es bedarf einer Einzelperson oder Gruppe, die entscheidet, daß sich die Umsetzung lohnt, und die fest entschlossen ist, Hürden und firmeninterne Reibung zu überwinden, um ihr zum Erfolg zu verhelfen. Es wäre ideal, wenn wir auf eine Idee stoßen würden, die imstande ist, von Anfang an sicher auf eigenen Füßen zu stehen und keinen Anschub braucht. Aus demselben Grund kann eine Idee, die zunächst nicht sonderlich vielversprechend erscheint, durchaus wie eine Bombe einschlagen, falls jemand ihr Potential erkennt und entschlossen ist, es auszuschöpfen.

Diamanten sind im Rohzustand keine Augenweide. Erst die Kunstfertigkeit des Diamantenschleifers enthüllt die Schönheit des Edelsteins. Und genauso kann sich der Wert einer Idee erst dann zeigen, wenn sich jemand vornimmt, an ihr zu arbeiten und sie der Welt im besten Licht zu präsentieren.

Zusammenfassung

In diesem Buch finden Sie einen umfassenden und aktuellen Überblick über die Techniken des lateralen Denkens. Ich hoffe, daß es Ihnen als Nachschlagewerk und Benutzerhandbuch gute Dienste leisten wird. Im Mittelpunkt des lateralen Denken steht das Bestreben, Vorstellungen und Sichtweisen zu verändern, aber auch neue Wege bei der Entwicklung von Konzepten und Anschauungen zu gehen. Das Endprodukt dieser kreativen Bemühungen sind sowohl brauchbare als auch zündende Ideen. Konzepte, Wahrnehmungen, Anschauungen und Ideen wurzeln in einem Bereich, der intensive Denkoperationen erfordert. Wenn Ihre Aktivitäten nicht in Routine erstarren sollen, dann ist die Fähigkeit des ›Querdenkens‹ unabdingbar. Studenten und Führungskräfte profitieren in besonderem Maß von der Lektüre dieses Buches. Die wichtigsten Argumente und Informationen, die hier enthalten sind, lassen sich folgendermaßen zusammenfassen.

Punkt 1

Kreatives Denken gewinnt rapide an Bedeutung und wird in der Wirtschaft bald eine ebenso zentrale Rolle spielen wie Finanzen, Rohmaterialien und Arbeitskräfte. Da alle Unternehmen inzwischen in etwa das gleiche Kompetenzniveau erreicht haben, werden sie sich künftig nur durch die besseren Konzepte einen klaren Wettbewerbsvorsprung verschaffen können. Um Suppe zu kochen, brauchen Sie Wasser, aber die Suppe enthält mehr als Wasser. Das Wasser stellt die Grundsubstanz, die Kernkompetenz des Unternehmens, dar. Mit dem Übergang von der ›Konkurrenz‹ zur ›Suprakurrenz‹ erhöht sich der Bedarf an der Fähigkeit, konzeptionell zu denken. Neue Konzepte lassen sich nicht aus der Datenanalyse ableiten, denn der menschliche Verstand erkennt nur die Muster, die unser Gehirn gespeichert hat. Unternehmen müssen gleichwohl imstande sein, mit brandneuen Konzepten aufzuwarten.

Kompetente Unternehmen verfügen über ein hochgradig entwicklungsfähiges kreatives Potential, das oft vergeudet oder nicht voll ausgeschöpft wird, bis sich die Organisationsmaschinerie daran gewöhnt hat, vielversprechende Ideen umzusetzen.

Kreatives Denken ist für diejenigen Unternehmen, die das allgemeine Kompetenzniveau noch nicht erreicht haben, ganz besonders wichtig. Es ist unerläßlich, um Qualitäts-, Kostensenkungs- und Verbesserungsziele effizienter zu verwirklichen.

Die Welt sieht sich heute einer wachsenden Anzahl von Problemen gegenüber. Viele lassen sich nicht mittels der einfachen Analysetechnik in den Griff bekommen, bei der man nach der Ursache sucht und sie zu beseitigen trachtet. In vielen Fällen läßt sich die Ursache nicht beheben; folglich ist es unerläßlich, mit der Entwicklung eines neuen Konzepts einen Kurs zu planen, der aus der Krise herausführt. Wie sollen diese neuen Konzepte entstehen, wenn nicht mit Hilfe kreativer Denkprozesse?

Punkt 2

Wir wissen, zum ersten Mal in der Geschichte, daß im menschlichen Gehirn ein absoluter, mathematisch nachweisbarer Kreativitätsbedarf besteht. Unsere Wahrnehmung funktioniert wie ein selbstorganisierendes Informationssystem, in dem sich die eintreffenden Informationen in Muster oder Sequenzen einfügen [kodierte, gespeicherte und jederzeit abrufbare situationsbezogene Handlungsmuster, die als Orientierungshilfe dienen]. Diese Muster sind nicht symmetrisch, und unser Gehirn muß imstande sein, ihre Grenzen zu sprengen, um sie ›quer durch die Bank‹ zu durchforsten. Das geschieht im Rahmen des Humors und der plötzlichen Erkenntnis. Diesen Prozeß können wir mit den planvollen, systematisch und methodisch anwendbaren Techniken des lateralen Denkens bewußt herbeiführen. Da wir nur diejenigen kreativen Ideen erkennen, die uns im nachhinein logisch erscheinen, haben wir irrtümlich angenommen, daß logische Überlegungen ausreichen. In einem System, das mit Codes arbeitet, ist diese Mutmaßung aber völlig falsch.

Die ›Zeitsequenz‹ unserer Erfahrungen trägt zur Entstehung von Handlungsmustern und Wahrnehmungen bei. Diese Zeitsequenz bestimmt, wie wir bestimmte Aufgaben angehen. Und auf der Grundlage dieser geschichtlichen Zeitsequenz entstehen unsere Strukturen und Institutionen. Wir müssen uns aus der Zwangsjacke dieser Zeitsequenz lösen, die unser Erfahrungspotential knebelt, um es voll nutzen zu können.

Punkt 3

Kreativität ist keine geheimisumwitterte Gabe, die manchen Menschen in die Wiege gelegt wurde, während andere leer ausgegangen sind. Laterales Denken ist eine Spielart der Kreativität, die jeder erlernen, durch Übung weiterentwickeln und praktisch anwenden kann. Einige Leute erbringen auf diesem Gebiet bessere Leistungen, wie bei jeder Fähigkeit. Wer die Kunst des lateralen Denkens erlernt, ist deshalb noch lange kein Genie, aber er rundet seine vorhandenen Denkfähigkeiten mit einem mentalen Instrument ab, das die Produktion neuer Ideen erleichtert.

Die herkömmliche Sicht, Kreativität sei automatisch gegeben, wenn man den Menschen von psychologischen Hemmungen und Ängsten befreit, ist antiquiert und unangemessen. Die natürliche Denkleistung unseres Gehirns besteht darin, die eingegangenen Informationen unterschiedlich strukturierten Codes zuzuordnen und den Informationsinhalt auf neue Situationen zu übertragen. Aus diesem Grund bringt es unser Gehirn zu wahrer Meisterschaft, wenn es gilt, ein sinnvolles Weltbild zu entwickeln. Die Befreiung von Ängsten und inneren Barrieren hat daher nur eine unbedeutende Kreativitätssteigerung zur Folge. Um unser kreatives Potential voll auszuschöpfen, müssen wir Denkleistungen erbringen, die in der Funktionsweise unseres Gehirns nicht ›programmiert‹ sind. Wir müssen beispielsweise lernen, Provokationen zu benutzen, um mit Hilfe dieser Reiz-Aussagen eine mentale Bewegung zu schaffen und ein Ausbrechen aus eingeschliffenen Denkschablonen auszulösen.

Der Ansatz, sich der menschlichen Kreativität mit ›verrückten Ideen‹ am laufenden Band anzunähern, ist oberflächlich und eine Hürde für jede ernsthafte Beschäftigung mit kreativen Denkprozessen. Er basiert auf dem unzureichenden Verständnis der Aktivitäten, die bei kreativen Denkoperationen in Gang gesetzt werden müssen. Kreatives Denken funktioniert nicht nach der Sperrfeuer-Methode, bei der wir blind um uns schießen, in der Hoffnung, daß eine Kugel ins Schwarze trifft. Wir können uns der kontrollierenden und einschränkenden Bewertung unseres Gehirns wesentlich nachhaltiger und bewußter entziehen, wenn wir uns der planvoll, methodisch und systematisch anwendbaren Techniken des lateralen Denkens bedienen. Sie lassen sich sowohl in Einzel- als auch in Gruppenarbeit einsetzen. Die Gruppenleistung ist dabei kein wesentliches Element, im Gegensatz zum klassischen Brainstorming, eine Kreativitätsmethode, die auf die Tradition der ›Hirngespinste‹ setzt.

Punkt 4

Die systematischen Prozesse, Instrumente und Techniken des lateralen Denkens werden in diesem Buch ausführlich beschrieben. 25 Jahre Erfahrung auf diesem Gebiet haben mir gezeigt, daß diese Techniken von jedermann erlernt werden können und spektakuläre Erfolge zeitigen. Grundlegende Prozesse wie die mentale Herausforderung, die Suche nach Alternativen und die Entwicklung mentaler Provokationen lassen sich methodisch erlernen. Es reicht nicht aus, eine kreative Grundhaltung zu entwickeln, die Hände in den Schoß zu legen und darauf zu warten, daß Sie eine Eingebung haben. Wenn Sie dringend auf neue Ideen angewiesen sind, sollten Sie die systematischen Kreativitätsmethoden anwenden, um den Ideenfluß in Gang zu setzen.

Die Situationen, in denen diese planvoll, systematisch und methodisch anwendbaren Techniken greifen, sind sehr vielfältig; sie umfassen Problemlösen, Verbesserungen, Entwicklung unternehmerischer Chancen usw. und werden in diesem Buch beschrieben.

Kreatives Denken muß sich nicht darauf beschränken, auf eine Inspiration zu warten.

Punkt 5

Wir haben über die Notwendigkeit gesprochen, Kreativitätstechniken im Unternehmen einzuführen, die den Anspruch auf ›Ernsthaftigkeit‹ erheben. Dabei ist es unerläßlich, das ein Mitglied der Führungsmannschaft als Prozeßmanager die Verantwortung übernimmt, um den Stein ins Rollen zu bringen. Kreatives Denken sollte als eigenständige Disziplin behandelt, kann aber zusätzlich Qualitäts-, Kostensenkungs- und Verbesserungsprogrammen ›aufgepfropft‹ werden. Es empfiehlt sich, die praktischen Aspekte des Kreativitätstrainings und der Strukturen für die fortlaufende kreative Arbeit in einer Diskussion zu klären. Führende Unternehmen wie Du Pont und Prudential haben diesen wichtigen Kurs bereits eingeschlagen.

Punkt 6

Derzeit legen die meisten Unternehmen ein Lippenbekenntnis ab, wenn sie über die Bedeutung der Kreativität sprechen und in der Eigenwerbung Behauptungen aufstellen, die rein kosmetischer Natur sind. Andere Firmen sonnen sich in geringfügigen kreativen Anstrengungen und legen eine Selbstgefälligkeit an den Tag, die völlig ungerechtfertigt ist. Im großen und ganzen gilt Kreativität noch immer als Randphänomen und nette Abwechslung vom Alltagstrott. Bei den erfolgreichen, zukunftsorientierten Organisationen macht sich gleichwohl schon ein Umdenken bemerkbar. Kreativität ist unabdingbar, um das brachliegende Potential von Mitarbeitern und Unternehmen zu erschließen. Wo ein Wille ist, die beschriebenen planvoll, systematisch und methodisch anwendbaren Kreativitätstechniken einzuführen und zu benutzen, da ist auch ein Weg. Leider gibt es viele selbsternannte Kreativitätsexperten, die nicht über das Stadium hinausgelangen, andere zur Entwicklung ›verrückter Ideen‹ zu ermutigen. Das reicht heute nicht mehr aus.

Der ernsthafte Ansatz, Kreativitätspotentiale zu entwickeln und auszuschöpfen, ist ein absolutes Muß im Unternehmen.

Anhang

1. Die Techniken des lateralen Denkens

Hutwechsel-Methode

Jeder grundlegende Denkmodus erhält einen eigenen Hut mit einer bestimmten Farbe zugeordnet. Auf diese Weise kann man nahtlos, wie auf Kommando, von einem Modus in einen anderen überwechseln. Kritisches Denken wird dadurch produktiver, da es auf den richtigen Moment beschränkt bleibt. Die sechs Hüte bieten ein konkretes Rahmenwerk, um aus der Schablone herkömmlicher Debatten und kontroverser Denkweisen auszubrechen und ein Thema kooperativ zu erforschen.

Weißer Hut: Informationsdenken
Roter Hut: Intuition und Gefühl
Schwarzer Hut: Vorsicht und logisch begründbare, negative Aspekte
Gelber Hut: logisch begründbare, positive Aspekte
Grüner Hut: kreatives Bemühen und kreatives Denken
Blauer Hut: die Kontrolle über den Denkprozeß selbst.

Die schöpferische Pause

Damit ist ein sehr kurzes Innehalten gemeint, um Abstand zu gewinnen und zu überlegen, ob es eine Alternative oder eine andere Methode geben könnte, eine Aufgabe anzugehen. Damit geht die Bereitschaft einher, die Aufmerksamkeit auf einen beliebigen Aspekt zu konzentrieren. Wenn Denkprozesse oder Diskussionen glatt verlaufen, nimmt man viele Dinge als selbstverständlich hin. Die schöpferische Pause gestattet Ihnen, ein wenig länger bei einem Punkt zu verweilen und ihn genau unter die Lupe zu nehmen.

Einfacher Fokus

Normalerweise denken wir nur über Probleme oder Schwierigkeiten nach, die unsere Aufmerksamkeit erzwingen. Aber Sie können ungeheuer kreative Ergebnisse erzielen, wenn Sie Ihr Augenmerk auf Aspekte richten, die alle anderen ignoriert haben. Diese Technik beinhaltet keinen Versuch, neue Ideen zu entwickeln, sondern lediglich die Bereitschaft, einen Punkt oder Aspekt als möglichen Fokus zu ermitteln, ihn in den Brennpunkt Ihrer kreativen Bemühungen zu rücken: »Das wäre ein guter kreativer Fokus.« Sie müssen sich noch nicht auf die Suche nach kreativen Ideen begeben; es genügt, die Fokuspunkte oder Fokusbereiche zu notieren.

Mentale/Kreative Herausforderung

Die kreative Herausforderung zählt zu den grundlegenden Prozessen des lateralen Denkens. Sie beinhaltet keinen Angriff, keine Kritik und keinen Versuch, zu zeigen, warum eine Vorgehensweise unangemessen ist. Hier wird lediglich ihre Einzigartigkeit in Frage gestellt: »Ist das der einzig mögliche Weg?« Bei der kreativen Herausforderung gehen Sie davon aus, daß eine bestimmte Methode aus Gründen eingeführt wurde, die früher Gültigkeit besessen haben mögen, aber heute nicht mehr relevant sein müssen. In jedem Fall könnte es bessere Möglichkeiten geben, die Aufgabe zu bewältigen.

Die kreative Herausforderung kann auf die Situation selbst angewendet werden, aber auch auf die herkömmliche Art, über sie nachzudenken. Damit lassen sich jederzeit die gerade stattfindenden Denkprozesse hinterfragen: »Warum nehmen wir ausgerechnet diese Sichtweise ein?« Die mentale Herausforderung kann auch auf die Faktoren abzielen, die unser Denken maßgeblich beeinflussen, zum Beispiel vorherrschende Konzepte, Hypothesen, Grenzen, Bestimmungsfaktoren, Vermeidungsstrategien und Entweder/Oder-Polarisierung. Die mentale Herausforderung bewirkt, daß wir diese Faktoren genau unter die Lupe nehmen, um zu sehen, ob sie wirklich notwendig sind.

Sie unterzieht auch den Kontinuitätsfaktor einer eingehenden Prüfung; damit ist die Neigung gemeint, etwas nur deshalb auf bestimmte Weise zu erledigen, weil es immer so gemacht wurde. Die Kontinuitätsanalyse befaßt sich mit folgenden Spielarten des Bestrebens, am Status quo festzuhalten. Sie untersucht:

Die Kontinuität des Versäumnisses: Niemand hat sich die Mühe gemacht, über Alternativen nachzudenken.
Die Kontinuität der Übereinstimmung: Eine Aktivität muß sich in das Unternehmensprofil einpassen lassen.
Die Kontinuität der Selbstgefälltigkeit: Wiederholter Erfolg verhindert, einen Sachverhalt von grundauf zu überdenken.
Kontinuität der Zeitsequenz: Die Falle der zeitlichen Abfolge, in der unsere Erfahrungen im Gedächtnis gespeichert werden.

Alternativen

Ein weiterer Prozeß, der im Rahmen des lateralen Denkens grundlegende Bedeutung hat. Die Suche nach Alternativen stellt den Kern der Kreativität dar.

Sie beinhaltet den festen Willen, innezuhalten und nach anderen Möglichkeiten Auschau zu halten, und zwar dann, wenn keine dringliche Notwendigkeit besteht oder der nächste Schritt logisch und realisierbar ist. Sie setzt die Bereitschaft voraus, weiterzuforschen und sich nicht mit dem Vorgefundenen zufriedenzugeben (in der Praxis muß die Suche durch bewußtes ›Abnabeln‹ beendet werden), neue Möglichkeiten durch eine Veränderung der Gegebenheiten zu entwerfen statt sich mit einer Situationsanalyse zu begnügen. Sie beinhaltet die Erkenntnis, daß wir Fixpunkte definieren müssen, auf die sich die Alternativen beziehen: »Alternativen zu welchem Aspekt?« Dieser ›Aufhänger‹ oder Fixpunkt kann ein spezifischer Zweck, eine Kategorie, Ähnlichkeiten oder ein Konzept sein. Normalerweise ist es möglich, mehrere Fixpunkte in einer Situation festzulegen und dann Alternativen für jeden einzelnen zu ermitteln.

Der Konzeptfächer

Diese Technik ist besonders fruchtbar beim zielorientierten Denken: »Wie gelangen wir von Situation A nach B?« Zielorientiertes Denken schließt Aspekte des Problemlösens und der Aufgabenbewältigung ein. Der Konzeptfächer ist eine ausgeklügelte Methode, Alternativen durch die Arbeit auf verschiedenen Konzeptebenen entwickelt.

Wir arbeiten uns rückwärts vom Zweck der Denkübung zu den breitgefächerten Konzepten oder ›Marschrouten‹ vor, die wir einschlagen müssen, um unser Ziel zu erreichen.

Dann arbeiten wir uns wieder von den Marschrouten zu neuen Konzepten vor, den Vehikeln, die uns auf diesem Weg weiterbefördern. Es kann mehrere Konzeptebenen geben, die von den allgemeinen oder grundlegenden bis zu den spezifischen reichen.

Als nächstes arbeiten wir uns rückwärts von den Konzepten zur Ebene der Ideen vor. Sie stellen praktische und spezifische Möglichkeiten dar, Konzepte umzusetzen.

Bei der Entwicklung eines Konzeptfächers können Sie an jedem x-beliebigen Punkt beginnen und sich zum Ziel des Denkprozesses vorarbeiten, oder den Faden zu den spezifischen Ideen zurückspulen.

Konzepte

Es ist wichtig, mit Konzepten und auf der Konzeptebene arbeiten zu können. Konzepte sind generelle Methoden oder Möglichkeiten, eine Aufgabe zu bewältigen. Konzepte werden allgemein, andeutungsweise und nicht-spezifisch abgefaßt. Ein Konzept läßt sich nur mit Hilfe einer spezifischen Idee praktisch umsetzen. Die Absicht, auf der Konzeptebene zu arbeiten, kann ein guter Nährboden für weitere Ideen sein.

Manchmal werden Konzepte direkt entwickelt. Zu anderen Zeiten muß man den Faden von einer Idee ›zurückspulen‹, um das Konzept zu entdecken, das sich dahinter verbirgt. Bei jeder Aktivität sollten wir uns bemühen, das

Konzept oder die verschiedenen Konzepte aufzuspüren, die darin zum Tragen kommen (gleich ob sie eingeplant waren oder nicht). Sobald es uns gelungen ist, das Konzept herauszufiltern, können wir es konsolisieren, verändern oder nach besseren Umsetzungsmöglichkeiten fahnden.

Es gibt ›zweckorientierte‹ Konzepte, die sich auf ein Vorhaben beziehen. Es gibt ›mechanistisch orientierte‹ Konzepte, die beschreiben, wie eine bestimmte Wirkung erzielt werden soll. Und es gibt ›wertorientierte‹ Konzepte, die erkennen lassen, welchen Nutzen oder Wert eine bestimmte Aktivität erbringen wird.

Mentale Provokokation und Bewegung

Die Provokation ist ein absolutes unerläßliches Element in jedem selbstorganisierenden Informationssystem (wie die Wahrnehmung). Mentale Provokation und Bewegung sind unabdingbar, damit unser Gehirn die Grenzen durchbricht und die gespeicherten Handlungsmuster ›quer durch die Bank‹ auf ihren Informationsgehalt abklopft. Diese Suche auf breiter Front wird durch die asymmetrische Struktur der Codes erforderlich: Etwas kann im Nachhinein offenkundig sein, was vorher nicht sichtbar war.

Das neue Wort ›po‹ ist ein Kürzel, das für provokative Operation steht. Es signalisiert, daß eine Aussage bewußt als Reiz eingesetzt wird, um unser kreatives Potential zu aktivieren.

Bei jeder Provokation erfolgt die aktive Denkoperation der mentalen Bewegung, die uns einer neuen Idee näherbringt. Diese mentale Bewegung ist ein aktiver mentaler Prozeß und keine Unterdrückung des Bewertungsprozesses, den unser Gehirn vornimmt.

Provokationen Entwickeln

Ein kreativer Denker kann jede Behauptung, Bemerkung oder Situation, mit der er sich hautnah konfrontiert sieht, in eine mentale Provokation verwandeln. Es spielt dabei keine Rolle, ob sie ursprünglich als Denkanreiz gemeint war. Die Wahl liegt ganz allein bei Ihnen. Eine Idee, die als unzumutbar oder absurd eingestuft wird, kann trotzdem in eine Provokation gebettet werden und als Sprungbrett für die Entwicklung besserer Ideen zu dienen. In diesem Sinne werden Provokationen ›entwickelt‹, auch wenn die Absicht nicht von vornherein bestanden hat.

Ausfallschritt-Provokationen

Provokationen werden von kreativen Denkern bewußt aufgestellt. Sie nehmen sich gleich welchen Aspekt vor, der als ›selbstverständlich‹ gilt oder die Norm in einer Situation darstellt und brechen aus dieser Denkschiene aus.

Sie leugnen den Tatbestand, streichen ihn aus dem Repertoire, lassen ihn fallen oder kommen einfach ohne ihn aus.

Der Aspekt, der als ›selbstverständlich‹ gilt und zum Ausfallschritt auffordert, darf keinesfalls ein Problem, eine Beschwerde oder eine Schwierigkeit sein.

Trittstein-Provokationen

Auch sie bieten uns die Möglichkeit, bewußt eine mentale Provokation aufzustellen. Es ist wichtig, daß man dabei der Phantasie keine Zügel anlegt und keinen Gedanken darauf verschwendet, wie sich eine Provokation in der Praxis nutzen ließe. Es macht keinen Sinn, eine bereits bestehende Idee so lange zu drehen und zu wenden, bis eine Provokation daraus wird. Mentale Provokationen sollten systematisch, aber aus dem Bauch heraus, erfolgen. Es gibt vier Methoden, die uns die Entwicklung erleichtern:

Umkehrmethode:

Die übliche ›Marschroute‹, die man bei der Bewältigung einer Aufgabe einschlägt, wird mental umgekehrt; sie bildet das Herzstück der Provokation. Die Aktivität muß in der umgekehrten Richtung verlaufen.

Übertreibung:

Die Maßzahlen oder Dimensionen (Zahl, Größe, Gewicht) werden über den normalen Bereich hinaus nach oben oder unten korrigiert. Die Untertreibung sollte niemals Null erreichen.

Zerrbilder

Das übliche Verhältnis zwischen den betroffenen Parteien oder die gewohnte Abfolge von Ereignissen wird willkürlich verändert. Dieses ›Zerrbild‹ der Situation ist Inhalt der mentalen Provokation.

Wunschdenken

Hier wird ein unrealisierbar erscheinender Wunsch ausgemalt: »Wäre es nicht herrlich, wenn ...« Es muß sich dabei indessen um eine Phantasie, und nicht um ein tiefempfundenes Bedürfnis oder ein angestrebtes Ziel handeln. Eine Phantasie ist eine Situation, von der Sie nicht erwarten können, daß sie wirklich eintritt.

Die Random Input-Technik

Dahinter steht das grundlegende Prinzip, daß Sie von einem anderen Punkt des Weges mit höherer Wahrscheinlichkeit andere Muster entwickeln und benutzen, als wenn Sie von der ›Mitte‹ ausgegangen wären.

Die gebräuchlichste Form der Random Input-Technik ist die Random Word-Technik, bei der Sie mit einem Zufallsbegriff arbeiten. Diesen Zufallsbegriff ermitteln Sie auf verschiedene Weise (zum Beispiel, indem Sie entsprechend dem Sekundenzeiger Ihrer Uhr einen Begriff aus einer Liste mit sechzig Wörtern auswählen). Der Zufallsbegriff wird dann benutzt, um neue Gedankenlinien zu eröffnen, die sich um den zuvor festgelegten Fokus ranken.

Der Random Input-Prozeß läßt sich auch mit beliebigen Gegenständen, Bildern, Eindrücken, die beim Lesen oder Besuch von Messen und Ausstellungen gewonnen wurden usw. durchführen, also mit allen Informationen an Ihr Gehirn, die inspirierend auf Sie wirken. Wichtig ist hier, daß dieser Input nicht bewußt ausgewählt, sondern nach dem Zufallsprinzip in den Denkprozeß ›eingespeist‹ wird.

Mentale Bewegung

Die Bewegung ist eine aktive mentale Operation und nicht nur das Fehlen einer Bewertung. Sie kann sich auf der Ebene der allgemeinen Bereitschaft vollziehen, von etwas bereits Gedachtem zu einer neuen Idee vorzurücken. Es gibt aber auch formale Möglichkeiten, diese Bewegung systematisch herbeizuführen.

Prinzip herausfiltern

Wir sondieren ein Leitlinie, ein Konzept, ein Merkmal oder einen Aspekt aus einer mentalen Provokation heraus und ignorieren den Rest. Dieses Prinzip ist unsere ›Radnarbe‹, um die sich unser Bemühen dreht, eine neue Idee zu entwickeln.

Konzentration auf den Unterschied

Auf welche Weise unterscheidet sich der Inhalt der mentalen Provokation von der üblichen Form der Aufgabenbewältigung? Läßt sich dieser Unterschied als Sprungbrett für eine neue Idee benutzen? Selbst er minimal ist, konzentrieren wir uns darauf; er dient uns als Ausgangsbasis für die Suche nach einer neuen Idee. Diese Methode ist außerdem der beste Schutzwall gegen den Ideenkiller: »Der/die/ das gleiche wie ...«.

Visualisierung des Augenblicks

Wir malen uns aus, wie die Provokation in der Praxis funktioniert, selbst wenn diese Vorstellung dem ›gesunden Menschenverstand‹ widerspricht.

Dann verfolgen wir, was von einem Augenblick zum nächsten geschieht. Aus dieser Beobachtung versuchen wir, neue Ideen zu entwickeln.

Positive Aspekte

Hier richten wir unser Augenmerk auf diejenigen Aspekte der Provokation, die hundertprozentig positiv sind. Wir lassen den Rest außer acht und versuchen, mit diesem positiven Gesichtspunkt eine Idee zu entwickeln.

Umstände

Wir halten nach spezifischen Gegebenheiten Ausschau, im Rahmen derer die Provokation einen unmittelbaren Wert oder Nutzen haben könnte. Sie bilden die Grundlage unseres Bemühens, zu einer neuen Idee zu gelangen, die sich entweder auf die in Betracht gezogenen Umstände beschränken oder auch auf andere Situationen erweitert werden kann.

Die Stratale

Die Stratale zählt zu den Sensibilisierungstechniken. Hier verknüpfen wir fünf knapp formulierte Aussagen über eine Situation, die in keinem sachlichen Zusammenhang stehen, miteinander und überlegen, welche neuen Ideen sich daraus entwickeln lassen. Versuchen Sie nicht, einen Sachverhalt langatmig zu beschreiben, ausführlich zu schildern oder sämtliche Aspekte zu berücksichtigen. Um das Zufallsmoment stärker zu betonen, können Sie die Aussagen auch auf Zettel schreiben, in einem Behältnis mischen und fünf Zettel ziehen. Die Zahl fünf wurde der Übersichtlichkeit wegen gewählt.

Datenfile-Technik

Die grundlegenden Anforderungen einer Situation, die Nachdenken erfordert, werden untereinander aufgelistet. Dann ordnet man sie einem gesonderten ›Datenstrang‹ oder Datenfile zu, der sich aus diesem Anforderungsprofil ableiten läßt. Die Eintragungen in den Files werden unter dem Gesichtspunkt betrachtet, wie man dieser Anforderung herkömmlicherweise gerecht wird. Der tatsächliche Problemzusammenhang oder Kontext im kreativen Fokusbereich wird dabei völlig ignoriert.

Bei der passiven Variante der File-Technik werden die Einträge solange betrachtet, bis infolge dieser Sensibilisierungsmethode eine Idee Gestalt annimmt.

Bei der aktiven, ›forcierten‹ Spielart werden Einträge in jedem Dateinfile ausgewählt und die verschiedensten Kombinationen durchprobiert, um den Ideenfluß in Gang zu bringen.

Eine detaillierte Beschreibung dieser Prozesse und Techniken des lateralen Denkens finden Sie unter den jeweiligen Überschriften im Buch. Sie alle beinhalten einen grundlegend kreativen Prozeß, der mit bestimmten Mitteln angeschoben word. Der Provokationsprozeß läßt sich beispielsweise systematisch, Schritt für Schritt, einleiten. Einige der Instrumente, wie die mentale Herausforderung oder die Suche nach Alternativen, sind als Element in vielen kognitiven Kreativitätsmethoden enthalten. Das Wörtchen ›po‹, die Provokation, die mentale Bewegung und die Random Input-Technik wurden von mir bereits vor vielen Jahren als systematische Möglichkeit entwickelt, unser kreatives Potential mit Hilfe von Reiz-Aussagen zu aktivieren.

Bei der Anwendung der Techniken des lateralen Denkens sollten Sie sich eines vor Augen halten: Falls Sie diese in Kombination mit anders gearteten Kreativitätsmethoden benutzen, torpedieren Sie nicht nur die Wirkung, sondern laufen auch Gefahr, Verwirrung zu schaffen, und Verwirrung hat sich schon immer als Feind des kreativen Denkens erwiesen.

2. Die Anwendung der Techniken: Kurzfassung zum Nachschlagen

Es ist außerordentlich wichtig, die detaillierte Beschreibung der Techniken des lateralen Denkens und ihrer Anwendung in den vorherigen Kapiteln aufmerksam durchzuarbeiten. Die nachfolgende Übersicht stellt eine Kurzfassung dar, die Sie lediglich zum Nachschlagen benutzen sollten.

Hutwechsel-Methode

Als allgemeiner Diskussionsrahmen verwendet. Der grüne Hut verlangt in besonderem Maß kreative Anstrengungen, der gelbe Hut fordert positive, konstruktive Sicht von der Idee, die Konturen annimmt. Der schwarze Hut bringt ›Vorsicht‹ und logisches, negatives Denken in den Prozeß ein. Er weist Kritik auf den gebührenden Platz, als Element, das erst in der Spätphase der Ideenbearbeitung relevant wird: »Im Augenblick können wir noch kein Schwarzhut-Denken gebrauchen.«

Verbesserung

Klarer Fokus und Wahl der thematischen Unterbereiche. Gültigkeit eingeschliffener Methoden, Konzepte und Denkweisen wird angefochten oder hinterfragt. Fixpunkte für die Suche nach Alternativen. Ausfallschritt-Technik, um aus Denkschablonen auszubrechen. Trittstein-Provokation für radikale Änderung im gesamten System. Konzeptfächer für grundlegendes Überdenken derzeitiger Arbeitsmethoden und -verfahren.

Probleme

Fokus, um Problem zu definieren. Alternative Definitionen. Konzentration auf Teilbereiche des Problems. Definitionen und Präsentation des Problems mental anfechten. Bestehende Anschauungen, mentale Einflußfaktoren (Grenzen usw.) und grundlegende Konzepte in Frage zu stellen. Fixpunkte und Alternativen für einfache Probleme suchen, Konzeptfächer für komplexe Aufgaben, die größere kreative Anstrengung erfordern. Ausfallschritt-Technik, um von Standardlösungen abzurücken. Trittstein-Provokation für grundlegendes Überdenken. Random Word-Technik bei kreativer Blockade oder um andersartigen Lösungsansatz zu entdecken.

Aufgaben

Wie bei Problemen, doch zu Beginn kann File-Technik angewendet werden. Gewicht liegt weniger auf mentaler Herausforderung, sondern mehr auf Wünschen/Bedürfnissen. Wunschbilder-Variante ist besonders wirksame Trittstein-Technik.

Entwurf

Ähnlich wie Aufgaben, doch Hauptakzent liegt auf Anforderungsprofil; anfangs Entwicklung von Stratalen und Datenfiles. Random Word-Technik für neuartige Lösungsansätze. Mentale Herausforderung: Gültigkeit bestehender Konzepte und Denkoperationen im Zuge der kreativen Arbeit anfechten. Ausfallschritt-Technik bei Anforderungen anwenden.

Nullpunkt-Situation (Grüne Wiese)

Situationen ohne Ausgangspunkt, Denkschiene und Ziel. Random Word-Technik kann Ausgangspunkt bieten. Entwicklung von Stratalen verleiht Idee Konturen. File-Technik, falls Anforderungsprofil bekannt. Wunschdenken als Trittstein-Provokation.

Chance

Als Kombination aus Nullpunkt-Situation, Planung und Aufgabe behandeln.

Erfindung

Kann die Form von Problemlösung, Aufgabe, Nullpunkt-Situation oder Chance annehmen, je nach Eingangsinformationen.

Blockade oder stagnierende Situation

Random Input-Methode, wenn Ideenvorrat erschöpft ist, um Kreativitätsprozeß wieder in Gang zu setzen. Ausfallschritt-Technik auf derzeitige Denkmuster anwenden, um aus bestehendem Kreis auszubrechen. Wunschbilder und Trittstein-Provokation können ebenfalls neue Routen eröffnen.

Projekte

Konzeptfächer für gesamtes Projekt anwenden. Unterbereiche wählen, auf die Sie sich konzentrieren, ihre Gültigkeit hinterfragen und Alternativen entwickeln. Probleme und Aufgaben im Rahmen des Projektes können sich selbst definieren und lassen sich als solche angehen. Unerläßlich, genau aufzuzeigen, wo tatsächlich ein kreativer Bedarf besteht. Viele Projekt können als Kombination aus Aufgabe und Planung behandelt werden.

Konflikt

Fokus und kreativer Bedarf müssen sehr klar umrissen sein. Kombination aus Problem, Nullpunkt-Situation, Planung und Aufgabe. Möglicherweise muß ein Ausweg skizziert werden. Unter Umständen ist völlig neuer Denkansatz mittels Zufallsbegriff erforderlich. Herausforderung und Ausfallschritt-Technik auf derzeitige Denkweise anwendbar, vor allem, wenn man in einer Sackgasse steckt.

Zukunftsszenarien

Stratalen zu Beginn, um neue Ideen zu entwicklen. Random Word-Technik sorgt für Unterbrechung bestehender Trends in den Denkoperationen. Ausfallschritt-Technik forciert die Entwicklung neuer Denkansätze bei beliebigem Thema. Auch die Konzeptanalyse ist hier wichtig.

Strategie

Grundlegend ein Planungsprozeß, der nachgeordnete Probleme und Betrachtung möglicher Zukunftsszenarien einschließt. File-Technik kann probiert werden, falls Anforderungsprofil klar ist. Im allgemeinen wird Strategie zuerst grob umrissen und dann an mehreren Punkten hinterfragt. Grundlegende Konzeptarbeit unumgänglich: Welche Konzepte kommen hier zum Tragen? Ausfallschritt-Technik kann nachhaltige Veränderungen zur Folge haben. Innerhalb des strategischen Rahmenwerks ständige Konzentration auf Fixpunkte und Suche nach Alternativen erforderlich.

Planung

Am besten als Kombination aus Entwurf und Aufgabe betrachten. Nachgeordnete Probleme und neue Fokusbereiche, die im Verlauf des Prozesses auftauchen, müssen als solche behandelt werden. Die mentale Herausforderung ist hier eine hochwirksame Technik, vor allem, wenn sie auf die Denkprozesse des Planers selbst angewendet wird. In bestimmten Phasen sind Fixpunkte und Alternativen hilfreich.

Mit der Zeit wird Ihnen dieses Instrumentarium zunehmend vertraut vorkommen, so daß Sie – wie ein Zimmermann sein Werkzeug – mit sicherem Griff diejenige Technik auswählen, die im Augenblick erforderlich zu sein scheint.

Die grundlegenden Funktionen dieser ›Tools‹ lassen sich folgendermaßen zusammenfassen:

Fokus und thematische Unterbereiche (Konzentration).
Alternativen und ausgearbeitete Alternativen (Konzeptfächer).
Herausforderung (Gültigkeit von Sachverhalten anfechten).
Grundlegendes Überdenken (Ausfallschritt).
Originelle Ideen und Neubeginn (Random Word).
Sensibilisierung (Stratale und File-Technik).

3. Checkliste für die Ideensammlung

Die Ideensammlung ist der bewußte Versuch von Einzelpersonen oder Gruppen, die Früchte der kreativen Bemühung zu ernten, zu sammeln oder einzubringen. Die Checkliste dient dabei als Orientierungshilfe; sie erspart Ihnen, sich alles merken zu müssen, was zur Ausbeute gehört.

Spezifische Ideen

Eine konkrete Idee, die umgesetzt werden kann. Sie sind zufrieden mit der Form, in der sie sich präsentiert. Sie scheint darüber hinaus neu, realisierbar und nützlich zu sein. Das ist der erwünschte Output jeder kreativen Bemühung.

Modellideen

Eine ›Musteridee‹, die nicht unbedingt für eine Implementierung gedacht ist. Man hat intuitiv das Gefühl, daß sie ein nützliches Prinzip oder Konzept beinhaltet und zeigt, wie sich dieses umsetzen ließe. Weitere Arbeit wäre erforderlich, um Modellideen in brauchbare Ideen zu verwandeln.

Keimfähige Ideen

Ideen in der Entstehungsphase, die erste Hinweise auf die ausgereifte Idee geben oder ihr Potential ahnen lassen. Sie mag ungenau oder schlecht formuliert sein, aber Sie haben das untrügliche Gefühl, daß sich bei entsprechender Bearbeitung einiges daraus machen ließe. Keimfähige Ideen unterscheiden sich von Modellideen, weil bei ersteren Realisierungsabsichten bestehen können, während Modellideen lediglich als anschauliche Hilfskonstruktion dienen.

Direkt sichtbare Konzepte

Konzepte, die im Verlauf der kreativen Arbeit als solche ermittelt wurden. Sie müssen nicht zwangsläufig zur Entwicklung von Ideen geführt haben. Sie sind vielleicht bemerkt oder notiert worden, auch wenn man trotz angestrengten Nachdenkens keine Möglichkeit gefunden hat, sie umzusetzen. Konzepte werden nicht immer aufgezeichnet oder im Gedächtnis gespeichert, weil sie normalerweise nur als Etappe auf dem Weg zur Entwicklung einer konkreten Idee gesehen werden. Sie haben gleichwohl eine eigene Daseinsberechtigung.

Zurückgespulte Konzepte

Konzepte, die entweder während einer kreativen Sitzung, im Verlauf der anschließenden Diskussion oder noch während des Sammelprozesses durch Rückverfolgen einer Idee auf die Konzeptebene sichtbar werden. Bei jeder Idee läßt sich der Faden zurückzuspulen, um die ›generelle Methode‹ zu entdekken, die sich dahinter verbirgt. Bei den Modellideen ist der Rückspulprozeß auf Konzeptebene besonders wichtig, um Ideen zu entwickeln, die praktischer oder realisierbar sind.

Routen

Ein Konzept, das so breit wie möglich gefächert ist. Die Route oder Marschroute sagt etwas darüber aus, wie man an ein Problem oder eine Situation herangeht. Die wichtigsten Routen, die man während des kreativen Denkprozesses eingeschlagen hat, sollten immer nachvollziehbar sein. Sie können ausdrücklich erwähnt oder später herausgefiltert werden. Es ist bisweilen schwer, zwischen Konzepten und Routen zu unterscheiden.

Bedarf/Bedürfnis

Können insbesondere während der kreativen Arbeit ins Auge springen. Bisweilen ist die Erarbeitung eines Konzepts erforderlich: »Wir brauchen eine Methode, um diese Aufgabe in Angriff zu nehmen.« Manchmal besteht ein Bedarf an weiteren Alternativen oder Ideen, die leichter realisierbar sind. Der allgemeine Bedarf oder spezifische Bedürfnisse kristallisieren sich oft während der Kreativitätssitzung heraus und werden im Ideensammlungsprozeß vermerkt.

Neue Fokusbereiche

Sie sollten während er kreativen Arbeit ausdrücklich erwähnt werden: »Das ist ein neuer kreativer Fokus.« Es ist möglich, aber weit weniger wirkungsvoll, im Verlauf der Ideensammlungsphase neue Fokusbereiche zu entdecken. Ein neuer Fokus erfordert bewußt und gesondert eingeleitete, kreative Bemühungen.

Veränderungen

Der Schwerpunkt der kreativen Arbeit, die Sichtweise, der Lösungsansatz oder der Bereich, auf den sich die Aufmerksamkeit konzentriert, sie alle können einem Wandel unterliegen. Alle wichtigen Veränderungen, die während der kreativen Aktivitäten eintreten, sollten in folgender Form zur Kenntnis genommen oder schriftlich fixiert werden: »Hier hat eine Veränderung stattgefunden: vorher..., und jetzt ...« Ein solcher Wechsel läßt sich oft leichter im nachhinein als während der Kreativitätsitzung selbst aufspüren.

Tenor

Der allgemeine Tenor oder emotionale ›Anstrich‹ der gesamten Kreativitätssitzung. Er muß nicht auf sämtliche Phasen zutreffen, gibt aber Aufschluß über die generelle Tendenz der Denkprozesse, die stattgefunden haben. Der Tenor einer Diskussion über das hohe Verkehrsaufkommen in Großstädten könnte auf der ›Verurteilung der eigennützigen Motive von Autofahrern‹ liegen.

Weitere interessante Punkte, die im Zuge der Kreativitätssitzung auftauchen, sollten notiert werden. Sie können auch die Denkvorgänge selbst kommentieren: Sie stellen beispielsweise fest, daß bestimmte Methoden oder Techniken den Ideenfluß stimulieren, während er bei anderen zäher in Gang kommt. Die Ideensammlung ist eine Aktivität, die unter dem blauen Hut stattfindet, weil wir einen Schritt zurücktreten und das Ergebnis des Denkprozesses aus der Distanz betrachten.

4. Umgang mit der Ideen-Checkliste

Nach dem Ideensammlungsprozeß ist es erforderlich, an jedem einzelnen Beitrag zu arbeiten, um ihn nach Möglichkeit in ein Projekt zu verwandeln, das sich verwirklichen läßt. Der ultimative Zweck jeder kreativen Anstrengung ist die Suche nach Ideen, die realisierbar, nutzbringend und annehmbar sind. Gelegentlich werden solche Ideen schon während der Kreativitätssitzung in ihrem Endzustand präsentiert, doch in aller Regel muß noch einiges an Feinschliff erfolgen, bevor sie das Reifestadium erreichen. Selbst wenn eine Idee auf den ersten Blick vollkommen erscheint, muß sie dem Bearbeitungsprozeß unterzogen werden, um zu sehen, ob sie sich nicht noch verbessern läßt.

Die Ideenbearbeitung kann viel Zeit in Anspruch nehmen, und oft ist es nicht zweckmäßig, sich mit jedem Vorschlag, der in der Kreativitätssitzung präsentiert wird, so intensiv zu befassen. Die Entscheidung hängt von den Bedürfnissen, den Umständen und den Wahlmöglichkeiten ab. Ich möchte gleichwohl darauf hinweisen, daß sich selbst Aschenputtel-Ideen, die auf den ersten Blick nicht viel hermachen, infolge der effektiven Bearbeitung als wahres Juwel erweisen können.

Ideen modellieren

Äußere Zwänge im wirklichen Leben wie Kosten, gesetzliche Bestimmungen, Akzeptanz usw. werden nun als mentale Einflußfaktoren ins Spiel gebracht und berücksichtigt. Läßt sich die Idee so zurechtstutzen, daß sie den Anforderungen gerecht wird? Die Zwänge und Beschränkungen werden nicht als Rechtfertigung benutzt, um eine Idee zu verwerfen, sondern um sie konstruktiv zu bearbeiten. Läßt sie sich kostengünstiger umsetzen? Besteht die Möglichkeit, sie so abzuwandeln, daß sie den gesetzlichen Bestimmungen entspricht?

Ideen maßschneidern

Während sich der Modellierprozeß in erster Linie auf äußere Zwänge bezieht, bedeutet Ideen maßschneidern, sie auf die Mittel und Möglichkeiten des Unternehmens abzustimmen. Kann eine Idee den verfügbaren Ressourcen angepaßt werden? Die Ressourcen umfassen Menschen, Zeit, Motivation, Kapital usw. Ist es unserem Unternehmen möglich, diese Idee nutzbar zu machen?

Ideen konsolidieren

Hier sind Sie bemüht, die ›Schlagkraft‹ einer Idee langfristig zu stärken. Mit Schlagkraft ist der potentielle Nutzen gemeint, der einer Idee innewohnt. Es gibt keinen Grund für die Annahme, daß die erste Formulierung einer Idee notwendigerweise auch die schlagkräftigste ist. Selbst gute Ideen können verbessert und schwache gestärkt werden. Schwerpunkt und Augenmerk liegen hier auf dem Wertschöpfungspotential einer Idee.

Ideen untermauern

Ideen haben ihre Achillesferse, selbst wenn es sich dabei nicht um schwerwiegende Unzulänglichkeiten handelt. Hier konzentrieren wir uns darauf, diese Schwachstellen zu untermauern. Vielleicht läßt sich eine komplexe Idee vereinfachen? Wäre die Akzeptanz größer, wenn der Nutzen zur Wahl stünde? Welche neuralgischen Punkte besitzt die Idee? Wie lassen sich diese beseitigen?

Ideen aufgreifen

Hier verlagert sich die Aufmerksamkeit vom Inhalt der Idee zu den praktischen Aspekten. Wer wird entscheiden, ob die Idee grünes Licht erhält? Wer muß sie umsetzen? Wessen Kooperationsbereitschaft und Unterstützung sind für den Erfolg der Neuerung notwendig? Wir konzentrieren uns auf mögliche Veränderungen, die bewirken könnten, daß eine mit größerer Wahrscheinlichkeit aufgegriffen wird.

Vergleich

Es wird ein direkter Vergleich zwischen der Idee und dem Lösungsansatz gezogen, die sie ersetzen soll. Man wägt zwischen den potentiellen neuen und den derzeit gängigen Methoden oder Verfahren ab. Man kann auch einen Vergleich zwischen alternativen neuen Ideen ziehen, die präsentiert wurden. Der Vergleich konzentriert sich auf die jeweiligen Unterschiede, Nutzen und Schwierigkeiten.

Fehler und Unzulänglichkeiten

Hier ist Schwarzhut-Denken angesagt, um möglichen Fehlern und Unzulänglichkeiten in einer Idee auf die Spur zu kommen. Die Suche sollte äußerst gründlich durchgeführt werden. Dann versuchen Sie, diese Fehler und Unzulänglichkeiten zu beheben. Sie zielen damit auf eine Verbesserung der Idee ab und bekommen einen Vorgeschmack, was in der Evaluationsphase geschehen könnte.

Folgen

Die Folgen der Umsetzung werden bei jeder einzelnen Idee ergründet. Welche Auswirkungen könnte die Idee sofort, kurzfristg, mittelfristig und langfristig haben? Hier sind Sie auf Erwartungen und Spekulationen angewiesen. Der Zeitrahmen, der für Sie Sinn macht, hängt von der Beschaffenheit der Idee selbst ab. Müssen wir Änderungen vornehmen, wenn wir die Idee aus dieser zeitlichen Perspektive übeprüfen? Was wäre, wenn der Bau einer neuen Straße langfristig nicht zur Entlastung beiträgt, sondern eine Erhöhung des Verkehrsaufkommens bewirkt?

Testfähigkeit

Läßt sich die Idee vorab testen? Können wir eine Methode entwickeln, um sie auf Herz und Nieren zu prüfen? Eine Idee, die sich austesten läßt, hat wesentlich bessere Chancen, in die enge Wahl zu kommen. Bei einem erfolgreichen Testlauf sammeln die Befürworter der Idee automatisch Pluspunkte. Gibt es, wenn schon nichts anderes, zumindest eine Möglichkeit, Informationen zu sammeln und zu testen, die eine Idee untermauern?

Vorläufige Bewertung

Wie könnte die Idee von den Entscheidungsträgern beurteilt werden, denen der Evaluationsprozeß obliegt? Wie läßt sie sich auf die Bedürfnisse abstimmen, die als Bewertungskriterien zugrunde gelegt werden? Wie sollte man die Idee präsentieren? Kenntnisse über den Ablauf des Bewertungsprozesses und die Entscheidungsträger sind eine große Hilfe.

Die Ideenbearbeitung rundet die kreativen, konstruktiven und positiven Aktivitäten ab, die dazu dienen, eine neue Idee aus der Taufe zu heben. Die nächste Phase ist der Evaluationsprozeß, und die kreative Idee sollte hier nicht besser oder schlechter behandelt werden als Vorschläge, die aus anderen Quellen stammen. Deshalb ist die Bearbeitungsphase wichtig. Mangelt es dabei an der erforderlichen Sorgfalt, landet die kreative Idee vielleicht auf dem Abstellgleis und die ganze Anstrengung war umsonst. Auch Ideen, die aufgrund ihrer Neuartigkeit Pluspunkte verbuchen, brauchen den richtigen Feinschliff, damit sie einen spürbaren Nutzen bieten. Die Begeisterung über die Innovation hat nur für die Produktivität des Ideenlieferanten einen Wert. Deshalb muß der Schwerpunkt der Idee auf ihrem praktischen Nutzen, der Realisierbarkeit, den für die Umsetzung verfügbaren Ressourcen und der Übereinstimmung mit dem Unternehmensprofil liegen.

Der Verlag Schäffer-Poeschel sieht die Berücksichtigung von Umweltgesichtspunkten als Teil seiner Unternehmenskultur und bezieht sie in besonderer Weise in seine Entscheidungen mit ein.

Bei der Produktion unserer Bücher verwenden wir ausschließlich aus chlorfrei gebleichtem Zellstoff hergestelltes und im pH-Wert neutrales Papier.

Die zur Verpackung und zum Schutz der Umschläge eingesetzten Folien sind aus recyclefähigem Polyethylen und schneiden gegenüber anderen Verpackungs-materialien in der Umweltbilanz positiv ab.

Zusammen mit unserem Produktions-Partner – der Franz Spiegel Buch GmbH in Ulm – haben wir ein Verfahren entwickelt (Spiegel-ProPrint), das eine besonders umweltschonende Herstellung unserer Bücher ermöglicht:

- ⇨ **Durch filmlosen Druck (computer-to-plate) werden Ressourcen gespart und kann auf umweltbelastende Chemikalien verzichtet werden.**
- ⇨ **Durch Standardisierung der Formate und gemeinsame Fertigung gleichartiger Titel wird das zum Einrichten der Maschinen erforderliche Material minimiert und Abfall reduziert.**
- ⇨ **Durch bedarfsgerechte Produktion (Printing-on-demand) werden Überdrucke und ihre Entsorgung vermieden.**